우리가 언제 죽을지, 어떻게 들려줄까
How to Tell When We Will Die

고통, 장애 그리고 파멸에 대하여
On Pain, Disability, and Doom

Copyright © 2024 by Johanna Hedva. Originally published in the United States by Hillman Grad Books, an imprint of Zando,. www.zandoprojects.com.

이 책의 한국어판 저작권은 알렉스리 에이전시 ALA를 통해서 Hillman Grad Books, an imprint of Zando사와 독점계약한 도서출판 마티에 있습니다. 저작권법에 의하여 한국 내에서 보호를 받는 저작물이므로 무단 전재와 복제를 금합니다.

(@)⁸

우리가 언제 죽을지, 어떻게 들려줄까
고통, 장애 그리고 파멸에 대하여

요하나 헤드바 지음
양효실, 박수연, 윤영돈, 이채원, 정채림 옮김

마티

표지 설명

노란색 바탕에 아주 작은 검정색 티끌이 점점이 흩뿌려져 있다. 책의 왼쪽 위에 책의 대제인 "우리가 언제 죽을지, 어떻게 들려줄까"가 검은색 상자 안에 노란색 고딕체로 적혀 있고, 그 오른쪽에 영문 제목 "How to Tell When We Will Die"가 적혀 있다. 영문 대제의 서체는 세리프가 강하고 장식적이어서 오컬트적 분위기를 풍긴다. 한국어 대제 아래에는 왼쪽에서부터 이 책의 지은이 정보인 "요하나 헤드바 지음"과 책의 부제 "고통, 장애 그리고 파멸에 대하여"가 세로 쓰기로 적혀 있다. 지은이 이름과 한국어 부제 사이에 끝이 길게 풀린 실뭉치와 풀려 있는 실을 자르는 가위 그림이 있다. 한국어 부제 오른쪽으로 인간의 두개골 그림과 책의 영문 부제 "On Pain, Disability, and Doom"이 적혀 있다. 영문 부제의 서체는 만년필로 얇은 선을 여러 번 겹쳐서 쓴 듯 동글동글 귀엽다. 영문 부제에서 1시 방향에는 수갑 그림이, 5시 방향에는 목발 그림이 있다. 책의 왼쪽 아래에는 앉아 있는 검은 고양이 그림이 있고, 하단을 따라 중앙으로 이동하며 마티의 앳 시리즈 로고와 천궁도 일러스트, 마티 로고가 차례로 있다. 천궁도 일러스트 위쪽에 작은 글씨로 "양효실, 박수연, 윤영돈, 이채원, 정채림 옮김"이라고 옮긴이 정보를 적었다. 옮긴이들의 이름은 성과 이름을 떼어 삼각형 모양으로 만들어 자유롭게 배치했다. 대제를 제외하고 모든 글자와 그림은 검은색이다.

이 책이 오디오북, 전자책 등으로 만들어지거나 전자책 TTS(Text to Speech) 기능을 이용할 독자들을 위해 간단한 표지 설명을 덧붙인다.

요하네스에게,
당신이 없었다면 나는 할 수 없었을 거야.

일러두기

- 원서의 이탤릭은 검은 바탕의 흰색 글자로 표기했다.
- 이 책의 본문 디자인은 고령자, 노안 등 시력 저하를 겪는 이, 저시력자 등 시력 약자를 고려하는 시도를 했다. 서체는 한국장애인개발원에서 개발한 KoddiUD 온고딕을 주로 사용했다. 세리프가 없는 고딕체가 덜 복잡하게 보여 가독성이 높다고 한다. 접근성을 위한 제안에 따르면, 글자 크기는 보통 13-14포인트여야 하지만 이 책에서는 다른 상업 단행본보다 약간 큰 10.8포인트로 타협했다. 글줄의 시작과 끝이 명확한 오른끝 흘리기와 단락 구분이 상대적으로 뚜렷한 내어쓰기를 택했다. 원서의 이탤릭을 이탤릭 그대로 따르거나 단순히 다른 서체로 바꾸지 않고, 검정색 바탕에 흰색 글자로 구분한 것 역시 색상 반전을 통해 변별력을 높이기 위함이다.

차례

우리가 언제 죽을지, 어떻게 들려줄까 ·························· 11

아픈 여자 이론 ·· 53
장애의 폭발 반경 ·· 86
이-인을 위한 변론 ·· 101

쾌차하세요 ··· 119
액티비즘에 대한 단상(또는 실패에 대한 단상) ············· 126
젊은 의사에게 보내는 편지 ···································· 133

소프트 블루스 ·· 151
때려도 돼? ··· 195
더 프릭 ··· 220
트래시 토크에 관한 단상(또는 공동체에 대한 단상) ······· 251

지구상의 그 어떤 색보다 더 멀리서 보이는 것: ············ 265
 P. 스태프에 관하여

피로 물든 흰 나이트가운들: ························· 274
　　키에르-라 재니스의 『정신병 걸린 여자들의 집』에 관하여
그녀, 기타 등등: ···································· 292
　　수전 손택과 병의 신화에 대하여

야망에 관한 단상(또는 생존에 관한 단상) ··········· 329
헤드바의 「장애 접근 추가 조항」 ···················· 343

방에만 있던 날 ······································ 353
부드럽다가 단단해진다 ······························ 371
왜 이렇게 오래 걸릴까 ······························ 399
할망구 총책 ··· 428

감사의 말 ··· 471
옮긴이들의 글 ······································· 483
참고문헌 ·· 496
찾아보기 ·· 526

태어나느라 내 건강을 망쳤다.

클라리시 리스펙토르

그래, 그래, 물론이지, 이건 아플 거야.

나인 인치 네일스

우리가 언제 죽을지,
어떻게 들려줄까

살아가기 위해서, 우리는 우리에게 들려준다, 병(illness)이 나오지 않는 이야기들을. 영웅들은 전쟁터에서 전사하지 만성 통증으로 죽지 않는다. 설사는 결코 신화 속으로 들어서지 못한다. 비극에는 월경통이 존재하지 않는다. 희한하게도 과민성 대장 증후군은 서스펜스 장르에서 찾아볼 수 없다. 고통은 합목적이고, 영예롭고, 고결하며, 마땅하고, 징벌적이다. 이를테면, 아이아스는 자신의 검에 몸을 던져 자살하고, 줄리엣은 독을 마시고, 제인 에어는 화재로 인해 무너지고, 프로메테우스는 위반의 대가로 간을 쪼아 먹힌다. 이들이 이렇게 고통을 겪는 것은, 본인부담금, 오진, 약국의 긴 대기 줄, 환자 대기실에서 허비하는 시간, 또는 시간이 기어가는 동안 누워 있기를 요하는 증상들 같은 세속적인 불편 때문이 아니다.
우리가 우리에게 들려주는 이야기들 속에서 삶을 채우는 소재는 결심, 행동, 결의, 기개 같은 것이지, 고통이 구름처럼 우리를 둘러싸 계획을 취소해야 했던 때, 메스꺼움 때문에 침대 모서리를 움켜쥐었을 때, 몸에서 오물이 줄줄 흘러 몸을 반으로 접었을 때와 같은 순간들이 아니다. 우리는 우리에게 들려준다. 우리의 인격을 정의하는 것은 우리의 명석함, 호기심, 완고함, 열정이지, 공황, 브레인포그나 피로 따위가 아니라고. 우리는 강점과 약점 — 이것이 우리가 모든 것을 분류하는 방법이다 — 에 대해 말한다. 그리고 결코 이것들에 창의적으로 접근하지 않는다. 우리의 강점을 강점으로, 약점을 약점으로 여긴다. 이런 이분법에서 도출할 수 있는 유일한 급진성은 이를 뒤집어 통상 약하다고 여겨지는 것을 다른 종류의 강점으로 여기는 것이다.

병, 상해, 혹은 장애 때문에 포기한다면 우리는 부끄러움을 느끼며 이를 비밀에 부친다. 우리 몸이 허락하지 않아서 우체통까지 걸어가거나 장바구니를 집어드는 등의 행위를 못 한다면 — 그저 단순히 할 수 없는 것이라면 — 우리는 굴욕감에 고개를 떨군다. 도움이 필요할 때면 그건 수치스럽게도 우리가 자립성을 잃었기 때문이라고 스스로에게 말하며 이 상황이 일시적이길 기도한다. 너무 오랜 시간 너무 많은 도움이 필요하다고 느끼면, 우리는 죄의식으로 벌겋게 달아올라서 나중에 이 빚을 갚겠노라 맹세한다. 지불 불능이라고 영원히 낙인찍혀선 안 되기 때문이다. 이건 다만 일시적인 문제, 한 차례의 고비, 운이 나빴던 것일 뿐이다. 걱정 마, 우리는 우리에게 들려준다. 곧 정상으로 돌아갈 거야.

늘 도움이 필요하리라는 것, 영원히 지불 불능이라고 낙인찍히는 것 외에 다른 선택지가 없다는 것을 우리 중 누군가가 깨달을 때 첫 번째 반응은 자기혐오다. 왜 아니겠는가? 어찌 됐든, 우리가 들려주는 이야기들에 존재하는 이러한 버전의 우리는 늘 도움을 필요로 하고, 나약하고, 감당하기 너무 버겁고, 가치 있는 그 무엇도 해낼 수 없는 존재다. 대개는 악당이다. 장애나 병 **때문에** 악의 축으로 내몰린 악당. 우리는 사회의 틈새들로 미끄러져 악마적 광기에 사로잡힌 조커다. 우리는 흉측한 몰골로 태어난 열등인간의 상징, 오페라의 유령이다. 다른 그 무엇도 하지 못하는 방식으로, 기형적이고 괴물 같은, 상상할 수 있는 최악의 존재로서 우리는 공포물에 생기를 불어넣는다. 최초의 공포 영화인 1917년작 「검은 황새」는 장애를 갖고 태어난 아기를 악몽의 전조로 여기고 그로부터 사회를 안전하게 지킨다는 명목하에 살해하는 우생학에 기반한 이야기를 들려준다. 우리는 노골적인 악은 아니겠지만, 입체감이나 깊이가 거의 없는 비참한 인물, 성가신 애물단지, 혹은 묵묵히 고통을 견디는 불굴의 금욕주의자다. 우리는 「제인의 말로」에서 휠체어에 앉아 있는 딱한 조앤 크로퍼드다. 우리는 「밀리언 달러 베이비」에서 전신이 마비되어 안락사를 요구하는 힐러리 스왱크다. 기껏해야 우리는 「레인 맨」의 레이먼드 배빗처럼 이해할 수 없을 정도로 신비로운 사람이거나, 「포레스트 검프」의 댄 중위처럼 구원 서사를 전달하는 매개체다. 우리에게 어떤 성취들이 허락된대도 음험한 슈퍼-불구 신화에 의해 이미 납작해지기 일쑤이고("그들은 결코 병에 굴복하지 않아! 이 모든 것에도 불구하고 그들이 얼마나 큰 성취를 이뤘는지 봐!"), 그마저도 「사랑에 대한 모든 것」, 「스트롱거」, 「달링」 같은 전기영화에서 단순한 성공의 벡터로 묘사될 수 있는 경우에만 몇 안 되는 재현의 기회가 우리에게 주어진다.

우리가 우리에게 들려주는 이야기들에서, 아프거나 장애가 있는 사람의 상태는 그 전기가 튀는 다가적(多價的)인 세계를 확장하거나 횡단하지 않고 다만 그 한계를 견디지 못해 붕괴해버린다. 내가 알고 싶은 것은 이렇다. 살아가기 위해서 우리가 우리에게 들려주는 이야기들에 병과 장애 그리고 그에 수반되는 수많은 단어, 아픈, 허약한, 몸이 안 좋은, 불구가 된, 절뚝거리는, 무능력해진, 병에 걸린, 부서진, 말라비틀어진, 앓는, 시달리는, 감염된, 노쇠한, 편찮은, 무능한, 한계가 있는, 제약이 있는, 한정된, 병약한, 자리보전하는, 침상 생활을 하는, 휠체어에 의지하는, 움직일 수 없는, 약한, 손상된, 하자가 생긴, 마비된, 신체가 훼손된, 심신이 미약한, 다친, 신체 기능을 상실한, 앓는, 기력이 쇠한, 기운 없는, 풀이 죽은, 낙심한, 마음이 무거운, 기운 빠진, 연약한, 빌빌거리는, 튼튼하지 못한, 활동 능력을 잃은, 손상된, 통증을 겪는, 불치의, 괴로워하는, 고통스러운, 쑤시는, 문드러진, 기진맥진한, 낙담한, 실의에 빠진, 결핍된, 불리한, 기죽은, 악화되는, 쇠약한, 체력이 저하된, 무너진, 메스꺼운, 지저분한, 불길한, 불쾌한, 침울한, 우울한, 건강에 과민한, 불안정한, 정신이상의, 정신착란의, 실성한, 오염된, 컨디션이 저조한, 삐거덕거리는, 상태 안 좋은, 안색이 나쁜, 창백한, 골골대는, 위중한, 다 죽어가는, 몸져누운, 와병 중인, 건강하지 못한, 만신창이 같은 단어가 포함되어야 한다면 무슨 일이 벌어질까? 이 단어들의 뉘앙스를 폐제하기보다 펼쳐 보이는 방식으로 사용하는 이야기를 어떻게 써나갈 수 있을까? 악화는 낙담과 정확히 어떻게 다른 느낌을 줄까? 튼튼하지 못한 것과 무능력해진 것 사이의 경계는 어디일까? 또 누가 그곳에 살까? 그 외 마찬가지로 수반되는 것들, 가령 은연중에 주어지는 자비, 자그마하게 반짝이는 통찰과 전망, 음울한 지혜와 더 음울한 농담은 어떤가? 오랫동안 가장 협소한 비유에 갇혀 있던 주제가 우리의 이야기들에 침입해 주도권을 장악하고는 목이 터져라 비명을 질러댐과 동시에 소곤대고, 신음을 내는 동시에 설교를 늘어놓고, 수수께끼 같은 말을 뱉는 동시에 논리적으로 말한다면 우리의 이야기들에 무슨 일이 벌어질까?

나는 경제적인 서술을 위해 앞서 언급한 수많은 단어를 열거하는 대신 때때로 "병" 혹은 "장애"라는 단어만을 사용할 것이다. 이 책의 부제로 "병"보다 "장애"라는 단어를 선택한 이유는 상상할 수 있는 최악의 결과로 흔히들 두려워하는 이 상태를 가감 없이 전면에 내세우고, 그럼으로써 불운한 이들에게만 일어나는, 나와는 거리가 먼 가능성으로 변두리에 숨겨놓지 않기 위함이다. 내가 "병"이나 "장애"라고만 쓸 때마다, 그럼에도 언제든지 앞서 말한 단어 목록을 휘두르고, 확장하고, 단어 수십 개를 더 추가하고, 그 갈림길을 따라가고, 특정 단어의 특수성을 파고들어 몇 페이지고 쓸 수 있었음을 유념하라. 그렇다면 다시 질문해보자. 그토록 수많은 가능한 의미와 이야기를 약속하는 이러한 만화경적 단어 목록을 앞에 두고, 우리는 왜 우리의 신화와 법, TV 쇼에 이르는 모든 것에서 병과 장애가 언젠가 누릴 가장 생생하고 다채로우며 중요한 경험들로 충만한 삶의 보편적 사실이 아니라, 숨기고 부정해야 하는 우리의 개인적 실패의 부끄러운 잣대라고 주장해왔던 것일까?

이는 수사적인 질문이 아니다. 내가 알고 싶은 건 병이나 장애에 한두 가지 의미밖에 없다고 우리에게 들려주는 것이 누구에게, 또 무엇에 봉사하는지다. 이 땅 위에 살아 있다는 것은 몸의 특이성이 가진 풍요로움 속에서 산다는 뜻이고, 몸을 가짐은 그 몸의 끝없는 필요들에 의해 결정지어진다는 뜻이다. 아무리 좋은 상태라도, 달리 무언가를 갈구하지 않아도, 몸은 너무나 섬세하고 의존적이어서 혼자서는 살아갈 수 없다. 나는 우리 몸이 연약하며 지속적인 돌봄과 지원이 필요하다는 사실과 그럼에도 우리는 마치 그 반대가 진실인 양 세계를 구축해왔다는 사실, 쌍을 이루는 이 사실들을 중요하게 다루고 싶다. 왜 우리는 우리의 불가피한 무능함, 기력의 쇠함, 굴복을 언짢아하며 노골적으로 저버리는 이야기들을, 그런 이야기들이 거짓임에도 우리에게 들려주었을까? 이 거짓말로 누가 덕을, <mark>이익을 볼까</mark>? 병을 웰니스(wellness)**[1]**라는 환상적 규범으로부터 일시적으로 벗어난 상태로 보는 단일한 이야기, 우리는 누구에게도 의존하지 않는 주권적 개인이며 그 주권성을 무너뜨리는 모종의 필요들을 가진 이들을 불쌍해하고 두려워해야 한다고 주장하는 단일한 이야기, 돌봄은 다만 어쩌다 간혹 요구될 뿐이며 돌봄을 실천하거나 필요로 한다는 이유로 돌봄에 의해 정의되는 이들은 덜 귀하고 덜 인간답다고 들려주는 단일한 이야기, 이런 단일한 이야기의 체제하에서 정확히 무엇이 지지되고 심지어 강화될까? 장애를 사랑, 전쟁, 성년됨, 가족, 정체성 등 삶의 이야기를 들려주는 데 반드시 필요한 낯설고도 풍요로우며 강력한 핵심 주제처럼 다룰 <mark>수도 있었</mark>으나, 나쁘거나 나쁘지만 극복할 수 있다면 유용한

---

[1] [옮긴이] 병과 대조를 이루도록 창안된 개념인 웰니스(wellness)는 기존의 건강 개념을 확장해 광범위한 범주에서 접근한 새로운 건강관을 의미한다. 국제웰니스협회의 정의에 따르면, 웰니스는 "전반적으로 건강한 상태로 이끄는 활동, 선택, 라이프스타일의 능동적 추구"로, 다만 신체적·정신적 건강에만 국한되지 않고, 사회적·환경적 관점의 건강 상태까지 포괄한다. 그리하여 웰니스는 병이 없는 상태인 건강을 기반으로 하여 더 풍요로운 삶을 살고자 하는 것을 목표로 한다.

무언가로 취급하며 우리 이야기의 배경으로 밀쳐놓는다면 어떤 결과가 빚어질까?
병과 장애에도 불구하고가 아니라, 오히려 병과 장애 덕분에 활기를 띠고 생기가 도는 이야기들은 어떨까?

내가 가장 좋아하는 "몸"의 정의는, 몸은 지원을 필요로 하는 모든 것이라는 것이다. 음식, 휴식, 수면, 쉼터, 돌봄, 그리고 다른 인간들을 필요로 하는 게 인간의 몸이다. 하나의 전체를 이루는 수많은 수렴과 불일치의 긴장, 공동체의 목표에 의해 추동되고 유지될 필요가 있는 사회적 몸이다. 기대어 의지하고 딛고 솟구칠 견고한 기반이 필요한 물의 몸이다.
나는 이 정의를 축약하여, 몸, 특히 인간의 몸을 그저 무언가를 필요로 하는 것으로 만들고자 한다.
왜냐하면 지원이란 결국 필요의 대상 아닌가. 그게 아니라면 뭐란 말인가?

내 몸이 필요로 가득 차 있는 방식들에 대해 글을 쓰기 시작한 것은 20대와 30대에 걸쳐 10여 년간 상해와 복합적인 만성 질환의 발병으로 내 몸이 장애를 얻었기 때문이고, 지금도 나는 그 후유증 속에 살고 있다(아니면 이것이 시작일까?). 나는 UCLA에서 학사 과정을 끝냈고, 캘리포니아 예술학교에서 미술 석사 과정을

밟았다. 장애인이 되기 좋지 않은 시기였으나, 좋은 시기란 게
있을 리가. 나는 퀴어이자 젠더 논바이너리, 한국계 미국인
2세대 작가, 예술가, 뮤지션으로, 정비공, 간호사, 가정부, 그리고
점쟁이로 이어지는 유구한 혈통을 이어받았다. 이 말인즉슨 나나
내 가족이나 돈이 없으며, 내가 캘리포니아에서 가입할 수 있었던
빈곤층을 위한 변변찮은 건강보험으로는 내 몸이 필요로 하는
돌봄 방식을 취하긴 역부족이었다는 뜻이다. 학교를 통해 받고
있던 좋은 보험이 끊기지 않게 하려고 학교에 남아 두 번째 석사
학위를 땄다. 이 결정은 내게 원금의 두 배 가까운 이자를 포함해
25만 달러가 넘는 학자금 대출이 남아 있음을 의미한다. 죽을
때까지 갚을 수 없을 것이다.
장애인이 된 건 내게 여러모로 교육이었지만, 때로 나는 그것이
기본적으로 의존성을 이해하는 법을 다시 배우는 것에 관한
것이었다고, 우리가 존재론적으로 의존적이고 서로에게 그리고
모든 것과 얽혀 있다는 사실을 어떻게 장애가 있음으로써 결코
무시할 수 없게 되는지에 대한 것이었다고 생각한다. 그것은
시간과 빚이 어떻게 얽혀 있는지에 대한 교육이기도 해서, 시간이
항상 부족하고 아무것도 갚을 수 없는 재정적·신체적 지불 불능
상태로 사람을 계속해서 몰아붙이는, 자본주의가 주관하는
시간과 돈의 불경한 혼인을 장애가 어떻게 망쳐놓는지를
알려주었다. 그것은 서로 다른 종류의 시간을 셈하고, 붙들고,
기다리고, 놓아주는 법을 배우는 것이었다. 여기서 "시간"을
"빚"으로 대체해도 의미는 변하지 않을 것이다.
장애인이 되어가던 몇 년간 — 병과 그에 관한 모든 단어가 침입해
주도권을 장악할 동안 — 시간은 느리고 정성스레 흘러갔고,

별의별 노동을 다 했지만 자본주의적 의미에서 그 시간은 "비생산적"이었다. 말하자면, 그 시간은 불구가 되었다("퀴어"가 그렇듯, "불구"[crip]는 "불구자"[cripple]라는 비하를 의도적으로 탈환하는 용어다. 이는 장애와 관련해 비정상적이라 여겨지는 것들에 반대하는 권한 부여[empowerment] 정치를 제안한다). 난 셀 수 없이 많은 시간을 쏟아부으며 병원을 옮겨 다녔다. 진단명을 얻기 위해, 전문의를 소개받기 위해, 적절한 치료를 받기 위해, 날 진지하게 대하는 권위자를 찾기 위해, 자그마한 공감을 얻기 위해. 약사는 내가 살아 있는 데 필요한 한 달치 약값이 800달러라고 일러주었고, 그건 내 한 달 수입보다 큰 액수였다. 매일 오후, 보험사와 통화하기 위해 대기 순번을 기다렸다. 그들이 안내해준 것이라곤 내가 살던 곳에서 반경 300킬로미터 이내에는 내 보험과 계약한 전문의가 없다는 것이었다. 나는 기다리면서 10년을 보냈다. 응급실에서 의료진의 진찰을 기다리면서, 화장실에서 통증이 잦아들길 기다리면서, 침대에 누워 증상이 완화되길 기다리면서. 의사들, 분야를 막론한 전문의들, 정신과 의사들, 임상심리사들, 침술사들, 물리치료사들, 작업치료사들, 신체심리치료사들, 레이키 실천가들,[2] 영매술사들, 마녀들, 타로 카드 점술가들, 샤먼들을 만나고자 대기실에서 기다렸다. 뿌연 물이 든 양철 팬을 둥글게 흔들며 반짝거리는 것이면 무엇이든 골라내고 있는 사금 채취꾼이 된 기분이었다.

---

[2] [옮긴이] 레이키(reiki)는 '영기'(靈気, れいき)의 일본식 발음으로, 20세기 초 일본에서 창안되어 세계로 전파된 대체의학의 일종이다. 우주 전체가 레이키라는 어떠한 영묘한 생명의 에너지로 가득 차 있고, 레이키 실천가(치료사보다는 실천가라는 용어를 주로 사용한다)가 고객의 신체에 손을 놓아 그 에너지를 전달하면 신체적·정신적·영적인 영향을 끼칠 수 있다고 한다.

나는 답변, 의료적 인정, 완치를 기다렸다.

이 기다림은 또 다른 경험과 얽혀 있다. 나는 고도(Godot)를 기다리는 장면 속으로 꼬꾸라져 들어가 결코 오지 않을 무언가를 기다리며 고독하게 병을 앓고 있었을 뿐 아니라, 그것이 무엇을 의미하는지에 대한 온갖 판단 사이에서 이리저리 튕겨 나가기도 했다. 내 증상들에 당혹스러워하면서 그 증상들의 유효성을 묵살한 의사들에 의해, 계속 노동하라고 요구하는 동시에 내 몸이 그에 지장을 준다고 나를 무가치함의 범주로 깎아내린 사회복지사들과 상사들 그리고 자본주의를 굴리는 바퀴의 다른 톱니들에 의해, 내 상태를 미술사적·문화적 산물이 될 만한 무언가로 바꿔놓고자 몰려든 기관들에 의해, 내가 말하는 만큼 아플 수 있다고 믿지 않은 친구들, 식구들, 연인들 그리고 적들에 의해, 나는 이제 병리학으로 찬란하게 빛나는 것으로 읽히고 말해졌다. 단지 필요로 해야 할 것보다 더 많은 것을 필요로 하는 몸을 가졌다는 이유로. 그렇게 결정한 이들, 몸이 해야 하는 것과 해서는 안 되는 것, 필요로 해야 하는 것과 필요로 하지 말아야 하는 것, 되어야 하는 것과 되어선 안 되는 것을 정한 이들이 나의 지위를 결정했다. 이것은 사실 나의 내적 상태가 생산해낸 지위가 아니다. 크고 작은 수천 가지의 외적 사건, 말할 때의 어조, 제도적인 방식과 그 외 무시와 묵살의 방식들, 나 같은 치들에게 병리학의 이야기를 조금씩 나눠주려고 세워진 메커니즘들이 쌓이고 쌓여서 만들어진 것이다.

아픈 사람으로서 나는 타인들의 지각이 마치 나를 과녁으로, 화살들이 조준·발사되고 꽂혀서 작은 무더기를 이룬 것처럼 내게로 모이고 집적되는 것을 지켜보았다. 화살 하나만 비틀려도 모든 화살이 움직이기 시작했다. 아팠고, 고통은 깊어져갔다. 시간이 지나자 고통이 어디서 왔는지 구별하지 못했다. 그게 내 안쪽 어딘가에서 기인했는지, 혹은 너무 깊숙이 들어온 외부의 무언가 때문인지. 나는 이것이 억압의 이데올로기가 작동하는 방식임을 알게 되었다. 그 이데올로기는 당신에게 스며들어 세포 속으로 파고들어 가 웅크리며 당신을 집으로 삼는다. 나는 또한, 그 고통이 어디서 왔든 그것은 진짜였고, 내 목소리처럼 들렸으며, 이제는 내 안에서 살고 있다는 것을 알게 되었다. 내가 나 자신에 대해 들려주기 시작한 이야기는, 나에 대해 말해지고 있던 이야기였다.

┼

2014년 12월 18일, 돌발통을 겪던 시기에 침대에 누워 장차 「아픈 여자 이론」이 될 글을 쓰기 시작했다. 2015년 내내 이 에세이는 페미니즘계 몇몇 거물이 이끄는 출판사들에서 열 번 넘게 거절당했다. 이후 20대 반자본주의자들이 자발적으로 운영하는, 광고 없는 웹진 『마스크』(지금은 폐간되었다)에서 제 집을 찾았다. 당시 받은 고료 81달러는 『마스크』가 작가에게 준 최고 금액이었다. 수십만 번 조회되며 『마스크』에서 최다 조회수를 기록한 글 중 하나가 되었지만, 광고가 없었기에 돈을 번 이는 아무도 없었다. 이후 팬들이 10여 개의 언어로 번역했고, 전 세계 마녀들의 집회, 해커스페이스, 퀴어 미용실, 불구 공동체를 통해 퍼져나갔다. 명망 있는 출판사들이 발간한 선집에 포함되었고(그중 하나는 처음에 출간을 거절했던 사람이 편집했다), 널리 인용되고 언급되었으며, 교육 현장에서 활용되었다. 의과 대학의 윤리 수업에서부터(반자본주의 관련 내용은 삭제된 상태였는데, 아마 예비 의사들이 너무 많은 "정치"와 마주치지 않도록 하려는 게 이유였던 것 같다) 종교학, 디자인, 문학, 페미니즘 이론 강의들(이곳들에서는 반자본주의자가 되라고 학생들을 가장 맹렬하게 자극하는 텍스트 중 하나로 회자되었다)까지 두루 망라하면서 대학 내 다양한 학과의 강의계획서에 올라가 있다.

놀라운 반응이었다. 내 상태가 나를 엄습했을 때 나는 너무 외로웠고, 출간을 거절당하기만 하던 그 첫해는 내가 느껴온 두려움을 확인시켜주었다. 내가 겪은 병의 경험은 연결되어 있다는 감각이나, 공동체 혹은 같은 일을 겪고 있을지도 모르는 다른 누군가와의 관계로 완화하는 것이 거의 불가능할 것이라는 두려움을. 하지만 소수가 아닌 수많은 이들이 이 문제를 얼마나 긴급한 것으로 느끼고 있는지를 보여주는 증거가 지금, 여기에 있었다. 2015년 말, 로스앤젤레스의 한 페미니스트 공간에서 일반 청중을 모아놓고 「아픈 여자 이론」의 초고를 읽었던 때에 이렇게 되리라는 걸 알았어야 했다. 막 『마스크』 게재가 결정된 후 출판을 준비할 요량으로 친구, 동료 몇몇과 몇 가지 아이디어를 시험해보고 싶어 기획한 행사였다. 공간 담당자가 페이스북에 행사를 공지하자 며칠 만에 신청자가 500명을 돌파했다. 충격적이었다. 해당 공간이 서른 명가량밖에 수용하지 못해 더 많은 사람을 받을 수 있는 장소로 옮기려고 서둘렀다. 비메오에 올린 90분짜리 강연 영상이 몇 달 만에 조회수 10만을 넘겼다. 충격의 연속이었다.

몇 년에 걸쳐서, 아프고 장애가 있다는 사실이 뭘 의미하는지에 대한 일종의 절박한 분노로 나를 위해 시작했던 것이 활기를 띠며 정치로 바뀌어갔다. 막 태동한, 그러나 결정적인 의식의 충격이 나를 보살피는 공동체로 이끌었다. 나는 그들을 향해 손을 뻗었고, 그들은 나를 발견했다. 나는 그들을 나의 불구팸(crip fam)이라 부른다. 이들만이 내가 지금껏 소속감을 느낀 유일한 집단이다. 비록 우리가 전 세계에 흩어져 있고, 우리의 우정은 비동시성, 비대면 의사소통, 그리고 먼 거리로 특징지어지지만 말이다. 왜냐하면 우리는 언제나 서로의 한계와 돌발통을 조율해야 하고, 이 과정은 언제나 비장애중심주의(ableism)가 우리를 갈라놓는 방식과의 조율이기도 하기 때문이다. 우리는 이메일을 주고받고, 긴 음성 메시지를 남기며, 수많은 밈을 보낸다. 식료품, 책, 의료용품을 주문해 서로에게 보낸다. 불구 친구의 집에서 디너파티가 열리던 어느 날 밤, 나는 돌발통 때문에 2층에 있는 침대를 떠날 수 없었다. 계단을 오를 수 있는 불구들은 올라와 침대로 모여들어 나와 함께 있으면서, 1층에 남은 휠체어 사용자인 불구들과 페이스타임으로 파티를 즐겼다. 내가 가본 최고의 디너파티였다, 식탁엔 한 번도 가보지 못했지만.

불구 공동체에서 그 무엇보다 소중한 것은 상호 의존, 지원, 상호 원조다. 그러나 불구이면서 불구에 대해 정치적이려면 분노와 체념을 균형 있게 유지해야 한다는 것 또한 우린 뼛속 깊이 이해하고 있다. 불구이면서 불구에 대해 정치적이라는 것은 의존적이라는 것이 무엇을 의미하는지를, 우리의 자율성에 대한 이해 방식 자체를 재정의하는 것이다. 이는 우리가 생각하거나 어쩌면 원하는 것보다 훨씬 더 연약하고 의존적이라는 것,

몸들이 때때로 견딜 수 있을 법한 수준보다 훨씬 더 기이하고 결함이 많다는 것, 견뎌야 하는 고통이 좆같이 끔찍하다는 것, 그리고 사회가 우리를 죽음으로 몰아넣어 왔기에, 때로는 우리의 몸마저도 우리를 죽음으로 몰아넣는다고 느껴질 수 있기 때문에 우리가 죽음과 가까이 있다는 것을 굴하지 않고 직시하기를 요구한다는 뜻이다. 우리가 무언가를 할 수 없는 모든 방식, 우리가 앞으로 무언가를 할 수 없을 모든 방식, 바로 이 지점을 출발점으로 어떤 정치적 꿈이 출현할 수 있을까?

—

우리의 이야기들 때문에 살아 있는 것은 아니지만, 이야기를 들려줌으로써 이야기가 우리를 탄생시키고 또 재탄생시킨다는 건 맞는 말이다. 때때로 다시 태어날 필요가 없는 사람이 어딨겠는가? 이 책을 쓰기 시작할 때, 나는 내가 어떻게 장애인이 되었는지에 관한 이야기를 들려주려 한다고 생각했다. 그렇게 내 삶을 지배해온 경험을 담아낼 수 있을 만한 언어로 손을 뻗었고, 그 손 뻗음은 지독하고 맹렬했다. 이 난장판이 내 몸이 아닌 무언가에 담길 필요가 있었기 때문이다. 그 경험은 짊어지고 다니기엔 너무 무거웠다. 단어 하나하나, 문장 하나하나로 그것을 끄집어내고, 내 살과는 다른 형식에 집어넣는 것은 그것을 소화하고 흡수하는 데 도움이 되었다. 이것이 내가 빠져 있는 구멍에서 나를 꺼내주진 않았지만, 구멍을 구멍 이상의 무언가로 만들었다. 이러한 수용성(capaciousness)의 감각을 발견한 건 정말로 기적 같았다. 변형을 위한 수용력(capacity),

그럼으로써 의미가 바뀔 수 있을 만한 수용력이야말로 가장 많은 것을 주고, 산출하고, 생산하고, 실로 가장 **유의미하다**. 그리하여 이 책을 쓰는 10년 동안 내 이야기가 마술적으로 탈바꿈하는 것을 지켜보면서, 내가 병이나 장애에 관한 단 하나의 이야기를 찾아서가 아니라 이것이 하나 이상의 이야기가 될 방법을 찾아 손을 뻗고 있었음을 깨달았다.

그러한 탐색 과정에서 다른 사람들이 쓴 글에서 병을 추적했고, 나 자신과 내가 포착한 언어를 위치시킬 수 있는 별자리와 작은 우주를 구축하고자 경험담, 기록, 문헌을 여럿 살폈다. 찾아낸 것이 많지 않아서 이상했다. 살면서 병을 앓지 않는 이는 없고 우리 모두가 장차 장애인이 될 것이기 때문이다. 이미 찾아낸 것들도 죄다 비슷한 인상을 주었다. 잡다한 단어 목록이 글을 여러 방향으로 끌고 가기보다는, 단지 몇 단어만이 나타나 진부한 궤적을 그리고 있었다. 고통이 눈앞을 가렸다, 불안이 옥죈다, 모든 장애인은 자신이 짐이라 느낀다 등등. 장애인이라는 것에 대해 내가 사실이라 알고 있던 것처럼 여러 봉우리와 골짜기를 오르내리는 대신에, 그 단어들은 낮은 곳 하나로 하강한 다음 성공을 향해 상승하는 결말을 강요하는 기승전결 서사들에 봉사하도록 끼워 맞추어져 있다. 무수한 소리를 내는 교향곡에 귀를 기울였지만 한두 가지 음만 들려온다는 건 얼마나 불안스러운 일인가.

작가 자신도 모르게 편견, 선입견, 불쾌한 의견이 글에 스미는 걸 언제 볼 수 있는지 당신은 알고 있다. 취한 사람이 본인 윗도리에 뭐가 묻었다는 걸 알아차리기 전에 그가 흘리고 있다는 것을 당신이 알아채는 것과 비슷하다. 병에 관한 이야기들을 찾아보기 시작하자마자 나는 윗도리 가슴팍에서 번져가는 비장애중심주의의 얼룩들을, 작가가 그것을 눈치채지 못했던 순간들을 알아차렸다. 내가 읽은 병에 관한 이야기들에는 수많은 틈, 구멍, 비약, 그리고 작은 방 안의 거대한 코끼리가 설명되지 않은 채 있는 것 같았다. 나는 작가나 예술가가 선하고, 순수하고, 윤리적으로 무결한 사람이길 원하지도, 필요로 하지도 않는다. 그들에게 빈틈과 구멍, 비약이 있을 수 있다. 그들의 사과나 속죄, 처벌은 필요 없다. 내가 정말 원하는 것은, 그들의 신념이 그들을 의도치 않은 곳으로 데려갈 때, 그들의 행동이 그들이 무비판적으로 흡수해 이제는 부지불식간에 표현되는 이데올로기적 믿음에 의해 결정될 때, 정직하게 그에 대해 설명하기를 두려워하지 않는 작가와 예술가다. 그들이 내게 이러한 공백의 를 내놓지 않는다면, 나는 적어도 어떻게를 원한다. "당신은 어떻게 그 생각에 다다랐습니까?" 난 계속해서 물었다.

＋

비장애중심주의에 대한 정의는 여럿이다. 그것들 전부를, 특히 장애인이 정의한 것들을 찾아보기를 권한다. 내가 제일 좋아하는 것 중 하나는 탈릴라 루이스의 정의다. 작업 중인 정의(working definition)❸로 매년 업데이트되기 때문에 세계와

---

❸ [옮긴이] 연구나 논의 과정에서 일시적으로 채택하는 정의를 의미한다. 완전하거나 최종적인 정의가 아니라, 현재의 작업이나 논의 목적에 맞게 실용적으로 사용하기 위해 설정된 잠정적 정의로, '작업 중'(work in progress)인 상태를 의미한다. 즉, 현재 유용하게

탈릴라의 생각이 변화하면 그에 따라 정의도 변한다. 2022년의 정의는 다음과 같다.

비장애중심주의able·ism /ˈābəˌlizəm/ 명사: 정상성, 생산성, 바람직함, 지능, 탁월함, 적합성에 대한 사회적으로 구축된 관념들에 기반해 사람들의 몸과 정신에 가치를 부여하는 체계. 이렇게 구축된 관념들은 우생학, 흑인 혐오, 여성 혐오, 식민주의, 제국주의, 자본주의에 깊이 뿌리내리고 있다. 이 체계적인 억압은 사람들과 사회가 문화, 나이, 언어, 외형, 종교, 출생지 혹은 거주지, "건강/웰니스", 그리고/혹은 충분히 재/생산하는 능력, "탁월하게 수행하는" 능력, "행동하는" 능력을 바탕으로 사람들의 가치를 규정하도록 이끈다. 비장애중심주의를 경험하는 데 꼭 장애인일 필요는 없다.

만일 당신이 이 정의에서 한 가지만 기억할 수 있다면 마지막 문장이 좋겠다.

우리는 지난 10년간 앞서 언급한 억압과 지배 이데올로기들에 대한 대규모의 심판을 목격했다. 그 이데올로기들의 면전에서 블랙 라이브스 매터 운동과 미투 해시태그 운동이 일어났고 퀴어와 트랜스젠더의 기본적인 존중, 자유, 권리를 위한 투쟁이 주류로

사용될 수 있지만, 새로운 발견이나 이해가 더해짐에 따라 지속적으로 수정될 수 있는 '진행형' 개념이라는 점을 강조한다.

진입해 자리를 얻었다. 전 지구적으로 기후 변화를 가속화하는 기업 및 제국주의적 착취에 반대하는 봉기들이 계속 일어났고, 파시즘 및 권위주의 체제에 대항하는 반란들 또한 여섯 대륙의 거리에서 선동되어왔다. 심지어 남극 근해의 선박 위에서 여성들의 행진이 벌어지기도 했다.

하지만 우린 비장애중심주의를 철폐하자는 시위가 이 정도 규모로 일어나는 것은 아직 보지 못했다. 물론, 장애 정의 활동가들은 지금껏 활동해왔고 여전히 그러고 있으며 앞으로도 계속할 테다. 그러나 우리의 노력이 아직 전 세계로 물길을 뻗지는 못했다. "장애"와 같은 용어에 대한 대중의 이해는 고장 나고 제 기능을 못 해 교정이 필요한 몸이라는 의학 모델에 여전히 기반해 있다. 장애인을 대하는 방식에 대한 통념들은 노골적인 우생학까지는 아니더라도 흔히 유아화(infantilization)에 젖어 있다. 주류로 들어온 비장애중심주의 철폐 주장은 대체로 피상적인 수준에 그친다. 이를테면, 의도했건 아니건 한 유명인이 장애인을 비하하는 표현을 사용하고 그에 대해 사과하는 등 단어 사용을 두고 벌어지는 사소한 논란을 떠올려보라.

나는 기다리고 있다. 점점 조급해진다.

나는 계속해서 같은 질문으로 되돌아온다. 비장애중심주의가 우리에게 대체 뭘 주기에 우리는 그것을 쉽게 놓지 못하는 걸까? 우리는 왜 비장애중심주의를 이토록 가까이 두고 그 진부한 궤적에 매달릴까?

무모하지만 추측해보자면, "비장애중심주의"(ableism)라는 용어에 코드화된 "능력"(ability)이라는 단어는 능력 없음(disability)이라는 상태

위에 놓인다. "장애/능력 없음"이라는 단어에서 제일 중요한 부분은 정확히 **아님**(not), **부족함**(lack), **떨어져 있음**(apart from)을 의미하는 **없음**(dis)이다. 장애는 내가 떠올릴 수 있는 다른 어떤 정치적 상태보다 자신의 몸으로부터 더욱 타자화된 상태이자 동시에 몸에 극히 가까이 있는 상태를 기술한다. 이는 몸의 필요들과의 근본적 마주침, 몸의 자율성이 제한되고 의존성이 결정되는 방식들과의 근본적 마주침이다. 그리고 이 의존성, 이 필요의 존재론이 몸을 권력의 매트릭스 — 몸이 어떻게 권력을 갖는지, 혹은 갖지 못하는지, 이러한 권력의 유무가 어떤 종류의 물질적 조건들을 결정하는지 — 에 얽어맨다. 이 몸은 자신의 운명을 결정할 권력이 있는가? 이 몸이 자신의 생존, 지원, 자원, 번영을 보장할 권력을 갖고 있는가? 장애를 염두에 둔다면 이 질문들에 대한 대답은 보통 **아니요**다. 바로 이것이 장애를 정치적으로 만든다. 정치적인 것은 무엇보다도 권력에 관한 것이기 때문이다. 누가 권력을 갖는지, 누가 갖지 못하는지, 그 이유가 무엇인지, 그렇다면 이에 대해 무엇을 할 수 있는지. 장애인 공동체가 비장애중심주의에 봉사하는 기만적 표현으로 간주하는 "다른 방식으로 유능한"(differently abled)이란 완곡한 표현을 누군가 사용하자 불구인 친구 하나가 이렇게 대답했던 것처럼 말이다. "야, 그 **없음**(dis)이란 부분 때문에 정치적인 거거든."

장애라는 범주에 들어갈 수 있는 수많은 방식이 있다. 태어날 때부터 있던 상태일 수도 있다. 사고로 생긴 상해일 수도 있다. 오랜 병의 점진적 악화일 수도 있다. 꼭 질병이나 질환일 필요는 없다(스스로를 장애인이지만 아프지는 않다고 여기는 이들은 내가 이 책에서 계속 그 둘을 통사론적으로 그리고 동의어로 혼용하는 것에 대해 반대할지도 모른다. 이는 적절한 비판이고, 그렇기에 아마 충분치 않겠지만 이 범주가 얼마나 방대한지에 대해 다시 답변해보고자 한다). 또한 동의할 수 없는 진단일 수도 있다. 회복했으나 여전히 모니터링, 조정, 약물, 치료가 필요한 병일 수도 있다. 진단된 것이든 아니든, 수십 년 동안 존재했던 어떤 상태를 성인이 되고 한참 지난 뒤에야 깨달은 것일 수도 있다. 그것은 이 모든 것일 수 있다. 이 목록은 그야말로 넘쳐난다. 그럼에도 불구하고, 나는 장애가 어떤 식으로 찾아오든 조만간 모든 사람들에게 도착할 것이라는 장애인 공동체 사람들의 예고에 동의한다. 어떤 면에서는 이 한없이 비균질적인 범주가 모든 사람의 가장 보편적인 상태다. 다른 사람들보다 그 지평에 좀 더 가까이 있는 사람이 있을 뿐이다. 장애는 항상 거기에 있으며, 질문은 만약이 아니라 언제 그것이 당신에게 도착할지가 되어야 한다. 장애는 다른 어떤 정치적 정체성과도 다르다. 이 행성의 모든 이가 언젠가 퀴어가 되거나 비백인이 되거나 여성이 되거나 식민지화되는 것은 아니지만, 장애인은 될 것이다.

그 무수한 차이들과 광범위한 총체성에도 불구하고, 장애라는 범주에 어떤 방식으로 들어오든 일단 그 안에 있다면 그때부터 그는 비장애인과 근본적으로 그리고 물질적으로 다른 존재다. 이를 피할 방법은 없다. 장애인이 되면, 앞서 언급한 긴 단어 목록에 속하게 되면, 이는 그 단어들에 (아직) 속하지 않은 사람과의 뚜렷한 실제적 차이가 된다. 절름발이인 것은 당신이 움직이려 할 때마다 느껴지는 어떤 것이다. 아프다는 것은 통증, 열, 콧물, 구토, 두통과 씨름하지 않아도 된다는 것과 명백히 갈라져

다른 길을 가는 것이다. 정신적으로 아프다는 것은 매일매일의 수행 능력을 현저하게 저하시킨다. 계단 오르기, 문 열기, 물건 나르기, 언어 처리하기 등을 할 수 없다는 것은 한 사람의 삶 전체를 정의한다. 당신에게 어떤 형태의 장애가 찾아오더라도 그것은 분투, 고통, 무능함, 한계, 아픔을 가져올 것이다. 그것은 이 행성에서 살아남으려 노력하기 같은 기초적인 과업조차 불가능한 것처럼 보이도록, 실제로 불가능하도록 만들 것이다. 때로는 오늘 할 일의 목록에 "밥하기"와 "샤워하기" 따위를 포함시켜야 하고, 때로는 거기에 완료 표시를 할 수 없게 될 것이다. 병과 장애는 상태로서, 지금 할 수 없는 것을 측정한다. 그리고 병과 장애는 이정표로서, 최종 목적으로서, 예언으로서, 앞으로 언젠가 우리가 더 이상은 할 수 없는 것이 무엇일지를 점지한다.

이것이 우리가 비장애중심주의를 필요로 하는 이유다. 비장애중심주의는 우리의 몸들이 우리에게 불복종할 것이고, 오작동할 것이고, 악화할 것이고, 도움을 필요로 하게 될 것이고, 너무 비싸질 것이고, 끝내 움직이길 멈출 때까지 쇠할 것이고, 죽을 것이라는 가장 잔혹한 진실로부터 우리를 보호한다. 비장애중심주의는 이것이 진실일 필요는 없다고, 아니면 적어도 미연에 방지하고 저지할 수 있다고, 이것이 온전히 우리의 의지에 달려 있는 것이라고 우리로 하여금 믿게 해준다. 비장애중심주의와 그에 따른 환상들은 우리의 능력들, 우리의 몸들이 언제나 우리 수중에, 우리의 통제하에 있다는 듯이, 그리고 몸들이 우리가 원하고 필요로 할 때, 원하고 필요로 하는 방식으로, 원하고 필요로 하는 만큼 오랫동안 기능할 것이라는 듯이 우리가 작동하게 해준다. 물론, 우린 그 반대를 믿기보다는 이쪽을 믿기를 더 선호한다.

다름 아닌 비장애중심주의 덕분에 우리의 임박한 한계들과 필멸이라는 사실로부터 안전하게 격리되어 보호받을 수 있다면, 무슨 수로 비장애중심주의가 해악, 차별, 억압의 이데올로기이니 비난해달라고 사람들에게 요청할 수 있겠는가? 아무리 기만적이고 현혹적이라고 해도 무슨 수로 비장애중심주의가 우리에게 제공하는 따뜻한 위안을 집어치우라고 사회에 요구할 수 있겠는가? 비장애중심주의적 체계를 무너뜨린다면, 우리가 고통을 겪게 될 모든 방식, 우리가 고통 속에 있게 될 모든 방식, 우리가 하고 싶은 것을 할 수 없게 될 모든 방식, 그리고 결국 불가피하게 우리가 죽게 될 모든 방식이라는 실제와 우리 자신 사이에 어떤 완충재도 남지 않게 될 텐데, 거대한 규모로 사람들에게 그것을 무너뜨리자고 박차를 가하려면 어떻게 해야 할까? 우리의 최후를 직시하면서도 계속 나아갈 방법을 찾는 그런 정치를 우리는 어떻게 구축할 수 있을까?

이는 감당해내기 힘든 과업이다.

내가 생각할 수 있는 유일한 방법은 "우리 함께합시다"라고 말하는 것뿐이다.

꜀

한때 헤비메탈의 서로 다른 장르를 친구에게 설명하려고 한 적 있다. 헤어 메탈, 글램 메탈, 블랙 메탈, 슬러지 메탈, 스피드 메탈 등 갖은 종류가 존재하고, 각각 고유한 특성, 형식, 관심사, 리듬을 가진다.

그때 나는 내가 특별히 좋아하는 메탈을 이렇게 설명하고 있었다. "데스 메탈은 빠르고 둠 메탈은 느려." 물론 이 사실이 꼭 메탈에만 해당되는 것은 아니다.

☦

2011년 8월 8일, 패서디나의 한 병원에서 외할머니가 임종을 맞이할 때 나는 거무죽죽한 보랏빛으로 부풀어 오른 그녀의 손을 잡고 있었다. 침대 위에서 그녀 어깨에 머리를 기대고 옆에 누운 채. 외할머니는 하루 정도 의식이 없었고, 몇 달 동안 병원에서 지내왔다. 외할머니는 여든여덟 살이었고 나는 스물일곱 살이었다. 그녀의 숨소리가 옅어지는 동안 그녀와 연결된 기계들의 수치들이 줄어들고 떨어지는 것을 지켜보았다. 숫자들이 점점 낮아지며 계기판들이 더 작은 폭으로 까딱거렸다. 숫자는 절대로 다시 올라가지 않을 것이었다. 그녀의 마지막 숨결은 그 무엇보다 흐릿했다. 우린 몇 달 동안이나 그 순간을 예상해왔지만, 생의 마지막 순간은 매우 빠르게 일어났다. 기억하기론, 숨을 거둔 직후 그녀가 곧바로 잿빛으로 변한 것처럼 보였다. 하지만 그럴 리가 없다. 내가 보고 있는 것에 뇌가 어떤 의미를 부여함으로써 내가 평생 알던 누군가가 더는 여기에 없을 것이라는 이해 불가능한 상황을 처리하도록 도와준 것이었으리라. 병원 직원이 사망 관련 행정 절차를 진행하려고 병실에 들어왔을 때, 나는 밖으로 나가 병원 주변을 천천히 걸었다. 오후였고, 나는 8월의 로스앤젤레스의 태양을 향해 눈을 가늘게

떴다. 하늘색 리넨 원피스를 입고 있었던 것은 맞을 텐데, 걷는 중에 울었는지는 기억나지 않는다. 며칠 내내 울었고 몇 년 동안 울겠지만, 당시 걷는 동안에는 시멘트의 색, 병원 건물 벽면에 발린 베이지색 미장 벽토, 햇볕에 바랜 관목, 내 원피스가 하늘과 어우러지는 모습 같은 것만 눈에 들어올 뿐이었다. 아마 눈물에는 색이 없어서, 그래서 이 기억 속에서 눈물을 볼 수 없나 보다.

2018년 4월 30일, 엄마가 죽었다. 엄마는 예순세 살을 맞이하고 두 달 조금 안 된 때였고 나는 5일 뒤 서른넷이 될 예정이었다. 우린 7년간 한 번도 만나지 않았고, 2002년 이후로는 어쩌다 가끔 이야기를 나누는 수준이었다. 내가 열여덟이던 해에 나는 엄마가 술과 마약을 끊기 전까지는 관계를 유지할 수 없다고 선을 그었다. 엄마는 끝내 술도 마약도 끊지 못했다. 그래서 나는 엄마와 왕래하지 않았다(물론 여전히 왕래가 있었지만 그 관계는 우리 중 어느 누구도 원하던 것이 아니었다). 한평생 나는 엄마의 죽음을 예비했다. 매일 하교하면서 나는 엄마의 차가운 시신을 발견하게 될 것이라고, 그녀가 스스로 목을 매 영혼이 빠져나간 모습을 발견하게 될 것이라고 마음의 준비를 하곤 했다. 종종 이런 짓을 벌일 기미를 보였기 때문이었다. 그러나 마음의 준비를 했다고 실제 죽음이 좀 더 이해할 만한 것이 되진 않았다. 엄마는 내가 내 몸으로 느껴본 가장 근본적인 경험들 중 일부였다. 그녀는 내 얼굴을 구타하는 주먹이었고, 코카인 냄새였고, 결코 울음을 그치지 않는 듯했으며, 내게 하늘과 바다, 그리고 내 마음을 읽는 법을 가르쳐준 사람이었다. 그러니 그녀의 몸이 더는 존재하지 않을 것이란 사실을 대체 어떻게 납득할 수 있었을까?
여기서 나는 외할머니가 성인이 된 이후 내내 나에게도 유전될 만성

질환을 앓았다는 점을 말하고 싶다. 엄마가 신체장애를 갖고
있었고 신경다양인이었을 뿐만 아니라, 각종 만성 질환을 몸에
달고 살았으며 그 후유증을 내게 물려주었다는 점도 말하고
싶다. 외할머니는 돌아가시기 전 몇 년 동안 휠체어를 탔고, 내가
어릴 때부터 엄마는 지팡이를 짚었으며, 나 역시 여태 둘 모두
사용해왔다고 말하고 싶다. 이것들은 내가 받은 유산의 일부다.
나는 둘 중 한 사람이 죽을 때 그녀의 손을 잡고 있었고, 다른
한 사람의 손은 오래전에 놓아버렸지만 우리는 여전히 여러
방식으로 서로를 붙잡고 있다.

내가 이토록 격렬한 장애 활동가가 된 건 아마 그게 사후적으로
엄마를 구하는 일이기 때문이라는 생각을 한다. 엄마가 겪은
고통에 대해 가족이 들려준 이야기는, 꾀병을 부렸다, 관심을
끌고 싶어 했다, 정신병자다, 감당하기 버겁다, 나약한 사람이다,
라는 식의 지배적이고 진부한 비장애중심주의적 이야기였다.
나는 성인이 되고서 다른 이야기를 찾아 나섰다. 엄마가 죽은 후
그녀의 일기를 읽으며 가족 구성원들을 인터뷰하기 시작했다.
나는 탐정이 된 양 그녀가 왜 그렇게 슬퍼하고 힘들어했는지,
왜 결코 술과 마약 중독에서 벗어날 수 없었는지 이해하려
애썼다. 그 과정에서, 엄마가 20대 초반에 교제하던 남자에게
학대를 당했으며, 방에서 자고 있을 때 그 남자가 집에 침입해
침대에 불을 질렀다는 것을 알게 되었다. 엄마가 간염에 걸린 건,
그 남자가 엄마를 강제로 쓰러트리고 엄마가 저항하는데도
엄마에게 더러운 바늘을 찔러 넣었기 때문이라는 것도 알게
되었다. 엄마의 행동이 언제 어떻게 변했는지, 언제 엄마가
마약을 시작했는지에 관한 설명을 토대로 나는 엄마가 10대 때

어쩌면 반복적으로 성폭행이나 성추행을 당했을 것이라고 믿게 되었다. 내가 이모나 아빠에게 이를 넌지시 말할 때마다 그들은 믿지 못하겠다며 비웃는다. "걔 그냥 버릇이 없었을 뿐이야"라고 말하면서. 나는 소리 지르며 대꾸하고 싶다. "버릇이 없어서 지저분한 방구석의 망가진 매트리스 위에서 혼자 죽을 때까지 술을 마셨다고?" 나는 엄마가 아빠를 만났을 무렵 아마 엄마를 학대했던 사람이었을 한 남자랑 싸구려 모텔 방에서 살고 있었다는 것을 알게 되었다. 그 방이 머릿속에 그려진다. 얼룩진 카펫, 침대에 널브러져 있는 마약. 엄마가 아빠를 만났을 무렵 유산을 했다는 것, 의사를 만나고 집으로 돌아온 어느 날 밤 변기에 앉아 있다가 어째선지 의사가 놓쳤던 죽은 쌍둥이 중 하나가 조직 덩어리와 피바다 속에서 자기 몸에서 빠져나오는 모습을 엄마가 지켜보았다는 것도 알게 되었다.

2023년 10월 10일, 한국인인 친할머니가 아흔네 살의 나이로 임종을 맞이할 때 나는 그녀의 손을 잡고 있지 않았다. 당시 나는 서른아홉 살이었고, 할머니는 알츠하이머 환자를 위한 요양원으로 막 거처를 옮긴 터였다. 할머니가 요양원의 직원들을 계속 공격해대는 바람에 직원들은 할머니의 손톱을 짧게 깎아야만 했다. 그들은 할머니를 "말썽꾼"이라 불렀다. 할머니는 키가 147센티미터였다. 돌아가시기 2년 전 아흔두 살의 나이에도 자신의 정원에 직접 콘크리트를 부었다. 내가 할머니 집을 방문할 때마다 내 부드러운 이두박근을 꼬집고는 자신의 근육이 얼마나 단단한지 느껴보라며 내 손을 자기 팔로 가져가곤 했다. "봐봐, 나 세지. 네 팔쯤은 부러뜨릴 수도 있어." 할머니는 말했다. 그녀는 스물여덟 살에 미국에 왔고, 33년 동안 병원 청소부로 일했으며, 단 하루도 휴가를 낸 적이 없었다. 할머니가 죽기 전 몇 주간, 아빠는 할머니와 할머니의 장남(마찬가지로 알츠하이머를 앓고 있던 아빠의 형이자 나의 삼촌)을 에어비앤비로 임대한 집으로 이사시켰다. 두 사람이 함께 살던 집에 찰스 디킨스 소설에서나 나올 법한 정도로 쥐가 들끓었기 때문이다. 주 정부는 그 건물에 철거 명령을 내렸다. 아빠는 공기총으로 쥐를 아홉 마리나 쏴 죽였지만 별 타격을 주지는 못했다고 말했다. 카펫과 소파는 물론, 한국 가정에서 흔히 볼 수 있는 두루미 자수가 놓인 비단 방석에 쥐 수백 마리가 들끓었다.

에어비앤비에서 지내게 된 이후로 할머니는 자신의 사랑스러운 닭들을 아빠가 집 뒷마당에 남겨두고 오는 바람에 더는 볼 수 없게 되었다는 사실에 혼란스러워하고 분노했다. 할머니는 닭을 보러 간다며 차를 훔쳤다. 그 차가 자기 것이고 집까지 운전해 갈 수 있을 줄 알았던 것이다. 그러다 체포되었다. 그보다 일주일 전에 아빠가 동네를 잠시 뜬 사이 체포되기도 했는데, 이야기할수록 모호해져서 그 세부적인 이유는 모른다.

우리는 캘리포니아에서는 치매를 이유로 5150[4] 조치를 취할 수

---

[4] [옮긴이] 5150은 캘리포니아 복지 및 기관법(WIC)에 성문화된 조항으로, 정신 질환자, 발달장애인, 만성 알코올 중독자 등 정신 건강에 심각한 장애가 있는 사람에 대한 비자발적 치료로서 적절한 평가가 이루어질 때까지 최대 72시간 동안 정신과 시설에 수용할 수 있다고 명시하고 있다. 자신이나 타인에게 위험하거나, 심각한 장애가 있는 경우에 가능하다. 72시간의 평가 이후에는 귀가 조처를 내리거나 최대 14일간 집중 치료를 받게 하는 5250을 적용할 수 있다.

없다는 것을 알게 되었다. 또한, 개인의 위험 정도를 측정하는 방식과 병원과 감옥 중 어디에 수용할 것인지에 있어서 "자살 경향성"과 "살인 경향성"을 구분한다는 것을 알게 되었다. 할머니는 자살을 원한 것이 아니었기에 병원에 모시고 갈 수 없었다. 할머니는 너무나 당당하게 아들들을 죽이고 싶어 했다. 할머니는 아빠에게 자는 동안 죽여버리겠다고 위협했다. 아빠가 여러 차례 찍은 영상에는 할머니가 부엌에서 칼을 마구 맞부딪치며 한국어로 욕을 내뱉는 모습이 담겨 있었다. 영어로 말할 때면 "네까짓 게 뭔데?"라고 묻곤 한다. 내가 어릴 적 아빠는 자신이 할머니에게 야구 방망이로 자주 맞았다는 이야기를 들려주었다. "내가 맞아본 것 중 제일 아팠던 건 우리 엄마한테 맞았을 때였어," 그는 이렇게 말하곤 했다. 아빠는 수많은 남자들 ― 형, 여러 계부들, 엄마의 남자 친구들 ― 에게도 맞았는데, 이 사실이 할머니가 제일 아프게 때렸다는 아빠의 주장을 언제나 한층 더 충격적으로 만들었다.

할머니가 돌아가시던 순간에 나는 할머니를 보러 비행기를 타고 캘리포니아로 가려고 여행 가방을 싸고 있었다. 부고를 접하곤 여행 가방에 털썩 주저앉아 흐느꼈다. 며칠 차이로 그녀를 놓친 것이다. 얼마 후, 나는 할머니와 소통하기 위해, 제때 도착하지 못해 미안하다고 전하기 위해, 할머니의 삶과 유산을 기리겠다는 다짐을 전하기 위해 한국인 무당과 굿을 했다. 무당은 굿을 시작한 지 몇 초 만에 멈추고는 말했다. "하이고, 할머니 성격 좀 보게? 완전 탱크구먼!"

우리는 웃었다.

"맞아요," 내가 말했다. "우리 할머니가 그래요."

알츠하이머는 할머니의 정신을 부식시키며 밑바닥까지 갉아먹었다. 할머니는 항상 화가 나 있었고, 고집불통이 되었고, 부산스레 굴면서 가만히 앉아 있거나 조용히 있질 못했다. 누구의 지시도 받지 않으려고 했다. 누가 그녀의 독립성을 침해하려 들면, 그녀가 손을 뻗는 첫 번째 선택지는 그를 죽이는 것이었다. 뭔데? 자신의 엄마와 형의 보호자로서 아빠는 상황이 더 나빠질 때까지 아무것도 하지 않는 게 최선의 행동 방침이라고 생각했다. 아빠는 그들을 집에만 있도록 했고 간호사를 고용해 일주일에 몇 번 들르게 했다. 집은 어쩌다가 쥐로 들끓게 되었을까? 상황이 더 나빠지기를 기다리면, 정말로 그런 결과가 나오기 때문일 것이다. 죽음은 빠르다. 파멸(doom)은 느리다.

✢

나는 장애가 "죽음보다 더 나쁜 운명"이라는 관념 뒤에 놓인 비장애중심주의에 대해 말해보고 싶다. 그런데 장애와 병이 삶의 가장 보편적인 사실들인 이상, 그게 운명들 아닌가?

✢

아홉 살 때 나는 수면제를 한 움큼 삼키고 죽으려고 소파에 누웠다. 그건 선택이었던 만큼이나 선택이 아니었다. 내 이야기는 내가 동의하지 않은 장소들과 조건들에서, 동의하지 않은 사람들과 함께 시작되지만, 그럼에도 그것들은 나의 것이다. 거기엔 엄마,

외할머니, 아빠, 친할머니가 있다. 그들은 나의 유령들, 나의
아곤**5**이다. 나는 거기에 있었다. 그날 밤, 내 삶에서 내가 원했던
것과 원하지 않았던 것이 계속 짊어지고 가기에 너무 부담스러운
무언가로 허물어져 내렸고, 그래서 무슨 수를 써서라도 그것을
제거해야 한다는 생각이 필연적이고 불가피하다고 느껴졌다.
나는 삶이 내게 줄 수 있는 그 엄청난 것들에 대해 아직 충분히
이해하지 못한 상태였고, 그때까지 이해한 삶의 무게 때문에
계속 앞으로 나아갈 방법을 찾을 수 없었다. 삶은 "왜 나야?"라는
질문을 동등한 두 극단 속에서 느끼게 했다. 내 삶이 비범한
것이며 우연과 행운이 가져다준 기적이라는 하나의 극단과,
선택권 없이 이곳으로 내던져진 가장 근원적인 짐이라는 다른
하나의 극단 속에서.

부모님과 동생은 잠들어 있었고, 시각은 새벽 1, 2시, 어쩌면
3시쯤이었다. 처방전 없이 구매할 수 있었던 수면제라 어차피
나를 죽이지 못했겠지만, 그때는 그것을 알지 못했다. 수면제를
삼키고 눈을 감았다. 구멍이 숭숭 난 소파 위에 역시 구멍이 난
낡은 수건들이 덮여 있었다. 구멍들이 구멍들을 덮고 있는
꼴이었고, 그림자 속에서 모든 게 기름때 탄 더러운 흰색으로
보였다. 의식을 잃기 시작했을 때, 지금이 내가 조금이라도 의식이
있을 마지막 순간이리라는 사실이 선명하게 느껴졌다. 그때
일어나 앉았고 뱃속에서 약효가 끓어오르면서 공황에 빠졌다.

---

5 [옮긴이] agon. 고대 그리스어에서 유래한 단어로, 투쟁, 갈등, 경쟁 등을 의미한다. 운동
경기나 시합이라는 뜻이자, 연극, 특히 비극에서 주요 등장인물들 간의 대립과 갈등을
의미하는 용어로도 사용되었다. 이 문맥에서는 단순한 적대자의 의미보다는 끊임없이
씨름해야만 하는 정신적·감정적 투쟁과 갈등을 내포하고 있는 관계를 암시하고 있다.

화장실로 달려가 거울 속 나를 바라보았다. 벌어진 입과 겁에 질린 두 눈. 그 순간에 내가 무슨 생각을 했고, 무엇을 느꼈고, 무엇을 결심했거나 결심하지 않았는지는 모른다. 아마 좆까라고 생각했던 것 같다. 어쩌면 끔찍한 실수를 저질렀구나라고 생각했던 것도 같다. 나는 아이였다. 이 기억을 자주 떠올리지는 않으려고 한다. 아마도 계속 살아가기 위해서일 것이다. 그러니 이것은 내가 나에 대해 들려주곤 하는 이야기에 속하지 않는다. 그런 이야기를 지금 들려주고 있다.

그다음엔 그 어떤 영적인 일도 일어나지 않았고, 은총 같은 것에 가닿지도 않았다. 오직 완전한 어둠에 대한 기대가, 그다음에는 그것의 도착만이 있었다. 선형적이고 인과적이었다. 이전에 일어난 일 때문에 이후에 일이 일어난 것이었다. 죽는다는 것은 너무 평범해서 애처롭지도 않았다. 다만 툭 하고 실없이 이는 작은 슬픔의 소리였다. 의식은 주어졌다가 빼앗기는 것, 언젠가 다시는 돌려받지 못할 것이구나, 의식을 잃어가며 이런 생각을 했다.

그러나 다음 날 두통과 함께 비틀거리며 일어난 나는 내가 저지른 짓을 누구에게도 말하지 않고 그저 옷을 챙겨 입은 뒤 학교에 갔다. 삶은 계속되었다. 그리고 언젠가 멈출 것이었다. 하지만 현재로서는 무언가가 일어났고, 이어서 또 다른 일들이 일어났다.

이 사건이 내게 아로새긴 것은 다음과 같은 지식이다. 죽음은 낭만적이지도 않고 웅장하지도 않을 거야, 죽음은 늘 지척에 있는 조그마한 것일 뿐, 사실은 말이지, 아주 가까이에 있어서 어느 순간이든 네 손을 뻗어 움켜쥘 수 있어, 네가 원한다면 할 수 있어, 그렇게 멀리 뻗지 않아도 돼, 자, 어서, 바로 거기에 있어, 너무도 가까이에, 무엇이 네 앞을 가로막고 있는 거지? 정말 그런 게 있다면, 네 앞을 가로막고 있는 게 정확히 뭘까?
이 깨달음은 그 후 내 삶의 모든 날마다 나를 따라다녔다.
 따라다닌다는 말은 마치 목줄 채운 작은 동물이 내 뒤를 쫓는 것 같으니 아마 정확하지 않을 테다. 그것은 내 앞, 주변, 위, 아래에도 있기 때문이다. 그것은 일종의 대기나 기후 같은 것이다. 어디에나 존재한단 점에서 완전하지만, 나는 때때로 그것을 잊을 수 있다.
점점 나빠지는 날씨처럼.

―

나는 조앤 디디온과 그녀의 유명한 문장, "우리는 살기 위해 우리 자신에게 이야기들을 들려준다"로부터, 다소 적대적으로 시작하려 한다. 이 문장이 떠오를 때마다 이렇게 질문하게 된다. 누가 인가? 누구의 이야기들이 말해지고 있는가? 어떤 종류의 삶이 살아지는가? 이로부터 나는 또 질문한다. 누가 자신의 죽음에 관한 이야기를 들려줄 수 있는가? 직접 들려줄 수 있는 자기 소유의 이야기들, 죽음들을 갖지 못한 이는 누구인가?
삶이 전혀 삶으로 기술되지 않고 그저 죽음보다 더 나쁜 운명으로 기술되는 우리는?
디디온을 알고 지낸 사람들에 의하면, 그녀는 자신이 무엇을 생각하는지 알아내기 위해 글을 썼다고 한다. 그녀의 죽음 이후 그녀를 성인화(聖人化)하는 분위기가 생기면서 이것은 이제 글쓰기 자체에 대해 이야기할 때 선호되는 방식이 되었다. 이를테면, 글쓰기가 당신 스스로를 표현하기 위한 행위가

아니라, 당신에 대하여 그전까지 알지 못했던 무언가를 찾아내는
행위라는 식이다. 나도 이런 식의 관념이 좋다. 글쓰기를 통해야만
알 수 있는 미지의 무언가를 허용하는 듯 매력적으로 들린다.
이런 식의 글쓰기는 내면을 전면화한다. 표면에서 전달하는 바를
위해서가 아니라 깊은 곳에서 기다리고 있는 어떤 신비를 위해서
우리가 다다르고 신뢰해야 하는 내면을 말이다. 어둠에 다다르면
끝내 그것은 명료함이라는 일종의 밝은 빛으로 보답한다.
그러나 이것이 내가 글을 쓰는 이유는 아니다. 나는 무엇이 생각
가능한 것인지 알아내기 위해 글을 쓴다. 생각의 변화, 즉
확장될 수 있는 그 기적적인 수용력을 좇는 것이다. 한 구절,
한 문장, 한 문단을 지면에 써낼 때, 평서문이 아닌 의문문으로
쓴다면, 저 단어가 아닌 다른 단어라면, 다른 문장구조, 다른
어휘, 다른 구두점이라면 생각에 어떤 일이 일어날지 지켜보는
것이 나를 전율시킨다. 생각한다는 것이 무엇을 해낼 수 있을지
알고 싶다. 그것이 무엇을 만들고, 파괴하고, 타개하고, 보호하고,
위반하는지, 어떻게 칼, 주먹, 키스, 우물, 지도, 열쇠가 될 수
있을지 알고 싶다.
내가 원하는 건 아마도 무언가가 변화하는 모습을 지켜보는 것인
듯하다. 이것이 바로 내 몸이 느끼는 방식이기 때문이다. 하나라고
들었던 무언가는, 실은 수많은 것이었다. 불가지(不可知)를 향해
계속해서 뻗어나가는 무언가, 깨부숴진 무언가, 그 부서짐 속에서,
오, 나는 무엇이 되었는가.

"들려주다"(tell)는 이 책의 제목에서 가장 중요한 단어다. 당신은 미래를 들려주듯, 시간을 들려주듯, 내게 당신의 이름을 들려주듯, 이야기를 들려준다.

우리는 고대 그리스어나 한글부터 수학 및 양자역학에 이르는 수많은 언어를 창안해왔다. 삶을 통해 우리 자신과 서로를 지탱하는 느낌으로부터 의미를 만들어내기 위해서다. 점술이 그중 하나다. 나는 점술을 미래에 무엇이 가능할 수도 있을지 알려는 욕망으로 이해한다. 그래서 점술은 너무 터무니없는 것으로 느껴진다. 미래는 존재하지 않는다. 아직은. 우리는 미래를 들려줄 수 없다, 즉 알 수 없다. 그렇지만 우리는 마치 알 수 있는 것처럼 살아야만 한다. 나는 미래를 과거와 현재에 의해 던져진 아른거리는 빛으로 이해하는 작업 중인 정의에 이르렀다. 우리의 물질성은 중력, 작용과 반작용, 운동에 관한 물리 법칙에 의해 결정된 종착점들을 가리킬 때 가장 반짝이는 듯하다. 점술이 묻는 질문은 다음과 같다. 우리는 이미 결정된 것으로부터 벗어날 수 있는가? 운명이냐 자유 의지냐를 묻는 것이다. 당신이 손에 든 이 책은 내가 운명을 나의 손에 쥐려고, 운명의 페이지들을 넘기며 읽어나가려고, 그 날것의 재료에 의해 던져진 아른거리는 빛으로부터 의미를 점치려고 노력한 기록이다. 이는 일반적인 믿음과 달리 운명과 의지가 대척점에 있지 않을 수 있다는 것을 받아들이는 것이다. 나는 이것들이 더욱 자주 서로의 위에 포개지며 서로에게 수렴하고 서로를 구성한다는 것을 깨달았다. 그렇게 이 책은 같은 정도로 읽기이자 쓰기인 행위였다.

나 자신의 이야기를 쓰는 노력만큼이나 다른 이들의 이야기를 읽는 것을 동등하게 대우하는 행위이자, 또 반대로 나 자신의 이야기를 마치 다른 사람이 쓴 듯 읽는 행위인 것이다. 나는 오랫동안 거부되어온 이야기들, 들려준다 해도 우리가 살아가는 데에는 도움이 되지 않으리라 우려했던 이야기들을 찾으려 애써왔다. 그 이야기들을 들려주는 것이 더 적은 삶이 아니라 더 많은 삶을 만들어냈음을 깨달았다.

장애인으로서 이 책을 썼기에, 나는 고통에 흠뻑 젖은 어느 하루의 지리멸렬함, 가난과 씨름하고 시간을 흥정하며 살아가는 어느 삶의 고단함, 의료-산업 복합체에 의해 무너질 때의 고적감과 생각한다는 것이 공존할 때, 계단으로 몇 층을 오른 뒤 오늘분의 에너지가 소진되었을 때조차도 생각한다는 것이 일어날 수 있다면 그게 무엇을 해낼 수 있는지도 알고 싶었다.

이 책을 쓰는 데 10년이 걸렸다. 이것은 하나의 완전한 생각으로 향하는 길을 보여주는 문서라거나, 처음에 제기된 질문에 대해 마지막에 답변이 이루어지는 종류의 글이 아니다. 이 책은 답변보다 더 많은 질문을 제기한다. 이것은 내가 생각했던 것이 아니라 생각한다는 것이 무엇을 할 수 있는지에 대해 내가 발견해온 것이자, 모든 모순, 밤을 지새운 그 모든 노력, 내 마음이 변화하던 모든 방식들이다. 이 책은 전력 질주하고, 주유(周遊)하며, 잘못된 버스 정류장에 나를 내려주고, 멈춰 섰다가는 뒤로 간다. 길을 잃고, 길을 잃은 채로 있다. 이 책은 집(home)으로 돌아가지 않는다. 집이 결코 피난처였던 적이 없기 때문이다. 누가 그 집(house)을 지었지?

무엇보다 이 책은 궁극적으로 나를 고통, 운명, 파멸, 죽음에 대한

질문들로 이끌었던 화두들, 즉 병, 장애, 비장애중심주의,
돌봄이라는 주제들을 선회하는 수많은 이야기를 들려주기
위해 접해왔던 다양한 언어들의 아카이브다. 이 모든 것이 나를
30센티미터짜리 자지들, 정신병 걸린 여자들, 유령들, 수전 손택,
트랜스성, 주술, BDSM의 길로 데려왔다. 이러한 여정들에서
인상적이고 성마른 멋진 인물들, 그러니까 더 프릭, 더 고블린,
여사제, 여왕을 만났다. 나의 언어들은 이 길들에 의해, 내가 이
길들에 의지하는 이유나 맥락에 의해 형태를 갖추고 또 형태가
바뀌기에, 그리고 내 삶은 소란스러웠기에, 불협화음을 예상해야
할 것이다. 이따금 나는 살아남기 위해 글을 썼다. 나의 나날에서
다른 모든 목적이 사라졌을 때 글쓰기만이 유일하게 의미 있는
것이었기 때문이다. 예컨대 엄마가 죽은 후 방에서 나던 냄새,
벽에 걸려 있던 물건, 슬픔으로 모든 게 무의미해졌을 때 붙잡을
만한 것 같은 하찮은 내용을 자잘하게 기록했고, 그것들은
노트에 처음 적었던 그대로 이 책에 나올 것이다. 다른 부분들은
작업에 2년, 잊으려 애쓰는 데에 2년, 수정하는 데에 4, 5, 6년을
들여서야 그것들이 무엇이 될 수 있을지 이해할 수 있었다. 가끔은
이해하기 위해서가 아니라 더 복잡하고 혼란스럽게 만들고자
글을 썼다. 또 가끔은 가장 두려운 것을 파고들며 썼고, 가끔은
쓰기를 그저 즐겼다. 가끔은 점성술의 언어를 사용한다. 그것이
삶을 살아가며 부딪히는 어려움을 명확하게 표현하기 위해
우리가 고안한 가장 탄탄하고 유연한 언어들 중 하나임을 알게
되었기 때문이다.[6] 그리고 가끔 내가 원한 건 다만 섹스와 폭력,

---

[6] [지은이] 그리고 점성술을 "믿지 않는다"라고 말하는 이들에게 나는 답할 것이다, 당신은 말할 줄 모르는 모든 언어를 믿지 않는가? 미적분, 과라니어, C++를 믿지 않는가?

야망, 내 살갗이 달아오르는 방식들에 대해 쓰는 게 전부였다. 수년간 나는 이 책이 내 이름으로 세상에 나가는 것이 신경 쓰였다. 돌봄과 병에 대한 규범적 미학은 내 바이브가 전혀 아니기 때문이다. 나는 고스족 킹크[7] 여왕님, 둠 메탈을 연주하는 호모 말자지 씹탑이다. 다른 부류의 무드보드(mood board)인 것이다. 돌봄은 너무 가정적이고 모성적인 것이 되었으며, 양육과 이타성에 관한 통념들에 결부되어 있다. 그러나 장애가 있는 것과 돌봄을 요한다는 건 몸에 관한 가장 끔찍한 공포를 지속적으로 상대하는 것이다. 고장 난 수도꼭지처럼 쏟아지는 설사, 조각조각 갈라진 피부, 너무 많은 양의 고름, 멈추지 않는 출혈, 검은 재처럼 엉겨붙은 피는 물론, 통증으로 산산조각 난다거나 더 나아갈 수 없어 멈춰 서는 장소로서 필멸의 한계를 마주하는 숭고적 공포는 말할 것도 없다. 이 책은 병이 삶의 어두운 뒤편이라는 수전 손택의 유명한 통념에 어느 정도 영향을 받았으나, 책의 중심 목표 중 하나는 어슴푸레하나 매혹적인 단 하나의 어둠 속에 너무 오래 머무르지 않는 것이다. 어둠의 종류만큼이나 수많은 종류의 빛이 존재한다. 나는 그중 할 수 있는 한 많은 것을 찾아 붙잡고 당신에게 들려주고 싶다.

나는 파멸을 대화로 끌어들여 그것이 끝이 아니라 시작할 장소임을 보여주고자 한다. 파멸을 해방적이라고 생각하기 시작하고부터, 나는 그것이 미래에 드리울 때 조성하는 두려움에서

---

[7] [옮긴이] kink. 전통적인 성 행위의 틀에서 벗어난 다양한 성적 취향이나 행위를 사슬이나 밧줄의 꼬이거나 비틀린 모양새에 빗대어 가리키는 말이다. 킹크는 BDSM과 관련지어 언급되는 경우가 많지만 반드시 고통이나 폭력을 동반하는 것만은 아니며, 역할극, 특정한 의상이나 상황에 대한 선호, 감각 자극 등에 흥미를 느끼는 것도 킹크에 포함될 수 있다. 당사자 간의 동의와 신뢰를 바탕으로 한다.

자유로워졌다. 우리 중 얼마나 많은 이들이 이미 자신의 파멸을 맞이하고도 다시 침대에서 일어나 계속 살아가야 했을까? 얼마나 많은 사람이 그들의 세계가 끝났음에도, 계속해서 끝나가는 와중에도, 서로를 위해 밥을 해줄 방식들을 찾았을까? 행동하기 위해 먼저 희망부터 요한다면 얼마나 특권층에 속하는 것일까? 희망이 누릴 수 없는 사치였음에도 책을 쓰고 음악을 짓고 노래를 했던 이들은 어떤가? 그들은 계속해서 노래한다.

내가 이 책을 쓰던 시기에, 세계는 우리가 감당할 수 있는 것보다 더 잔혹해진 것 같았다. 우리는 그래도 어떻게든 감당해야만 한다. 코로나19 팬데믹이라는 전 지구적 보건 위기 및 대규모 장애화 사건이 벌어지는 동안 이 책을 팔았다. 교정을 마무리할 즈음 코로나19에 걸렸다. 팍스로비드[8]의 쓴맛이 입안에 남아 있는 가운데, 창밖 날씨는 더욱 혼돈에 휩싸이더니 갑작스레 폭풍우가 쏟아지다가 밝은 햇살이 터져 나오고, 30초 만에 다시 어두컴컴해져 창문을 전부 다시 닫아야 했다. 뉴스는 참극들과 알고리즘이 선택한 스킨케어 광고로 드글거렸다. 나는 팔레스타인 집단 학살 소식에서 밀레니얼 세대에 대한 밈으로 스크롤을 내렸다. AI는 내 은행 계좌가 한도 미만이라는 알림을 보내왔다. 이러한 현실에서 글쓰기는 나의 동반자였고, 견딜 수 없다고 느껴지지만 그럼에도 견뎌야만 할 때 동행하던 것이었다. 마침내 세상에 글을 내놓는 나의 바람은 이 글을 내 것이라 주장하는 것이 아니라 필요로 할 수도 있는 모든 사람에게 이 글이 동반자가 되는 것이다.

---

[8] [옮긴이] Paxlovid. 코로나19 치료를 위해 2021년 말부터 사용되기 시작한 경구용 항바이러스제다.

건강, 지원 그리고 신체적·사회적 몸들을 둘러싼 새로운 패러다임들을 구축하는 것이 긴급하다고 느끼는 사람들이 늘어나고 있으며, 그들은 사회적·정치적 변혁의 길을 적극적으로 모색하고 있다. 그렇지 않으면 적어도 후기자본주의를 살아내는 것이 좆같이 힘들다는 사실에 대한 인식을 간구하고 있다. 이 책은 앞의 문장 어디에서건 자기 자신을 발견할 이들을 위한 것이다. 이 책은 부서짐들(돌파하여 나아감과 무너져 내림), 냄새들과 새어 나옴들, 헐떡임들과 딱지들, 휘몰아침들과 짜임새 있는 구조들, 운명들과 신들, 우리를 찢어발기고 구부러뜨리는 모든 것에 관한 책이다. 이 책은 어떻게 우리의 필요들이 곧 우리의 존재론인지에 관한, 즉 고통에 관한 책이자 돌봄에 관한 책이다. 이 책은 우리가 우리를 담아내기 위해 손을 뻗는 단어들에 관한 책, 우리 자신과 서로를 다만 살아 있도록 할 뿐만 아니라 다시 태어나도록 하기 위해 들려주는 이야기들에 관한 책이다. 이 책은 의지와 운명을 충돌시키는 언어로 쓰였고, 우리가 만들고 다시 만들어내는 그 날것의 재료로 쓰였고, 우리가 그것을 붙들고 이용하는 방식으로 쓰였으며, 우리가 이 지구에서 우리의 연약하고 자그마한 무게중심을 끌고 다님에 따라 그 날것의 재료가 우리를 데리고 다니는 모든 길에서 쓰였다.
제목의 묘미는, 우리는 우리가 어떻게 죽을지 들려줄 수 없다는 것, 그렇지만 이미 항상 들려주고 있다는 것이다. 그렇다면, 그 역설적인 이야기의 공간에서 무엇을 말하는 것, 아는 것, 만드는 것, 의미하는 것, 행하는 것이 가능할 수 있을까? 다른 말로 하자면, 몸은 우리가 우리의 삶들을 써 내려가는 지면이다. 그러니 그 지면에, 그 이야기에, 그 모든 것에 함께 손을 뻗자, 그것이

최후를 맞을 방식들에까지. 그 이야기를 전부 들려주자, 가능한 모든 버전을 들려주자.

여기서 지켜보고 살펴보자, 그게 어떻게 변할 수 있는지를.

편집자가 묻기를,

    "왜 고통스러워야 하나요?"

파트너가 묻기를,

    "왜 그렇게 싸워대는 거야?"

청중이 묻기를,

    "그런데 당신 작업의 어둠에서
    희망은 어디에 있나요?"

조상들이 묻기를,

    "너는 왜 네 고독이란 거짓말을
    손으로 할퀴어대느냐?"

정부가 묻기를,

    "벌레들을 먹이는 데 귀하의 몸을
    사용하도록 해주시지 않겠습니까?"

내가 묻는다.

    "나는 무엇을 써 내릴 수 있을까?"

아픈 여자 이론

1

2014년 말 나는 상태가 나빠지면 며칠에서 몇 주, 길게는 몇 달 동안 걷지도, 운전을 하지도, 일을 하지도 못하고, 때로는 말을 하지도 알아듣지도 못하며, 다른 이의 도움 없이는 샤워를 할 수 없고, 침대에서 벗어날 수도 없는 만성 질환을 앓고 있었다. 이 돌발통의 시기와 블랙 라이브스 매터 시위가 일어난 시기가 우연의 일치인지 겹쳤다. 나는 할 수만 있었다면 그 시위에 빠짐없이 참여했을 것이다. 당시 나는 로스앤젤레스의 맥아더 공원에서 한 블록 떨어진 곳에서 살았는데, 주로 라틴계 사람들이 사는 이 동네는 많은 이민자가 미국 생활을 시작하는 곳으로 통했다. 당연히 맥아더 공원은 로스앤젤레스에서 가장 활발한 시위 장소들 중 하나였다.

나는 우리 집 창문 너머로 들려오는 행진의 소리를 들었다. 침대에 들러붙은 상태로 나는 나의 아픈 여자 주먹을 연대의 표시로 치켜들었다.

연대는 미끄덩거리는 것이어서 다루기 어렵다. 고립 상태에서는 연대를 느끼기 어렵다. 침대에서 고통에 휩싸인 채, 나는 집에 홀로 처박혀 있는 사람인 내가 참여할 수 있는 종류의 연대는 어떤 것일지를 생각하기 시작했다. 아프고 장애가 있는 사람들에게는 어떤 양태의 시위가 가능할지를 생각하기 시작했던 것이다. 나는 나처럼 시위에 가담하지 못한 많은 사람들, 어떤 면에서 시위가 접근 불가능한 것이어서 갈 수 없었던 많은 사람들, 시야 밖에서 보이지 않은 채 주먹을 치켜들고 있었을 그 모든 보이지 않는 몸들에 대해 생각했다. 블랙 라이브스 매터 시위가 특히 필요한 사람들이 바로 그 많은 이들일지 모른다는 생각이 들었다. 나는 그들이 그 행진에 참여하지 못할 법한 상황에 대해 생각했다. 일하러 가야만 했기에, 아니면 행진에 참여할 경우 직장에서 해고될 위협에 시달리고 있었기에, 아니면 말 그대로 수감되어 있었기 때문에 행진에 참여할 수 없었을 사람들에 대해 생각했다. 그들은 어느 시위에서건 존재하는 폭력 및 경찰의 잔혹함이 가하는 위협 때문에 행진할 수 없었을 수 있다. 그들의 몸은 과잉-가시적인 것과 비가시적인 것, 표식된 것과 표식되지 않은 것이 기이하게 수렴하는 장소였기에, 이러한 수렴으로 인해 그들의 몸이 위험한 취약성을 예시하게 될 것이기에 시위에 가지 못했을 수 있다. 그들은 자신의 병이나 장애 때문에, 혹은 병이나 장애를 가진 누군가를 돌보고 있었기 때문에 시위에 참여하지 못했을 수 있다. 이런 사람들이 다수였고 우리는 주요한 면에서는 서로 달랐지만, 우리가 거기에 있지 않다는 것은 우리 모두에게 해당하는 사실이었다.
한나 아렌트의 정치적인 것에 대한 정의 ― 여전히 주류 담론에서 가장 지배적인 정의 중 하나인 ― 를 받아들인다면, 즉 공적으로

수행되는 모든 행동을 정치적인 것으로 간주한다면, 우리는
그 정의가 무엇을 그리고 누구를 배제하는지에 대한 함의들과
맞붙어야만 한다. 공적으로 현재하는 것이 정치적이기 위해
필요한 것이라면, 인구의 상당수 전체가 단지 물리적으로 자신의
몸을 거리로 옮겨놓을 수 없다는 이유만으로 무정치적이라고
간주될 수 있다.

내가 밟은 대학원 과정에서 아렌트는 일종의 신과 같은 존재였기
때문에 나는 정치적인 것에 대한 그녀의 정의가 급진적으로
해방적이라고 생각하도록 훈련되었다. 물론 그 당시(1950년대
후반)에는 해방적이었을 테다. 그녀는 법, 투표, 선거 인프라의
필요에 의해, 그리고 정책에 영향을 미칠 수 있는 권력을 축적해온
개인들에 대한 의존에 의해 정의되는 정치적인 것을 단박에
제거했다. 즉, 아렌트는 정책에 대한 필요를 제거했다. 그전까지는
어떤 행동이 정치적이고 그리하여 가시적인 것으로 간주될 수
있으려면 그 모든 것이 필요했다. 그런데 아렌트가 이렇게 말한
것이다. 아뇨, 그냥 당신의 몸을 거리로 옮겨놓으세요, 그러면
짜잔, 그게 정치적인 것입니다.

하지만 여기에는 두 가지 패착이 있다. 첫 번째 패착은 그녀가 "공적인
것"에 의존한다는 것으로, 공적인 것은 사적인 것을, 즉 가시적인
공간과 비가시적인 공간의 이분법을 요한다. 이는 사적인 것에서
벌어지는 그 어떤 일도 정치적이지 않다는 점을 의미한다.
그러므로 예컨대 당신은 당신의 배우자를 사적으로 때릴 수
있으며, 이는 아무런 문제가 되지 않는다. 당신은 인종차별적인
비하 표현을 포함하는 사적인 이메일을 보낼 수 있지만 그 메일은
"공적인 것을 의도하지" 않았기에 당신은 인종차별주의자가

아니다. 아렌트는 모든 것이 정치적인 것으로 간주될 수 있을 경우 아무것도 정치적으로 여겨지지 않을 것임을 염려했다. 이런 불안 때문에 아렌트는 정치적 공간과 그렇지 않은 공간을 나누었다. 하지만 이러한 불안 때문에 아렌트는 [특정] 집단 전체를 희생시켰고, 그들을 계속 비가시성과 정치적 무관계성으로 몰아냈다. 아렌트는 그들을 계속 정치적 영역에서 몰아내기를 선택했다.

이런 이유로 아렌트를 비판한 것은 내가 처음이 아니다. 아렌트가 제시한 정치적인 것에 대한 관념의 패착은 1960년대와 70년대의 시민권 운동과 페미니즘에서 드러났다. "개인적인 것이 정치적인 것이다"라는 당시의 슬로건은 "사적인 것이 정치적인 것이다"라는 말로도 읽힐 수 있다. 사적으로 행해지는 모든 일은 당연히 정치적이기 때문이다. 당신이 얼마나 샤워를 오랫동안 하는지, 샤워할 때 따뜻한 물을 사용할 수 있는지, 샤워가 끝난 후에 당신이 정리를 하는지 아니면 다른 누군가에게 돈을 지불하고 청소를 맡기는지 등등, 이 모든 것이 정치적이다.

아렌트의 정식화에는 또 다른 문제, 공적 공간에 관한 오늘날의 담론에 줄곧 등장하는 문제가 존재한다. 주디스 버틀러가 2015년 강연 "취약성과 저항"에서 말했듯이, 아렌트는 누가 공적 공간에 들어오도록 허용되는지, 즉 공적 공간이 누구의 책임하에 있는지를 설명하는 데 실패했다. 공적 공간은 권력, 통제, 감시의 인프라들로부터 절대 자유롭지 않다. 사실 공적 공간은 그 인프라들에 의해 구축된다. 버틀러의 말대로, 공적 시위와 관련하여 항상 참인 것이 하나 있다. 경찰은 이미 시위 장소에 있거나 그곳으로 오고 있다는 점이다. 블랙 라이브스 매터 시위의 맥락을 고려해보면 이러한 사실은 공포스러운 힘을 상기시킨다. 시위에서, 특히 흑인의 목숨이 그런 폭력에 종속되어서는 안 된다고 주장하며 시작된 시위에서, 흑인의 목숨에 가해지는 불가피한 폭력은 많은 이들이 시위 현장에 나타날 수 없다는 이유로 시위 현장에 나타나지 못하게 만든다. 이를 공적 공간에 대한 접근 불가능성의 다양한 형태들과 엮어보라. 그리고 거기에 더 많은 접근(access)과 지원을 필요로 하는 신체적·정신적 질환들과 장애들을 엮어보라. 우리는 많은 이들이 자신을 위한 시위에 참여할 수 없다는 사실, 즉 그들이 정치적 주체로 가시화될 수 없음을 뜻하는 그 사실과 싸워야만 한다.

시위가 한창이던 2014년 몇 주간, 우연히 내 텀블러 대시보드에 올라온 게시글이 하나 있었다. 이런 취지의 글이었다. 모든 장애인들, 아픈 사람들, PTSD나 불안 장애 등을 지닌 사람들에게, 오늘밤 우리와 함께 거리에서 저항할 수 없는 이들에게 전합니다. 당신들의 목소리를 귀담아 듣고 있습니다. 당신들의 목소리는 소중합니다. 당신들은 우리와 함께하고 있어요. 좋아요. 리블로그.

2014년에 있었던 시위들에 관한 저 마지막 문단을 쓴 이후로, 셀 수 없이 많은 봉기가 세계 전역에서 일어났다. 온라인으로 출판할 이 텍스트의 개정본을 준비하던 2022년의 몇 주 동안, 러시아가 우크라이나를 침공했다. 그 원고가 최종 편집에 들어가 책으로 제작되려던 와중에, 이스라엘은 팔레스타인에서 대량 학살을 자행하고 있었다. 마감 일주일 전 에런 부슈널이 시위 중 분신자살했다. 이후로도 몇 년간, 또 다른 참극은 발생할 테고 사람들이 그에 맞서 저항을 조직하는 방식들을 따라가며, 아마

나는 책의 두 번째 판본이나 기념판을 위해서 글을 쓸 것이다.
나는 아마 분노하면서도 소진돼 있고, 절망하면서도 행동하기로
결심할 것이다. 나는 거리에서 흔들리는 휴대폰으로 찍은
동영상들을 보고 있을 것이고, 링크를 공유하고 그런 소식들만
강박적으로 새로고침 해대며 보고 있을 것이다. 그러다가 전쟁,
억압, 대량 학살의 이미지들이 화면 가득 나타나는 것을 보며
지쳐 울면서 로그아웃하겠지. 다른 많은 이들과 마찬가지로
나도 주로 소셜미디어를 통해 21세기의 봉기들에 참여해왔다.
좋아요를 누르고, 공유하고, 리포스트를 하고, 고펀드미 같은
상호 원조단체, 자선단체 들에 기부하면서. 이는 나로 하여금
인터넷에 만연한 감시를, 있다는 걸 알고는 있지만 볼 수는 없는
그런 힘을 떠올리게 한다. 나아가 이는 디지털 공간이 어떻게
공적 공간을 확장함과 동시에 축소해왔는지 떠올리게 하는데,
그 결과로 사적인 것과 공적인 것 사이의 구분은 더욱 더 폐색되고
혼란스러워진다. 나는 코로나19가 우리의 몸들은 배제한 채,
우리의 삶들을 디지털 공간에 어떻게 전례 없는 방식으로 밀어
넣었는지를 떠올려본다. 그리고 몸이 실재하는 방식을, 그러니까
몸은 중력을 받고, 욕구를 지니며, 존나 비싸다는 걸 떠올려본다.
나아가 이러한 사실이 이 세계를, 시적인 만큼이나 문젯거리인
세계를 형성한다는 사실도.

이런 생각을 하고 있자면 나는 내 몸 때문에 마음이 무겁다. 이 몸이
어떻게 생겨먹었는지, 이 몸이 백인으로 패싱되는 피부와 뼈
안에 그 한국계 미국인스러움을 어떤 방식으로 지니고 있는지에
대한 생각으로 마음이 무겁다. 이런 사실이 내 몸을 데려갈 수
있는 곳과 그럴 수 없는 곳, 내 몸이 가시화되는 방식과 그렇지

못하는 방식과 관련하여 의미하는 바를 떠올리면 마음이 무겁다. 나는 나의 몸에, 그리고 나와 비슷하게 생긴 다른 이들의 몸에 자행되었던 폭력 때문에 마음이 무겁다. 그리고 나와 닮지 않은 사람들을 떠올리면, 그들에게 어떤 폭력이 가해지는지, 또 왜 가해지는지를 떠올리면 마음은 더한층 무거워진다. 나, 그리고 아프고 장애가 있는 다른 이들의 몸들이 이러한 시위들에 참여하기 위해서는 무엇이, 어떤 종류의 지원이 필요한지, 그리고 그런 지원들이 어찌하여 없는 것인지 생각하면 그 무게는 가중된다. 폭력의 모든 뉘앙스, 폭력이 특정 집단에 자행되는 수많은 방식과 그 이유를 떠올리다가도, 이내 폭력의 총체성을 떠올리면 무엇보다도 그 총체성이 가장 무겁게 느껴진다.

지난 수년간 여러 시위에 참여하면서 행진할 수도, 팻말을 들 수도, 구호를 외칠 수도, 정치적 존재로서 그 어떤 전통적인 역능을 통해서도 가시화될 수 없는 가운데, 아픈 여자 이론의 핵심 질문이 형성되고 다듬어져왔다. 침대에서 나갈 수 없다면 어떻게 은행 창문에 돌을 던질 것인가?

2

나는 만성 질환을 앓고 있다. 만성 질환이 어떤 의미인지 알지 못하는 이들을 위해 설명하자면, "만성"(chronic)이라는 단어는 "시간"을 뜻하는("연대기"[chronology]를 떠올려보라) 그리스어 "chronos", χρόνος에서 유래했다. 특정 맥락에서는 "일평생"을 뜻하기도 한다. 그러므로 만성 질환은 일평생 지속되는 병이다. 다시 말해 낫는 병이 아니다. 완치란 없다.

그리고 시간의 무게, 시간의 질감, 시간의 운율이 존재한다. 이건 당신이 매일 시간을 느낀다는 뜻이다. 아주 드물게, 나는 마치 무언가가 나를 세상에서 뽑아낸 것만 같은 어떤 순간에 사로잡히곤 한다. 몇 분 동안, 어쩌면 귀중한 몇 시간 동안 내 병들에 대해 생각하지 않았다는 걸 깨닫는 그런 순간에. 이런 망각의 순간들이야말로 내가 알기론 축복에 가장 가까운 것이다. 만성 질환을 앓으면 삶은 끊임없이 에너지를 아껴서 나눠 쓰는 일로 전락해버린다. 당신이 어떤 일을 하든 에너지가 든다. 직접 밥을 해 먹거나, 옷을 입거나, 이메일에 답장하는 것에도. 만성 질환이 없는 사람들, 당신들은 에너지를 마음껏 쓸 수 있고, 뒷일은 생각지 않아도 된다. 얼마가 드는지 비용은 별 문제가 아닌 것이다. 한정된 자원을 가진 우리 같은 이들은 에너지를 아껴서 나눠 써야만 하고, 공급은 제한되어 있으며, 종종 점심을 먹기도 전에 고갈된다.

때때로 이런 질문이 뇌리를 스친다. 자기 몸에 대해 생각하지 않아도 되는 사람들이 있을까? 어떤 조건들, 어떤 지원들이 이 세계에서 공모해 그들에게 그런 일이 가능했는지 궁금해진다. 왜 나 같은 사람에게는 해당되지 않을까? 왜 그렇게나 많은 사람들에게는 가능하지 않을까?

앤 츠베트코비치는 이렇게 썼다. "최소한 미국에서만큼은 우울증의 원인을 생화학적 불균형에서가 아니라 식민주의, 대량 학살, 노예제, 법적 배제, 우리의 모든 삶에 서려 있는 일상적인 분리와 격리의 역사에서 찾을 수 있다면 어떨까?" 나는 여기서 "우울증"이라는 단어를 모든 정신 질환으로 바꾸고자 한다. 이어서 츠베트코비치는 "대부분의 의학 문헌은 연구 대상으로 백인 중산층을 상정하는 경향이 있다. 이들에게는 몸이 안 좋다는 것이 대개 불가사의한 일인데, 왜냐하면 그것이 특권과 안락함 덕분에 겉으로는 다 괜찮아 보이는 삶에 들어맞지 않기 때문이다." 달리 말해 오늘날의 미국에서 회자되고 판매되는 "웰니스"는 부유한 백인들의 관념이다.

스타호크를 인용해보자면, 1982년 출간된 『어둠을 꿈꾸기』의 신판 서문에 그녀는 이렇게 적는다. "심리학자들은 신화를 구축했다. 어딘가에 규범이 되는 모종의 건강 상태가 존재하여, 대다수의 사람들이 추측건대 그러한 상태에 있고, 불안하거나 우울하거나 신경증적이거나 괴로워하거나 혹은 대체로 불행하다고 느끼는 사람들은 일탈적이라는 신화를 말이다." 나는 여기서 "심리학자들"이라는 단어를 "백인 우월주의", "의사들", "당신의 사장", "신자유주의", "이성애 규범성", 그리고 "미국"으로 대체하고자 한다.

미국 바깥에 살고 있는 이들에게 이러한 미국 제국주의 이데올로기가 미치는 범위는 파멸의 지평이 된다. 팔레스타인 보건부 내 정신건강 부서의 책임자인 사마 자브르 박사는 PTSD가 전적으로 서구적 개념임을 지적했다. "PTSD는 이라크에 폭격을 하러 갔다가 미국이라는 안전지대로 돌아온 미군 병사의 경험들을 더 잘 설명해준다. 그는 전장과 관련한 악몽과 두려움을 겪고 있으며, 그의 두려움은 상상적이다. 반면 집이 폭격당한 가자 지구의 팔레스타인 사람에게 또 다른 폭격의 위협은 지극히 현실적인 것이다. 이것은 상상적이지 않다. … 트라우마는 반복적이고 진행 중이며 연속적이기에 '이후'(post)라는 것은 없다." 나는 트라우마의 반복과 관련하여 다음과 같은 문장을 생각한다. 파룰

세갈은 『트라우마 플롯의 반례』에 이렇게 적었다. "트라우마 개념을 확장해서 정의함으로써 더 많은 사람이 돌봄을 받을 수 있게 되었다. 그러나 동시에 그 개념을 너무 확장한 나머지 … 사람들은 독특한 여러 증상들을 보이고도 동일한 진단을 받을 수 있게 되었다. 이러한 모호함은 의학적일 뿐 아니라 도덕적이기도 하다. 즉, 전쟁 범죄를 저지른 병사가 그의 피해자들과 동일한 진단을 공유할 수 있게 된 것이다." 이는 제1차 세계대전에 참전한 병사들이 겪는 트라우마가 대개 트라우마로 진단되지 않았다는 사실을 환기한다. 트라우마 진단은 남성에게 굴욕적으로 받아들여졌다. 그를 약하게 만들고, 여성의 위치로 강등시키는 것으로 간주되었기 때문이다.

최근 몇 년간 "생물학적 여성"의 고통이 어떻게 다루어지는지에 관한 글들이, 아니 더 정확히는 응급실과 병원에서 의사들, 전문의들, 보험 회사들, 가족들, 남편들, 친구들에 의해, 그리고 문화 전반에 걸쳐 어떻게 생물학적 여성의 고통이 남자들의 고통만큼 심각하게 다루어지지 않고 있는지에 관한 글들이 쏟아져 나왔다. 2015년 『디 애틀랜틱』에 실린 "의사는 얼마나 여자들의 고통을 덜 심각하게 받아들이는가"라는 기사에 등장한 한 남편은 그의 아내 레이철이 그녀의 상태(난소 낭종이 비대해져 떨어지면서 나팔관을 비틀어놓은 난소 꼬임이 발생한 터였다)에 걸맞은 치료를 받기까지 오랜 시간 기다려야 했던 경험에 대해 쓴다. "전국적으로 남성은 급성 복통으로 진통제를 받기까지 평균 49분을 기다린다. 여성은 같은 증상에도 평균 65분을 기다린다. 레이철은 한 시간 반에서 두 시간 정도를 기다렸다." 도착하자마자 받았어야 했던 수술에 들어가기까지 레이철이 고통 속에서 기다린 시간은 거의 열다섯 시간에 달했다. 그녀의 신체적 상처들은 치유되고 있지만 "그녀는 여전히 정신적 타격과 씨름하고 있다. 그녀가 '보이지 않음(not being seen)이라는 트라우마'라고 부르는 것과 말이다"라는 말로 기사는 끝을 맺는다. 이 기사가 언급하고 있지 않은 것은 인종이다. 그 결과 나는 필자와 그의 아내가 백인일 것이라고 믿게 되었다. 백인성은 이러한 망각적 중립을 가능케 한다. 백인성은 공백의 전제이며 보편적인 것에 대한 추정이다. (백인들은 인종에 대해 이야기할 때 유색인보다 다른 백인에게 훨씬 더 열린 마음으로 귀를 기울일 것이라는 점을 여러 연구가 보여주었다. 백인으로 패싱되는 사람으로서 백인들에게 직설적으로 말해보겠다. 백인처럼 보이는 내 얼굴을 똑바로 보고 똑똑히 들어라.)

보이지 않음이라는 트라우마. 다시 묻는다. 공적 영역에 들어가도록 허가받는 이는 누구인가? 가시화되도록 허가받는 이는 누구인가? 레이철의 끔찍한 경험을 폄하하려는 게 아니다. 나도 난소 낭종 파열이라는 진단을 받기까지 응급실에서 열 시간을 기다려야만 했던 적이 있기 때문에 이해한다. 나는 단지 그녀의 공포가 기대어 있는 가정들, 즉 취약성은 가시화되고 지원받아야만 하며, 생명의료 윤리의 4원칙에 명시된 대로 우리 모두는 "환자의 자율성을 존중하는" 방식으로 신속하게 돌봄을 받아야 한다는 가정들을 지적하고자 할 따름이다. 이는 물론 몸을 가진 사람이라면 누구나 누려야만 하는 것이다. 그러나 우리는 어떤 몸들이 그러한 가정을 누릴 수 있도록 허가받는지를 질문해야만 한다. 사회는 누구에게 그러한 믿음들을 실증해주는가? 그리고 누구에게 그 정반대의 것을 강요하는가?

의료 기관에서 겪은 레이철의 경험과 캠 브록의 경험을 비교해보자. 2014년 9월, 자메이카 출신으로 뉴욕에 살고 있던 서른두 살의 흑인 여성 캠 브록은 자신의 BMW를 몰던 중 경찰에게 단속을 당했다. 경찰은 그녀가 마리화나에 취한 채 운전을 했다는 혐의를 씌웠고, 그녀의 행동과 자동차 수색에서 이런 주장을 뒷받침할 만한 그 무엇도 찾지 못했음에도 그녀의 자동차를 압수했다. 브록이 뉴욕시와 할렘 병원을 상대로 제기한 소송에 따르면, 브록이 그다음 날 자신의 자동차를 되찾기 위해 경찰서를 방문하자 경찰은 그 자리에서 그녀를 체포했다. 이는 그녀 말마따나 그녀가 "감정적"인 방식으로 행동했기 때문이었고, 그녀는 할렘 병원 정신 병동에 강제로 입원당했다. (마찬가지로 "너무" 감정적으로 행동했던 바람에 강제로 입원당했던 전력이 있는 사람으로서, 이 이야기는 나의 인식을 갈기갈기 찢어놓는다.) 의사들은 오바마 대통령이 트위터에서 자기를 팔로우하고 있다는 그녀의 주장을 그녀가 "망상적"이며 양극성 장애를 앓고 있다는 근거로 삼았다. 그녀의 주장은 사실이었지만 의료진은 이를 확인하지 않았다. 그녀는 이후 8일 동안 병원에 붙잡힌 채 강제로 진정제를 맞았으며, 정신과 약물을 복용하게 되었고, 집단 치료에 참여해야 했고, 벌거벗겨졌다. 그녀의 변호사들이 입수한 병원의 의료 기록들이 이런 사실을 뒷받침한다. 브록의 입원을 위한 "종합 치료 계획"에는 "목표: 환자는 취업을 위한 교육의 중요성을 언어화할 것, 오바마가 그녀를 트위터에서 팔로우하지 않는다고 진술할 것"이라고 쓰여 있다. 또한 그녀의 "현실 검증 능력 없음"을 명시하고 있다. 석방되자 그녀는 1만 3637달러 10센트의 청구서를 받았다.

오바마가 자신을 팔로우한다는 주장을 폈다는 이유로 병원 의사들이 왜 브록을 "망상" 환자로 진단했는지에 대해서는 쉽게 답할 수 있다. 이 사회에 따르면 젊은 흑인 여성은 그만큼 중요한 사람일 수가 없으며, 그녀가 그런 주장을 한다는 건 곧 그녀가 "아프다"는 뜻이어야 하기 때문이다.

얼마나 많은 사람이 이런 식으로 "아픈" 사람이 되어버리는 걸까? "돌봄"이라는 명목하에 한 사람의 자율성이 도대체 몇 번이나 박탈되어온 것일까? 레이철 같은 사람에게 일어난 일과 캠 브록에게 일어난 일은 왜 이렇게까지 다를까? 둘 다 아픈 여자가 되었지만, 이것이 근본적으로 다른 결과를 낳는다면, 우리는 아픈 여자를 어떻게 이해하고 있는 것일까? 아픈 여자는 정녕 존재해야만 하는 걸까? 아픈 여자는 왜 존재하는 걸까?

3

우리가 "아픈 여자"를 자처하는지 안 하는지와는 무관하게, 당신이 나나 다른 사람들을 아픈 여자로 읽어낼 수 있을 법한 방식들을 포함한 "아픈 여자"의 모든 다양한 겉모습에 대해 말할 수 있기에 앞서, 나는 우선 한 명의 개인으로서 이야기를 해야 하고, 나의 특정한 위치에서 당신에게 말을 걸어야 한다.

나는 서구 의료-보험-산업 복합체가 나를 온전히 이해한다는 관념에 적대적이다. 비록 그들은 나를 온전히 이해한다고 생각하는 것 같지만 말이다. 그들은 지난 수년 동안 내게 수많은 단어를 붙여왔고, 이 단어 중 일부는 내게 유용한 표현을 제공해주었지만 — 결국, 세상을 바꾸기 위해 얼마나 노력하든 간에 우리는 여전히 당면한 현실에 대처할 방법들을 찾아야만 한다 — 우선 나는 내 "병"을 이해하는 몇 가지 다른 방법을 제안하고자 한다. 아마도 이 모든 것은 나의 태양이 노동, 일, 건강의 제6하우스에, 달은 죽음의 하우스인 제8하우스, 게자리에 있고, 화성, 토성, 명왕성이 모두 제12하우스에, 즉 병, 고통, 불행, 비애, 해악과 고역의 하우스로 물러나 있다는 사실에 의해 설명될 수 있을 것이다. 또는 전쟁 중에 한국을 떠난 아빠의 엄마는 오래지 않아 자신을 떠난 미군 병사의 아이를 임신하게 되고, 그 후 30년을 미국에서 2교대 병원 청소부로 일하며 단 하루도 쉰 적이 없었다는 사실에 의해 설명될 수 있을 것이다. 또는 나의 엄마가 진단이 확정되지 못한 정신병으로 평생을 고통받았고, 게다가 아마 신경다양인이었던 것 같은데, 이 두 사실 모두를 그녀의 가족은 적극적으로 부인했고, 40년 동안 지속된 약물 및 알코올 중독, 성적 트라우마, 더러운 주삿바늘로 인한 간염 때문에 상태는 더 악화되었으며, 이 모든 일이 그녀가 감옥, 불법 거주 건물, 길거리를 전전하는 과정에서 일어났다는 사실에 의해 설명될지도 모른다. 또는 어렸을 때 내가 신체적·정서적 학대를 당했고 때로는 먹을 것도 충분치 않았으며, 가난, 중독, 폭력의 환경에서 컸다는 사실에 의해 설명될 수도 있다. 어쩌면 그건 내가 가난하기 때문일까. 미국 연방 국세청에 따르면, 2014년 내가 이 글을 쓰기 시작했던 해에 나의 조정총소득은 5730달러였다(전일제로 일할 만큼 건강하지 않았던 결과다). 그러니까 내가 가난하다는 것은, 수년 동안 캘리포니아주에서 가입할 수 있었던 건강보험이 제공하는 "1차 진료 의사"는 작은 상가 2층의 병원에서 근무하는 한 무리의 의사보조와 간호사였고, 끼니는 푸드 스탬프에 의존해 해결했다는 뜻이다. 어쩌면 이는 내가 퀴어이고 젠더 논바이너리이며, 부모에게 열네 살에 처음으로 커밍아웃을 하고 마침내 열여섯 살에 마지막으로 엄마의 손찌검에 멍든 눈을 기꺼이 받아들이고 비로소 집을 나왔기 때문일 수도 있다. 어쩌면 "트라우마"라는 말로 요약할 수 있을 것이다. 어쩌면 나의 죽음이 나를 너무 필요로 할지 모른다. 어쩌면 나는 아무것도 극복하지 못했을지도 모른다. 어쩌면 운이 좀 나빴던 것일지도.

―

어쩌면 이건 나 자신의 개인적인 경험으로 축소되어야 할 일이 아닌지도 모른다. 어쩌면 지금 나는 개인적인 문제들이 아니라 구조적인 문제들에 대한 글을 쓰고 있는 것일지도 모른다. 어쩌면 나 자신을 설명하는 더 정확한 방식은 나는 이 행성에서 살아가고, 이 행성의 사회적·정치적·경제적·역사적 체계들에 포개어져 있다고, 그러니까 나의 개인성은 내가 기대하는 바보다 훨씬 더 지배의 제도들과 그 제도들을 먹여 살리는 이데올로기들에 의해 결정된다고 말하는 것일지도 모른다. 나를 쇠약하게 만드는 상태와, 규범적인 것과 단지 다를 뿐인 상태를 구분할 수 있는 경우는 그러한 상태들 때문에 내가 온전히 나의 삶, 일, 관계, 그리고 사회에 참여하지 못하게 되는 때와 관련이 있다. 돌발통 때문에 시위에 참여하지 못할 때뿐만 아니라, 그렇다, 나의 파트너와 나 자신을 위해 저녁 식사를 만들거나, 글을 쓰거나, 친구들을 만나거나, 춤을 추거나, 일을 하러 가거나, 집세를 낼 만큼 돈을 버는 데 필요한 에너지를 갖지 못할 때도 말이다. 이런 세상살이에 참여한다는 건 언제나 내가 내 뜻대로 참여하고자 하는 방법과의 협상, 그리고 내가 통제할 수 없는 뜻들에 의해 나의 참여가 좌우되는 방법과의 협상이다. 이는 병, 질환, 질병,[1] 장애와 싸우고 있는 모든 사람에게 해당된다. 앞서 언급한 경험들이 결코 한 사람의 개인적인 몸이나 정신에 대한 것이 아니고, 항상 우리 피부 너머에 있음에도 불구하고 피부 안에서의 우리 경험을 결정하는 힘들에 우리가 어떻게 얽혀 있는지를 보여주는 지표인 이유가 바로 이것이다.

내게 붙여진 서구 의학 용어를 공유하는 것 또한 중요한 일이다. 내 맘에 들든 안 들든, 이것이 공통의 어휘를 제공할 수 있기 때문이다. 에이드리언 리치는 1971년에 이렇게 썼다. "이것은 압제자의 언어다. 하지만 당신과 대화하기 위해서는 이 언어가 필요하다." 물론 나는 내 증언을 사실로 인정받기 위해 이런 방식으로 나를 정당화해야 한다는 사실이 존나 싫다. 그렇지만 나의 특수한 구체성(embodiment)이 나의 말들에 덧붙어야 하는 중요한 요소라는 점도 알고 있다.

다른 언어도 제안해보고자 한다. 아메리카 선주민의 크리어(Cree)에서는 문장의 소유격 명사와 동사가 영어와는 다른 방식으로 구조화된다. 크리어로는 "나는 아프다"라고 하지 않는다. 대신 "아픔이 내게 왔다"라고 한다. 이것이 병에 대한 좀 더 생산적이고 정확한 이해 방식으로 느껴진다. 왜냐하면 이러한 방식은 자기와 병 둘 다를 별개의 개체로, 어느 하나가 다른 하나를 포괄하기보다 서로 상호 작용하고 마주할 수 있는

---

[1] [옮긴이] 이 글에서 저자는 병인을 알 수 없는 경우 질환(disorder)으로, 병인이 명확한 경우 질병(disease)을 구분하고 있다. 이에 대한 저자의 자세한 설명은 108-109쪽 참조.

개체로서 존중하기 때문이다.

그래서, 내게 찾아온 건 이런 것이다.

자궁내막증. 이는 자궁내막이 자라서는 안 되는 곳에서 자라는 병이다. 내막은 주로 골반 부위에서 자라나지만, 다리, 복부, 심지어 머리 등 어디에서든 자라날 수 있다. 이는 만성 통증, 위장 장애, 극심한 출혈, 경우에 따라서는 암을 유발하며, 내가 유산을 겪었고, 아이를 가질 수 없으며, 앞으로 한두 번의 수술을 더 기다리고 있다는 것을 뜻한다. 자궁내막증 투사 동료 힐러리 맨틀의 말을 빌리자면, 이는 내 몸 구석구석에 착상한 불량 자궁 세포들이 매달 "본성에 따라 피를 흘린다"는 것을 뜻한다. 이로 인해 낭종이 발생하며, 이 낭종이 결국 터져서 작은 폭탄들의 잔해 같은 죽은 조직 다발을 남긴다. 그렇다. 그 고통은 파괴적이다. 그리고 젠더 디스포리아가 존나 심한 사람에게, 스스로 여성으로 정체화하지 않는 사람에게 자궁이 있다는 것, 그토록 비참한 것이 있다는 것은 좆같이 혼란스러운 일이었다. 이 질환에 대해 모르고 있던 사람에게 설명해주자 그녀는 이렇게 외쳤다. "그럼 당신 몸 전체가 자궁인 셈이네요!" 네, 뭐, 그렇게 보는 것도 한 가지 방법이네요. (고대 그리스 의사들, 광기와 "히스테리"의 원인이 수정을 목적으로 정처 없이 몸속을 배회하는 자궁이라고 믿었던 "떠도는 자궁" 이론의 아버지들이 이에 대해 뭐라고 대꾸했을지 상상해보라.) 여성으로 정체화하지 않는 사람인 나에게 이 질병이 얼마나 혼란스러웠는지 다른 사람에게 들려주었을 때 그들이 내게 한 말을 품어보려고 노력한다. "음, 당신을 꼭 자궁으로 정체화하지 않아도 되죠." (그러나 기능장애가 있는 신체 부위가 병리화되지 않을, 그것을 병리화하지 않을 방법이 있을 수 있을까?)

복합성 PTSD, 양극성 장애, 공황 장애, 이인성/비현실감 장애 또한 내게 찾아왔다. 몇 개는 유전된 것이고, 몇 개는 내가 겪었던 어린 시절의 일로 인해 생겨난 것임을 알고 있지만 그게 어디서 왔는지, 혹은 왜 나에게 온 것인지와는 무관하게 어쨌든 그것들은 나에게 왔고, 여기에 있다. 지난 몇 년간, 연구와 학문이 발전하면서 나는 자폐 및 신경다양인 커뮤니티에서 내 자리를 찾았고, 스스로를 신경다양인으로 정체화하기 시작했다. 내 "증상들" 중 다수가 실은 증상이 아니라 단지 나의 정신이 작동하는 방식이다. 그리고 여기서 우리는 다시금 다중성으로서의 장애 안에 있게 된다. 정신 질환도 신체 질환이 장애로 간주되는 방식과 똑같은 방식을 통해서 장애로 간주되어야 한다는 데에는 이견이 존재한다. 정신 질환과 신경다양성을 더 분명하게 구별하기를, 아픔과 상태를 구분하기를 원하는 사람들이 있을 수 있다. 나 역시 이러한 질문들을 수년 동안 곱씹는 중이다. 나는 장애라는 범주가 통제당하지 않고, 넘쳐흐르며, 다양함으로 가득 차 있는 걸 좋아하는 사람임을 알게 되었다. 그 반대, 즉 규칙을 따르도록 그 범주를 강제하고, 엄격한 한계들을 설정하고, 불변성을 고집하는 것보다는 말이다. 그런 감옥 같은 공간에 대체 어떤 몸과 마음이 들어맞을 수 있겠는가? 몸과 마음이 잘 작동하고 있음을 우리가 인정하고 축하하는 여러 방식이 있다. 우리에게 가능할 법한 모든 일탈의 과잉을 고려할 때도 우리가 그러한 수용성을 용인한다면 무슨 일이 벌어질까?

내 마음의 일탈 상태라 함은, 내가 세부 사항을 너무 많이 알아차리고, 지극히 사소한 것들을 기이하리만치 잘 기억해내고, 청중의 이목을 끌 수 있고, 한 주제나 업무에 과몰입하여 식사나 수면 같은 다른 것들을 잊어버린다는 것이다. 이런 특성은 이따금 일, 인간관계, 사회에서 탁월한 성과를 내는 데 일조하지만 때로는 그렇지 않다. 이는 내가 이 세상과 또 하나의 다른 세상, 즉 "자기"라는 별개의 개념에 갇히기를 때려치운 나의 뇌에 의해 만들어진 세상 사이에서 살고 있다는 뜻일 수 있다. 또한 내가 천상의 감정과 사고의 비약과 꿈 같은 풍경, 내 정신이 별들 속으로 사라져버렸다는 느낌과 내가 무(無)가 되었다는 감각에, 그뿐 아니라 특별한 황홀경, 환희, 슬픔 그리고 절망에 접근할 수 있다는 뜻이다. 이것들이 사회에 대한 나의 참여를 막는 걸림돌이 되고, 그런 참여에 위기로 작용할 때 나는 자의에 의해서건 타의에 의해서건 병원에 입원되었다. 이런 경험들은 이름하여 "삽화", "감각 과부하", "감각 차단", "정신적 붕괴", "허탈"이라 불렸는데, 그래, 뭐, 모두 맞는 소리다. 정신 건강의 이 손님들과 그 친구들은 (모두 해리 상태일 때 찾아와) 지금껏 열 번도 넘게 자살 시도를 부추겼다. 첫 번째 시도는 내가 아홉 살 때 있었다. 나는 그들이 다시 내 집의 손님으로 올 것이라고 확신한다. 그들은 내가 공공장소에서 삽화를 겪었을 때 일어날 법한 일과 관련한 끊임없는 두려움으로 나를 뒤덮지만, 나는 백인으로 패싱되기 때문에 적어도 경찰에게 총을 맞진 않으리라는 걸 알고 있다.
이는 내가 적절한 약을 찾기 위해 고군분투하며 정신과 약전을 오디세우스처럼 떠돌았지만, 길을 잃고, 어디로 갈지 막막해하며, 난파했음을 의미한다. 내가 한때 처방받았던 약들 중 하나는 거의 나를 죽일 뻔했다. 그 약은 피부가 벗겨지는 희귀한 부작용을 일으킨다. 다른 약은 한 달에 800달러였고, 의사가 무료 샘플을

줘서 겨우 복용할 수 있었다. 적절한 종류, 용량, 조합을 찾는 데 7년이 걸렸다. 정신 건강과 씨름하던 내가 아는 모든 사람은 나와 유사한 여정을 거쳤다. 이런 무용담들은 모순적이어서 종종 우습다. 차라리 최소한 그 모순에 대해 웃을 수 있는 방법을 찾아내면 기분이 나아진다. 예를 들어 내가 일자리에 붙어 있을 수 있기를 바란다면, 나는 여타 도발적인 부작용을 포함한 단기 기억 상실과 침 흘림을 일으킬 수 있는 약을 매일 복용해야 한다. 또 이 약은 매일 밤 최소 열 시간가량 내 의식을 앗아 가기 때문에 나는 절대 낮 12시 전에는 일어날 수가 없다. 그리하여 나는 더더욱 취업하는 것이 불가능해진다. 그러니까, 일할 수 있기 위해 필요한 약들이 나를 일할 수 없도록 만든다.

서른 살 때는 아주 멍청한 짓을 하다가 허리 디스크가 터졌다. 하필 이사하는 날 엘리베이터가 고장 나서 소파의 한쪽 끝을 들고 계단을 올라가다가 말이다. 이는 허리 아래쪽에서 왼쪽 다리 바깥쪽으로 퍼져나가는 좌골 신경통을 얻었다는 뜻이고, 만약 이 통증이 목소리였다면 이건 낮은 콧노래부터 3옥타브 도의 비명 소리에 달하는 인상적인 음역대를 지녔을 것이라는 뜻이다. 비장애중심주의를 다룰 기분이 아닐 때, 나는 지금까지 나열한 병들보다는 이때 당한 부상을 예로 사용한다. 내가 왜 고통을 겪고 있는지, 혹은 왜 지팡이를 짚고 걷는지, 왜 이리 지쳐 있는지 설명하고자 할 때 말이다. 왜냐하면 이 부상이 가장 실체가 있고 존중받을 만하며, 사람들이 인정하는 것인 데다가, 명확하고 인과관계에 따른 원인이 존재하기 때문이다.

어렸을 적에 나는 심한 수두를 앓았다. 온몸을 덮은 물집들 사이 간격이 겨우 1밀리미터 정도밖에 되지 않았고, 몇 주 내내 전혀 차도 없이 그 상황이 지속되었다. 성인이 된 후에 시달리고 있는 주로 허리 아래쪽에 나타나는 만성 대상포진은 이젠 하도 자주 나타나서 엉덩이뼈를 파고들어 신경을 손상시키는 지경에 이르렀다. 이는 돌발통이 한번 나타나면 몇 주고 몇 달이고 날 괴롭힐 수 있다는 뜻이다. 왜냐하면 돌발통의 확실한 원인 중 하나인 대상포진은 독감 비슷한 증상들, 타는 듯한 신경통, 절뚝거리지 않고는 걸을 수 없거나 혹은 아예 걸을 수 없는 상황을 동반하기 때문이다. 2016년에 신경과 전문의는 내게 "시작점"으로서 "100퍼센트 섬유근육통"이라는 진단을 내렸다. 그보다 1년도 더 전에, 내 주치의가 신경과 전문의, 류마티스 전문의, 면역학 전문의를 만나보라고 의뢰서를 써줬던 덕에 나는 내 증상들 중 일부가 암시하던 다발성 경화증 및 여타 자가 면역 질환들에 대한 검사를 시작할 수 있었다. 그러나 내 보험은 이런 진료 의뢰들을 전혀 승인해주지 않았고, 300킬로미터 이내에서는 보험 적용이 가능한 전문의를 찾을 수도 없었다. 내 섬유근육통을 진단한 신경과 전문의는 내 담당 정신과 의사의 친구였기에, 그의 부탁으로 비계약[2]과 현금 결제라는 조건하에 나를 봐주기로 했다.

이따금 섬유근육통의 증상들과 내 증상들이 딱 들어맞기도 한다. 부드럽게 어루만지기만 해도 고통으로 비명을 질러대는 신체

---

[2] [옮긴이] 비계약으로 옮긴 out-of-network는 미국의 건강보험 체계에서 환자의 보험사와 계약이 되어 있지 않은 병원이나 의사를 뜻한다. 이 경우 보험 적용이 제한적이거나 아예 되지 않아서, 환자가 진료비 전액 또는 대부분을 직접 부담해야 한다. 반대로 in-network는 환자의 보험사와 계약된 의료 제공자를 의미하며, 진료비가 보험 약관에 따라 부분 또는 전액 보장된다. 따라서 미국에서 의료서비스를 받을 때는 자신이 가입한 보험의 네트워크에 해당 의료진이 포함되는지를 확인하는 것이 일반적이다.

부위들이 있으며, 관절들은 언제나 반란을 일으키는 중이다.
그러나 증상이 딱 들어맞지 않을 때도 있다. 이는 앞서 내가
나열했던 모든 진단에 해당되는 말이다. 어느 순간 "정확한"
진단을 받고 싶다는 욕구가 내 안에서 사라졌다. 새로운 연구와
용어가 등장함에 따라 내려졌던 진단들이 몇 년에 걸쳐 달라지고,
효과가 있던 약들이나 치료법들을 직접 그럭저럭 조합해 쓸
수 있게 되고, 또 내가 지쳐버린 탓이었다. 앞서 말했듯이 나를
정의하고 범주화하려면 그 진단들이 필요하다. 그 진단들에
굴복함으로써 나는 약과 치료를 제공받으며 동시에 의료-산업
복합체에 얽매인다. 그리고 바로 이것이 아프고 장애가 있는 모든
이들이 안고 살아가는 난제다. 병리화되어야 생존을 허가받는다.

2016년 6월 더 나은 의료 서비스를 받기 위해 독일 시민권자인
나의 파트너와 함께 베를린으로 이사한 후, 내 삶이 바뀌었다.
이제 우리는 여력에 맞는 집세를 내고, 연금을 받으며, 나는
내가 필요할 때 병원에 갈 수 있다. 내가 가진 독일 건강보험은
공제액도 없고, 본인부담금도 없으며, 프리랜서 예술가를 위해
특별히 마련된 주정부 프로그램에서 제공된다. 이따금 보험
적용이 되지 않는 처방이 필요할 때가 있는데, 무려 15유로나
든다. 매년 (내가 겨울마다 머무는) 로스앤젤레스에 돌아오면
친구들은 내가 얼마나 건강하고 튼튼해 보이는지를 두고
놀라워한다. 매일 로스앤젤레스를 그리워하며 1년 내내 이곳에
살지 못한다는 점이 허망하긴 하지만, 그럴 수 없다는 것을
나는 알고 있다. 미국은 거의 모든 시민이, 특히나 장애인이
살기 힘들다. 아주, 아주 소수의 사람들만이 나와 같은 특권을,
미국에서 사는 것을 하나의 선택으로 여기는 그런 특권을 누린다.

2016년 11월 9일, 미국 대선 다음 날 새로운 독일 의사와 진료 예약을 잡았던 것이 기억난다. 나는 트럼프가 당선됐다는 소식에 넋이 나간 것 같은 상태로 병원에 도착해 대기실에 앉아 멍하니 벽만 바라보았다. 들어오라고 날 부른 그녀가 가장 먼저 물었던 것은 그 소식에 대해 어떻게 대처하고 있느냐는 것이었다. 그러고는 "만약 필요한 게 있다면요, 그 인간을 생각하니 기분이 나빠지기 시작해서 대화가 필요하면 언제든지 오세요. 예약 안 해도 돼요." 진료실이 돌봄의 장소일지도 모른다고 생각했던 건 성인이 된 이후 이때가 처음이었다.

내가 미국을 떠난 이후에 이제는 완치가 됐다거나 치유가 됐다는 식으로 말하지는 않을 것이다. 혹은 이 서사에 다른 어떤 비장애중심주의적 결론을 내리지도 않을 것이다. 왜냐하면 그 무엇도 사실이 아니기 때문이다. 나는 여전히 매일 관리할 필요가 있는 만성 질환들과 만성 통증이 있으며, 몇 달 내리 나를 무너뜨리는 돌발통도 여전하다. 내가 말하고 싶은 건, 나의 몸과 몸이 필요로 하는 바를 지원하는 사회에서 사는 것은 그와는 반대로 굴던 사회에서 사는 것과는 거의 설명할 수 없을 정도로 다르다는 게 입증됐다는 점이다. 그 차이를 측정할 수 없는 것도 아니다. 내가 살 수 있느냐 없느냐의 차이니까.

4

「아픈 여자 이론」 프로젝트에 착수하고 이 이름을 붙이는 데에 영향을 준 원천이 몇 개가 있다. 글을 써야겠다고 마음먹게 된 것은 내가 동의할 수 없고 더 많은 비판이 필요한 관념들과 그

관념들에 수반되는 언어가 드글드글 내 몸을 기어다니고 있다는
느낌 때문이었다. 괜찮은 선동가처럼 그것들이 내 분노에 불을
지폈고 투쟁하고 싶게 만들었다. 처음에는 병, 장애, 취약성이
어떻게 젠더에 상관없이 돌봄을 요하거나 돌봄에 의해 정의되는
사람을 모두 여성화하는지, 말하자면 "더 약하고", "더 연약하게"
만드는지를 놓고 생각이 움직였다. 장애와 여성성이 함께
구축된다는 사실과 그 이유 ― 이것이 누구에게 어떤 이익을
주는지 ― 가 내 목에 걸렸다. 직관적으로 나는 아픈 사람이
약하다는 말이 납득되지 않았다. 아프다는 건 존나 헤비메탈 같은
것이기 때문이다. 아프다는 건 약함과 아무 상관이 없으며, 피, 똥,
극심한 고통, 구토, 고름, 통증 그리고 죽음과 관련한 모든 것이다.
아픈 사람을 역사적으로 여성이 차지했던 영역으로 몰아넣고
폄하하는 것은 어떤 서사에 봉사하는 것일까? 공적 영역에서
배제된 서사? 정치적으로 읽히지 않는 서사?

또 다른 동기는 오드리 월런의 '슬픈 소녀 이론'[3]에 응답하고자
하는 욕망이었다. 이 이론은 역사적으로 여성화된 병리 현상을
재정의해서 소녀들의 정치적 저항의 양태로 만들자고 제안한다.
슬픈 소녀 이론이 백인성, 아름다움, 이성애 규범성, 중산층
자원에 초점을 맞춘 점을 비판하면서 나는 가난한 비백인 퀴어인
슬픈 소녀가 ― 만약 ― 성장한다면 무슨 일이 벌어질까라는
질문에 골몰하기 시작했다. 환자복을 입고 병원에서 셀피를 찍는
예쁜 소녀들의 배후에 놓인 충동은 십분 이해하지만, 그들을

---

[3] [옮긴이] 오드리 월런은 '슬픈 소녀 이론'(Sad Girl Theory)에서 소녀들이 겪는 '슬픔'(불안, 우울증, 자살 충동 등)이 수동적이고 개인의 일에 불과한 것이 아니라 저항의 행위이고 정치적 행위라고 주장했다.

보면 움찔할 수밖에 없다. 나는 전문의를 만나기 위해 1년을
기다렸지만, 내가 든 보험이 적용되지 않아서 결국 진료를 받지
못했던 일을 떠올린다. 이 예쁜 백인 '슬픈 소녀'들은 어찌됐건
병원에 다닐 돈이 있다는 게 얼마나 운이 좋은 일인지 생각한다.
때마침 케이트 잠브레노의 『히로인즈』를 읽고 백인 페미니즘에
동원되는 영웅주의 개념을 엿 먹이고 싶어 몸이 근질거리기도
했다. 타고난 재능 때문에 미쳤거나 히스테릭하다고 시설에
수용되거나/되고 병리화되었던 20세기 예술과 문학의 아내와
정부 들의 복권이라는 이 책의 전제가 마음에 들었지만, 한 장
한 장 책을 넘길수록 가부장적 영웅주의라는 규범의 렌즈를
낀 채 백인 여성에 대해 쓰고 있단 사실에 흥분은 점차 익숙한
찡그림으로 바뀌어갔다. 책 표지엔 시몬 드 보부아르, 제인 볼스,
실비아 플라스 같은 인물들의 사진이 콜라주되어 있고 유일하게
백인이 아닌 니나 시몬이 하단의 정중앙을 차지하고 있다. 니나에
대한 챕터가 나오기를 기다리며 읽었지만 그런 건 나오지 않았다.
분노가 끓어오른 채로 나는 책을 덮었다. 나는 전통적으로
반(反)영웅적이라고 여겨지는 특성, 이를테면 병, 게으름,
나태함을 가진 인물을 위대한 이론의 상징이 될 수 있는 이로
제시하고, 동시에 그런 히로인을 따라다니는 백인 우월주의와
시스젠더 이성애 규범적 가부장제에서 그녀를 구출하고
싶었다. 더불어 백인 상류층인 '아픈 여자'와 비백인 노동계급인
'역겨운(sickening) 여자'를 구분하는 장치, 즉 디어드러
잉글리시와 바버라 에런라이크가 1973년 저서 『불만과 장애:
아픔의 성 정치』에서 제시한 개념을 파헤쳐보고 싶었다. 이러한
현상이 어떻게 가속화되었는지 추적하고자 했다. 특히 코로나19

팬데믹 시기에 자행된 우생학의 논리, 즉 계급, 인종, 젠더, 장애를 기준으로 생명을 마음대로 처분할 수 있는 것으로 분류하는 논리 아래에서 말이다.

분노에 불을 지핀 것들만 동기가 된 것은 아니다. 아픈 여자 이론에 후견인 대모가 있다면, 그건 오드리 로드일 것이다. 성애학(erotics)에 관한 로드의 글은 그녀의 암에 대한 글만큼이나 이 텍스트에 큰 영향을 주었다. 로드가 고통과 절망 속에서도 호기심과 질문을 붙들고 자신을 열어놓은 채 결코 자기 몸을 포기하지 않은 방식에 나는 감명했다. 그녀는 오히려 자기 몸의 생동감, 몸이 무엇을 필요로 하고 원하는지를, 몸이 어떻게 아파하고 어떻게 즐거워하는지를 집요하게 따라간다. 그녀 자신의 생존과 절대 생존할 수 없을 것 같은 이들의 생존을 고집하는 그녀의 방식을 나는 사랑해 마지않는다.

「아픈 여자 이론」은 이와 같은 몇몇 계기와 대모들에게 힘입어 결코 살아남지 못할 운명의 사람들, 버텨낼 수 없음에도 버텨내야 하는 현실에서 살아가야만 하는 사람들을 위한 선언문이다. 「아픈 여자 이론」은 감당할 수 없을 만큼의 취약함과 연약함을 매일같이 마주하는 사람들, 자신의 경험이 정치적으로 가치를 인정받고 그에 앞서 가시화될 수 있도록 싸워야 하는 사람들을 위해 쓰였다. 이것은 아프고 불구인 나의 동지들을 위해 쓰였다. 진단명이 없어도 당신은 당신이 누구인지 안다. 「아픈 여자 이론」의 목표 중 하나는 제도가 당신을 정당화하는 게 필요하다는 것, 그렇게 해야 그들이 자기들의 용어에 따라 당신을 고치는 시도라도 할 것이란 관념에 저항하는 것이다. 여왕들이여, 당신들은 고쳐질 필요가 없다. 고쳐져야 하는 건 세상이다.

이 이론을 무기를 들라는 호소이자 인정의 증언으로서 바친다. 내 생각들이 보다 또렷한 표현과 공명을, 결집을 위한 외침을, 문만큼이나 거울을, 생존과 회복력을 위한 도구를, 쉴 수 있는 침대를 마련해주는 것이길 바란다.
「아픈 여자 이론」은 만성 질환이나 장애가 없는 여러분들에게 다음의 방식으로 공감의 폭을 넓힐 것을 요청한다. 우리를 마주하고, 우리의 말을 듣고, 우리를 똑바로 보아라. 여러분도 피할 수 없이 우리와 함께하게 될 것이라는 확실한 사실을 외면하지 말라.

5

「아픈 여자 이론」은 정치적 항의의 양태 대부분이 내면화되어 있으며, 생활 속에서 체험되고, 체화되어 있으며, 대개 비가시적이라고 주장한다. 「아픈 여자 이론」은 주디스 버틀러의 사회적 불안정성과 저항에 관한 작업을 따름으로써 몸으로 존재하는 것이란 무엇보다 항상 취약한 어떤 것이라고 재정의한다. 버틀러는 몸이 단지 일시적인 취약함의 영향을 받는 게 아니라, 그 취약성이 몸을 정의한다고 말한다. 이는 몸이 버티려면 지원 인프라에 끊임없이 의존해야 하고 따라서 우리가 이 사실을 중심에 두고 세상을 재조직해야 한다는 점을 함의한다. 「아픈 여자 이론」은 몸과 정신이 억압 체제, 특히 현재의 신자유주의적·백인 우월주의적·제국주의적인 자본주의 체제와 시스젠더 이성애 가부장제에 민감하게 반응한다는 주장을 견지한다. 「아픈 여자 이론」은 모든 우리 몸과 정신이 억압의 역사적 트라우마를 안고 살아가며, 그 트라우마가 우리 각자의 몸과 정신에서 다르게 발현되지만 그렇다고 이 차이들을 전체화하는(totalizing) 상태로 지우거나 납작하게 만들어서는 안 된다고 주장한다. 「아픈 여자 이론」은 우리를 아프게 만들고 계속 아프게 하는 것은 이 세상 자체라고 주장한다.

이 작업의 주체-위치로 "여자"란 용어를 택한 것은 모두를 아우르는 포용과 개별자에 대한 헌신을 의도한 전략적 선택이다. 비록 "여자"라는 정체성이 여러 사람(특히 유색인 여성과 트랜스젠더/논바이너리/젠더플루이드)을 지우고 배제해왔지만 나는 이 용어를 쓰기로 했다. "여자"라는 용어는 여전히 돌봄을 받지 못하는 사람, 이등 시민, 피억압자, 없는 사람(the non-), 아닌 사람(the un-), 못 미치는 사람을 대표하기 때문이다. 이 용어의 문제점에 대한 비판은 늘 필요하다. 나는 「아픈 여자 이론」이 나름대로 이것의 여러 문제점을 해소하는 데 도움이 되길 바란다. 안드레아 롱 추가 『피메일스』에서 제시한 "모든 사람은 여성이고 모든 사람이 이를 싫어한다"라는 논제가 나는 좋았다. 21세기에도 여전히 여자라는 것은 급진적일 수 있기에 나는 "여자"라는 단어를 사용하기로 마음먹었다. 나는 30대 중반에 젠더플루이드로 커밍아웃한 내 소중한 친구를 기리기 위해 "여자"라는 단어를 쓴다. 친구는 자신을 "여자"라고 부르고 대명사 "그녀"를 사용할 수 있게 되는 것을 가장 중요하게 생각했다. 그녀는 젠더 확정 수술과 호르몬제를 원하지 않았고, 자신의 몸과 큰 거시기를 사랑했다. 그중 어떤 것도 바꾸고 싶어 하지 않았으며, 단지 그 단어만을 원했다. 그 단어가 그 자체로 권한 부여, 위반, 반란, 문제, 영예가 될 수 있다는 것이 바로 「아픈 여자 이론」이란 이름에 담긴 정신이다.

아픈 여자는 특권적 존재에 속할 수 없다고 부인당한, 혹은 특권적
존재가 될 수 있다는 잔인하게 낙관적인 약속을 부인당한
누구나 가질 수 있는 정체성과 몸이다. 백인, 이성애자, 건강한,
신경전형인, 중상류층, 시스젠더, 비장애인, 남자인 그 특권적
존재는 부유한 나라에 살고, 건강보험에 들지 못한 때가 없고,
그들의 중요성이 사회 어디서나 인지되며, 사회가 그 중요성을
분명히 해주는 치들이다. 그들의 중요성과 그들이 받는 돌봄은
그 외 다른 모든 사람을 희생시키면서 그 사회를 지배한다.

아픈 여자는 이러한 돌봄의 보장을 받지 못하는 누구나다.

아픈 여자는 사실상 우생학의 도구인 돌봄, 통제와 감시, 지배를
가장한 돌봄을 받는 사람이다.

아픈 여자는 그녀의 생존이 이 사회에 중요하지 않다는 말을 듣는다.

아픈 여자는 그녀가 겪는 고통이 지원을 촉발하기는커녕 그녀를
병리화하는 요인이 되는 사람이다.

아픈 여자는 모든 "위험한", "위험에 빠진" 이들, 이를테면 "행실이
나쁜", "미친", "불치의", "트라우마가 있는", "이상이 있는",
"질병이 있는", "만성 질환이 있는", "보험에 가입할 수 없는",
"비참한", "바람직하지 못한", 한마디로 "제대로 기능을 못 하는"
모든 몸들, 그러니까 여자, 흑인, 선주민, 유색인, 가난한
사람, 병든 사람, 신경비전형인, 장애인, 퀴어, 트랜스젠더,
젠더플루이드로, 그들은 역사적으로 병리화되고, 병원에
입원되고, 시설로 보내지고, 잔혹하게 다루어지고, "처치 곤란한"
것으로 취급되어왔으며, 따라서 문화적으로는 정당화되지 못하고
정치적으로는 비가시화되어왔다.

아픈 여자는 사회가 코로나19의 먹이로 제일 먼저 내던진 노인이나

이미 아프던 사람이다.

아픈 여자는 공중화장실에서 자신을 기다리는 폭력에 대한 공포로 공황 발작을 겪는 흑인 트랜스 여자다.

아픈 여자는 선주민의 역사가 지워진 부모를 둔 자식으로, 여러 세대에 걸쳐 이어진 식민 지배와 폭력으로 인한 트라우마를 몸에 지닌 사람이다.

아픈 여자는 집이 없는 사람, 특히 어떤 질병을 앓고 있지만 치료를 받을 수 없고, 정신 건강 돌봄을 받는 유일한 방법이 주립병원에 72시간 잡혀 있는 것이 전부인 사람이다.

아픈 여자는 정신병 삽화로 고통받고 있어 가족이 도움을 청하려고 경찰을 불렀으나 경찰에 구류되어 있던 중에 살해당한, 정신 질환을 앓는 흑인 여성이다. 그녀의 이름은 타니샤 앤더슨이다.

아픈 여자는 10대 때 강간을 당했으나, 남자는 강간당할 수 없다는 믿음 때문에 함구하고 수치심을 품은 채 살아가는 쉰 살 게이 남자다.

아픈 여자는 장애인 인권에 대한 강연이 접근성(accessibility)이라곤 없는 장소에서 열려서 참석할 수 없는 장애인이다.

아픈 여자는 성적 트라우마에 기인한 만성 질환 때문에 진통제를 복용해야만 침대 밖으로 나갈 수 있는 백인 여자다.

아픈 여자는 이른 청소년기부터 우울증으로 약물 치료(관리)를 받아왔으며, 지금은 직장에서 요구하는 주당 60시간 노동을 감당하려 고군분투하는 이성애자 남자다.

아픈 여자는 자신의 트랜스성과 남성성이 망상이자 병이며 위험한 것이라고 일컬어지는 트랜스 남자다.

아픈 여자는 병리이자 문제로 이해되는 젠더와 정체성을 가진 퀴어,

젠더비순응자다.

아픈 여자는 가족과 친구들에게 운동을 더 해야 한다고 잔소리를 듣는 만성 질환자다.

아픈 여자는 백인 사회가 그녀에게서 비호감으로 여기는 특질들, 즉 액티비즘, 지성, 분노, 우울이 자신의 인격인 유색인 퀴어 여자다.

아픈 여자는 그녀의 어린 시절의 모든 트라우마를 파헤치면서도 그녀가 겪는 고통의 원인으로 자본주의를 지목해본 적 없는 치료사에게 수년째 상담을 받고 있는 사람이다.

아픈 여자는 경찰 구금 중 살해되었으나 공식적인 사인은 심각한 척추 손상으로 발표된 흑인 남자다. 그의 이름은 프레디 그레이다.

아픈 여자는 재향군인병원 의사에게 진찰을 받기 위해 수개월째 대기자 명단에 올라 있는 PTSD를 앓고 있는 퇴역 군인이다.

아픈 여자는 식민 지배국의 군대에 의해 의도적으로 불구가 되어온 나라다. 피지배국의 국민은 통제되기 쉽도록 쇠약한 상태로 유지된다.

아픈 여자는 싱글맘으로, "자유의 땅"에 서류 없이 들어와 가족을 먹여 살리려 세 개의 일자리를 뛰어다니다 점점 호흡이 버거워지는 것을 느끼는 사람이다.

아픈 여자는 난민이다.

아픈 여자는 학대당한 아동이다.

아픈 여자는 의학이 "치료하려고" 애쓰는 신경비전형인이다.

아픈 여자는 굶주리는 사람이다.

아픈 여자는 죽어가는 사람이다.

그리고 결정적으로, 아픈 여자는 자본주의가 스스로를 영속시키기 위해 필요로 하는 사람이다.

왜냐고?

자본주의가 살아가려면 우리를 돌보는 책임을 질 수가 없기 때문이다.

자본주의의 착취 논리는 우리 중 누군가가 죽기를 요한다.

자본주의가 돌봄을 지원하게 되면 그건 자본주의의 종말이 될 것이다.

오늘날 우리가 말하는 "아픔"은 자본주의의 구축물이다. 대립항으로 인식되는 "웰니스"도 마찬가지다. 자본주의에서 "건강한" 사람이란 일하러 갈 만큼 건강한 사람이다. "아픈" 사람은 일할 만큼 건강하지 않은 사람이다.

웰니스를 기본값으로, 즉 존재의 표준 양태로 받아들이는 이 같은 생각이 유해한 것은 병을 일시적인 것으로 만들기 때문이다. 이런 표준에 기대어 아프다는 것을 혐오스러운 것으로 받아들이면, 돌봄과 지원에 대해서도 똑같이 생각하게 된다.

이런 환경에서는 돌봄과 지원이 가끔씩만 요구된다. 아픔이 일시적일 때 돌봄과 지원은 정상적인 것이 아니게 된다.

지금 바로 실습을 해보자. 거울 앞으로 가서 당신의 얼굴을 똑바로 보며 큰 소리로 말해보자. "널 돌보는 건 정상적인 일이 아냐. 난 오직 일시적으로만 그렇게 할 수 있어."

스스로에게 이렇게 말하는 것은 세상이 늘 반복하던 말의 메아리에 불과하다.

만약 우리가 반대로 말하기로 한다면 무슨 일이 벌어질까?

6

가장 반(反)자본주의적인 저항은 다른 이를 돌보고 스스로를 돌보는 것이다. 역사적으로 그동안 여성화되어왔기 때문에 보이지 않았던 간호, 양육, 돌봄의 실천에 동참하는 것이 저항이다. 서로의 취약성과 연약함, 사회적 불안정성을 진실하게 받아들이고, 지원하고 존중하고 거기에 권한을 부여해주는 것이 저항이다. 서로를 지키는 것, 지원 공동체를 만들고 실천에 옮기는 것이 저항이다. 급진적인 친족 관계, 상호 의존적인 사회성, 돌봄의 정치가 저항이다.

왜냐면, 우리가 모두 병들고 침대에 갇혀서, 뭐가 도움이 되는지, 무엇이 필요한지, 어떻게 대처하는지, 무엇이 기분을 나아지게 하는지와 같은 우리 이야기를 나누고, 트라우마 경험을 들으며 서로의 증인이 되어주고, 아프고 고통에 차 있고 돈이 많이 들고 민감하고 까다롭고 일탈적이고 환상적인 우리 몸의 부분 부분을 우선시하게 되면, 그리하여 일하러 갈 사람이 아무도 남지 않게 되면, 그때가 오면, 마침내, 자본주의는 끽 소리를 내며, 그토록 필요했지만 너무 오래 지연되어온, 개씹 영광스러운 제동을 걸 수밖에 없을 것이기 때문이다.

장애의 폭발 반경

"장애의 폭발 반경"은 당신이 이미 그 안에 있다면 뼛속 깊이 파고드는 파괴적 의미를 갖는 문구일 것이다. 선천적 장애인이 아니라면, 당신은 상해나 병으로, 혹은 진단을 받음으로써 장애를 얻게 되는 많은 이들과 비슷한 상태일 것이다. 이런 경우에, 당신의 삶은 이전과 이후라는 명확한 두 부분 — 예전엔 어땠고, 지금은 어떤지 — 으로 쪼개지고, 장애는 이 이야기에서 극적 전환점으로서 서사적으로 기능한다. 폭발 이전이 있다. 폭발 이후가 있다. 그리고 지금, 모든 것을 끝없이 먹어치우는 저 게걸스러운 구름 속에 당신이 있다.

우선 그것은 가장 아픈 신체 부위를 먹어치운다. 어쩌면 하나 이상의 부위일 것이다. 그런 다음 이 새로운 고통을 견뎌내려고 애쓰는 당신의 다른 부위들까지 먹어치운다. 곧이어 당신의 몸 전체를, 그리고 당신이 누군지에 관한 당신의 감각까지 삼켜버린다. 가장 순수하게 자신의 것이라 느껴지는 당신의 중추는 이제 더 이상 당신의 소유가 아니다. 당신에게서 저항하는 당신의 몸의 완강함은 너무도 불가해하다. 당신이 시키는 것을 거부하는 당신의 몸, 당신의 개같은 정신은 너무도 막돼먹었다. 이런 일은 정확히 어떻게 일어날까, 당신의 능력이 마치 잔혹하고 날카로운 칼날에 잘리듯 당신의 의지로부터 잘려 나가는 것은? 당신은 지금부터 이 장소에서, 당신이 폭발해서 다시는 회복될 수 없을 것이 되어버린 자리에서, 어떻게 살아갈 희망을 품을 수 있는가?

이 무렵이 되면 당신은 어떠한 인정의 발화를 통해 당신을 구해줄지 모를 언어를 찾다가 당신을 설명하기 위해 "장애인"이라는 단어를 사용하기 시작할지도 모른다. 하지만 당신은 그러지 않을 것이다. 당신은 난파 상태에 있고 그 잔해는 무릎까지 쌓여 있으며 당신은 자신이 누군지 모른다. 어떻게 이런 해명 불가능성이 당신이 인정하고 당신을 인정할 무언가일 수 있겠는가? 당신은 사람들을 잃어버렸다. 그들은 어디로 갔나? 폭발 반경은 당신이 사랑하는 이들, 파트너들, 친구들, 가족을 물어뜯는 중이다. 당신은 도움을 청하기 시작하고, 당신의 새로운 자기(self)와 이 자기의 모든 당혹스러운 필요를 설명하려 애쓴다. **도움이 필요합니다, 이것 좀 들어줄 사람이 필요합니다, 이것 좀 열어줄 사람, 이것 좀 옮겨줄 사람이, 필요합니다, 필요해요, 필요해요.** 당신의 문장은 많은 경우 이제 "할 수 없어요"로 끝난다. 문장은 많은 경우 "해줄 수 있나요?"로 끝나는 질문으로 만들어져야 한다. 아마 아직 당신은 부탁은 하지 않을 것이다. 설사 부탁을 하더라도 매번 사과하면서 스스로를 낮추려 애쓴다. 스스로가 끔찍한 짐짝처럼 느껴진다. 적절한 방식으로 고통받고자, 좋은 불구자가 되고자, 아픈 사람 중에서도 꽤 괜찮은 편이 되고자 애쓴다. 당신의 자책과 수치심이 장애 자체보다 더 나쁜 것이다. 당신은 할 수 있을 때면 언제건 장애를 숨기며, 건강하고 유능한 비장애인으로 패싱하려고,

그런 사람을 수행하려고 애쓴다. 마치 장애의 폭발만큼 무한한 무언가를 숨기는 게 가능하다는 듯이. 마치 당신이 한때 알던 세계를 파괴하는 이것이, 단지 당신이 바란다는 이유로 통제될 수라도 있다는 듯이.

곧, 장애의 폭발 반경은 당신의 직장 동료, 상사, 고객을 물어뜯는다. 아마 당신은 그들에게 당신이 아프다는 말은 하겠지만, 모호하게 얼버무릴 것이다. 아마 당신은 그들에게, 그리고 자기 자신에게 이 상태가 그리 오래가진 않을 거라고 말할 것이다. 당신은 이메일로 당신의 상태를 전달하고, 어쩌면 심지어는 지원을, 일하는 데 도움이 되도록 조정을 요청하기까지 한다. 무엇보다, 시간을 더 달라고 요청한다.

아마 지금쯤 당신은 스스로를 장애인이라 부르기 시작할 것이다. 아마 당신은 이전에는 생각조차 못 했을 단어들과 용어들을 구글링할 것이다. 자기 자신에게 그 단어들을 갖다 붙인다고 생각할 때면 아마 당신은 자기 자리를 잃은 듯한, 오염된 듯한 기분을 느낄 것이다. 아마 당신은 다른 장애인들과 연결되려 애쓰기 시작할 것이다. 그들의 소셜미디어 게시물에 좋아요를 누르고, 해시태그를 통해 스크롤해서 넘겨보고, 그들의 작업을 읽어보고, 그들의 예술 작품을 감상하면서 말이다. 아마 당신은 장애인 공동체에서 우리 중 일부가 "비장애인"이라는 범주에 "일시적"이란 말을 덧붙이길 좋아한다는 것을 배울 것이다. 비장애인은 아직 폭발이 일어나지 않은 사람일 뿐이기 때문이다. 아마 당신은 아직 각자의 폭발 반경 속에 있지 않은 이들이 당신을 마치 더는 인간이 아니라는 듯 쳐다본다는 것을 알아챌 것이다. 그리고 나서 당신은 각자의 잔해를 투과해 당신을 향해 미소 짓고 손을 흔드는 사람들이 있다는 것도 알아챌 것이다.

오래 기다릴 필요 없이 당신이 비장애중심주의에 대해 배우길 바란다. 장애를 어려운 만큼이나 더 끔찍하게 만드는 것이 바로 그것임을 당신이 이해하게 되길 바란다. 왜냐하면 그것은 이데올로기로서 우리 모두를 침습해왔듯 당신까지도 침습하기 때문이다. 그것은 우리로 하여금 몸과 정신이 기능해야 하는 마땅한 방식이 있다고, 그리고 그렇게 고안된 정상성이란 범주에서 이탈한 것은 뭐가 되었건 반드시 처벌당하고, 가치를 폄하당하고, 조롱당하고, 묵살되어야 한다고 믿게 하는 세계를 건설했다. 아마 당신은 현재 자신이 정상적인 것, 올바른 것, 좋은 것, 가치 있는 것의 범주에서 이탈하고 있음을 이해할 것이다. 그리고 어쩌면 이 때문에 당신은 한동안 처벌당하고, 조롱당하고, 묵살되어도 마땅하다고, 당신의 가치를 잃었다고 믿을 것이다. 아마 당신은 이러한 가치의 선포가 엿같은 체계들에 의해 형성되었음을 알게 되겠지만, 이를 알면서도 당신의 일부는 여전히 자신의 척추 위에 그 기준들을 싣고 다니면서 기준에 미치지 못하는 자신을 질책할 것이다.

아마 이쯤부터, 당신은 지원을 찾아 나서고, 마치 구조되는 듯 그것을 발견할 것이다. 아마 당신은 다른 이들과 함께 정치적 꿈들을 주장하고, 부추기고, 꾸기 시작할 것이다. 아마 당신은 당신을 환영하는 공동체와 연대하여 생각하고, 행동하고, 살아가기 시작할 것이다.

또는 어쩌면 그러지 않을 것이다.

아마 당신은 장애인임에도 스스로를 그렇게 부르지 않을 것이다. 아마 당신은 멸칭으로 "불구자"나 "불구" 같은 말을, 뭔가 엿같은 것을 기술하고자 "절름발이[구리다]"(lame)을 사용할 것이다.

아마 당신은 자신을 사랑하려고 애쓰겠지만 쉽지 않은 일이다. 아마 당신은 너무 고통스럽고, 너무 지칠 것이다. 아마 당신은 자기 자신을, 자신의 다루기 힘든 몸을, 까탈스러운 뇌를 증오할 것이다. 아마 당신은 당신의 진단에 동의하지 않고, 당신에게 할당된 병리를 반박하며, 그것을 당신의 삶에서 어떤 참인 것으로 간주하며 이야기하고 싶지 않을 것이다. 아마 당신은 폭발의 한가운데에 있었으나 지금은 유예를 승인받아 은혜롭게도 그 지평선 너머로 옮겨졌고, 폭발이 다시는 당신에게 가닿지 못하게 해달라 온 힘을 다해 기도할 것이다. 그것이 다시 당신에게 찾아온다면, 아마 당신은 실패했다는 느낌에 당신이 아는 한 가장 순수하고 적나라한 실의에 빠질 것이다. 아마 당신은 혹시라도 거기서 벗어날 수 있으리란 희망도 없이 명명백백히 폭발의 내부에 있을 테고, 게다가, 그렇지만, 어쨌든 그래서, 당신은 가뿐히 회복하기엔 그럴 만큼 지원받지 못하며, 지나치게 차별받고 억압받을 것이다. 아마 누군가 회복력의 가치를 설파하는 걸 듣는다면 당신은 뭔가를 때려 부수고 싶어질 것이다. 회복하고자 애쓰던 노력이, 당신을 주저앉혀버리던 그 모든 시간이 여전히 당신을 쓰라리게 하니까. 아마 당신은 하루하루 매시간 버텨내야 할 필요가 있다. 아마 당신의 매일 매시간은 고통, 공포, 두려움, 파멸이 지배할 것이다. 아마 당신은 포기하길 원할 것이다. 아마 당신은 포기하려 했었고, 아마 또다시 포기하려 할 것이다. 아마 당신은 너무 부서져서 다시는 복구될 수 없다고 느낄 것이다. 어쩌면 당신은 너무 부서져서 다시는 복구될 수 **없다**.

아마 이 모든 고통, 공포, 분노, 증오, 두려움, 파멸은 당신의 회복력,

액티비즘, 기쁨, 연민, 용기, 인내와 함께 나란히 당신 안에 존재할 것이다. 아마 당신은 포기하길 원하면서도 여전히 계속 나아갈 것이다. 아마 당신의 자기혐오는 당신이 존재할 자격이 있다고 확신하는 순간들에 의해 찢겨나갈 것이다. 아마 당신은 기형적이면서도 근사하고, 게으르면서도 할 수 있는 모든 것을 해내고, 엄살을 피우면서도 바닥을 기고, 목발을 짚고, 다리를 질질 끌고, 몸뚱이를 앞쪽으로 들어 옮길 것이다. 그런 다음에 당신은 휴식을 필요로 할 것이다.

아마 장애의 폭발 반경은 모든 것을 파괴하지만 동시에 새로운 세계들도 만들어낼 것이다. 아마 이 세계들은 역설의 세계들일 것이다. 즉, 당신이 기존에 할 수 있었던 것들이 근본적으로 제한되는 일과 당신이 가능하리라 생각했던 것을 둘러싼 지평이 폭발하는 일이 동시에 존재하는 세계들.

내가 막 장애인이 되었을 때, 폭발 반경 안에서 갓 터졌을 때, 내 삶의 행운은 다른 장애인들이 각자의 버섯구름으로부터 내 버섯구름 속으로 손을 뻗어주었다는 것이다. 그들은 나보다 더 오랫동안 장애인이었고, 몇몇은 태어날 때부터 그랬다. 그들은 예술가, 사상가, 노동자, 활동가, 몽상가, 천재 들이었다. 그들은 친절했고, 분노했고, 멋진 요리사였고, 동물과 자신의 친구들을 돌보았고, 자신이 할 수 있는 모든 것을 내게 가르쳐주었다. 그들은 굉장히 능숙하게 해내지만 나는 당시 할 줄 모르던 것 하나를 알아차렸는데, 비장애중심주의적인 일이 일어날 때 그것이 비장애중심주의임을 인지하는 것이었다. 비장애중심주의가 나의 내부에서 헤엄치며 그 기준에 내가 못 맞추고 있다고 자책하도록 만들었을 때 그들은 눈에 엑스레이라도 달린 것처럼 그걸 감지할 수 있었다. 그것이 외부 세계에서 발생할 때, 우리끼리 나누는 대화에서나 소셜미디어, 문화, 영화, 정치, 도시계획, 법령 등 더 큰 경기장에서 드러날 때 그것을 지적하면서 각자 분야의 전문가인 양 밝혀낼 수 있었다. 나는 장애의 폭발 반경 속에서 삶을 영위해나가면서, 언어가 유창해지듯 비장애중심주의를 더욱 잘 감지하게 되었다.

어떤 억압적 이데올로기에 대해서든 비판적 의식에 다다르는 과정은 이와 동일하다. 폐지론, 반인종주의, 페미니즘, 퀴어 해방과 트랜스 해방, 탈식민화, 반자본주의의 언어들을 말하는 법을 배우기 시작할 때 나는 이 같은 과정을 겪었다. 언어 학습의 유비는 여기에 딱 들어맞는데, 이 언어들은 그 누구의 모국어도 아니기 때문이다. 사실 이 언어들은 금지된 언어로, 많은 경우 도주하면서 살아남을 수밖에 없다. 그것들은 언제나 노력과 번역을 요구할 것이고, 우리는 그것들을 서투르게 말할 것이며, 실수를 할 것이고, 우리 중 몇몇은 낮은 소리로 속삭이며 연습해야 할 것이다.

병과 장애 — 삶의 가장 보편적인 사실들이지만 — 가 우리들 가운데 말할 줄 아는 이가 거의 없는 언어임을, 더 나아가 공적으로는 말해선 안 된다고 배운 언어임을, 만일 말을 하고자 한다면 그러기 위해 비장애중심주의의 언어를 써야만 함을 알아차릴 때, 우린 잠시 멈추어 생각해보아야 한다. 도대체 왜 그런 것인지를.

나는 2020년, 코로나19 유행이 시작된 지 몇 달쯤 지났을 무렵의

내 작업에 관해 글을 쓴 학자 아말 더블런[1]의 다음 인용문을
사랑한다.

> 병과 봉기에 관한 핵심적 사실은, 실상 그렇지 않음에도 둘 다
> 서프라이즈(surprise)로서 나타난다는 것이다. 병, 쇠약함, 장애,
> 확연한 의존성은 모든 살아 있는 존재가 겪는 경험들 중에서
> 제일 불가피하고, 제일 덜 놀라우며, 제일 일반적으로 공유되는
> 것들이다. 그런데 이것들은 왜 이토록 때가 안 맞는 것처럼
> 보이는가? 어떤 면에서 답은 명백하다. 그저 비장애중심주의가
> 우리가 모두 갖고 있는 이것으로부터 눈을 돌리도록 만든다는 것.
> 그러나, 이러한 서프라이즈의 형식, 다시 말해 줄곧 거기 있었던
> 것, 언제나 거기 있는 것에 의해 충격을 받는다는 게 무엇인지에
> 대해 생각해보는 일 또한 흥미롭다.

서프라이즈로서의 장애, 모든 걸 초토화시키는 분출일 뿐 아니라,
어떤 경탄스러운 것. 내가 갖고 있는 『체임버스 사전』은
서프라이즈를 "갑작스럽거나 기대에 반하는 것에 의해 유발된
감정"이라고 정의하는데, 나는 병 같은 것이 왜 우리 기대에
반하는지가 의문이다.
그것이 당신에게 처음 일어날 때, 당신은 어떻게 그리고 왜 이런 일이
일어날 수 있는지 의문에 휩싸인다. 당신은 묻는다. "왜 나야?

---

[1] [옮긴이] 퀴어 및 페미니스트 이론, 사운드 연구, 장애 예술 분야에서 활발히 활동하는
연구자이자 예술가다. 현재 뉴욕의 뉴 스쿨(The New School)에서 교직을 맡고 있으며,
사운드와 청각성을 퀴어 및 페미니스트 사유와 연결하는 연구를 진행해왔다. 특히 의존,
돌봄, 퀴어 공동체의 가능성 등을 예술적·이론적으로 탐구한다.

내가 자초한 건가? 대체 내가 뭘 했다고?" 슬픔을 가누지 못한 채, 당신은 어떻게 정상으로 돌아갈 수 있을지 알고 싶어 한다. 당신 인생의 이야기를 절반으로, 아프기 전과 후로 자르는 것은 기분 좋게 느껴지는데, 이는 인과적이고 연대기적인 것처럼, 새들이 아직 가져가 버리지 않은 숲속의 빵 부스러기처럼, 당신이 예전에 있던 곳으로 돌아가려면 그저 그 부스러기들을 따라가면 되는 것처럼 느껴지기 때문이다. 스스로를 이분법적으로 정의하는 것도 기분 좋게 느껴지기에 — 이분법은 무엇보다도 일단 간편한데, 난장판으로부터 신속하고 단순한 안도감을 주기 때문이다 — 당신은 자기 자신을 한때는 건강했던/행복했던/강인했던/독립적이었던 사람으로, 그리고 지금은 정반대의 사람으로 이해한다. A 지점에서 B 지점으로, 한 방향으로 흘러가는 이야기.
그러나 폭발 반경 안에 더 오래 있을수록, 폭발 이후 그 고민 가득한 시기에 더 오래 머무를수록, 폭발의 총체성이 직선으로 움직이지 않는다는 것을 더욱 많이 알아차리기 시작한다. 의문들이, 애매함이 기어든다. 정말 그렇게 단순한 줄거리가 있을까? A 지점에서 B 지점으로? 건강함에서 아픔으로? 온전한 것에서 부서진 것으로? 당신은 인과성이 분명하게 표시되길 기대하며 당신의 뒤를 돌아보겠지만, 인과성은 확실한 대답을 피할 것이고, 속임수를 쓸 테고, 심지어는 아예 사라져버릴 것이다. 직선이 아니라 별자리가, 서로 멀리 떨어진 수많은 지점들이 있을 것이다. A 지점이 존재하긴 했을까? 이전에 아프고, 고통스럽고, 무능력해지고, 쇠약했던 그 모든 순간은? 그 순간들을 어떻게 오직 한 방향으로만 움직이는 선형적 서사에 끼워 맞추겠는가? 그 모든 운동, 그 모든 변화 가능성은? 당신이 고통으로 들어갔다가 다시 빠져나온 다음, 다른 종류의 새로운 고통으로 들어가곤 했던 순간들은? 당신이 발견했고, 그 주변을 맴돌아왔으며, 그리고 당신이 되돌아온 그 모든 경험의 장소들을 당신의 몸 안에서 어떻게 수용할 수 있을까?

A 지점이 있다면 중앙에 당신이 있고, 당신의 장애라는 사실은 그로부터 360도 전방위로 바깥을 향해 움직이는 것이다. 즉, 그것은 연대기적 추동력이 아니라는, 더 정확히는 단지 그것에 불과한 것이 아니라는 말이다. 장애의 폭발 반경 내에서 시간은 제멋대로 날뛴다. 시간은 느려지고, 멈춰 서고, 뒤로 접혀 자기 자신 위에 겹쳐지고, 갈라져 나간다. 순환적 시간, 귀신 들린 시간이다. 기억, 플래시백, 향수, 백일몽, 악몽, 과거에 대한 재평가, 미래에 대한 희망과 공포, 이미 벌어진 일과 아직 벌어지고 있는 일에 대한 짐작으로 물들어 있는 시간이다. 영화 「매트릭스」의 불릿 타임,[2] 카메라가 360도로 둘러싸며 훑는 장면을 떠올려보자. 장애의 폭발 반경 속에서는, 몸은 네오처럼 슬로모션으로 비틀리고 휘저어지며, 시간은 하나의 우주로 팽창하면서 기어가듯 느린 속도까지 구부러진다. 더블런에 따르면, 영화에서 불릿 타임은 "우발성의 선들이 필연성이 되는 것을 지켜본다는 환상"을 시각화한다. 장애의 폭발 반경 안에서 이것이 느껴지는 방식은, 그 자체의 우주로 바뀌는 저 느림의 소용돌이, 우리를 둘러싼 환경의 전일성(全一性)에 의해 꿰뚫린

---

[2] [옮긴이] bullet time. 「매트릭스」 시리즈에서 선보인 촬영 기법으로, 여러 대의 카메라를 원형으로 배치하고 짧은 시간차로 연속 촬영한 후 이를 합성하여 시간이 극도로 느려진 듯한 효과를 낸다. 시간이 거의 정지된 것처럼 보이는 동안 시점은 자유롭게 움직이며, 이를 통해 관객은 동시에 여러 각도에서 한순간을 경험할 수 있다.

우리의 전일성과 유사하다.[3]

장애가 자본주의에 그토록 파괴적일 수 있는 이유 중 하나는 장애가 파괴하는 주된 것이 연대기적이고 양적인 시간이라는 점이다. 자본주의를 먹여 살리는 비장애중심주의는 연대기적 시간을 요구하고 강제하면서, 질보다 양을 신성시하고, 하루 여덟 시간, 주 40시간이라는 가치 있는 시간을 명령한다. 틀에 박힌 선형성에서 결코 벗어나지 않는 시간은 한 가지 종류로 납작해질 수 있고, 셈해져 가격이 매겨지며, 사고팔릴 수 있다. 질이 결여된 시간은 멈추지 않고 작동한다. 왜냐하면 낮과 밤이 다르지 않고, 겨울과 여름이 다르지 않으며, 휴식, 애도, 돌봄, 호흡에의 필요로 흠뻑 젖어 있는 시간과 노동과 이익으로 추동되는 시간이 다르지 않기 때문이다. 자본주의는 이런 종류의 시간을 사랑한다. 자신이 작동하는 데 필요하기 때문이다.

그러나 장애는 "불구 시간"에 따라 작동한다. 불구 시간은 장애 정의의 언어의 토대를 이루는 용어로, 앨리슨 케이퍼는 다음과 같은 종류의 시간이라 서술한다. "어떤 일이 제 시간에 일어날 수 있고 일어나야만 한다는 우리의 통념을 재상상하기를 요구하는, 혹은 '시간이 얼마나 걸릴지'에 대한 기대들이 어떻게 굉장히 특정한 몸들과 정신들에 기반하고 있는지 인식하기를 요구하는 [그런

---

[3] [옮긴이] 워쇼스키 자매가 불교철학에 깊은 영향을 받았고 이것이 「매트릭스」 전반에 반영되어 있다는 점을 고려하여 everything-ness를 화엄종 사상에서 '인드라망'의 성질을 지시하는 용어인 "전일성"(全一性)으로 옮겼다. 화엄교학에서 전일성은 모든 존재가 서로 연결되어 하나를 이루고 있다는 관점을 가리키는데, 개별 사물에 고유한 본질이 없음(空)을 지시하는 동시에 모든 것이 관계/인연에 따라 생겨남(緣起)을 포괄한다. 연대기적 시간에서 숨겨져 있던 모든 우발성, 잠재태는 영화 내에서 불릿 타임으로 인해 가시화될 수 있었고, 이를 모든 현상이 서로 융합하며 서로를 포함하고 서로에게 침투함(相卽相入)이라는 화엄 사상으로 연결한 것으로 보인다.

종류의 시간이 불구 시간이다—옮긴이] … 불구 시간은 장애가 있는 몸들과 정신들을 시계에 맞춰 구부리는 게 아니라, 장애가 있는 몸들과 정신들에 맞추어 시계를 구부린다."

돌발통으로 입원해 있거나 아파서 침대에 누워 있을 때 나는 수학과 물리학 책을 읽곤 한다. 곧잘 오류를 범하는 나의 인간적인 우주를 넘어서는 우주에 대해 생각하는 게 위안이 되기 때문이다. 나는 병적인 성향이 있어서 결국 자살로 생을 마감한 창의적인 사람들의 전기도 읽곤 하는데, 이 범주에 들어맞는 사람들 중에는 과학계나 수학계 출신이 많다. 그들은 가장 괴상한 예술가, 작가, 뮤지션 들만큼이나 창의적이고, 몽상적이며, 별나고, 기이하기 때문이다. 나는 종종 루트비히 볼츠만을 생각한다. 그는 엔트로피 방정식을 최초로 정교화한 오스트리아의 물리학자로, 이는 열역학 제2 법칙이 되었다. 엔트로피는 어떤 계(界)에서든 물리 상수이며, 열은 식고 무질서는 증가하리라는 것을 규정한다.[4] 이는 시간의 흐름은 불가피하다는 것을, 시간은 물리학자들이 "시간의 화살"이라 부르듯 한 방향으로 움직인다는 것을 의미한다. 유리잔이 탁자에서 떨어져 바닥에서 깨진다면, 우리는 이를 탁자로 되돌려놓을 수 없으며 전으로 되돌아갈 수도 없다. 볼츠만은 나중에야 양극성 장애라 추정된 것에 시달리다가 결국 자살했다. 이는 그의 삶의 성취와 분리하기 힘든 죽음이다. 우주 만물이 무질서를 향해 거스를 수 없이 움직인다는 법칙에 최초로

---

[4] [옮긴이] 엔트로피는 값이 불변하는 상수가 아니라 값이 변할 수 있는 상태량으로, 이 구절에는 열역학 제2 법칙에 대한 다소 부정확한 설명이 포함되어 있다. 저자는 여기서 시간의 비가역성을 이야기하기 위해 엔트로피 개념을 소환하는데, 추측건대 '상수'(constant)라는 용어를 수학적 의미에서 '항상 변하지 않는 값'이 아닌 '언제 어디에서나 존재하는 것' 정도의 의미로 사용한 듯하다.

수학적 언어를 선사한 남자가 자기 인생의 화살을 거스를 수 없음을 견디지 못했다는 사실이, 암울한 날이면 나를 찾아오곤 한다.

나는 또한 게오르크 칸토어를 생각한다. 집합론을 창시했고, 무한에는 서로 다른 크기가 있음을, 즉 서로 다른 무한이 많이 있다는 것을 발견한 스위스의 수학자다.[5] 그는 아무리 큰 수라도 거기에 1을 더할 수 있다는 자연수의 무한을 파악했다. 그리고 그 수들 사이의 무한, 어떤 큰 수로라도 그 사이를 나눌 수 있다는 것을 파악했다.[6] 그는 이 무한들을 서로의 안에 집어넣을 수 있음을, 그리고 이 집합들을 그 자체로 무한히 존재하도록 만들 수 있음을, 즉 큰 무한과 작은 무한들, 각 무한이 무한히 존재하도록 할 수 있음을 파악했다. 이를 대체 어떻게 헤아린단 말인가? 칸토어도 자살했다.[7]

나는 여기서, 당신의 장애가 가진 서로 다른 무한들과, 당신의 만성 질환이 가진 불가피한 엔트로피와, 고통 속에서 제 기능을 못 하는 당신의 몸과 정신이 당신에게 복종하지 않을 것이라는 이미 결정되어 있는 그 모든 종착점에 관하여, 하늘과 땅 그리고 지하

---

[5] [옮긴이] 칸토어는 러시아에서 태어난 독일인 수학자로, 취리히에서 수학한 적 있으나 스위스의 수학자라고 서술하는 것은 부정확하다.

[6] [옮긴이] 칸토어는 자연수와 실수 사이의 기수의 차이를 증명했다. 기수란 집합의 크기를 나타내는 수로, 자연수 집합은 셀 수 있는 무한(가산무한)이지만 실수 집합은 그보다 큰 비가산무한이다. 이 문장에서 "수들 사이의 무한"은 실수의 연속체를 가리키며, 어떤 두 실수 사이에도 항상 무한히 많은 다른 실수가 존재한다는 특성을 의미한다. 원문에서 큰 수로 나눌 수 있다고 하는 것은 조밀성을 의미하는데, 유리수라는 반례가 있듯 조밀성은 기수를 내포하지는 않는다. 이렇듯 다소 모호하게 표현했으나, 칸토어가 서로 다른 크기의 무한이 존재함을 증명한 핵심 업적을 언급하고자 한 것이다.

[7] [옮긴이] 칸토어는 말년에 정신병원에 입원했고, 심장마비로 사망했다고 알려져 있다. 정신적 고통을 겪어왔다는 점은 사실이나, 자살했다는 주장에 관해서는 공식적으로 밝혀진 바가 없다.

세계를 다 뒤집어엎어서라도 오로지 행복해질 방법만을 찾아야 한다고 말하려는 게 아니다. 나는 당신이 다만 스스로를 믿는다면 이런 조건들을 극복할 수 있다고 당신에게 들려주려는 게 아니다. 대단원에서 위로 치솟는 서사 구조 따위는 없을 것이다. 나는 승리를 팔아먹는 장사를 하려는 게 아니다.

내가 제안하고자 하는 건, 할 수 있을 때, 어쩌면 당신의 장애가 왜 당신이 스스로를 싫어하게 만드는지 궁리해보라는 것이다. 어째서 이것이 당신의 증상과는 다른지 생각해보아라. 그러한 충동은 어디서 오는가? 누가, 무엇이, 그러라고 가르쳤는가? 그것은 어떤 목적에 봉사하는가?

내가 장사를 한다면 아마 광활한 거리를, 체계들과 그 패턴들의 대규모 조직을, 무한들의 서로 다른 크기를 볼 수 있도록 돕는 도구를 팔고 다닐 것이다. 그리고 일단 당신이 그것들을 보기 시작한다면, 당신의 관점을 움직여볼 방법, 네오를 둘러싼 카메라와 같이 새로운 관찰 시점, 더 많은 지각 방식을 찾아낼 방법을 모색하는 것이 다음과 같은 사실을 상기시켜줄 수도 있다고 제안해도 될까. 폭발 반경이 파괴적인 폭발로 인해 초래된 것인 만큼 또한 확장하는 물질의 강력한 재배치라는 사실, 즉 그것은 그런 물질이 점유할 수 있는 부피와 공간을 줄이는 것이 아니라 더 만들어낸다고 말이다.

✢

장애의 폭발 반경은 오래, 오래, 오래 지속된다. 우리 중 그 안에서 한동안 살아온 사람들 가운데는 그게 영원히 지속될 거라고 말할 사람이 있을 것이다. 누군가는 이렇게 지적할 것이다. 만일 우리 모두 끝없이 팽창하는 각자의 폭발 반경에 살고 있다면, 언젠가 전 세계가 여기에 잡아먹히진 않을까?

행성의 궤도가 태양과 너무 가까워 우리가 그 행성을 더 이상 보지 못할 때를 가리키는 "카지미"(cazimi)라는 용어가 있다. "카지미"는 아랍어 "카지미미"(kaṣmīmī)를 라틴어로 옮겨 쓴 것으로, "마치 심장 속에 있는 것처럼"이라는 의미를 담고 있다. 어떤 신화들은 태양이 그 행성을 먹는다는 서사로 이를 설명한다. 장애의 폭발 반경에서, 당신이 그 행성인가? 어떤 태양이 당신을 먹었나? 지금 당신은 누구의 심장 가까이에 있는가? 당신은 누구의 심장 속에 있는가?

이-인을 위한 변론

이제 우리는 우리가 아는 대로
지식을 다시-쓰는 일에 집단적으로 착수해야만 한다.
실비아 윈터

나는 "이-인들"(de-persons)을 변호하고 싶다. 의료-산업 복합체 기관들에 따르면 그중 한 명이 나이기 때문이다. 그동안 내게 여러 종류의 상태로 진단이 내려진 것이 뜻하는 바는 내 몸, 자기, 환경, 세계가 시시때때로 진짜인 것처럼 느껴지지 않는다는, 다시 말해 그것들이 마치 내게 속하지 않는 것처럼 느껴진다는 것이다. 이 말인즉슨, 내가 그것들 바깥에 있고, 동떨어져 있고, 그 위를 맴돌고 있고, 모든 게 낯설고, 이상하고, 나는 그 어떤 것에 대한 권리도 주장할 수 없다는 뜻이다. 이는 "이인증"(depersonalization)과 "비현실감"(derealization)이라 불리는 임상적 증상 안에서 설명된다. 내가 나 자신의 생각, 느낌, 몸과 끊어진 것 같은 느낌이 전자의 특징이고, 다른 사람, 물건, 나 바깥의 주변 환경과의 관계에서 내가 느끼는 앞서 언급한 것과 똑같은 단절감을 후자가 기술한다. 『정신 질환의 진단 및 통계 편람』의 공식적인 진단 기준의 언어는 놀랍도록

시적이다. 당신이 "로봇처럼 느껴진다"거나, "머리가 솜으로 싸여 있다"거나, "당신은 영화나 꿈속에서 살고 있다"거나, "당신의 소중한 사람들과 ⋯ 유리 벽을 두고 떨어져 있다"라는 식이다. 내적 탈구(dislocation)에 대한 것이 이인증이고, 비현실감은 외부로부터의 소외에 대한 것이지만 둘 다 어떤 상태, 사물들이 내 통제를 따르지 않는다는 느낌 — 이것은 그것들이 "진짜"로 느껴지지 않는다는 의미다 — 을 주는 상태를 기술한다.

통제할 수 없는 것은 진짜이길 멈춘다는 논리적 비약을 이제 임상적 관점에 입각해서 고려해보자. 그렇다면 현실을 진짜라고 규정하는 것은 현실을 통제하는 일이란 걸까?

이-인을 위한 변론은 바로 이런 통제와 현실의 관계에 대해 질문한다. 그러나 변론이 제기하려는 질문의 핵심은 한 개인 내부에 그 관계들이 수렴할 수 있도록 하는 데에 있지 않다. 마치 개인 내부의 그 장소가 우리 각자가 딛고 서 있는 중립적·몰역사적 토대이기라도 한 양. 이-인을 위한 변론은 흙 속으로 파고 들어가는 벌레처럼 질문을 제기한다. 누가 그 땅을 일구는가? 누가 그 땅의 주인인가? 다른 사람이 그곳에 서 있을지 모르는데 그 땅이 자기 것이라 주장하는 사람들은 누구인가? 나는 특정한 경험의 대변자(a representative)가 아니라 그 경험을 현시하는(presentative) 사람이다. 나는 지금 당신과 나 자신 앞에서 그것을 하고 있다. 나는 아포리아를 지지하는 사람이다. 나는 구멍 난 사유, 스스로와 모순되는 사유, 빙 돌아오는 사유, 논쟁의 매듭과 닳은 부분과 재직조를 드러내는, 그럼으로써 자신의 모든 샛길, 막다른 골목, 우회로를 포함하고, 당신이 그 모두를 볼 수 있게 해주며, 내가 어떻게 여기에 이르게 되었는지를 잊지 않도록 해줄 사유를 지지한다. 바로 그 방법이 내가 어디에 있었는지, 어디로 가려고 하는지, 그 움직임을 표시한다. 그리고 내가 살고 있는 장소이자 동시에 내가 당신에게 말걸기를 하고 있는 장소, 나의 주소를 표시한다. 나의 주소는 이-인의 위치에서 적힌다. 이것은 엉망진창에 대한 긍정, 무질서의 증거이자 무질서에 대한 선언, 불완전함에 대한 경의를 의미한다.

이-인을 위한 변론은 불완전함의 체현, 제멋대로인 사유의 표명, 비(un)-이해의 퍼포먼스, 지배에 대한 전면 거부라고 할 수 있겠다.

무언가를 정의한다는 것은 그것을 고정하고, 제한하고, 그 둘레에 경계를 설정하는 행위다. 동사 '정의하다'는 "-의 경계를 설정하다"라는 뜻의 라틴어 "definire"에서 유래했다. '정의하다'는 선을 긋고, 이 금 안에 포함되는 것과 포함되지 않는 것을 결정하고, 안과 바깥의 방향을 정한다.

주장하는 것은 뭔가의 진실 — 진술, 금전적 가치, 땅 한 뙈기, 권리, 소유 — 을 주장하는 것이다. '주장하다'는 "외치다"라는 뜻의 라틴어 "clamare"에서 유래했다. 그 긴급함이, 그 절박함이, 그들의 진실을 주장하고 외치지 않을 수 없는 수많은 이유들이 얼마나 찬란한가.

어떤 것을 정의하거나 주장할 수 있는 방법은 많다. 그러나 내가 가장 관심을 갖는 것은 과연 이것이 그 어떤 것에게 일어나는 것인지 아니면 그 어떤 것에 의해 촉발되는지를 묻는 질문이다. 그것은 자기를 갖는가? 그것은 자기를 소유하고 있나?

나의 진단은 『정신 질환의 진단 및 통계 편람』에 근거해 결론을 내리는 미국정신의학회의 지침을 따르는 의사들로부터 온다. 이는 나의 사람됨(personhood)이 의료-산업 복합체에 의해 어떻게 지각되고, 구축되고, 공고화되고, 단속되고, 갇혔는지의 측면에서 미국정신의학회와 『정신 질환의 진단 및 통계 편람』이 내 삶에 가장 큰 영향을 미친 기관이라는 뜻이다. 그리고 이른바 나의 사람됨이 그들에 의해 정의되고 ― 주장되고 통제되고 ― 그들에 의해 만들어진 자신의 현실을 가져왔음을 의미한다.

"사람됨"을 놓고 이야기하는 많은 방법이 있고 그중 다수는 무엇이 사람됨이 **아닌지**, **누가** 그 범주에 **속할 자격이 없는지**, 그 이유는 무엇인지에 대한 담론이다. 사람됨에 말을 보태려고 한다면 보편성을 중요하게 고려해야만 하는데, 어쨌든 보편성이 우리가 "사람들"을 구축하는 방법의 토대이기 때문이다. 보편성은 새겨진 경계선들, 제기된 주장들 아래에 놓인 기반이다.

사라 아메드는 이렇게 설명한다. "보편은 사건이 아닌 구조다. 그것은 모인 사람들이 어떻게 모이는지에 대한 것이다. 그것은 어떻게 하나의 회합이 우주로 변하는지에 대한 것이다. … 보편은 포용의 약속이다. … 보편주의는 우리 중 일부가 어떻게 그 방에 들어갈 수 있는지에 대한 것이다. 그것은 그 진입이 어떻게 마법적인 것으로, 진보로 서술되는지에 대한 것이다."

그런 마법을 희망한 것에 죄책감이 든다. 우리 모두가 그랬듯이 나 또한 보편주의의 게임을 해왔다. 그게 이 판에서 가장 주된 게임이며, 우리가 서 있는 모든 땅에 대한 소유권을 주장했다.

하지만 이렇게, 나는 여기서 벗어나려 하고 있다.

☩

2015년 12월, 나는 3년 만에 처음으로 약을 소지하지 않은 상태에서 해리성 공황 발작을 겪었다. 물속에 있는 듯한 느낌을 주도록 설계된 코펜하겐의 덴 블루 플래닛 수족관에서였다. 특히 근 20년 동안 검은 바닷물 속에 있는 악몽을 되풀이해서 꿔왔음에도 약을 안 갖고 온 내가 어리석었던 게 맞지만, 오랫동안 약이 필요하지 않았기 때문에 어쩌면 완치되었다고 생각했던 것 같다. 우리는 마치 해저 동굴 안으로 잠수해 들어간 것처럼 덴 블루 플래닛으로 들어서게 된다. 내부는 희미한 푸른 빛이다. 물고기, 상어, 고래의 실루엣 그림자가 천장 위로 투사된다. 고개를 젖히면 머리 위에서 돌고 있는 그들을 볼 수 있다. 숨겨진 스피커에서 찰랑거리고 철썩이는 물소리가 흘러나오지만, 작은 물고기들처럼 휙휙 뛰어다니는 아이들의 목소리에 묻혀 거의 들리지 않는다.

발작이 지나가기를 기다리고 있던 화장실에서 내 머릿속에 떠오른 생각은 오로지 **그것, 그것, 그것**뿐이었다. 파란색 — 화장실 칸 벽에 칠해진 파란색 페인트였나? — 도 마찬가지로 그것이었다. 문이 쾅 하고 닫힐 때마다 그 흉포함에 "내" 몸이 두 갈래, 세 갈래, 여러 갈래로 찢기는 듯했다. 핸드 드라이어의 소리는 더더욱 강렬했고 머리가 쪼개지는 것 같았다 — **그것, 그것, 그것**.

언어가 무너진다(이 상태를 겪는 동안 나는 말을 할 수가 없다. 그리고 내게 말해지고 있는 것을 이해할 수가 없다). 언어가 결코 존재하지 않았다거나, 아무것도 아니라거나, 포스트모던한 방식으로 부적절해서가 아니라, 언어가 **비창조하기**(uncreate)[1] 때문이다. 시몬 베유가 말한 것처럼, 비창조(decreation)는 "창조된 뭔가를 비창조 상태(the uncreated)가 되도록 만드는 것"이다. 창조되었던 뭔가, 다시 말해 **나**를 창조했던 뭔가가 그것의 쌍둥이인 그림자 상태로 넘어간 것이다. 더 이상 일인칭은 온전하지 않으며, "나"는 녹아버리고 지금껏 모든 것을 담고 있던, 모든 것을 둘러싸고 있던 경계들의 단단함이 고갈된다.

이 일이 있기 몇 년 전, 나는 마침내 이러한 삽화들에 대한 치료를 받기 시작했다. 아이였을 때부터 삽화들이 내게 일어났다. 방이나 집에서 밖으로 뛰어나간다든지, 구석에 웅크리거나 욕조에 숨어 루르드의 강물이 흐르는 것처럼 눈물을 흘리며 나의 몸과 행위성(agency)에서 분리된 채 더 이상 움직일 수 없는 내 몸의 일부를 마구 때리다가 누군가 나를 발견하거나 내가 다시 나의 위치를 잡을 수 있을 때까지 몇 시간이 걸리곤 했다. 이인성/비현실감 장애 진단을 받은 후, 내게 지정된 치료사는 내가 누린 최고의 행운 중 하나였다. 그녀는 내가 당시 배속되어 있던 병리학을 대수롭지 않게 여기면서 대신에 다른 접근 방식을 제공했다. 그녀는 "다른 시대, 다른 문화에서였다면 당신은 그저 신비주의자로 간주되었을 것"이라고 말했다.

---

[1] [옮긴이] 언어가 창조, 즉 생성되는 동시에 스스로를 무너뜨린다는 의미로 쓰였다. 'un-'이라는 접두사가 붙어 동사 'create'의 행위를 되돌리는 행위가 된다. 이어서 언급되는 'decreation'은 시몬 베유가 제시한 신학적 관념으로, 신이 비존재 상태가 되며 우리를 각 개체로 창조했듯, 우리 또한 비존재 상태, 즉 창조된 상태가 아닌 상태로 돌아가야 한다는 사유가 담겨 있다. 이는 주로 '탈창조'로 옮겨지나, 이 글에서는 'uncreate'를 설명하는 맥락에서 쓰였으므로 똑같이 '비창조'로 옮겼다.

그 시대, 그 문화에 무슨 일이 일어났던 것인지 궁금하다. 그것들은 어디로 갔을까? 지금 여기에서 그것들을 제거한 것은 어떤 목적에 부역해온 걸까?

자기소유와 자기지배는 소유 이데올로기에 기반해 건설된 사회에서 가장 잘 알아볼 수 있고 가장 선호되는 자기성(selfhood)의 형태다. 『정신 질환의 진단 및 통계 편람』과 미국정신의학회가 "자기-통제력의 상실"로 규정하며 경고하는 그것은 우리 사회 대부분의 기반이 되는 지배와 온전함에 대한 거부, 즉 프레드 모튼과 스테퍼노 하니가 "계몽주의적 자기-통제의 대상/목표"라고 칭한 것에 대한 거부로 읽힐 수 있다. 자신의 자기를 소유할 수 없다는 것은 자연히 당신을 위해 그것을 해줄 수 있는 사회의 필요성을 촉발한다. 결국 이는 자기 자신에 대한 소유권(ownership)을 지닌 자기라는 구축물을, 가장 잘 받아들여질 수 있는, 그러니까 유일한 종류의 사람으로서 구체화한다.

보편성에 의해 정의되고 주장되어온 개념인 "사람"은 자기-규정적인 완벽함, 온전함, 권력을 약속하는 개념이다. 다시 말해 사람은 지배당하면서 동시에 **바로 그** 지배자일 수 있다.

이 지점에서 내가 읽은 트라우마 치유와 관련한 많은 책이 떠오른다. 모두 백인 의사가 쓴 그 책들은 아니나 다를까 "생산적인" 삶을 살고 싶다면 "자기지배"의 감각을 회복해야 한다는 이야기를 들려준다. 베스트셀러 『몸은 기억한다』에서 베셀 반 데어 콜크

박사는 다음과 같은 질문을 제기하고 그에 답하려고 시도한다. "어떻게 해야 사람들이 과거 트라우마의 잔여를 통제하고 자기 배(own ship)의 지배자로 돌아갈 수 있을까?"라고. "지배자"라는 단어와 "배"를 같은 문장에서 사용하는 것에 대해 멈춰서서 생각해본 사람은 혹시 없었을까?

—

『정신 질환의 진단 및 통계 편람』은 다수의 상태를 질병이 아닌 질환으로 분류한다. 그 둘의 임상적 차이에 주목하는 것이 중요할 듯하다. 이는 "병인"이라고 하는, 즉 무언가의 원인인 것에 대한 문제로 귀결된다. 병인을 알 수 있으면 질병이다. 아무도 단서를 찾지 못하면 질환이다. 미국정신의학회의 분류 체계 안에 미국정신의학회가 자신들의 체계의 실패와 순환논법 모두를 시인한다는 것이 이미 스며들어 있다. 그들은 당신의 경험을 어떻게 인식하고 검증할 것인지를 놓고 일종의 면책 조항을 만들어놓았다. 이는 무엇을 인식 가능한 것으로 간주하는지에 대한 그들의 자체 규칙에 전적으로 근거한다. 그것은 당신이 당신 스스로의 경험을 어떻게 인식할지, 그 경험 속에서 어떻게 검증되었다고 느낄지, 그 경험을 어떻게 정의할지와는 전혀 관련이 없다.

정신의학의 견지에서 모든 질병과 질환의 결정적인 순간, 즉 당신이 "건강한 상태"에서 "아픈 상태"로 전환되는 시점은 증상이 "정상적으로 기능할 수 있는 개인의 능력을 해칠 때"다. 규범적인 것의 수행이 멈추는 시점이 정신의학이 개입할 때다. 하지만

991쪽에 달하는 『정신 질환의 진단 및 통계 편람』 어디에도 "정상"에 대한 정의는 없다. 이 편람의 상당 부분이 정상인 것과 그렇지 않은 것에 의존하는 것처럼 보이기 때문에 당신은 정상에 대한 정의가 있으리라고 생각했겠지만 말이다.

이인증/비현실감 장애의 견지에서 보면 『정신 질환의 진단 및 통계 편람』 제5판이 미국과 그 제국적 지평 내에서 자신을 위치시키는 아주 사소한 순간이 하나 있다. "문화와 관련된 진단의 쟁점들"을 다룬 다음의 구절이 그에 해당한다. "자발적으로 유도된 이인성/비현실감 경험은 많은 종교와 문화에 널리 퍼져 있는 명상 수행의 일부일 수 있고, 질환으로 진단해서는 안 된다. 그러나 처음에는 의도적으로 이러한 상태를 유도하지만 시간이 지남에 따라 통제력을 잃고 관련 수행에 대한 두려움과 혐오감을 갖게 되는 개인들이 존재할 수 있다."

그 뒤에 "위험 요인 및 전조"로서 다음의 구절이 나온다. "상당수 개인들에게 이 질환과 어린 시절의 대인관계 트라우마 사이에는 분명한 연관성이 존재한다. … 특히 정서적 학대와 정서적 방임은 이 질환과 가장 강력하고 일관된 연관성을 맺어왔다."

『정신 질환의 진단 및 통계 편람』은 어린 시절에 경험한 정서적 학대와 방임을 제외하고는 원인과 상호 연관될 수 있는 증상에 대해서, 즉 누군가가 **왜** 그러한 느낌을 경험할 수 있는지에 대해서 이 구절 이상으로는 거의 언급하지 않는다. 그들이 트라우마가 도달할 수 있다고 용인하는 범위/정도는 대인관계 — 결코 세대를 거쳐 이어진다거나, 제도적·사회적·정치적인 것은 아니고 — 에 국한되어 있지만, 왜 어떤 사람은 자기 자신이나 자신의 세계가 진짜가 아니라고 느끼는지, 그 이유의 목록은 대인관계를 넘어서는 현상들로 더 잘 설명될 수 있을 것 같다는 게 내 생각이다.

나는 생명 유지에 필요한 가장 기본적인 자원, 즉 마시기에 적합한 물을 소유할 수 있는지를 놓고 전혀 통제권을 갖지 못했던 플린트의 주민들을 생각한다.[2] 그리고 찰스턴 카운티 교도소에서 거듭 물을 달라고 부탁했음에도 물을 전혀 받지 못해 사망한 50세의 흑인 여성 조이스 커넬을 생각한다. 그녀의 가족을 대신해 제기된 소송을 다룬 기사는 그녀가 감옥에서 보낸 생의 마지막 27시간, 너무 아파서 음식을 먹거나 도움을 요청할 수 없었던 시간에 대해 기술한다. "그녀는 밤새 구토를 했고 화장실까지 갈 수 없었다. 그러자 간수들이 그녀에게 준 것은 쓰레기 봉투였다." 경찰은 그녀에게 그녀의 삶에 대한 소유권이 아니라 쓰레기 봉투를 주었다.

마시기 적합한 물이 보장되지 않는 사회, 당신이 토한 것들로 가득 찬 쓰레기 봉투를 쥐고 감방에서 죽게 하는 사회에서 산다는 것은 완전히 비현실적으로 느껴질 것 같다.

앞서 "자발적으로 유도된 경험"이 언급된 조항에서 보았듯이, <mark>통제력을 잃을</mark> 때 주요한 문제가 발생한다. 그러나 어떤 종류의 통제력이 위험에 처해 있는지를 결정하는 일차적인 척도는 개별 인간의 행위성이다. 『정신 질환의 진단 및 통계 편람』과 미국정신의학회는 국가가 영향을 끼치고, 부여하고, 철회하고,

---

[2] [옮긴이] 미국 미시간주에 위치한 도시 플린트는 2014년 심각한 수질오염 사태를 겪었다. 이 도시의 상수원을 주지사의 결정에 따라 휴런호에서 플린트강으로 바꾸었는데, 수도관 부식으로 납 성분이 수돗물에 침출되고 레지오넬라증이 발생하며 최소 열두 명이 사망하고 80여 명이 관련 질병을 진단받았다. 플린트시 인구 중 60퍼센트가 흑인이며, 40퍼센트가 극빈층에 속한다.

완화할 수 있는 통제력이나 자유 및 행위성의 상실이 아니라 오로지 자기-통제에만 관심을 갖는다.

이러한 사례가 함축한 것을 맞닥뜨렸을 때 우리는 국가를 이인성과 비현실감을 창조하는 메커니즘이라고 이해할 수 있게 된다.

국가는 사람을 주변 환경으로부터 분리시키고, 소중한 사람들을 유리 벽의 반대편에 두고, 세상을 영화나 꿈 ― 이것은 일어나고 있을 수가 없다, 이것은 진짜일 수가 없다 ― 으로 만든다. 국가는 자기-통제의 가능성을 무효화하면서 동시에 이인성을 생산하고 영구화하는 장치다.

그렇다면 그것은 (원인 불명의) 질환일까, 아니면 (원인이 판명된) 질병일까?

미국정신의학회에 묻고 싶다. 국가가 당신을 이런 식으로 만들어왔고, 당신에게서 당신의 행위성을 제거해왔고, 당신이 정체화되고 주장되고 따라서 적법화되는 방법에 대한 통제력을 빼앗아버렸을 때 이인성은 어떻게 되는 겁니까? 국가가 당신을 당신의 환경으로부터 떼어놓거나, 당신의 땅을 빼앗거나, 당신의 주변 환경을 견딜 수 없는, 진짜일 리가 없는 것으로 바꾸어놨을 때 비현실감은 어떻게 되는 겁니까?

데니스 페레이라 다 실바는 "자기-규정적인 것이 관계 속에서 출현한다면, 자기-규정적인 것은 자기-규정적일 수 없다"(강조는 내가 했다)고 쓰면서, 그렇듯 관계성으로 규정되어온 사람들을

"노-바디들"(no-bodies)**❸**로 부르자고 제안했다. 네브 마지크-비앙코는 이들을 "보이지 않는 이론가들"이라고 불렀다. 나는 그들을 "아픈 여자들"이라고 불렀다. 모튼과 하니는 이들이 거주하는 영토를 "언더커먼즈"(the undercommons)라 부르면서 그곳을 추적해왔고, 그 영토에 거주하는 일부 구성원의 공동-현존 상태를 간단히 "흑인성"(blackness)이라고 명명했다.

여기서 나의 주된 질문은 다음과 같다. 이들 <mark>없는</mark>(not) 사람들에게, 자기-규정을 통해서보다는 <mark>관계 속에서</mark> 출현했던 사람들에게, 보편적이기보다는 특수하고 때로는 아무 데도 존재하지 않는 사람들에게, 언더커먼즈의 사람들에게, 우리 "보이지 않는 이론가들"에게, 우리 "노-바디들"에게 <mark>이인성</mark>의 <mark>긍정</mark>은 어떻게 새로운 형태의 정치적 행위성을 제공할까?

╋

자본주의에서 삶의 일차적 목적 — 이데올로기적으로 또 물질적으로 — 은 가치를 축적하는 것이다. 이는 자신의 노동을 통해 이루어지지만서도 물론 타인의 노동과 모든 종류의 다양한 자원을 착취하는 것에 의존한다. 실비아 페데리치가 주장했듯 이러한 착취는 스스로를 정당화하기 위해, 카를 마르크스가 말한 자연 및 노동 자원의 "원시적 축적"을 넘어 자기/타자, 백인/흑인,

---

❸ [옮긴이] 아무에게도(nobody) 그런 일이 일어나서는 안 된다고 말하는 일이 누군가에게는 국가에 의해 합법적으로 일어나고 있다는 사실에 관해 그 방식과 배경을 설명하며 제시된 표현이다. 그들은 서구 계몽주의의 소산인 개인으로서의 주체들이 아닌, 흑인/갈색 인종과 빈민가 거주 같은 인종성과 거주지의 특성 등과의 관계로써만 인식된다. 자기-규정적이지 못한 이들은 법과 국가에 보호받아야 할 주체로 인정받지 못하고 '아무도 아닌 몸들'이 된다.

남성/여성, 사회/자연, 우리/그들, 삶/죽음 등 **차이들의 축적**을 요한다.

이러한 시스템 내에서 **규범적으로 충분히 유능한 사람들과의 차이로 인해** 노동을 할 수 없는 사람은 가치를 축적하는 일을 할 수 없기 때문에 쓸모없는 존재로 간주될 뿐만 아니라 자본주의 이데올로기의 중요한 두 가지 교리에 정면으로 반하는 존재로 간주된다. 첫 번째 교리는 자본주의적 기술이 몸을 지배할 수 있다는 전제다. 캐럴린 라자드는 이에 대해 다음과 같이 쓴다.

자본주의는 몸을 대상화한다. 자본주의는 몸을 착취 가능한 자원으로 간주하며 기술의 도움을 받아 파괴될 수 없고 멈출 수 없는 것으로 만들려고 한다. … 선진 자본주의는 물리적 몸을 한물간 낡은 도구로 간주하고 있으나, 몸은 그럼에도 여전히 남아 있다. 자본주의적 조건들 아래에서 몸은 계속 실패하고, 질병으로 병리화된다. 몸은 또 다른 불편함이기에 개선되고 최적화되어야 한다.

이-인이 대적하고 있는 두 번째 교리는 신자유주의가 생존에 대한 결정을 포함한 모든 것을 개인의 선택, 의지력의 문제, 시장이 해결할 수 있는 문제로 축소시킬 수 있다는 **약속**이다.
신자유주의에서 "웰니스"는 기만이다. 그건 보통 "삶"을 대신하는 것이지만, 부, 인종, 젠더, 권력 그리고 무엇보다도 **능력**의 견지에서의 삶을 말한다. 이러한 맥락에서 웰니스는 역설적이게도 타고난 도덕적 덕목이면서 동시에 오롯이 개인이 유지해야 하는 자신의 책임이다.

╋

2015년 가을에 나는 프레드 모튼의 멘토링을 받으며 프로젝트
  '세상의 가장자리에서'의 연구원으로 일했다. 나는 모튼에게 「아픈
  여자 이론」의 초고를 보냈고, 이 에세이를 붙들고 있는 동안 그와
  두 차례 커피를 마시며 이야기를 나눴다. 당신이 알지 못한 채로
  만들고 있던 몇몇 가정을 불안정하게 만들어주는 데 있어 그가
  갖고 있는 너무나 관대한 방식과 온화한 태도로 다음과 같은
  생각을 제안했다. 「아픈 여자 이론」이 휴머니즘의 또 다른 잔혹한
  낙관주의를 설정하고 "아픈 여자"라는 별개의 범주를 만들어
  개인을 새로운 종류의 보편적 주체 아래 통합하는 것이라고.
  카페에서 그가 그렇게 말했을 때 나는 그가 맞다는 생각에
  속이 울렁거렸다. 지난 몇 년간 내가 얼마나 자주 보편이 나의
  개체성을 통합해주기를 바랐는지를 알아차렸다. 보편 없이도 그냥
  괜찮아지는 것이 더 말이 될 때에도.
우리가 만났을 때 그는 "특권"과 "사적인"이라는 단어의 어원이 같다는
  점을 지적했다. 둘 다 "개인의"를 뜻하는 라틴어 "privus"에서
  유래했다. 한 개인이 특권을 누릴 수 있다는 것은 그 개인이 그
  정도만큼 사적일 수 있다는 뜻과 같다.
모튼은 "특권은 사회성에 대한 근본적인 이지"라고 말했다.

╋

내가 현재 제안하고 있는 이인성 긍정은 개인주의, 개별성, 즉자적
  사람됨에 대한 거부보다는 비분리성, 엄청난 무분별에 대한

긍정이다. 탈-통치적, 탈-지배적, 탈-점유적, 탈-소유된, 탈-소유하는, 탈-사적인, 탈-특권적인, 탈-개인적인.

내 생각엔 이런 식의 정치적 표명이 급진적 사회성이다. 방에 보편적인 왕좌 하나가 있고 모두가 문을 긁어대며 들어가려고 애쓰는 대신, 모든 사람이 앉을 수 있는 의자 여러 개가 사방에 흩어져 있을 수도 있는 것이다.

존나 엄청난 난장판이 될 건 분명하다.

모튼은 내가 지금껏 최선을 다해 실천해오고 있는 말을 또한 남겼다.

"작업물이란 실천의 문서에 불과하다. 그리고 문서는 절대로 실천보다 중요해서는 안 된다."

같이 이렇게 해볼래요?

좌선 명상을 하는 치료사를 만난 적이 있다. 60대나 70대였던 그녀는 올블랙 차림에, 둥근 안경을 쓰고, 하얀 머리는 삭발을 했다. 그녀는 시를 썼다. 그녀는 똥도 안 쌌다. 어느 날엔가 내 감정이 내 옆을 강물처럼 흐르는 것을 보기를 바랄 수 있을 거라고 그녀가 말했다. 나는 강물 속의 돌멩이가 되고 내 감정들은 세차게 흘러 지나갈 것이다. 기쁨도 흘러가고, 슬픔도 흘러가고, 모든 것이 흘러갈 것이다. 그 당시에는 그렇게 흔들리지 않고 비를 맞으면서도 뿌리내린 채 있는 것이 멋지게 들렸다.

하지만 이 유비를 확장해서 내가 증언하고, 참여하고, 품고 있는 다른 사람들의 감정까지 포함할 수 있을까? 버스에서 공황 발작을 겪는 사람을 보는 것은 어떤가? 인터넷에서 영상으로 다른 이들이 느끼는 것, 이를테면 그들의 전쟁을, 그들의 축제를 보는 것은? 우리는 물과 같아야 할까? 함께 깊은 곳으로 가라앉아야 할까? 아니면 수면 위에 머물며 퍼져 나가야 할까? 거기에 어떤 돌멩이가 우리를 위해 있을 수 있을까? 그러니까 내 말은, 그게 정치적일 수 있을까?

쾌차하세요

병의 언어는 진부함의 언어다. 쾌차하세요. 빠른 쾌유를 기원합니다. 격려의 마음을 전합니다. 이 힘든 시기에 건강 잘 챙기세요. 형용사는 — **빠른, 힘든** — 극히 드물게 나온다. 같은 동사들 — **낫다, 전하다, 챙기다, 기원하다** — 이 쓰이고 또 쓰인다.

혁명의 언어 역시 진부함의 언어다. 인민의 힘과 같은 힘은 없다, 인민의 힘은 멈추지 않을 것이니까. 제창! 단결한 인민은 결코 분열되지 않을 것이다. 안 간다, 안 간다, 우리는 안 갈 것이다. 무엇을 요구하든 시위대는 같은 구호를 외치고, 시위대의 팻말은 이전의 표어를 외친다.

병중에 있을 때나 반란을 꾀할 때처럼 간절히 변화를 원할 때 우리는 언어에서 복잡한 부분을 없애고 가장 기본적인 핵심만 날카롭게 남긴다. 형용사나 직유, 종속 구문 등으로 시간을 낭비할 수 없다고 느낀다. 안 된다, 라는 전달해야 할 메시지가 있고, 그것은 중대하고 당면한 것이라 너무 많은 단어 속에서 그 의미를 잃게 될 위험을 감수할 수 없다. 하지만 병과 혁명이 지속됨에 따라, 그 둘 내부의 언어와 그 둘에 관한 언어는 더 깊어지고 뉘앙스가 더해지며, 세계의 끝에서 자신의 한계를 마주하는 지극히 인간적인 경험이 언어에 녹아든다. 그것은 나 자신의 한계인가, 아니면 세상의 한계인가?

언어의 속성을 공유하는 이 둘, 즉 병과 혁명은 또한 비슷한 종류의 시간, 즉 압도될 만큼 현재적인 느낌의 시간 안에 존재한다. 그 시간은 지금이고 그 시간은 길다. 그러나 각각의 시간성은 처음에는 상당히 다르게 느껴질 수 있다.

병중에 시간은 극도로 느려져서 마치 정지한 것 같고 견딜 수 없을 만큼 무겁게 느껴진다. 아픈 사람이나 아픈 사람을 돌보는 사람이 보기에 시간은 얼어붙은 듯하며, 몸 주위에서 굳어버리고, 모든 것을 병이라는 새로운 무게중심에 말려들게 하며, 폭발 반경 안에서 팽팽하게 버티고 있다. 할 수 있는 것이란 오직 기다리는 것이다. 미래는 점점 더 멀어지고, 현재적 순간 — 병이 흠뻑 배어든 순간 — 은 어마어마하게 커지고 잔인해진다. 병에 걸렸을 때, 지금(the now)은 형벌처럼 느껴진다.

혁명이 아직 젊고 혈기 왕성할 때, 시간은 그 시점이 지금이라는 사실을 중심으로 소용돌이친다. 우리는 더 이상 과거를 답습하지 않을 것이다, 우리는 오늘부터 그럴 것이다! 다음에 무엇이 오는지는 중요하지 않다, 다음의 기능은 똑같으니까. 변화에 대한 약속과 희망, 새로운 내일에 대한 열정, 그러한 것들이 지금을 혁신하고, 그 지금은 지금껏 미래와 관련해 갇혀 있고 제한되어 있다고 느껴졌던 것에 대한 환희에 찬 저항으로 변한다.

그렇지만 어느 순간 그 혁명적 지금이 아렌트가 "과거와 미래 사이"라고 말한 곳에 끼어 있는, 끝나지 않는, 변화가 찾아오기를 가만히 기다리고 또 기다리는 병의 지금 쪽으로 이동한다. 역으로, 많은 만성 질환자와 장애인이 알고 있듯이 병의 지금은 곧

과격해지고, 자신의 전복적 힘을 드러내고, 정치를 생산한다.
우리는 병과 혁명을 행동의 스펙트럼 양극에 놓는 경향이 있다.
병은 한쪽 끝의 비행동(inaction), 수동성, 굴복의 편에 놓이고,
혁명은 다른 쪽 끝의 움직임, 돌진, 동요시킴의 편에 놓인다.
하지만 어쩌면 이 스펙트럼은 오히려 우로보로스[1]에 가까울지
모른다. 한쪽 끝이 다른 쪽 끝을 삼키고, 한쪽 끝이 다른 쪽 끝으로
변모하고, 한쪽 끝이 다른 쪽 끝으로 인해 존재하고, 서로가 같은
재료로 이루어져 있는 우로보로스에.
혁명이 일어나면 이전과 같은 모습 — 가두 시위, 몇몇 좋은 약탈과
폭동, 쿠데타, 반란 — 일 것이라고 생각하는 이들이 많았다.
세상은 모든 사람과 모든 것 안에서, 모든 사람과 모든 것에
관해 쌓여온 분노를 예상해왔고, 우리는 그 분노가 끓어올라
분출되기를 못 견디게 바라왔다.
지금이야말로 혁명이 어떤 모습일 수 있는지를 재고할 좋은 때일지
모른다. 아마 그 모습은 분노하는 비장애 몸들이 거리에서
행진하는 모습은 아닐 것이다. 어쩌면 세상이 가만히 멈춰 서 있는
것에 가까워 보일 수도 있다. 세상 속 모든 몸이 소진된 상태이기
때문에, 너무 늦기 전에 돌봄이 우선순위가 되어야 하기 때문에.
아픈 상태가 매일매일의 현실인 우리는 아픔의 혁명적 잠재력에 대해
오래전부터 알고 있었다. 우리는 혁명이 일하러 갈 수 없는 상태로
침대에 뻗어 있는 몸처럼 보일 수 있다는 것을 줄곧 알았다.
우리는 혁명이 침대에 누워 있는 수십만에 달하는 몸들, 세상의
착취적 기계를 강제로 중지시키고, 삶의 가치를 자본주의적

---

[1] [옮긴이] ouroboros. 용 혹은 뱀의 형상을 한 고대 그리스 신화에 등장하는 괴수. 자신의
꼬리를 물고 있는 모습 때문에 무한한 순환과 원형으로서의 완전함을 상징한다.

생산성에서 분리하는 몸들의 모습일 수 있다는 것을 줄곧
알았다. 우리는 혁명이 병동에서 환자를 살리는 간호사 한 명의
노동이나, 당신의 식료품 구매를 돕는 친구 한 명의 노동처럼
보일 수 있다는 것을 줄곧 알았다. 우리는 혁명이 기하급수적으로
팽창하는 간호와 돌봄 노동, 즉 우리가 모두, 우리가 아는 모든
사람에게 손을 내밀고, 우리가 아는 그 모든 사람이 또 그들이
아는 모든 사람에게 손을 내미는 것처럼 보일 수 있다는 것을 줄곧
알았다. 우리는 혁명이 누군가의 의료 처치를 위해 1인당 5달러를
모금하는 커뮤니티의 모습과 비슷할 수 있다는 것을 줄곧 알았고,
그 커뮤니티가 공동 돌봄의 행위가 얼마나 혁명적인지를 언제쯤
알아차릴지 궁금해했다.

코로나19는 단 몇 주 만에 세상을 몰라볼 정도로 바꾸어놓았다. 끝이
없는 병의 지금이 우리를 덮쳤고, 우리는 비장애중심주의가
부상해 이에 대처하려는 것을 지켜보았다. 비장애중심주의는 항상
존재해왔지만, 평소에는 그걸 느끼지 못했던 사람들에게 이번에
훨씬 더 가까이 다가온 것일 뿐이다.

우리가 코로나19에서 지켜본 것 — 지금도 여전히 지켜보고 있는 것
— 은 돌봄이 스스로를 고집할 때, 다른 사람들에 대한 돌봄이
의무가 될 때, 돌봄이 공간과 돈, 노동과 에너지를 차지할 때
어떤 일이 벌어지는지다. 돌봄이 얼마나 힘든 일인지 알겠는가?
돌봄을 우선순위로 유지한다는 것이 얼마나 불가능한 일인지?
세상은 돌봄을 자유롭고 풍요롭게 제공하도록 지어지지
않았다. 그런 시도가 있었지만 그게 얼마나 낯선 개념이었는지,
실현하기가 얼마나 어려웠는지를 보라. 우리 중 몇몇에게는
고립, 제약, 지루함, 집 밖으로 나갔을 때 일어날지 모를 일에

대한 두려움에 대처할 수 있도록 이미 만성 질환과 장애를 가진 삶이 우리를 훈련해왔기에, 일상적인 수준에서 봉쇄 조치가 크게 다르게 느껴지지 않았다. 그건 마치 세상의 시간이 느려져서 불구 시간이 된 듯한, 우리가 항상 살아내고 있는 종류의 시간이 된 것 같은 느낌이었다. 어떤 면에서는 다른 모든 이들에게 이 속도가 도래한 것이 좋았다. 사람들이 서로에게 더 친절해졌고, 이메일에 답장하거나 어쨌든 생산성을 발휘해야 한다는 부담감이 줄었으며, 삶이 매우 힘들다는 것, 즉 어떻게든 살아가기 위해 고군분투하고 있는 이들이 우리 가운데 얼마나 많은지 모두가 이해하고 절실하게 느끼는 것 같았다. 모두가 모두의 안부를 묻고, 그에 대한 대답이 대개 암울할 것임을 이해해주어서 좋았다. 피곤하고, 슬프고, 고통스럽고, 아프고, 혼란스럽고, 빈털터리라고 말할 수 있고, 그런 상태들을 위한 공간을 마련하고 지원해줄 것을 사회에 요구할 수 있는 공론의 장이 갑자기 생겨난 것이 좋았다. 하지만 집단적 돌봄과 비장애중심주의에 반하는 삶에 대한 이러한 꿈은 금세 갈피를 잡지 못하게 되었고, 여전히 수천 명의 사람이 코로나19로 사망하는 동안 상황은 "정상"으로 되돌아갔다. 우리는 아프고, 쇠약해지고, 죽어가는 사람들로부터 우리 자신을 분리하는 방식으로 돌아갔다. 서로와, 그리고 서로를 위해 연결되고, 상호 의존하며, 힘을 합치는 상태로 있기를 고집하기보다는.

돌봄은 왜 혁명적인가, 더 구체적으로 혁명은 왜 소수에게만이 아니라 모두에게 혁명적인가? 다름 아닌 이러한 상호 연결성을 요구하기 때문에 그렇다. 혁명적인 돌봄은 우리 모두를 데려갈 것이다. 즉, 우리 중 일부만 건강하면(well) 아무도 건강하지 않은 것이라는 원칙에 따라 우리 모두를 데려갈 것이다. 그 원칙은 개인의 자율성이라는 신화를 위해 사는 게 아니라 우리 모두가 서로 연결된 듯 살아갈 것을 요구한다. 우리가 정말 서로 연결되어 있는 것처럼 말이다. 돌봄 속에서 우리는 우리의 한계들을 알아간다. 그 한계들이 우리가 서로를 만나는 곳이다. 나의 한계는 당신이 나를 만나는 곳이고, 당신의 한계는 내가 당신을 발견하는 곳이며, 같은 재료로 이루어져 있는 우리는, 이 만남의 장소에서 연결되며, 서로로 인해 비로소 한 명으로 변모한다.

돌봄은 종종 다른 누군가에 의해 주어져야 하는 것처럼 느껴지는데, 혁명 역시 그렇게 느껴질 수 있다. 우리는 통제권을 지닌 사람들에 의해 변화가 우리에게 주어지기를 기다리며, 권력을 가진 사람들이 정신을 차리기를 희망한다. 수많은 활동가들은 빼앗길 수 있는 만큼 되찾을 수도 있는 것이 권력임을 안다. 돌봄이 주어질 수 있는 만큼이나 우리는 돌봄을 취할 수도 있다. 나는 "돌봄을 주는 사람"(caregiver)과 "돌봄을 취하는 사람"(caretaker)의 뜻이 같다는 점[2]에서 항상 구제를 받았다. 우리가 돌봄을 취하면, 돌봄을 주면, 돌봄은 전염될 수 있고 퍼져나갈 수 있다. 그건 세상의 한계가 언제나 폭파되고, 밀어붙여지고, 변형될 수 있는 곳이라는 점을 우리에게 보여준다. 거기, 그 끝에서, 주고받기(give and take)가 일어나는 곳에서

---

[2] [옮긴이] 영어에서 'caregiver'와 'caretaker'는 모두 '돌보는 사람'이라는 뜻이다. '주다'(give)와 '받다'(take)라는 서로 반대되는 단어에 '돌봄'(care)이라는 단어가 붙으면 동일한 의미가 되는 것이다. 저자는 이러한 지점을 주목하며 돌봄이 강한 사람이 약한 사람을 돌본다는 개념으로 한정되지 않고 그것을 넘어설 수 있는 가능성을 탐색하고 있다. 이러한 의미를 고려하여 'take'는 받는다는 의미도 있고 어떤 행동을 한다는 의미로도 쓰이는 '취하다'로 옮겼다.

우리 만나자. 그리고 그다음 시작 속으로 서로를 따라 들어가자.

액티비즘에 대한 단상
(또는 실패에 대한 단상)

액티비즘의 핵심은 액티비즘이 힘들다는 것이다. 그것은 소진시킨다. 그것은 좌절하게 한다. 그것은 당신을 번아웃시킨다. 활동가라면 누구나 이런 이야기를 들려줄 수 있지만, 액티비즘에 헌신하는 우리끼리 공개적으로 많이 하지는 않는다. 여러 이유로. 우리는 뭔가 다른 것, 즉 더 인상적인 성취들, 고상한 목표들을 강조하려고 애쓴다. 우리는 대의에 동참하도록 선동을 일으키는 상태여야 하고, 화염을 일으킬 섬광을 만들고, 우리의 윤리적 힘을 바탕으로 백열하는 설득을 통해서 사람들을 불러들여야 한다. 종종 불을 사그라들게 하고 푸시식 꺼뜨리기도 하는 방식을 써서는 안 된다. 우리는 매달 있는 우리 단체의 모임에서 가령 조직위원 중 한 명이 뭔가 문제가 될 만한 말을 해서 다툼이 있었다거나, 웹사이트가 먹통이 되어 아무도 기부를 할 수 없었다거나, 지난 워크숍에 고작 네 사람이 왔었다거나, 보조금 사용 방식에 대해 의견 충돌이 있었다고 얘기하는 데 너무 많은 시간을 잡아먹지 않아야 한다고 가정한다. 액티비즘이 굴러가는

방식에 관한 성가신 현실에 대한 이야기에 너무 많은 공간을
할애해선 안 된다는 것이 마치 암묵적인 규칙 같다. 특히 그것이
아직 우리 단체에 가입하지 않은 이들에게 겁을 줄 수 있기에,
그들에게 방관자의 태세로 앉아서 손을 더럽히지 않은 채
중립이라는 순수성을 지킬 더더욱 많은 이유를 주는 것이기에
그래야 한다고들 한다.

또 다른 이유도 있다. 그런 얘기를 나누는 것이 우리가 바라는
세상이 아니라 세상이 실제로 어떤지를 상기시킨다는 것이다.
액티비즘을 이루는 상당 부분이 행동의 정반대처럼 느껴지기도
하기 때문에, 우리 신념의 불길을 지필 불꽃을 계속해서 밝히는
것이 얼마나 어려운지를 그런 대화는 증명해준다. 액티비즘은
눈에 안 보이지만 꼭 있어야 하는 너무나 많은 소소한 노동이며,
너무나 많은 걸림돌이고 존나 긴 기다림이다. 또한 그것은 우리가
원하는 방식으로는 풀리지 않는 실상이며, 우리의 시도들이
왜 실패했는지를 받아들이는 것이다. 충분히 오래 하다 보면
우리가 항상 실패할 수 있다는 사실을 받아들이게 된다. 그럼에도
불구하고 끈기 있게 다시 시도하기로 계속해서 선택하는 것이다.
그리고 그 사실은 한동안 작업을 해왔던 우리에게는 앞으로 해야
할 일이 얼마나 더 많은지 강조해 보여주기 때문에 받아들이기
어려운 진실이다. 더 나은 세상뿐만 아니라 완전히 새로운 세상을
만들기 위해 노력할 때, 고갈되고 낙심하고 실망하는 것은
어울리지 않는 것 같다. 피로가 반란의 어디에 들어맞겠는가?

이런 식으로 우리의 치부를 드러내는 것은 중요한 것으로부터 주의를
분산시키고, 우리의 쪽수를 늘리지 못하게 하기에 그다지 좋은
일이 아닐 수 있다. 사람들이 대의에 가담하지 않으려는, 즉

청원에 서명하지 않고, 좋아요나 공유나 리포스트를 하지 않고, 정보를 읽어보지도 않고, 불매에 참여하지 않고, 행진에 참여하지 않고, 집회에 가지 않고, 기부하지 않고, 자신을 대표하는 이들에게 전화를 넣지 않고, 반대자들과 토론하지 않고, 팻말을 들지 않고, 책을 읽지 않고, 영상을 보지 않고, 생각을 바꾸지 않고, 행동을 바꾸지 않고, 말하는 방식을 바꾸지 않고, 말하지 않고, 행동하지 않으려 하는 데는 수많은 이유가 있다. 어쩌면 내가 그들의 이유를 늘려주어선 안 될 것이다.

바깥에 있는 이들에게 액티비즘은 비위가 상할 만큼 자기만 진지하고, 독선적이며, 항상 위선으로 빠지기 쉬운 것으로 보인다. 그래서, 당신은 블랙 라이브스 매터 운동에 대해 트윗을 올리지만 반인종차별 책은 아마존에서 구입하시나요? 그래서, 기후 재앙에 대해 설교하면서 휴가 갈 때 비행기를 타시나 봐요? 그래서, 팔레스타인을 지지한다면서 이스라엘을 지원하는 기업 중 어디도 불매하지 않았죠?

이런 기준은 유용할까?

나는 위선을 무릅쓰는 것이, 해보고 실패하는 것이, 해보고 실수하는 것이, 다시 또 해보는 것이 안 하는 것보다 낫다고 생각한다. 하지 않고서 얻을 게, 입증할 게, 성취할 게 뭐가 있을까? 아무것도 안 하면, 뭐가 일어날까?

액티비즘의 성공을 가늠해보는 일에 관해서 내가 지금껏 배운 것은 당신이 소진되었을수록 당신의 액티비즘은 아마도 더 성공적이었을 것이라는 점이다. 액티비즘의 본령이 전에는 결코 한 번도 행해진 적이 없는 것을 해보려고 하는 것이기 때문에 그렇다(그리고 이 문장에서 가장 중요한 부분은 "해보다"라는 단어다). 소진은 당신이 해보았다는 것을 당신이 아는 방법, 당신이 가진 전부를 거기에 쏟아부었음을 당신이 아는 방법이다. 반란과 피로는 자주 나란히 흐르는 평행 상태가 아니라 우리가 왔다 갔다 왕복하는 두 극단으로 비친다. 둘 중 어느 쪽이 더 관심을 모으고, 요하고, 생산하는가를 두고 일종의 가치판단이 존재하는 것 같다. 다른 사람을 돌보는 것 대 자기 자신을 돌보는 것으로 구분하고 싶은 강한 충동이 ─ 우리가 나 자신을 돌보는 쪽으로 기울면 그 본질이 말라버리기라도 하는 것처럼 액티비즘의 본질은 아주 쉽게 다른 사람을 돌보는 것으로 흘러들곤 한다 ─ 그 둘을 구분하고 싶은 강한 충동이 존재한다. 번아웃 때문에 많은 사람이 휴식과 재충전을 위해 액티비즘에서 후퇴하는데 이것은 종종 더 이상 그들이 대의를 돕지 않거나 대의에 기여하지 않는 시기로 이해되기도 한다. 이로 인해 어떤 집단적 운동에서건 자신과 다른 사람들 중 어느 쪽에 더 관심을 기울여야 하는가라는 질문이 발생한다. 나는 이런 프레이밍도 얼마나 유용할지 잘 모르겠다. 나는 자기와 타인 사이에 어떤 차이도 없다는 주장을 하고 있는 것도, 소진되어서 우리 자신 안으로 움츠러드는 시간을 일종의 생산적 참여로 이해해야 한다고 주장하고 있는 것도 아니다. 오히려 나는 우리가 반란을 단지 반란이 만들어내는 다른 모든 활동, 느낌, 상태를 배제하고 늘 오직 강인함에서만 생명력을 얻는 것으로 이해할 때, 그런 이해 방식에 어떤 의미가 있는지가 궁금하다. 내가 액티비즘과 관련해서 참이라고 알고 있는 것, 즉 성공보다 실패를 훨씬 더 자주 맛보는 방식들을 통해 액티비즘이 풍부해지고, 추진력을 얻고, 앞으로 나아간다는 사실을 고려하는 공간을 나는 마련하고 싶고, 또 나는 마련해야 한다.

실패는 성공적인 분야에서 성공한 사람들이 즐겨 들먹이는 것이 되었다. 이러한 분야들, 자본주의가 정의하는 대로의 성공을 옹호하는 분야들에서 실패는 당신에게 뭔가를 가르쳐주고 당신을 "더 나은" 사람이 될 수 있게 자극하는 것이기에 값진 것이 된다. 공정하게 말하자면, 좌파 쪽에서는 실패를 퀴어 저항의 한 양태로서, 성공, 분투, 생산성에 대한 헤게모니적 강요를 외면하는 거부라는 통화(currency)로서 낭만화하기도 한다. 어떤 사람들에게는 맞는 말일 수 있지만 나는 실패는 좋은 것도 아니고 나쁜 것도 아닌, 그저 삶의 사실, 뭔가를 했으면 그 다음에 따라오는 어떤 것일 뿐이라는 생각을 더 선호한다. 이 일에도 소진과 실패가 있다. 당신이 뭔가를 하려고 한다면 존재하는 것이기에.

액티비즘이란 우리가 뭔가를 하는 방식, 그리고 세대를 거치며 그것을 해온 방식을 근본부터 철저히 새로운 방식으로 다시 하는(redoing) 것에 관한 것이고, 그래서, 누구도 전에 이것을 해본 적이 없으므로 당연히 기존의 방식보다 더 많이 실패할 것이다. 그래, 우리는 앞선 작업 위에 쌓아가는 중이고, 그게 우리를 받쳐주려 존재하니 신에게 감사하다. 어찌나 다행인지! 우리가 하려는 것은 새롭기만 한 것이 아니라, 변화를 원하지 않는 세상에 반대를 부르짖는 것이다. 우리는 우리와 정반대편에 있는 구조를 파괴하고 다시 만들어내길 원한다. 권력을 쥔 이들, 그들을 보호하는 체계들로부터 혜택을 받는 이들이 무슨 이유로 변화를 원하겠는가? 그들이 이 싸움에서 뭐 때문에 지고 싶겠는가?

재앙 수준의 비관주의로 들릴지도 모르겠는 말을 하나 해야겠다. 모든 사악한 모습을 둘러쓴 자본주의가 우리의 적이라면, 이봐, 우리는 무조건, 100퍼센트 **진다**. 이 적은 우리보다 더 크고, 더 빠르며, 더 강하고, 더 비열하며, 더럽게 싸운다. **그리고** 그는 이 게임 전체를 조작해왔다!

＋

이봐, 우리는 무조건, 100퍼센트 **진다**.
자, 이걸 아는데도 기권하지 않고 링에 올라간다면 어떻게 될까? 싸움에서 질 것을 뻔히 알면서도 포기하지 않는다면? 우리의 전략이 바뀔 것이다. 우리는 다르게 훈련하고, 특정 기술을 개발하고, 꼭 필요한 요령을 기를 것이다. 우리는 스스로를 다독일 것이고, 체급이 맞지 않는 상대와 경기하게 됐다는 것을 알고 있을 것이고, 우리는 좌절하고 압도당하고 으스러지리라는 것을 예상할 것이다. 우리는 배우고 적응할 것이다. 우리는 할 수 있을 때, 할 수 있는 방법으로, 할 수 있는 일을 할 것이다. 그리고 우리는 항복하지 않을 것이다.
나는 액티비즘이 **항상 실패할 것**이라고 생각하기를 좋아한다. 그것은 우리가 확실한 패배에 직면해 있더라도 행동을 취하기로 한 결정이, 우리가 하는 일이 중요한 일이라도 되는 것처럼 행동하기로 한 결정이 그 자체로 목적이라는 것을 의미하기 때문이다. 그것은 당신에게 돈을 벌게 해주거나 승리를 가져다주거나 다음에 있을 어떤 성공을 예비하도록 하지 않을 것이다. 그것이 당신의 순수성, 당신의 도덕적 우월성을 입증해주지 않을 것이다. 그것은 당신이 말하는 것, 당신이 꿈꾸는 것, 혹은 당신이 희망하는 것에 관한 것이 아니다. 그것은 당신이 바로 여기에서, 지금 당장, 서로를 위해 할 수 있는 것에 관한 것이다. 그것은 당신이 있기를 바라는 곳이 아니라 당신이 있는 곳에서 출발하는 것에 관한 것이다. 우리가 무엇을 하는지, 그리고 우리가 그것을 어떻게 하는지가 중요하기 때문에 그것은 중요하다. 그것은 포기해버리는 것과 포기하지 않는 것의 차이다. 이건 아무것도 아닌 것이 아니다. 사실, 이것이 전부일 수도 있다.

젊은 의사에게 보내는 편지

친애하는 에리카 씨에게

당신은 현재 학생이고 올해 레지던트 과정을 시작할 예정으로, 당신이 속한 의료-산업 복합체라는 지금의 제도와 그것에 수반되는 억압 속에서 치유(healing)가 일어날 수 있는 방법, 그 어떤 방법이라도 내가 생각해낼 수 있을지를 묻는 편지를 내게 보냈습니다. 당신은 곧 병을 치료하려고 종합병원, 응급실, 개인병원에 당신을 찾아오는 환자들을 만날 것이기에, 또 그들의 삶을 좌지우지할 치료법을 그들에게 줄 것이기에 그 방법을 찾는 일이 얼마나 시급한지 썼습니다. 자신이 선택한 의사로서의 길이 역사의 지금 이 순간에 과연 치유의 길이 될 수 있을지 불확실한 느낌이 든다고 했죠.

"저는 곧 사람들을 돌보려 애쓸 의사가 될 사람인데, 사실 아직도 치유가 무엇을 의미하는지 잘 모르겠습니다"라고 쓰셨죠.
저도 제 자신을 똑같은 문장에, 그러나 다른 위치에서 접목할 수 있습니다. "저는 제도와 치유 실행가들이 애쓰는 돌봄의 수령자가 될 사람이지만 우리 중 치유가 무엇을 의미하는지를 정말로 아는 사람은 없다는 것을 알고 있습니다."

"애씀"라는 단어를 사용하신 것은 저에게 큰 의미가 있었습니다. 당신은 나보다 어리다고, 스물일곱 살이라고 했죠. 당신은 이민자 가정의 1세대 미국인 자녀이고, 특히 전쟁 중에 한국을 탈출한 할머니를 두고 있다는 점에서 우리가 한국적 유산을 공유하고 있다고 알려주었습니다. 명시적으로 언급하시진 않았지만, 당신의 삶에서 올바른 직업을 선택하는 데에 가족으로부터 어떤 종류의 압력이 있었을지 이해합니다. 의사가 된다는 것은 이민자 가족에게 특별한 의미를 지니죠. 미국에서 가장 고귀한 직업이자 어쩌면 성공의 가장 큰 기표로 간주되니까요. 극소수에게만 실현될 상징적 약속이지만요. 어렸을 때 한국 할머니를 뵈러 갈 때마다 할머니가 부자인 남자와 결혼하거나 의사가 되라고 누누이 강조했던 기억이 떠오르네요. 또 언젠가 함께 할머니의 고국을 방문하지 않겠느냐고 물으면 할머니는 아니라는 의미로 고개를 맹렬히 젓곤 했습니다. 내가 마치 유령의 집으로 돌아가자고 말하기라도 한 것처럼요.

편지에 적은 많은 질문이 모두 제가 저 자신에게 하는 질문들처럼 느껴졌습니다. "우리는 무엇을 할 것인가?"라는 질문의 변주들로 보였죠. 그 질문은 "우리는 어떻게 치유할 수 있을까?"란 질문과 같다고 생각합니다. 그 두 개의 질문을 결합하는 것이 치유를 향한 길을 찾는 것뿐 아니라 정치적 저항이 어쩌면 효력을 낼 수 있을 방법, 정의를 향한 길을 알아내는 데에도 결정적이라는 점을 저는 이해하게 되었습니다. 다음의 사실, 즉 치유와 정의가 같은 것일 수 있다는 사실을 항상 염두에 두는 것이 당신의 질문들에 답할 수 있는 한 가지 길이라고 생각합니다.

몇몇 사람에게는 치유와 정의 사이에 어떤 관계가 존재합니다. 우리를 억압하고 있는 것들이 또한 트라우마와 그에 수반되는 증상도 겪게 만들기 때문입니다. 억압, 지배, 폭력은 무엇보다도 우리 몸 안에서 살아갑니다. 그것들이 이데올로기적 체계인 만큼이나 그 효과는 항상 물질적입니다. 그것들은 물질, 즉 살과 뼈, 피를 다룹니다. 그것들은 총알로 신체 조직을 뚫고, 군홧발로 목을 부러뜨리고, 굶주린 위장이 위산만 씹게 만들고, 빛도 없는 작은 방에 몸을 가둡니다. 그것들은 뇌와 신경계에 아드레날린과 두려움을 과다 주입합니다. 덜 극적인 쪽을 보자면 그것들은 아주 교활하게 작동하고 있습니다. 선뜻 도우려 하지 않는 의사나 사회복지사, 공무원, 그리고 도움이나 안전이 아니라 폭력과 공포의 형상인 경찰에 대한 기억이 그것들의 예시이자 재-예시입니다. 그것들은 아픔과 고통의 경험들, 특히 그것들이 직접적 원인이 되었던 경험들을 무효화하고 무시해버립니다. 그것들은 약물 치료와 치료 요법들에 대한 접근을 방해하고, 병리화하고, 차별을 일으키는 범주로 겁을 주고 소외시키며, 어떤 세계 ― 고통과 병, 장애가 비정상적이고 잘못된 것이라고 전제하는 세계, 그런 것을 경험하는 이들을 추방하는 세계 ― 를 구축합니다.

따라서 치유의 과정은 개별의 몸을 돌보고 그 몸 안에서 생존하는 방법들을 찾는 것만큼이나 사회적 몸을 위해 정치적 미래를 다시 상상하는 방법이기도 합니다. 그리고 두말할 필요도 없이 몸은 연약한 것입니다. 바로 이 점이 몸을 이데올로기와 다른 것으로 만듭니다. 몸은 물질에 매여 있다는 점, 즉 만져지고 잡히고 상처 입을 수 있고, 춤추고 웃을 수 있고, 썩어갈 것이고, 기억을 가질 수 있는 삶이라는 점이 그렇게 만들죠.

편지를 받고 몇 달 동안 매일 생각은 했지만 어떻게 답장을 해야 할지 모르겠더라고요. 1월과 2월의 3주 동안 우울증으로 입원해 있던 독일의 어느 정신과 병동에서 드디어 답장을 쓰기 시작했습니다. 그건 제 인생에서 가장 긴 겨울이었고, 종종 제 삶이 무가치하다는 생각을 해왔음에도 더없이 하찮게 느껴진 때였어요. 입원해 있는 동안 내가 생존할 수 있을지 확신이 없었고, 그러다 보니 당신에게 응답하는 것이 중대하고 운명적인 일처럼, 제가 회복하지 못할 경우를 대비해 반드시 돌봐야만 하는 일처럼 느껴졌습니다.

그러니까, 이 편지는, 비상사태의 문서입니다. 이 글을 쓸 때 저는 이것이 소통에 대한 저의 마지막 시도 중 하나라고 생각했습니다. 또 당신과 당신이 물어온 질문들만큼이나 여러모로 나 자신과의 소통을 시도했습니다. 제가 당신에게 치유에 관한 무언가를 명료히 표현할 수 있다면 그게 저 자신을 위한 치유도 명료히 표현해줄 것 같았어요. 간호사들이 간호사실에서 꺼내준 인쇄 용지에 손으로 답장을 썼습니다. 저는 잠옷 차림으로 복도를 걸어가서 유리를 두드리곤 했습니다. 간호사들이 문을 열어줄 때까지 기다렸다가, 독일어를 모르니 손으로 쓰는 동작을 했죠. 파트너가 나를 방문하러 오면, 병원 밖으로 직접 갖고 나갈 수 없을 때를 대비해서 제가 쓴 종잇장들을 사진으로 찍어달라고 부탁하곤 했습니다.

똑같은 질문들을 두고 하루에도 여러 번 의사들, 간호사들과 이야기를 나누고 교류하며 병원에 있는 동안, 당신 — 이방인 — 에게 글을 쓰겠다는 선택을 했던 것이 저를 놀라게 합니다. 복도를 걸어 내려가고, 유리를 두드려서, 의료 분야의 훈련된 전문가인 사람들과 트라우마와 정의의 관계를 놓고 토론하는 대신, 저는 당신, 일면식도 없고 앞으로도 결코 만날 일이 없을지 모르는, 어둡고 낯설게 느껴지는 아주 먼 거리에 있는 것 같은 당신을 향해 제 목소리를 전한 겁니다. 저는 이것이 환자와 의사 사이의 거리가 얼마나 광활하게 느껴지는지를 드러낸다고 생각합니다. 환자 입장에서는 실제로 연결될 가능성이 전혀 없는 이방인과 연결되려고 노력하는 것처럼 느껴질 때가 많습니다. 많은 만성 질환자와 장애인이 이러한 딜레마에 직면합니다. 우리가 강요당하는 장기적인 관계에는 장기적인 관계에 필요한 것들, 즉 신뢰, 친밀감, 호혜성이 빠져 있기 마련이죠.

환자와 의사 사이의 거리는 장대하며 가려져 있고 넘을 수 없지만, 작은 진료실에 함께 앉아 있는 의사의 얼굴과 당신의 얼굴 사이에, 바로 당신 앞에 그 거리가 놓이기 때문에 특별한 공포를 일으킵니다. 그것은 아주 가까이에 있는 두 몸 사이의 교류를 왜곡하고 아가리를 벌린 작은 진공을 만들죠. 마치 당신이 하는 말을 의사가 알아들을 수 없을 뿐 아니라 들으려 하지 않는다는 느낌을 받을 수 있어요.

제가 응급실에 도착했을 때 저를 입원시킨 의사는 정신과 병동에서 유일하게 영어를 유창하게 구사했기 때문에 저 한 사람을 위해 호출되었습니다. 젊고 잘생긴 독일인스러운 외모 때문에 저는 그에게 예이 크루(Yay-Crew, 독일어에서 j는 제 이름처럼 y 발음이 납니다)라는 별명을 붙여줬습니다. 예이 크루는 "당근이죠" 같은 말을 자주 해서 엄격한 독일 정신과 의사에 대한 제 고정관념에 도전했습니다. 한번은 약에 대해 경고하면서, 약이 제 간을 "조질"(fuck up) 수 있다고 말한 적도 있습니다. 저는 그를 믿고 싶었고 심지어 좋아하고 싶었습니다. 우리는 나이대가 비슷해 보였죠. 그는 제 농담에 한두 번 웃어주었습니다. 가끔 병원 밖에서 (제가 언젠가 퇴원하게 된다면) 미술 전시회나 영화관처럼, 우리가 같은 지평을 공유할 수 있는 곳에서 마주칠 수도 있을 거라는 상상을 하곤 했습니다. "이 감독 좋아하세요?" "네, 팬이에요! 당신도요?" 우리가 비슷한 사회적 집단에 속해 있거나 관심사를 가지고 있을지도 모른다는 상상이 도움이 되었는지, 아니면 상처가 되었는지는 모르겠는데, 왜냐하면 이게 다 공상이었기 때문입니다. 그에게 이 편지나 병에 대한 다른 제 에세이를 보내볼까 고민했는데, 차이고서 헛된 희망을 계속 붙잡고 있는 엑스가 된 것 같은 부끄러움이 갑작스레 밀려옵니다. 저는 저 자신을 꾸짖습니다. **근데 네가 어떤지 그 사람이 알고 싶어할 거 같아? 그 사람은 너한테 관심 없어.**

제 치료에 대해 이야기할 때 그가 이렇게 말한다는 걸 저는 알아차렸습니다. "제게 중요한 것은 당신이 안정된 상태냐는 겁니다." "제게 중요한 것은 당신에게 유해한 부작용이 너무 많지는 않은지입니다." 언제나 그에게 중요했던 것. 저는 그가 의과대학에서 이런 기술을 배웠는지 궁금했습니다. 에리카, 당신도 환자와 이런 식으로 대화하는 법을 배우고 있나요? 저에게 중요한 것은 무엇인지 그는 거의 묻지 않았어요. 질문을 했다 해도 "우리 환자분 오늘은 좀 어떠세요?"[1] 같은 형식적인 질문이었습니다. 그 문장의 애매모호하며 파악하기 어렵고 상상으로 만들어낸 "우리"는 마치 우리 사이에 아가리를 쩍

---

[1] [옮긴이] 이 문장의 영어 표현은 "And how are we today?"다. 안부 인사에 you 대신 we를 사용해 의사나 간호사가 환자에게 친근감을 표하는 표현이다.

벌리고 있는 커다란 진공처럼 느껴졌습니다. 그럼에도 불구하고 저는 대화에 저를 끼워 넣어보려고 노력했습니다. "그런데 비용이 얼마나 들까요?" "하지만 그렇게 하고 싶지 않아요." 저의 존재감을 입증하고 저를 보이고 들리고 이해받도록 만들려는 투쟁이었을 뿐만 아니라, 나도 중요한 존재, 문제가 되는 존재, 제가 그를 중요하게 고려하는 만큼 그도 그렇게 해야 하는 존재라는 점을 그에게 설득하려는 투쟁이었습니다.

병원에서 쓴 메모입니다. "나는 여기서 뭘 하고 있는 걸까? 꾀병 부리기(malingering), 연명하기(lingering)." 만성 질환 상태에서는 종종 내가 진짜로 가지고 있는 모든 것, 말하자면 내가 소유하고 있는 모든 것을 근본적으로 임시적인 것 — 연명하기가 목적인 각기 다른 전략들을 통해 그 실존이 구성되어 있는 물질, 고통스럽고 썩어가고 기억하는 물질 덩어리 — 처럼 느끼게 됩니다.

저는 호전된다는 관념을 잘 모르겠습니다. 무엇을 위해 호전되는 걸까요? 다시 부엌 바닥에서 울게 되려고요? 엄마의 몸이 이 세상에 완전히 부재한다는 사실에 충격을 받기 위해서요? 일 때문에 소진돼버리기 위해서요? 기후 재앙이 후일 폭발하는 것을 느끼기 위해서일까요? 경찰에 의해 살해된 또 다른 사람의 이름을 읽으려고요?

퇴원하던 날 마지막 미팅에서 그는 내게 "당신은 엄청난 업적을 이루었어요"라고 말하더군요.

그 말에 웃음이 났습니다. "제가 자살하지 않은 게 엄청난 업적이라고요?" 제가 대답했죠.

그때 예이 크루가 고개를 살짝 숙이고 제 방향으로 손을 펼치는 제스처를 취했는데, 해석하려고 노력했지만 아직도 무슨 뜻인지 콕 집어 말로 옮길 수가 없습니다. 좀 부모님 같은 느낌이었어요. <mark>이제 나아가려무나, 내 아이야. 나는 네가 괜찮을 거라고 믿는다.</mark> 그는 제게 언제든지 돌아올 수 있다고 말했습니다. 마치 그의 병원이 집(home)이라도 되는 양 말이죠.

당신은 신뢰와 같은 감정이 의학에서 어떤 자리를 차지하는지 궁금할지도 모르겠는데, 이 이야기가 시사하는 바가 있다면 의사와 그녀의 환자가 공유할 수 있는 가장 중요한 것이 신뢰라는 점입니다. 사람들이 무너지는 것을 막고, 부서진 사람들을 다시 결합해주는 것이 신뢰이기 때문입니다. 그리고 부서짐만이 존재하는 전부일 때, 신뢰는 그 부서짐이 견딜 만한 것이라는 — 부서짐이 결국에는, 바라건대, 이상적으로는 전혀 "부서짐"이 아니라, 그저 어떤 작업을 위해 존재하고 있는 갖가지의 부분들로 다시 프레이밍될 수 있을 것이라는 — 작은 격려를 제공할 수 있습니다. 바로 그 힘이 나 자신의 많은 부분들 사이뿐 아니라 우리 사이의 광활한 거리를 좁혀줄 수 있을 것이라고 제가 생각하는 유일한 힘입니다. 그것이 거리를 줄여주기 때문이 아니라 그것이 그 거리를 존중할 것이기에 그렇습니다. 거리가 여기에 존재한다는 것을 신뢰는 인정할 것입니다.

이 개같은 역학 속에서 치유가 갖는 문제 중 하나는, 치유는 환자에게는 없는 지식[2]을 의사인 당신이 가지고 있다고 가정하며, 그 때문에 호전되거나 병이 낫거나 치유될 수 있으려면 환자가

---

[2] [옮긴이] knowledge를 '지식'이라는 표현으로 옮겼지만, 저자는 그 지위를 인정받으며 통용되고 있는 '지식'만 말하려는 것은 아니다. 그동안 '지식'으로 인정받지 못했지만 직접 몸으로 알게 된 것과 같은 '앎' 또한 저자의 논의에서 동등한 위치로 올라서고 있다.

의사의 지시에 복종해야 한다고 가정한다는 겁니다. 다시 말해 나는 당신에게 나의 신뢰를 주기로 되어 있지만, 그건 당신이 구체적으로 내 신뢰를 얻을 만한 행동을 보여주어서도, 우리가 친밀함과 동등한 교류의 각 단계를 함께 거쳐왔기 때문도 아닙니다. 신뢰받을 만한 자격이 있다고 가정된 학문을 당신이 대표하기 때문인 거죠. 즉, 나는 단지 당신이 의사라는 이유만으로 당신을 신뢰하기로 가정되어 있는 것입니다.

하지만, 만약 그런 가정이 양방향으로 작용한다면 어떻게 될까요? 환자도 당신과 마찬가지로 지식, 우리가 만들고자 하는 세상에 대한 전망을 가진 전문가이며, 따라서 각자의 기술을 활용해 동등하게 협력함으로써 여러 부분을 포함하는 세상, 즉 한 부분(당신의 부분)만이 아닌 세상을 함께 만들 수 있다고 가정한다면요?

에리카, 당신의 편지를 받고 여러 가지 이유로 기분이 이상했지만, 가장 큰 이유는 제가 당신의 질문에 답변할 권위를 가진 위치로 보인 것에 충격을 받았기 때문입니다. 권위자라고 할 수 있는 누군가, 즉 의료 전문가가 이런 식으로 저를 대한 적이 없다는 사실을 깨달았습니다. 치유에 대해 제가 가진 지식 중에 어떤 지식이 의학 분야에서 훈련과 교육을 받은 당신에게는 없을지 자문하게 되었습니다. 제가 당신에게 어떤 것을 가르쳐야 할까요? 제 에세이들을 읽어보셨다고 하니 제가 왜 치유에 대한 권위자로 여겨졌는지 알 것 같습니다. 제 에세이들에서 제가 구축할 수 있었던 목소리에 권한을 부여한 것은 거기에 있는 아픔이었고, 정당함을 입증해준 것은 거기에 있는 비극이었습니다. 저와 제 독자들에게 그런 목소리가 유용했던 것은 맞지만, 그럼에도 그건 구축된 목소리, 제가 파편들과 토막들, 여기에 존재하는 그 많은 모든 조각들로 쌓아올린 어떤 것입니다.

지금은 퇴원을 했고 비상사태가 잠시 멈춘 것처럼 느껴지지만 다시 돌아오리라는 것을 알고 있습니다. 후속 진료에서 한 간호사는 그런 저의 확신에 충격을 받았다고 말했습니다.

"정말 그렇게 확신해요?" 그가 물었습니다.

"네. 그렇게 생각 안 해요?" 제가 말했습니다.

그는 잠시 침묵하다가 "그렇긴 하지만 환자들은 보통 그런 거에 그렇게 전문적이지 않아서요"라고 말했습니다.

비장애인들에게 이 이야기나 의사, 병원, 치료사, 약물, 의료-산업 복합체와 평생에 걸친 불가분의 관계에 관한 저의 다른 이야기들을 들려주면, 그들은 그런 것들이 내 삶에서 불가피할 뿐만 아니라 주요한 역할을 수행한다는 저의 확신을 이해하기 곤란해합니다. 그들은 제가 죽을 때까지 약을 먹어야 한다는 사실에 난색을 표합니다. 그들은 "하지만 당신의 병에 너무 많은 비중을 할애한다는 생각은 안 해요?" 하고 말합니다. 병원으로 돌아갈 것이라는 저의 확신이 그들이 병원에 대해 참이라고 가정하는 바, 추정컨대 병원은 "정상적인" 삶에 대한 드물고 특이한 방해이고 개입이라는 그들의 가정을 배반하는 것처럼 보이는 거죠. 저의 시간을 차지하는 정기 일정들, 그러니까 필요한 경우 자택 간호, 주 2회 물리 치료, 매주 심리 치료, 사회복지사와의 격주 만남, 주치의와의 매월 검진 등이 일, 수면, 친구와 차를 마시는 것만큼이나 제 일상 안에 깊숙이 들어와 있다는 사실이 말이에요.

비극적 드라마나 권한을 부여해주는 정당성 입증 없이 정직하고 중립적인 용어를 사용해 말하면, 저는 제가 살아 있는 동안 어디에 앉고 어디서 자건 그런 걸 다 병의 집(house of illness) 안에서 하리란 걸 알고 있습니다. 이 집에서 사는 것과 관련한 모든 것이 어렵긴 하지만, 온통 비장애중심주의에 의해 구조화된 세상에 이 경험들을 전달하려고 노력할 때 치명적으로 어려움을 겪습니다. 때로 그것은 이 모든 것 중에 가장 견딜 수 없는 부분으로 느껴집니다. 이 경험들을 명료하게 표현하는 것은 알다시피 너무나 어려운 일이죠. 그보다 더 어려운 것은 그 경험들을 비-비장애중심주의적 관점에서 듣고 이해하는 방법을 아는 사람이 거의 없다는 것입니다.

작가는 쓰는 법을 배워야 하는 만큼 읽히는 법도 배워야 합니다.
해를 거듭하면서 저는 병과 장애에 관한 제 에세이들이 읽힐 때 독자와 저 사이에 우리 중 누구도 의식적으로 두고 있는 것은 아닌 무언가가 종종 존재한다는 것을 알아차렸습니다. 글 안에는 없지만 우리 사이 공기 어딘가에 존재하는 통념들, 고정관념들, 생각의 습관들, 낙인들, 추정들이 있는 것이죠. 이것은 사회의 정신 안에서는 여전히 무의식적인 것인 이데올로기가 작가의 주제를 감싸고 있을 때 작가가 직면하는 문제입니다.

이 책에 실린 다양한 에세이를 놓고 편집자들과 함께 작업하면서 제가 알게 된 것은 설사 제 이야기와 같은 것들을 최선을 다해 지원하려는 의도가 있을 때에도 비장애중심주의가 종종 방해를 한다는 것이었습니다. 지난 시간 동안 만난 제 편집자들 중 악의나 어떤 나쁜 의도를 가진 사람은 한 사람도 없었습니다. 그들은 자신이 그 방법을 아는 한 최선을 다해 저를 지원하기를 원했고 노력했습니다. 예를 들어 당신에게 보내는 이 글을 놓고,

편집자가 적어서 제게 보낸 편집자의 노트 중 하나는 병원에서 퇴원하고 나면 편지의 입장을 다시 상상해보라는 것이었습니다. 더 건강하고 더 명확하게 보는 입장이 있을 것이라는 점을 암시한 것이죠. "진정한" 혹은 "진짜" 자아가 제게 있고, 그 아픈, 미친, 불구인 자아는 진짜 내가 아니라는 환상에 찬 기대가 존재했던 것입니다. 잡지에 게재될 때 분량 때문에 길이를 줄일 필요가 있었던 이 책의 또 다른 에세이는 인종에 대한 모든 언급이 삭제된 채로 돌아왔습니다. 편집자는 백인 여성이었고 제가 인종에 대한 언급이 모두 삭제되었다고 지적하자 그녀는 미처 몰랐다고 말하더군요. 제가 웃어야 할까요, 비명을 질러야 할까요, 아니면 어깨를 으쓱해야 할까요?

이데올로기들이 어떻게 작동하는지 떠올려보세요. 이데올로기들은 당신의 뼛속 깊이 자리 잡고 그만큼 당신의 세계도 교활하게 구조화합니다. 비장애중심주의는 권력을 쥔 체계의 기준에 따라 일하고 생산할 수 있는 무제한적인 능력을 모든 사람이 갖고 있다는 폭력적이고 교묘한 주장을 정상적인 것으로 만들어냅니다. 장애는 "고통받는" 것이고, "극복할" 수 있거나 "초월할" 수 있는 것으로, 만성 질환은 질환자를 "강해져야" 할 필요가 있는 것으로, 병치레는 "정상적인" 삶을 방해하는 것으로 생각하는 것을 정상으로 여기게 만듭니다. 저는 "정상"이라는 단어를 쓸 때마다 매번 어리둥절하게 바라보게 됩니다. 도대체 **그게** 뭘까요? 그런 관점이 규범이라고 기대하는 데 어찌나 익숙해져 있는지 우리는 우리 자신이 그런 관점을 영구화하고 있을 때도 그에 대해 생각조차 하지 않죠. 제가 저 자신에 대해 얼마나 자주 비장애중심주의적으로 기대를 해왔고 지금도 여전히 그러고 있는지를 이해하는 데 여러 해가 걸렸습니다. 병원에 입원한 상황에서도 저는 이 에세이의 마감 기한에 맞추기 위해 저 자신을 다그쳤고 결국 해냈습니다. 몇 달간 돌발통이 이어지고 있었고 허리는 대상포진으로 얼룩덜룩했고 관절이 비명을 지르고 걷지도 못하는 상태인데도 이 책을 완성했습니다. 매일 일어나서 이부프로펜을 한 줌씩 먹으며 가능한 한 많은 페이지를 맹렬히 넘기고 나면, 소파에 쓰러지듯 누워 천장을 바라보곤 했습니다.

제 몸 안에서 살아 있다는 것이 어떻게 항상 병원 안에서 살아 있다는 것과 같은 말인지, 에리카 당신에게 설명할 필요는 없겠죠. 젊은 의사인 당신과 전문적 환자인 저는 이 병의 집의 한 지붕 아래에서 함께 살고 일하고 있으니까요. 당신은 당신의 병원이 오직 저만을 위한 집이라고 생각하나요? 병원에서의 자아가 내 생의 다른 장소들에서의 자아에 못지않은—정상적인 자아라는 것을 어쩌면 당신은 이해하고 있을지도요. 많은 부분들과 그 많은 부분들 사이의 거리, 그리고 그 거리가 결코 줄어들지 않을 가능성을 존중하는 것이 당신 직업의 목적이라는 점 또한 어쩌면 당신은 이해하고 있을지 모르겠습니다. 우리는 모두 항상 이 병의 집에서 산다는 것, 그러나 때로 우리 중 누군가는 우리가 그렇지 않은 척할 수 있다는 것을 어쩌면 당신은 이미 알고 있을지도요.

저는 정신병이나 급성 신체 증상들로 병원에 입원해 있는 자아, 해리 상태인 자아, 만성 통증에 시달리는 자아, 출혈이 멎지 않는 자아, 약을 투여한 자아를 여기 책상에서 일하는 자아, 에세이를 출간하는 자아, 웃고 춤추는 자아와 마찬가지로 생각하는 법을 배워가고 있습니다.

당신도 이것을 배워보기를 부탁해봅니다.

병동에 머무른 지 절반쯤 지난 어느 날 오후에 공황 발작이 일어났고, 12번 간호사실에 영어를 할 줄 아는 간호사가 아무도 없어서 예이 크루를 찾아야 했습니다. 효과는 없지만 걱정하는 간호사들로 가득 찬 방에서 제가 숨을 쉬지 못해 손을 퍼덕거리고 있는 동안 건물 전체의 인터폰이 윙윙대며 (아아, 아쉽게도 실명으로) 그를 찾고 있었습니다. 그가 도착하기 전까지 얼마간 고통스러운 해리의 시간이 흘렀습니다. 미국의 정신병동에서는 이런 발작이 진행되는 동안 당신을 구속합니다. 그의 형체가 문 앞에 나타났을 때 저는 움찔거렸지만 예이 크루는 저를 구속하는 대신에 부드럽고 안정된 목소리로 제게 말을 걸기 시작했습니다. 그는 저에게 발작을 유발할 만한 일이 있었는지 물었습니다. 언어가 돌아오자 저는 반 고흐가 어떻게 자살했는지 기억이 나지 않아 혼란스러워졌다고 간신히 설명했고(잘 아는 이야기였는데 잊어버려서 겁이 났어요), 예이 크루는 최근에 반 고흐 전시회를 보았는데 캔버스가 얼마나 작았는지 딱 요 정도 크기였고, 태양들과 꽃들이 얼마나 노랗고 생생한지 놀랐다고 대답했습니다. 그는 허공에 대고 손을 휘저었습니다. 저는 그의 목소리의 소리를 따르면서 그가 묘사한 노란색을 찾으려고 노력했습니다. 저는 응급실 정신과 의사가 되려면 낙관적이어야겠다고 말하며 그가 낙관주의자인지를 물었고, 그는 피곤함과 성실함만 가득한 아무런 힘이 없는 눈빛으로 "네, 맞아요"라고 대답했습니다. 그러고서 그는 나중에 제가 생존했다는 엄청난 업적을 축하해줬던 것처럼, 자기 말을 경청하면서 공황 발작에서 나 자신을 끄집어낸 것을 축하해주었습니다. 바로 그 무렵 저는 그를 신뢰하게 되었습니다. 그의 축하들 때문이 아니라, 그가 동등한 교류 속에서 제게 말을 했고, 제 말을 경청하고 들어주었기 때문입니다. 어쩌면 우리는 심지어 대화를 한 것일지도 모릅니다. 이런 단어들을 적으면서 지금에 와서야 다음의 사실을 깨닫게 됩니다. 그것은 내가 나 자신의 권한자(authority)임을, 내가 그와 함께 공동 작업자로서 그 장면을 집필하고(author) 있음을 그가 믿고 신뢰했기 때문이라는 것을 말입니다.

혹시라도 제가 언젠가 응급실이나 개인 병원 또는 당신의 개인 진료실에서 당신의 맞은편에 앉아 있게 된다면, 당신은 제가 제시하는 증상을 관찰하고, 당신의 백과사전적 지식에 따라 당신이 보고 있는 것을 범주화하면서, 머리로는 제 문제를 진단들로 요약하고 어떤 원인요법들과 대증요법들이 가능할지 간추리며, 제게는 당신의 "착수 계획"이나 우리가 어떻게 "이 문제를 이겨낼" 것인지를 말하고 있는 동안에도, 당신이 꽃들과 태양들과 노란색과 딱 이 정도로 큰 세상에 대해, 당신의 낙관주의와 어쨌든 여기에 있고 연명하고 있고 기억을 가진 나의 많은 조각들에 대해서도 제게 이야기해주었으면 좋겠고, 우리가 다시, 혹은 처음으로 함께 조각들을 모으고 조립할 수 있을 방법, 또는 그 조각들을 조각들로 남겨둘 수 있을 방법, 그러니까 그저 그것들이 여기에 있고, 당신이 여기에 있고, 저 또한 여기에 있음을 존중하는 방법을 당신과 함께 상상하자고 제게 요청하면 좋겠습니다.

당신의 요하나 헤드바가

나는 내 정신의 피를 모든 것 위로 쏟아부었다.

소프트 블루스

과거가 나에게 영향을 끼치는 게 아니라 내가 과거에 끼친다.

윌렘 드 쿠닝

깜짝 놀라면서 깨달을 것, 사람이 얼마나 자주
자신의 광기를 자기 손안에 넣고 고이 간직하는지.

로린 니데커

무죄인 이들을 보호하기 위한 익명 처리는 이루어지지 않았다.
걔네 전부 씨발 유죄거든.

리디아 런치

사진 #1: 소프트 블루스가 흘러나오고, 드레스와 시트의 색이 같다. 피부의 색과 모양은 마치 열린 지퍼 사이로 쏟아져 흐르는 듯한 젖의 색과 모양과 같다. 검은 머리카락 뭉치가 베개와 파묻은 머리와 얼굴을 가리고 있다. 벽들은 우울한 베이지 색이다. 떨리는 가느다란 검은 선들이 등 피부의 주근깨 안팎과 주변으로 방울진 형태를 빚어내고 있다. 황홀경에 떨리는 손으로 낙서한 것이다. 어쩌면 술에 취했을지도 모르고.

✜

나는 얼굴을 침대 위에 파묻고 있다. 그는 내 등에 그림을 그렸다. 나는 얼굴과 양팔과 손에 내 체중을 싣고 한 덩어리로 만들어둔 채로 엎드려 내 등의 피부를 공격에 무방비로 열려 있게 둔다. 나는 그에게 사진 한 장을 찍어달라고 요청했었다. 우리가 맺은 관계 전체를 적절하게 재현하는 장면이다.

✜

<mark>사진 #2: 흰색 화장실 바닥과 흰색 캐비닛들이 프레임의 위쪽 절반을 차지하고 있다. 프레임 아래쪽 절반에는 따뜻한 붉은색이 도는 흙색의 테라코타 타일 마룻바닥이 펼쳐져 있다. 어떤 건 검고 어떤 건 갈색인 짙은 머리카락이, 뭉쳐지고 실처럼 길게 늘어진 채 타일 바닥 여기저기에 흩어져 있다. 갈라 젖힌 배에서 떨어져 나온 기관들처럼 보인다.</mark>

✜

화장실에서 머리카락을 모두 자른다. 그러고 나서 그의 머리카락을 자른다. 그에게 그의 것을 자르라고 제안했었다. 막 내 머리카락을 잘랐다. 마치 내가 우리 둘을 위해 휘황찬란한 새 세계를 시작하기라도 한 것처럼 나의 확고한 결심이 목적과 의미를 부여했다. 그걸 그는 사진으로 남겼다. 이 장면은 우리가 맺은 관계 전체를 재현한다.

╋

==사진#3 (삭제함): 검붉은 그림자들이 흐릿하고 창백한 형태를 둘러싸고 있었다. 시점은 위에 있어서 형태를 굽어본다. 그래서인지 엉덩이 아래쪽이 몸통인 듯 보이고, 다리는 게처럼 양옆에서 바깥으로 벌려져 있다. 엉덩이 중앙을 따라 선홍색의 자상 같은 게 그어져 있다. 등 쪽의 흰 피부는 정액과 섞여서 잘 보이지는 않지만, 우리는 그게 거기 있다는 것을 안다. 검게 칠해진 머리카락 때문에 흐려진 얼굴과 머리는 마룻바닥의 깔개에 짓눌려 있다.==

╋

나는 얼굴을 마룻바닥에 대고 엎드려 있다. 그가 잉크는 아닌 다른 무언가로 내 등에 그림을 그렸는데, 쉽게 씻겨 나갈 것이다. 내가 원해서 내 사진을 찍어달라고 그에게 부탁한 것인데, 막상 사진을 보니 의문이 든다. 내가 누군지, 이 사람이 정말 나인지, 저 사람이 그녀가 말한 것, 생각한 것, 행동했던 것을 정말로 원한 사람인지? 그녀가 그녀이긴 한 건지? 이것은 우리가 맺은 관계를 재현하는 장면이 아니다 — 바로 이게 우리가 맺은 관계 전체==니까==.

╋

Z와의 관계에서 내가 얻은 최고는 로스앤젤레스의 알바라도 거리가 강과 같다든가, 차들이 어떻게 그 아래로 그저 유유히 헤엄쳐

가는지에 대한 그의 묘사였다.

내가 얻은 것 중에 두 번째로 좋은 건 드 쿠닝이 천재라는 미망(迷妄)한 생각을 내가 마침내 떨쳐냈다는 것이다. 텍사스 출신의 백인 시스헤테로 소년 화가 Z는 드 쿠닝을 숭배하고 우상화했고 그가 되고 싶어 했으며, 공명정대한 애정을 가지고 그를 연구했고 그의 전기적 일화를 하나도 빠뜨리지 않고 모두 좇았다. 그런 자신의 모습이 얼마나 아이러니하게 보일 수 있는지에 대해서는 아이러니도 자각도 없이. **드 쿠닝은 이렇게 했어, 드 쿠닝은 이렇게 말했어**, 묵주기도처럼 인용구를 반복했고, 그 모든 게 크나큰 간절함의 표현이었다. Z는 의지와 결단력, 삼투 작용을 통해 쌓아 올린 소소한 방식들로 드 쿠닝의 모든 것을 끈적한 점성으로 빨아들임으로써 점점 더 드 쿠닝을 향해 나아갔고, 종국에는 거장의 빛이기도 할 그림자 속에서 걷게 되길 희망했다.

이게 바로 백인 시스헤테로 소년들이 태어나 습득하는 행동 방식이다. 이는 신념과 망상을 뒤섞는 어떤 것, 즉 자기 자신에 대해서나 자기를 전면에, 중앙에, 항상 정상에 있도록 신이 부여한 권리에 대한 그들의 신념, 그들이 자신에 대해 참이라고 믿는 모든 것이 망상일 수 있음을 전적으로 무시할 수 있는 능력을 추진력으로 삼는 행동 방식이다. 세계 전체가 이런 망상을 믿는 건 사실이다. 근데 그 사실은 외려 그것이 거짓임을 입증하는 것 아닌가?

이 에세이의 목적을 말하려면, 내겐 "세계"에 대한 작업 중인 정의가 필요하다. 하지만 세계에 대한 정의는 정말 너무 많다! 플라톤의 동굴이란 세계가 있고, 결정적으로 동굴 바깥의 세계가 있다. 비트겐슈타인의 "존재하는 모든 것[인] 세계"가 있고, 라이프니츠의 다중 세계가 있다. 비록 라이프니츠에게는 (풀어 말하자면) 신은 선하니까, 모든 가능한 세계 중 이 세계가 최고이기는 하지만. 쇼펜하우어의 우리가 지각하는 것인 표상으로서의 세계, 그리고 지각을 넘어서는 것인 의지로서의 세계가 있다. 우리는 쇼펜하우어가 "여자들은 유치하고 어리석고 근시안적이라는 단순한 이유 때문에 우리의 초기 유년기의 보모와 교사로 행동하는 데 곧장 적응한다"고 말했다는 것을 잊지 말자. 푸하하.

나는 우리가 던져진 하이데거의 세계, 실존이라는 갑작스럽고 불가해한 피투성(被投性), 현존재(Dasein)를 몹시 좋아한다. 내가 존나 던져졌다는 느낌 때문이다.

이상한 점은 "세계"와 "현실"이 같지 않다는 점이다. 그 둘은 서로에게 의존하면서 설명되는 단어들인데도 말이다 — 세계에 현실은 아주 많을 수 있지만 현실에는 많은 세계가 있을 수 없다는 식으로.

그해 여름까지만 해도, 나는 그런 것을 아직 배우지 못했다. 그 시점에, "세계"에 대한 내 정의는, 세계란 당신을 붙들고 있는, 더 붙들지 않을 때까지는 붙들고 있는 것을 뜻했다.

뜻하지만, 비유적으로는 원형적(原型的, archetypal)인 생물학적 남성 예술가를 묘사하는 데 사용된다. 생물학적 남성 예술가는 쇼비니스트다. 그는 칭찬을 받는다, 불안정하고 감정적으로 무책임하다, 자기우월광이지만 용인되고 심지어 그렇게 되라고 부추겨진다. 생물학적 남성 예술가는 협력자, 지지자, 후원자, 관리자, 큐레이터, 편집자, 비평가, 교사, 치유사, 돌보미, 멘토, 사서, 회계사, 보조, 요리사, 하녀, 뮤즈, 타이피스트, 조수, 홍보 담당자, 세탁부 그리고 보모로서 그를 섬기는 아내들, 어머니들, 자매들, 여자 친구들이 없다면 자기 삶과 예술이 불가능했을 것이라는 사실과 무관하게 삶과 예술에서 여성 혐오적이다. 어떤 매체를 사용하건 간에 말러슈바인은 독특한 유형의 천재, 선구자다. 말러슈바인은 신이 이끄는 모세 스타일로 탐색을 해가면서 야생의 개척지인 자신의 기술을 끝까지 시도해보고, 자신이 추정하기로는 이전에 결코 발굴된 적이 없었던, 혹은 발굴되었다고 해도 천재에 의해서 충분히 발굴되지는 않은 그런 깊이를 동굴 탐험가처럼 탐사한다. 왜냐하면 우리는 우리 자신을, 그리고 어떻게 살고 존재할지를 이해시켜줄 혁명적이고 장래성 있는(seminal, "정액"[semen]에서 유래한) 방법을 보여줄 천재가 필요하기 때문이다.

말러슈바인은 언제나 대문자로 적힌 위대함(Great)이다. 또 말러슈바인은 항상 대문자 세계를 바꾼다.

그 망할 정전은 말러슈바인으로 이루어진다. 구글에 "천재"를 치고 문명사를 즐겁게 스크롤해보시길.

그해 여름 동안 오페라 무대 디자이너의 작업실 조수로 일했다.
 그는 내게 드 쿠닝 전기를 건네며 읽어보라고 했다. "넌 그에 대해 알아야 해," 그는 내게 이렇게 말했고, 내게 자신의 책을 빌려주면서 "하지만 읽고 나서는 돌려줘"라고 덧붙였다. 현행 가부장제를 적절하게 재현한 장면이다.

책을 돌려주자, 그는 내 생각을 묻는 대신에 "위대하지, 진짜? 드 쿠닝은 정말 위대해, 그렇지?"라며, 실은 질문이 아닌 방식으로 물었다. 현행 가부장제를 더 잘 재현한 장면이다.

이 남자에게 고용되어 일을 하는 동안 유산을 했다. 여러 합병증과 함께 성경에 등장하는 피 흘리는 40일을 지내는 동안 내 안에서 발화한 슬픔이 어찌나 끔찍했던지 거의 내 실존을 훅 불어 꺼버릴 것 같았다. 작은 구멍이 팽창해 우주 전체를 빨아들였고, 이전에는 설명할 수 있었던 모든 것이 이제는 완전히 철저하게 부정되었고, 나는 눈물 웅덩이와 텅 빈 가죽 속에 남겨졌다. 나는 할 수 없었다 ― 나는 존재하지 않았다. 스무 살에 처음 진단받은 자궁내막증이라는 질병은 내가 앞으로는 어쩌면 결코 임신할 수 없음을 뜻했다. 또 나는 젠더퀴어이고 젠더 디스포리아[1]가 있다. 후자는 질환으로 분류되기도 한다. 나한테 자궁이 있다는 사실 자체가 기이한 실수같이, 그럼에도 나의 DNA에서 비롯된

---

[1] [옮긴이] dysphoria. 탄생 시 지정받은 젠더에 대해서나 타고난 신체에 관하여 느끼는 불쾌감 및 불편감으로, 이를 느끼는 사람은 비인습적이고 이분법적이지 않은 젠더를 자각하여 젠더퀴어로 정체화할 수도 있고, 이분법 기준으로 지정된 것의 반대쪽 젠더를 지향할 수도 있다.

저주같이 느껴진다. 그러니까, 내가 작은 구멍 하나가 팽창했다고 말할 때 내가 전달하려던 것은 불가능한 태아의 부재인 구멍일 뿐 아니라, 나의 자아인 불가능성들의 바로 그 자리에 존재했던 구멍이기도 하다.

어느 날 밤인가 나는 검은 재로 변한 피를 흘리며 울고 있었고 울음을 멈출 수 없었다. 나는 나 자신의 목구멍을 찢고 탈출하려고 애쓰는 미친 개였고, 그리스 비극에 나오는 여성 주인공처럼 이리저리 몸부림쳤고, 가진 것 모두를 빼앗긴 저주받은 여자처럼 내가 아는 모든 이를 저주했고, 가장 불친절한 저주는 바로 나 자신에게 퍼부었다. 아이 — 이제는 구멍인 — 의 아버지였던 남자는 내가 울음을 그치지 않고 벽에 머리를 처박았기에 다름 아닌 나 자신에게 위험이라고 생각했고, 그래서 경찰을 불러 나를 비자발적으로 정신병동에 입원하게 만들었다.

나를 수갑을 채워 연행한 경찰은 내게 신발을 갖고 가기를 허락하지 않았다. 신발을 챙기려 했더니 경찰은 이렇게 말했다. "부인, 가시는 곳은 신발이 필요 없을 겁니다."

병원으로 가는 길에 경찰 중 하나가 앞뒤 좌석을 구분하는 철창살을 통해 자기 어깨 너머를 쳐다보면서 내게 조용한 목소리로 말했다. "제 여자 친구도 지금 임신 중이다 보니 이해합니다. 정말이지 유감입니다."

나는 차분하게 그를 바라보며 또렷한 목소리로 말했다. "저 데리고 갈 필요는 없어요, 아시다시피. 전 그냥 슬퍼하는 중이니까요."

"그럼요, 알죠." 그가 말했다. "하지만 그래야 해요. 그게 법입니다."

이것은 현행 가부장제에 대한 재현이 아니다. 이것이 가부장제의 관행이다. 관행이 제도가 되려면 관행은 제정되고 재제정되어야만

한다. 관행은 실행되어야만 하는 하기(doing)다.

당시 지도교수이기도 했던 내 상사는 자청해서 내 의료적 "지지자" 노릇을 했다. 그는 입원을 지지했고, 우리의 논의를 지배하게 될 생각을 도입했다. 그는 내가 "지금쯤이면 그것을 극복했어야 한다"고 생각했고, 그러므로 입원이 필수라고 주장했다. 나는 히스테릭했고, 통제 불능 상태였다. 그의 말이 틀린 건 아니었다. 하지만 그는 이런 식이 아니라면 내가 어때야 했는가라는 질문은 고려하지 않았고 그 질문을 우리의 논의에서 빼버렸다. 그 외에 제가 어떻게 행동해야 하는 건가요, 나는 계속 물었다. 무엇이 슬퍼할 옳은 방법일까? 그리고 그것은 적법한 것일 수 있을까? 내가 병원에서 풀려난 것을 놓고 나이가 좀 있는 친구 하나가 내게 말했다. "기억해. 메데이아는 히스테릭했을지도 모르지, 하지만 그녀가 옳았어."[2]

6월에 Z를 만났다. 병원에서 풀려나고 몇 달이 지난 후였다. 나는 차이나타운 청킹 코트에서 혼자 살고 있었는데, 그 블록의 깨끗하고 널찍한 차선에는 차가 들어갈 수 없었다. 로스앤젤레스가 조성되고 얼마 되지 않았던 1930년대에 청킹 코트는 관광객들을 위해 일명 "신차이나타운"의 일환으로

---

[2] [옮긴이] 메데이아는 그리스의 이아손과 아르고호 신화에 등장하는 인물로, 아버지인 콜키스의 왕 아이에테스의 보물 황금 양털을 이올코스의 영웅 이아손이 손에 넣도록 돕는다. 이후 이아손과 결혼하지만, 이아손이 새 신부와의 결혼을 선포하자 이아손과 낳은 자녀들과 새 신부를 살해한다. 이아손의 통보와 그에 따른 존속 살해가 에우리피데스의 비극 『메데이아』의 핵심 내용이다.

지어졌고, 그 뒤에는 상거래가 거의 사라진 곳이었다.
1990년대에 갤러리들이 들어오며 몇 년간은 변화했다. 나는 나와 유사한 궤적의 경력을 가진 예술가가 소유한 스튜디오에서 지냈다. 그때의 광경은 이제 비워졌지만 골목을 가로지르며 걸린 홍등에는 여전히 매일 밤 불이 들어왔다. 마치 인종차별적인 영화의 버려진 세트장 같았다. 길고양이들, 빈 병을 줍는 사람들, 눌린 채소가 담긴 비닐봉지를 들고 있는 나이 든 중국인 여자, 구부러진 계단 밑에 쭈그리고 앉아 담배 타임을 갖고 있는 한 쌍의 중식당 주방 보조 직원들.
나는 가끔 맨발로 도로를 따라 걸었다. 공기는 따뜻했고 몸은 깃털처럼 가벼워서 공중으로 들려 멀리 튕겨 나갈 수 있을 것 같았다.
팔을 들어 종이 등 아래에서 휘저었다. 마치 내 삶과 나의 자아와 나의 세계, 그리고 내가 원하던 것과 내가 누구인지가 모두 내 것인 듯한 느낌이 들었다. 이것이 그 많은 모순적인 사실들과 길들여지지 않은 그 많은 불일치들을 앞에 두고 내가 이해한 유일한 것이었다. 나는 그것들을 외면하고 돌아서야 했다. 그 많은 것을 앞에 두고 나는 단 한 가지를 만들어야 했다. 바로 "나"다. 물론 실제로는 어떤 것도 내게 속해 있지 않았다. 내가 만들어서 "나"라고 부르기 시작한 그 통일체도 그랬다. 그러나 나는 그게 나 — 주머니에 넣어둘 수 있는 물건처럼 내가 소유할 수 있는 "나" — 라고, 그러나 나는 그것이 내 것이라고 나 자신에게 말했다. 나는 법에 따라 살기 때문이다. 그리고 나는 주머니에 넣을 수 있는 물건처럼 내가 소유할 수 있는 "나"를 스스로 원하도록 교육받아왔기 때문이다.
병원에서 받은 약은 잘못 처방된 것으로 드러났다. 내게 내려진 우울증 진단은 오진이었다. 그들은 그 많은 것을 앞에 두고 내게서 오직 하나만 보았기에, 다시 한번 말하지만 그게 이 세계가 구조화되는 방식이었기에. 우리의 집단적 망상.

내게 닥친 일들과 그 일들이 내가 원했던 것이라고 결정하는 일 사이에 그어진 금(line)과 관련해서 내가 어디에 서 있었고 여전히 서 있는지를 내가 말할 수 있을까? 달리 말해, 욕망은 당신에게 속하는 것, 당신이 소유할 수 있는 것일까?

"망상"(delusion)을 정의해야 할 것 같다. 왜냐하면 그 말이 엄청 우스꽝스럽기 때문이다. "delude"는 "de"와 "ludere"(형용사 터무니없는[ludicrous]의 어근)에서 나왔다. "de"는 "떨어뜨리는, 스스로에 손상을 가하는"이란 뜻이고 "ludere"는 라틴어로 "놀다"라는 뜻이다. 그러니까, 당신이 자신에게 손상을 가하려고 벌이는 게임이 망상인 것이다.
망상이 게임이라면 거기엔 승자와 패자가 있어야 한다. 그렇지 않나?

양극성 장애를 앓는 사람들에게 항우울제가 투여되면 조증이 유발된다. 교과서들과 진단 코드들이 "전형적"이라고 부르는

내 안의 유쾌성 조증(euphoric mania)에 전무후무하리만치
강렬하게 불이 지펴진 때가 그때였다. 하지만 그 사실을
나는 6개월이 지난 뒤에 알게 될 것이었다. 당장은 약이 나를
슬픔으로부터 끄집어내고 있었다. 나는 다시 태어났고, 그간
일어난 모든 일 때문에 망가졌단 느낌은 들지 않았다. 내 몸의
화학 물질들은 조증의 초기 단계, 경조증이라는 요리를 만들고
있었고, 그 충전된 풍부한 경이로움은 그때까지만 해도 아직
위험천만한 것으로 돌변하지는 않았다. 나는 부유하고, 환상들이
넘쳐나며, 시간의 영향에서 벗어난 듯한 느낌을 받았다.
즉, 내 행동에는 결과가 따른다는 것, 내 몸이 물질로 이루어져
있다는 것, 내가 내 몸을 갖고 하는 일이 현실과 현실의 법에 묶여
있다는 생각을 이해할 수 없었다는 소리다. 조증을 조증처럼
느껴지게 만드는 것은 시간을 한 방향으로 움직이게 만드는
힘이 중지되었다는 감각이다. 과거 현재 미래, 이 모든 것이
영원히 항상 그리고 지금 당장 일어나는 곳으로, 그러니까
현실이 무법지대로 바뀌었다는 감각이다. 그것은 분산되면서도
극도로 집중된 듯한 느낌을 주는 어떤 상승감이며, 너무나
특별해서 당신이 그것을 느낀다는 사실이 당신에 관한 무언가도
특별하다고 함축하는 것처럼 느껴진다.
나는 선형적 시간이 환상이라는 개념에 공감하기 때문에, 망가진
것들이 계속 망가진 채로 있으려 할 때 항상 좌절한다.

나는 이 조증적 여름을 "내 30센티 좆의 여름"이라고 부르길

좋아한다.

+

내 좆은 30센티미터이고 총이고 화염병이자 확성기이고 완벽하게 균형 잡힌 긴 대검이고 뼈를 갈아버릴 수 있는 전동 드릴이고 진짜 큰 망치, 목성의 위성 중 하나를 으깨버릴 수 있을 망치이고, 내 몸보다 긴 화염방사기, 가혹하리만치 길게 이어지는 침묵이고 유령이고 동굴이고 금낭화[3]가 담긴 꽃병이고 손쉬운 달콤함이고 고댓적 이끼가 낀 깊고 오래된 숲이고 무(無)로부터의 연소이고 아주 비싼 향수 냄새처럼 코를 찌르고 적들의 얼굴에 내려앉으면 씨발 150데시벨에 달하는 펑 소리와 함께 공기에 균열을 내며 날아가지.

+

조증 상태에서라면 당신이 참이라고 알고 있는 것들을 기억하기가 어렵다. 거짓과 욕망을 구분하기가 힘들고, 따스한 꿈 같은 느낌 한가운데에서 현실의 위치를 파악하는 것이 불가능해진다. 길을 잃고도 길을 잃었다고 느끼지 않기가 쉽다. 또 원해서 거기에 있는데도 길을 잃었다는 느낌이 든다. 이게 어떻게 가능할 수 있는지.

"잃다"의 형용사 "잃은"(lost)의 어원으로 추정되는 것은 많지만, 나는

---

[3] [옮긴이] 영어 bleeding heart는 금낭화를 가리키는 말이기도 하면서 정치적 믿음에서 지나치게 자유주의적이거나 지나치게 동정하는 진보주의자를 경멸하는 표현이기도 하다.

1200년대의 타동사적 의미인 "어떤 것에 대한 소유나 지식을 우연히 떠나보내다, 박탈당하다, 놓치다"를 좋아한다. 그게 우연일 수 있다는 점이 맘에 들고, 실패이자 동시에 갈망을 뜻하는 단어 "miss"의 이중적 의미가 맘에 든다.

╋

조증이 오면 기분이 몹시 좋다. 의사는 당신이 그것에 대해 아는 것을 원치 않는다. 또 조증은 삶의 특정 분야, 특정 유형의 사람들에게는 권장되는데, 의사는 당신이 이 역시 알게 되는 것을 원치 않는다. 그것이 기대고 있는 전제가 제정신은 허수아비라는 것이기 때문이다. 전 세계가 믿는 망상.

『정신 질환의 진단 및 통계 편람』제5판에 따르면 전형적인 조증 삽화에 어울리는 기준은 "부풀려진 자존감 혹은 거대한 자신감", "사고의 비약" 그리고 "고통스러운 결과를 초래할 가능성이 높은, 쾌락적이거나 위험천만한 활동에 대한 과도한 몰두"를 포함한다. 유독 말러슈바인에게 권장되는 자질처럼 들린다. 다른 모든 사람이 그를 대할 때 비슷하게 느낄 마지막 부분 — 고통스러운 결과들 — 을 제외한다면 말이다.

당신은 진단 기준에 "고통스러운"의 정의가 있으리라고 짐작할 것이다. 왜냐하면 고통을 위치 짓고 누가, 왜, 어떻게 느낄지를 파악하는 것이 조증이 이른바 남성성의 상태 전반과 정확히 얼마나 다른지를, 그리고 병리적인 것으로 다뤄져야 하는지를 식별하는 데 필수적인 듯 보이기 때문이다. 하지만 『정신 질환의 진단 및 통계 편람』은 "정상"을 정의하지 않으려 하는 것과 마찬가지로 그 부분을 모호하게 남겨둔다.

그렇지만 이를 바라보는 또다른 (게다가 하나도 아닌 많은) 방법이 존재한다. 『정신 질환의 진단 및 통계 편람』은 부풀려진 자존감, 사고의 비약, 쾌락적이거나 위험천만한 활동에 대한 과도한 몰두가 반드시 고통스러운 결과를 낳는 것처럼 보이게 한다. 마치 우리 모두를 속박하는 현실 법칙의 하나인 인과성이 당신이 누구이건 상관없이 모든 사람에게 똑같이 영향을 미치기라도 하는 것처럼. 그러나 인과성의 부담은 모든 사람의 부담이 아니다. 누군가에게는 바닥에 산산이 부서진 유리가 산산이 부서진 채 남아 있지 않는다. 글쎄, 산산이 부서진 채로 남기야 하겠지만 그렇게 된 것을 그 사람 탓으로 돌리지 않는다. 부서진 유리를 그들이 주울 것이라고 사람들은 기대하지 않는다.

그런데 산산이 부서진 것이 몸일 때 우리는 무엇을 할까? 그 몸이 당신 자신의 것일 때에는? 그때는 누가 그것을 주울까?

남자들은 여자들에 비해 양극성 장애 진단을 덜 받는다. 남자들이 양극성 진단을 받는 경우는 보통 조증 삽화보다 우울 삽화일 때가 많다. 항우울제를 투여했을 때 우울한 상태의 남자들은 조증으로 건너가지만, 조증 남자들과 대문자 세계를 바꾸고 있는 천재들을 식별하기가 어렵기 때문에, 사회는 남자들의 조증적 행동이 자본화될 수 있는 문화를 만들어내는 한 지지하는 경향이 있다. 조증 남자들은 종종 자신의 신성(divinity)에 취해 있거나 피트니스 센터에서 나오는 엔도르핀에 도취해 있는데, 이 모든 것이 너무 뻔하게 남성적 방식으로 작동할 것이기에 전혀 놀랄 게 없다. 너무 큰 문제를 유발하면 조증 남자들은 하룻밤 감옥에 던져지고, 거기서부터는 인종과 계급의 집행자들이 그들의 최종 행선지 결정권을 인계받아 움직일 것이다. 조증 남자들에게 어떤 특정 세계가, 말하자면 대문자 세계가 열린다. 조증 남자는 그 세계에서 살아갈 뿐 아니라 그것을 바꾸기까지 한다. 백인 시스헤테로 남자가 아닌 사람에게는 제공되지 않는다. 우리는 대문자 세계에 속한 사람들이 아니다. 우리는 각자 자신의 소수자 세계에 속해 있고, 그러므로 우리의 미친 행동은 언제나 지엽적이며 제한된 것으로 보인다.

로버트 로웰[4]이 케임브리지 대학교 교원에 지원했을 때, 그의 추천서 중 하나에는 주의 깊게 살펴야 하는 징후들이 나열되어 있었다. 로웰을 "정신병원으로" 보내야 할 필요가 있음을 촉발하는 징후들, 즉 그가 조증 삽화 상태에 있다는 징후들이었다. 첫째, 그는 학생과 성적인 관계를 시작하면서, 여러 번의 조증 시기와 울증 시기에 줄곧 그를 간병해온 아내 엘리자베스 하드윅을 떠나겠다고 협박할 것이었다. 둘째, 그는 히틀러와 나폴레옹에 대해 끊임없이 이야기하고 스스로를 그들 중 한 사람, 즉 위대한 세계 지도자 중 한 명으로 언급하기 시작할 것이었다. 셋째, 그는 성대한 파티를 열 것이었다. 별일 아니죠, 그냥 알아두시라고요.

---

[4] [옮긴이] 미국 모더니즘과 실험주의 사이에 위치한 시인으로, 실비아 플라스 등 유수의 시인의 스승이었으나 양극성 장애로 인한 다수의 극단적 일화들이 있었고 자주 병원에 입원했다.

여자나 펨[5]의 조증은 현실의 법을 위반하는 것으로 쉽게 판독될 수 있다. 여자는 종종 너무 자주 지칠 줄 모르고 함부로 몸을 굴리고, 너무 많은 돈을 자신에게 허비하며, 엄마나 부인, 여타 다른 종류의 하인으로서의 자신의 의무를 방기하고, 통상 자신에 대해, 자신의 유능한 생각들에 대해, 자신이 발견한 깨달음의 순간들에 대해 많이 — 즉, "너무 많이" — 말한다고들 한다. 여자는 자신에게서 커다란 기쁨을 취하는 것 같은데, 왜냐하면 여자는 자신이 중요하고 영감에 고취된 존재 — 즉, "부풀려진 자존감" — 라고 믿기 때문이다. 예술가인 여자의 경우 그녀는 마치 자신이 창작의 산고를 겪고 있는 양, 천재들이 마땅히 누려야 할 공간과 주목을 받을 만한 가치가 있는 양 느낀다. 이는 명백히 정신이상의 징후다. 왜냐하면 정신이상은 현실과 현실의 법에 얼마나 얽매여 있지 않은지를 특정하는 척도에 불과하니까.

"여자가 말러슈바인이 될 수 있을까?"라는 질문은 부풀려진 거대한 자신감이 고통스러운 결과와 충돌할 때 어떤 일이 일어나는지, 사고의 비약이 땅바닥으로 추락할 때 어떤 일이 일어나는지 묻는 또 다른 방법이다. 다른 누군가는 "근데 여자는 어디에서 살아가지?"라고 묻는다. 이건 "여자가 말러슈바인이 될 수 있을까?"라는 질문마저 아예 차단해버린다.

---

[5] femme. 일차적으로는 레즈비언 파트너십 안에서 '여성적'인 것으로 식별되는 젠더 표현과 행동 규범을 가진 쪽을 가리키는 말로 쓰였지만 반드시 레즈비언만을 가리키는 것이 아니라 광범위한 LGBTQ+ 커뮤니티의 구성원을 대상으로 한다. 상대적으로 '남성적'인 쪽을 가리키는 말로는 매스크(masc)가 있다.

나는 나 자신의 중요성에 대한 나의 모든 망상을 세계가 허락하기를, 나의 중요성을 사실로 만들기 위해 무리해서라도 각고의 노력을 다 하기를 원한다. 이는 나뿐만 아니라 당신들 모두를 위한 것이다. 나는 나를 훼방놓는 사람들의 입을 닥치게 하고, 세계가 여기에 박수를 보내며 이 행동을 명예라고 칭하도록 하고 싶다. 나는 근거 없는 분노로 울부짖고 세계가 그걸 자장가로 듣게 만들고 싶다. 나는 누군가가 내가 차지한 만큼 많은 공간을 차지하고 싶어 하면 징징대고 낑낑거리고 싶고, 그들의 역겨운 무단침입을 이유로 경찰이 그들의 등에다 총을 쏴버리게 하고 싶다. 나는 비서, 치료사, 간호사, 유모, 섹스 토이가 한 몸에 있으며 내가 돈을 지불하지 않아도 되는 사람을 원하고, 모든 걸 그 씨발년, 엄마 탓이라고 하고 싶다. 모든 악은 모든 엄마의 탓이라 비난받아야 한다. 내 자신에 대한 설명을 요구받으면, 나는 침묵하고 싶고, 가슴에 팔짱을 끼고 턱을 굳게 다물고 싶다. 그리고 이런 행동으로 내 심문관들에게서 권력을 빼앗아 그 권력을 내 안에서 강화하고 싶다. 내 심문관들을 히스테릭한 미친년들이라고 부르고 싶고, 이것을 상수도의 이데올로기로 바꾸고 싶다. 나는 부서지기 쉬운 나의 성질이 비참한 자들을 위한 법규를 지정할 수 있기를 바라지만, 그보다 먼저 그들의 비참을 선언하고 그것을 재귀적으로 정의하고 싶다. 그들은 나와 닮지 않았기 때문에 비참하다고 말이다. 나는 내 상처가 교도소와 탱크와 총을 만드는 이유가 되길 원한다. 나는 세계가 나를 지키기 위해 노동하기를 원한다. 그리고 나는 세계가 내가 그러라고

==말했다는 것 외에 다른 이유를 필요로 하지 않기를 바란다. 나는 이 이유가 대문자 세계를 구축하는 보편적인 대문자 진리가 되기를 바란다. 내가 다른 누군가를 부숴버렸을 때, 세계가 내 얼굴이 아니라 피해자의 얼굴에다 손가락질하길 원한다. 쯧쯧, 더 잘 알고 있었어야지, 당했어도 싸지. 나는 아이들이 나를 유혹하지 않도록 가르침받기를 원한다. 그런데도 그들이 그렇게 한다면 나는 그들이 자신들의 그 더러운 실수로 인한 수치심을 남은 평생 느끼도록 하고 싶다. 나는 세계가 결코 본 적 없을 정도의 부를 원하고, 그러고 나면 모든 동전에 내 얼굴이 새겨지길 원한다.==

이건 누구의 목소리인가? 내 목소리? 아니, 내 것은 아니다. 하지만 그렇다면 왜 계속 그런 목소리가 존재하길 원하도록 배웠을까? 이 질문들에서 "나"는 너무 제한된 대명사일지 모른다. "우리"로 바꾸면 어떻게 될까?

태어날 때 생물학적 여자로 지정된 사람이 자신은 그런 지정에 동의하지 않는다는 것을 이해하게 된 후 그 지정에서 멀어지려고 자주 하는 첫 번째 몸짓은 사실 자신은 남자가 아닐까 궁금해하면서 지각된 대척점을 향해 건너가는 것이다. 어떤 사람들은 그곳에서 위안을 얻고, 실제로 그곳에서 자기를 발견한다. 그래, 사실 나는 여기에 있구나! 어떤 사람들은 양극 중 어떤 하나가 아니라 그 사이의 어떤 방황하는 형언 불가능성에서 자신을 발견한다. 그러면 질문은 이분법이 애초에 젠더를 위한 정확한 틀인지에 대한 것으로 바뀐다. 설령 대문자 세계가 그것이 정확한 틀이라고 고집하더라도.

이것은 마치 슈뢰딩거의 고양이, 즉 고양이를 죽일 확률이 50퍼센트인 장치가 달린 상자에 고양이를 가둔 채 진행되는 사고실험 같다. 상자를 열기 직전의 순간에 고양이는 살아 있는 동시에 죽어 있는 상태인데, 이는 소위 "양자 중첩" 때문이다. 슈뢰딩거는 고양이가 양자의 층위에서 그 두 동시적 상태의 엉망진창 수프처럼 존재하길 멈추고, 고양이의 층위에서 언제 죽었거나 살아 있게 되는지를 알아내려고 했다.

나에게 젠더는 종종 상자를 열기 직전 순간, 고양이가 양쪽 확률 모두의 뭉뚱그림이고, 그러므로 이도저도 아닌 때처럼 느껴지곤 한다. 다른 식으로 표현한다면, "내 30센티 좆의 여름"에는 내가 알고 있다고 생각했던 바로 그 이분법이 소위 붕괴하는 순간이 있었고, 그 붕괴의 현장이 바로 나였다는 것이다.

╋

Z는 30센티미터는 아니어도 최소 22센티미터는 되는, 아기의 팔만큼 굵은 대물의 소유자였다. 그는 우리 관계에서 자신이 탑(top)이라고 생각하기를 좋아했다. 백인 시스헤테로 남자들은 좆의 존재가 탑 역할을 하도록 지시한다고 믿기 때문에 자신이 탑이라고 추정한다. 그게 그들 정체성의 집을 지어주고 비용도 댔으므로, 그들은 그 집에 살아야 한다는 의무감을 느낀다. 그곳을

뜯어고치거나 불태워버리거나, 이사해 다른 마을에서 다른 집을 지을 수 있다는 가능성은 받아들여지지 않는데, 그런 생각엔 그가 홈리스라거나 길을 잃었을 수 있다는 전제가 필요하기 때문이다.

길을 잃는다는 건 가부장제에서 혜택을 받는 이들에게는 존재하지 않는 일이다. 자기 땅의 왕이거나 신적 권리로 이웃의 땅을 정복하고 정착한 이가 집 없이 지낸다는 것은 불가능하다.

다시 말해, 이미 모든 것이 당신에게 속해 있기 때문에 길을 잃는 건 불가능하다. 아직 당신 것이 아닌 게 있다면 당신은 그저 다루기 어려운 야만적인 것들이 바글거리는 무더기에 손가락질하며 "내 것이오"라고 포고함으로써 그것들을 소유할 수 있게 만들 수 있다.

잠정적인 결론: 모두는 아니고 일부에게는, 그렇다, 욕망은 당신이 소유할 수 있는 어떤 것이다.

대문자 천재가 우연히 길을 잃으면 무슨 일이 일어나는지 묻는 질문이 있다. 즉, 가부장제의 계략이 어떻게 그를 다시 데려오거나, 우회로를 그의 신성한 방향에 포함되도록 재구성하는지를 묻는 것이다. 이는 우리 중 대문자 천재로 간주되지 않는 이들이 경로를 이탈하고, 잡초 속에서 길을 잃었을 때, 더구나 고집스레 그랬을 때 무슨 일이 일어나는지를 묻는 질문을 제기한다. 우리 소식은 다시 들려올까?

우리 섹스의 핵심은 항상 Z의 좆, 신이 주신 그의 웅장한 좆이었다. 바로 그것이라는 사실. 그는 바지를 풀고, 배경의 성가대가 노래를 부르라는 사인을 받는 동안 그의 좆이 빛을 받고 있으면 예수처럼 두 팔을 벌리곤 했다. 믿음과 망상이 뒤섞인 진흙탕 같은 냄새가 공중에 훅 하고 퍼졌다. <mark>복종하라</mark>, 그렇게 말하는 것 같았다, 마치 유일한 하나의 보편적 진리가 존재하고 그것이 바로 여기 있는 듯이. <mark>제발 빨게 해달라고 구한다면, 내 것을 빨도록 허하리라.</mark>
그는 나에게 "빨아. 네가 필요한 거잖아"라고 말하곤 했다. 이 대사가 떠오르면 나는 그 직설적이고 솔직한 진실 때문에 지금도 웃음이 터진다. 그가 어떻게 진실을 말했고 내가 그것을 믿지 않았기 때문에 어떤 곤경이 찾아왔는지. 나는 그 좆이 필요 없게 되는 어떤 다른 진실을 계속 고집했고, 짧고 젖은 성냥처럼 그의 좆의 권력이 쉭 소리를 내며 꺼지는 세계에서 살고 싶었다. 하지만 기억하라, 나는 그 당시 현실과 현실의 법에 얽매이지 않았다는 것을.

시스보이의 좆들에 대해 쓰는 이유가 뭐지? 왜 아직도 그 생각을 하고 있을까? 망할 씨발것들.

―

Z와 보낸 시간은 드 쿠닝 전기를 읽던 시기와 겹쳤고, 그 여름 동안 나는 성령이 내 뒤를 예의 주시하며 떠다니는 것처럼 드 쿠닝의 회화 「여자 1」이 나를 따라다닌다는 느낌이 들었다. 나는 그 여자에게, 그 여자에 의해 노출되어 있다고 느꼈다. 사람들이 나를 쳐다볼 때면 나는 그들이 그 여자를 본다는 것을 보았다. 나는 그 여자처럼 얼굴을 찡그렸고, 이빨을 드러냈고, 단정치 못한 차림이었고, 다른 사람들의 몸을 찢어발길 것처럼 위협했다. 나는 머리를 빡빡 밀고 과속운전을 하고, 스테레오가 부서져라 같은 노래를 하루에 50번은 틀어댔다. 나는 나 자신과 내 작업, 그리고 치솟는 나의 야망에 대해 아주 많이, 지나치게 많이 이야기했다. 나는 내가 무엇을 원하는지 또 정확히 언제 어떻게 원하는지 말하길 주저하지 않았다. 엄청나게 많이 섹스했고 모든 섹스를 즐겼다. 나는 히스테릭했고, 당당했고, 확신에 차 있었고, 영감으로 고취되었다. 나는 내 대단한 생각들을 타고 하늘 높이 날아올랐다. 나는 쾌락적이고 위험한 활동들에 탐닉했다. 고속도로를 달리면서 딸을 쳤다. 내도록 밤을 새웠다. 자기 의심과 경계심이 증발했고, 이것은 예술가에게는 꿈의 실현이었다. 나는 매일 새 작업을 만들었다. 마치 작은 언덕에 걸어서 올라갔을 뿐인데 거기서 내가 알아채고 손에 쥐려고 기다린 신의 말씀을 발견한 것처럼 내 신작은 온전하게 살아 숨 쉬는 것 같은 의미들로 뜨겁게 지글댔다.
이런 조증 경험이 결코 일어나지 않았을 수도 있다는 생각을 가끔 해보곤 한다. 만약 내게 자궁이 없었다면, 내가 젠더 확정 수술을 받았다면, 내가 누구인지를 내가 좀 더 일찍 이해했다면 예방할 수 있었을지 모르는 명백한 슬픔 때문에 너무 크게 울고 있다는 이유로 내가 나 자신에게 위험이라고 생각한 남자가 나를 강제로 입원시켜 오진을 받고 잘못된 약을 복용하지 않았더라면. 그러나 그것은 더 이상 중요하지 않다. 원인과 결과가 뒤섞여 있기 때문이다. 당신이 누구인지 아는 것과 당신이 누가 아닌지 아는 것 사이의 경계는 결코 직선이 아니다.

이 에세이를 쓰는 데 5년이 걸렸다. 몇 달간은 옆으로 치워두어야 했고, 포기하려고도 했고, 책상 뒤로 쑤셔 넣기도 했다. 도시에서 몇 시간 떨어진 사막으로 차를 몰고 나가 큰 구멍을 파고, 에세이가 마침내 나를 홀로 남겨두기를 간절히 희망하면서 그 속에 깊숙이 그것을 묻어두고 싶었다. 하지만 그것은 계속 기어 올라온다. 그것은 스스로를 계속 고집한다.

나는 자기 존재를 고집하는 것은 망상이라는 대문자 세계로부터 들려오는 것들에 공감한다. 그럼에도, 대문자 세계가 좋아하지 않는 종류의 망상을 자신의 실존에 대한 존재론 그 자체로 받아들이는 위험을 무릅쓰고서라도, 그것들은 계속해서 자기를 고집한다.

몇 년 후, 우리의-나의-우리의?-나의 유산을 이유로 나를 시설에 가뒀던 엑스를 보았다. 그 무렵 나는 적절한 약물 치료를 받고 있었고, 매일 밤 같은 시간에 잠자리에 들며 안정적인 상태에 있었다. 그를 용서하려고 애쓰는 중이었다. 우리는 커피를 마시려고 만났다.

"내가 좀 더 일찍 알았더라면 좋았을 텐데. 내가 도울 수 있었을지도 몰라." 그가 말했다. "뭘 알아?" 내가 물었다.

"네가 하던 옳지 않은 것들이 있었어. 하지만 난 그냥 '예술 하는 미친 아가씨구나' 생각했어. 하지만 네가 아팠다는 걸 알았더라면 나는 네가 도움을 받을 수 있게 애썼을 거야."

"옳지 않은 것들 뭐?"

"너 낯선 사람들하고도 잤잖아. 그리고 자기 작업에 대해 그렇게나 자신만만했고. 자기 예술에 그렇게 자신만만한 사람은 처음 봤어."

"하지만 난 단지 두어 명하고만 잤을 뿐이야. 네가 잔 건 몇 명이나 됐는데?"

" 저렇게 훌륭한 예술가면 좋을 텐데."

✚

그 "30센티 좆의 여름" 동안 연작 「사실 그것은 얼마 전에 일어났다」를 만들었다. 차도나 부두 같은 경계적(liminal)[6] 부지들에서 "한 사람 또는 몇 마리의 동물로 이루어진 소규모

---

[6] [옮긴이] 인터넷 미학에서 경계적이라는 말은 쓸쓸하고 으스스하고 종종 초현실적으로 보이는, 비었고 버려진 등의 공간의 성질을 가리킨다. 그 외에도 사적 공간과 공적 공간의 경계가 허물어졌거나 인간의 존재가 없거나 하여 경계의 개념과 연관된 변화의 장소를 경계공간(liminal space)이라고 칭한다.

청중을 위한" 시적이고 순간적인 퍼포먼스들로 이루어진 작업이었다. 나는 청중이란 질문을 파고들며 느끼고 싶었다. 청중의 현존이 중요한지 아닌지, 그리고 그것이 중요하거나 중요하지 않다면 왜 그런지를 묻고 싶었다. 지금 돌이켜보면, 나는 내가 반드시 따르고 싶어 하지는 않았던 법에 따라 지각되는 내 몸과 나의 작업을 받아들이려고 애쓰고 있었던 것 같다.

여자의 몸으로 보이는 몸을 한 사람이 한밤중 차도에서 고양이 세 마리를 앞에 두고 춤을 추고 이를 "예술"이라고 부른다면, 우리는 그것을 어떻게 받아들일까? 그 여자는 미쳤는가? 그 여자는 자신이 미쳤다는 것을 알고 있는가? 만약 알고 있다면 이것은 그녀가 실제로 미쳤다는 뜻인가, 아니면 미친 상태를 공연하는 것에 불과한가? 이 공연은 그 여자가 진짜 미쳤을 가능성을 부정하는 대신에 우리가 생각했던 것보다 훨씬 더 미쳤다는 것을 의미하는가?

하지만 이 작품이 청중에 관한 것일 순 없을까? 청중은 누구인가? 그들의 가치, 욕망, 편견, 신, 괴물 그리고 이 모든 것 때문에 그들이 예술가와 관련해 추정하고 결정하는 것은 무엇인가? 다른 방식으로 질문해보자. 청중이 미쳤다면 우리가 어떻게 알 수 있을까? 그리고, 중요한 점인데, 그걸 누가 정하는가?

✚

그해 여름은 덥고, 건조하고, 더러웠다. 로스앤젤레스의 여름은 신화적이다. 꼭 30년 전에 이미 세계의 종말이 일어났고, 불에 타는 듯한 여름은 종말의 황폐한 여파처럼 느껴지기 일쑤다.

생존자들은 더위와 먼지 속을 헤치면서, 스스로에게 노래를 불러주면서, 하나를 숭배하는 여러 집단에 소속되면서 버텨왔다. 금속과 유리로 만들어진 알 속에서 여행을 하는 그들은 죽어가는 지구의 자원을 고갈시켜 만들어낸 인공적인 찬바람으로 자기들 얼굴을 맹공격한다. 그들은 풀과 나뭇가지로 된 식단을 고집하고, 집세의 절반 가격의 직물로 만든 펄럭이는 천막 같은 옷을 껴입고 있다.

몇 주 후, 내 혈관을 헤엄치고 다니는 약물이 나를 해변으로 떠밀어냈다. 물에 처박히고 내던져진 나는 따가운 햇살 아래에서 뒤척이며 내가 어디에 있는지도 알 수 없었다. 어느 일요일에는 브런치를 먹으러 나를 끌고 나갔다. 돈이 어디서 났는지는 모르겠다. 혼자 갔고, 읽을 책을 챙겼다. 친구가 준 치마를 입었는데 치마에는 아스텍의 처녀 희생 제의를 묘사한, 스팽글로 테두리를 장식한 그림이 그려져 있었다. 나는 로스 펠리스의 비싼 프렌치 레스토랑에 갔는데 식당 마루가 끈적끈적했다. 리브 타일러가 거기에 엄마와 있었다.

Z는 내 웨이터였다. 그는 로스앤젤레스 식으로 자칭하건대 "배우이자 모델이기도 한", 그러나 지금은 웨이터로 일하고 있는 남자들이 그렇듯이 아주 아주 잘생겼다. 대략 190센티미터 키, 마른 체형, 어두운 색의 머리카락, 인상적이리만치 큰 손, 동그랗고 파란 눈, 강한 슈퍼맨 턱을 가지고 있었다. 그리고 단단한 어깨, 곧게 펴진 가슴을 가진 슈퍼맨 같은 상남자 분위기를 풍겼다. 그는 기사도적이고, 지구상 그 어떤 힘보다 세고, 보이지 않는 규범에 의해 통제되는 듯한 구식 남성성을 가지고 있었다. 그가 우리를 안전하게 지켜줄 거라고, 결코 우리에게서 등을 돌리지 않을

거라고 우리 스스로 뇌까리는 그런 남성성을 말이다. 내가 주문한 것을 들고 온 그는 고개를 숙여 인사하며 식탁에 내려놓았다. 그는 내 치마를 칭찬했다.

계산서에 전화번호를 남겼더니, 이틀 후에 전화가 왔다.
이미 당신에게 당시 내가 조증이었고 병원에서 갓 퇴원했으며 젠더화된 트라우마에 시달렸다고 밝혔으니까 물어보련다, 내가 단축번호로 연락 가능한 캐스팅 감독이 된 양 어떤 배역에 나 스스로를 캐스팅한 것 같진 않은가? 피 묻은 누더기를 상어가 득실거리는 바다에 떨어뜨리듯, 낯선 사람에게 자신의 전화번호를 남기는, 싸구려 상처를 가진 미친 히스테릭한 쌍년이란 배역에?

그는 나에게 CD 믹싱을 시켰다. 세 곡을 제외한 모든 트랙이 남자의 곡이었다. (그는 말한다, "정말 대단해. 맞아. 그는 위대했어, 그렇지.")
그가 믹스한 곡 중 하나가 캐런 돌턴의 노래 「바로 내 꿈 속에」였다. 꿈과 광기 사이의 경계, 거기서 살아가는 느낌은 어떤 것인지에 대한 느린 블루스 노래다. 아니면, 어쩌면 돌턴은 길을 잃는 것을 선택하는 것과 선택의 여지가 없는 것 사이의 경계와 관련해서 자신이 어디에 서 있는지를 이야기하고 있는지도 모른다.
돌턴의 목소리는 부드럽고 포근해서 종일 듣고 싶었다. 그 노래는 그해 여름의 사운드트랙이 되었다.
"그 노래가 나를 이해하는 것 같은 기분이야." 나는 Z에게 말했다.

그는 끄덕였다. "맞아," 그가 말했다. "내가 거기에 넣은 이유가 있다니까."

＋

차이나타운에서의 서블렛(sublet)[7] 계약이 7월 중순에 끝났다. 그래서 할리우드에 서블렛으로 집을 구했고 그곳은 매직캐슬[8]에서 남쪽으로 두 블록 떨어진 곳이었다. 주차는 엿같았지만, 이웃집에 나무가 무성했고, 할리우드 산기슭과 가까웠다. 로스앤젤레스의 특정 동네들이 할리우드의 명성이나 할리우드에 대한 향수를 이용해 이런저런 일을 하는 것 같았다. 길 아래 건물 옆면에는 이런 문구가 칠해져 있었다. "할리우드로 가는 가장 빠른 길이 뭘까요? 프랭클린[9]으로 가세요." 지금은 누구의 말을 인용한 것이었는지 기억나지 않는다. 구글링을 해보니 메이 웨스트, 베트 데이비스, 캐서린 헵번이라고 들려준다. 셋은 모두 왕년에 마을의 아름다운 화젯거리가 되었던 무뚝뚝한 할멈으로 호환될 수 있는 배우들이다.

서블렛으로 얻은 집은 방갈로 밀집 구역 내, 영화 「멀홀랜드 드라이브」를 소환하는 고장 난 초인종이 달린 낮은 철문 뒤에 있었다. 아파트들은 병꽃나무와 부겐빌레아가 있는 안뜰을 중심으로 정렬되어 있었고, 담배꽁초를 버릴 수 있는 가느다란

---

[7] [옮긴이] 임대인과 통상 1년간 임대 계약을 맺은 임차인이 얼마간 집을 비우는 동안 다른 이에게 재임대하는 형태를 말한다.
[8] [옮긴이] 할리우드의 유명 테마 부티크 호텔.
[9] [옮긴이] 로스앤젤레스의 프랭클린가(Franklin Avenue)를 말한다. 할리우드 언덕의 남쪽 경계에 해당하며 앞서 언급된 로스 펠리스가 이 길의 끝에 있다.

양철통과 벤치 몇 개가 있었다. 이 집은 내가 머리를 밀고 그의 머리도 밀었던 곳이다.

밤이 깊어가는 동안 우리는 마당에 앉아 있을 것이다. 여름밤은 내가 로스앤젤레스에서 좋아하는 시간이다. 혹독한 대낮의 더위는 거의 수그러들지 않고, 공기는 27도 후반에서 32도 초반에 달할 만큼 뜨겁다. 그러나 어둠이 내리면 달아오른 공기는 고야가 그린 「마녀의 비행」처럼 에로틱하게 짙은 느낌으로 바뀐다. 우리는 서로의 옷을 바꿔입고 맨발로 밖에 나가 담배를 피운다. 나는 Z의 낡고 부드러운 티셔츠를 입고, 그는 내 길고 얇은 핏빛 스웨터를 입을 것이다. 그는 그렇게 입고도 우아했다. 오래된 할리우드 영화의 주인공 남자처럼 그는 강한 턱을 지녔다. 캐리 그랜트, 말론 브란도, 제임스 딘, 우리는 이들의 차이점을 분석할 수도 있을 테지만 그럼에도 그들은 호환 가능하다. 부겐빌레아 꽃과 병꽃나무 아래 앉아 좀처럼 내게서 눈을 떼지 못하는 이 우아한 남자와 함께 있노라면, 나는 지구상에서 가장 운이 좋은 사람이 된 듯한 기분이 든다.

그해 초, 생각해보면 겨우 6개월 전, 나는 이스트로스앤젤레스 카운티 병원의 정신과 병동에 있었다. 폐쇄병동 안에는 환자 40여 명이 두 개의 방에 수용되어 있었고, 침대는 비좁게 정렬되어 있었다. 감사할 일이라면, 벽에 가장 가까운 침대를 배정받아 적어도 방에서 고개를 돌릴 수는 있었다는 것. 거의 대부분 백인이 아닌 사람들이 복도를 오르내리며 음담패설을 외쳐대고, 누군가의 이름을 소리치고, 혼잣말을 중얼거렸다. 몇몇은 병원복 뒤가 풀려서 맨살이 드러난 채로 엉덩이를 촐싹이고 노골적으로 다리를 벌린 채 돌아다녔다. 그곳에 있는 72시간 내내 화장실 근처 복도의 잠긴 문 뒤에서 한 남자의 비명이 들려왔다. 그는 쉬지 않고 외쳤다. "물 좀 줘! 물 좀 줘!"(Agua, por favor!) 나는 그를 본 적이 없다. 그는 그 방에서 절대 풀려나지 못했다. 격분과 애원 사이를 오가는 그의 목소리를 듣지 않을 도리가 없었다. 내가 풀려났을 때도 그는 여전히 그 방에 있었다.

면회는 5분 이상 허용되지 않았고, 이모가 계속 나를 보려고, 먹을 것을 가져다주려고 했지만 직원들은 음식을 쓰레기통에 버리게 시켰다. 전화를 받을 수 있는 공중전화가 복도에 있지만, 전화 줄의 길이가 15센티미터에 불과해서 그걸로 목을 맬 수는 없다. 그래서 나는 웃음을 멈출 수 없었다. 수화기에 대고 수신자에게 말하려면 구부정하게 몸을 숙이고 머리를 벽에 바짝 붙인 자세를 취할 수밖에 없었고, 그것이 의심할 여지없이 미친 사람처럼 보이게 만들었기 때문이다. 물론 그게 웃겨서 웃는다고 내가 덜 미쳐 보이는 건 아니었다.

또한 펜, 연필, 제본된 책을 소지할 수 없었다. 의도만 있다면 그것들 모두 무기로 사용될 수 있기 때문이다. 다행히 여기 오기 직전에 친구가 자기 소설의 초고를 보내줬었는데, 읽을거리 삼게 가져와달라고 다른 친구에게 부탁했다. 하지만 막상 약 13센티미터 두께의 낱장 종이더미를 무릎 위에 놓고 보니, 그게 나를 의심의 여지없이 정신 나간 사람으로 보이게 만들었다.

간호사 한 명이 물었다. "뭐 읽어요?"

"친구가 책을 썼어요."

"아, 그래요? 그래 무슨 내용이에요?"

"1960년대가 배경인 SF 사이키델릭 범죄 소설이에요."

"정말요?"

"약에 취하면 인어와 대화를 할 수 있게 되는 탐정이 인어의 도움을 받아 미스터리를 풀려고 하는 이야기죠."

"그렇군요?"

나는 입을 다무는 법을 배웠다. 무언가에 대해 가르침을 받는 것과 그걸 알려고 선택하는 것은 같지 않다.

—

이제 나는 내 공동체에서 당신 친구가 유령들과 이야기를 하고 있거나, 옷을 입지 않은 채 춤을 추면서 자신을 신이라고 선포하거나, 이리로 오는 중인 외계인들이 더 쉽게 자기들을 찾아내서 집으로 데려갈 수 있도록 하려고 길 한복판에 누워 있을 때 전화할 수 있는 사람이 되었다. 직접 다 겪어보고 어쨌든 살아남은 사람이기에 나는 전인미답의 영토로 안내하는 사람 같은 역할을 할 수 있다. 알아두고 이 점을 잊지 마시라. 아마 이런 기분이 들 것이다. 나는 누구에게 전화해야 하는지 안다고, 또 누구에게 전화하지 말아야 하는지 안다고. 잠에서 깨어나보면 걱정스러운 파트너들과 부모가 보낸 문자와 이메일이 와 있다. "선생님에게 이야기하고 조언을 얻길 희망하고 있었습니다." 그들은 말한다. "저희를 도와주실 의향이 있으세요?"

답변을 하면서 나는 의학 용어와 약품명, 자료 링크들, 그들이 혼자가 아니라는 걸 알라고 촉구하는 문장 아래에 작은 불꽃 같은 질문, "병에 대한 세상의 지각을 당신은 얼마나 저버리실 의향인가요?"를 몰래 숨겨 넣으려고 한다.

다른 말로 하면 이렇다. ==씨발, 경찰엔 제발 전화하지 말아요.==

질병은 고통, 트라우마, 제약에 대한 개인적이고 개별적인 경험에 불과한 것이 아니다. 물론 대문자 세계는 당신에게 그렇다고 이야기하겠지만 말이다. 질병은 당신 개인의 몸 안에서 발생한다. 그럼에도 그것은 사회적 몸의 지표다. 그것은 무법적 몸이 법의 몸에 충돌하는 것이며, 당신의 세계가 대문자 세계에 의해 부서지는 것이다. 그것은 당신이 생각하기에 당신이 누구인지를 허물어뜨리는, 그래서 그게 어떤 느낌이 드는 일인지를 다른 사람에게 들려주는 게 불가능해질 정도로 당신을 허물어뜨리는 체화된 경험을 생산한다. 동시에 그것은 역사적·체계적·정치적인 용어들로 읽히고 해독되는 몸을 생산한다. 그러나 사회적 벡터는 통상 무시되고, 따라서 질병은 우리 모두가 권력 체계 안에 어떻게 얽혀 있는지에 대한 경험, 좋든 나쁘든 우리 모두가 어떻게 상호 의존하고 있는지에 대한 경험, 그리고 그러한 얽힘과 상호 의존성이 어떻게 결과와 잠재력, 욕망들과 권리들, 꿈들과 죽음들, 세계들과 현실들을 빚어내는지에 대한 경험으로 간주되기보다는 누군가 한 사람의 개별적인 무력감의 지표가 된다.

그해 7월 어느 날 오후, Z가 나를 그려주겠다고 했다. 평소 초상화를 그리는 편은 아니었지만, 그는 첫 데이트 때부터 줄곧 내 초상화를 그려주겠다고 했었다. 그날은 온도계가 37-38도를 가리키는, 옷을 입고 있기에는 너무 더운 날이었다. 우리는 그의 아파트의 모든 창문을 열고 바닥에 깔려 있는 매트리스 위에 몸을 쭉 펴고 누워 있었다. 알바라도 거리에서 한 블록 떨어진 곳에 살고 있는 그의 집에서는 차들이 지나다니는 소리가 시끄럽게 들렸다. 나는 연필이 스치는 소리에 신경을 쓰지 않으려고 『뉴요커』를 읽었다. 그의 드로잉에서 내 얼굴은 호전적이다. 드 쿠닝의 「여자」처럼 입은 비틀어지고 코는 찡그리고 있다. 나는 손에 든 잡지를 비웃는 듯한 표정을 짓고 있다. 꼭 내가 대문자 세계 전체를 낮잡아보는 것 같은 느낌이다.

"나 아침으로 남자들 잡아먹는 정신 나간 여신처럼 생겼다." 내가 말했다.

"응, 너 그래." 그가 대답했고, 나는 그가 아이러니를 담아 윙크하지 않는 것을, 대신에 그의 눈이 동그랗게 커지면서 잔인함을 겸비한 채 약해져 있는 것을 보았다. 나는 그런 표정을 그에게서 자주 보았다. 아이들이 복수심에 찬 채로 서로를 때리고 흐느끼고 다친 부위를 움켜쥐는 모습에서 본 적이 있다. 굴욕감을 느끼지만 그 굴욕감을 무기로 삼고 싶어 하는 사람의 표정이다.

해당 그림의 제목은 다음과 같을 수 있다.

정신병동에서 갓 나온, 독서하는 "여자"

(식사 사이에) 쉬고 있는 여신

예술 하는 미친 아가씨

어느 예술가의 초상

나는 어떻게 나 자신을 대문자 세계가 지각하는 대로 지각할 수
있을까, 또 대문자 세계가 지각하지 못하는 나 자신에 대한 나의
지각을 주장할 수 있을까? 아마도 불가능할 것이다, 그러나 나는
그럼에도 왜 여전히 그걸 원하는 걸까?

━┼━

이 책을 또 포기할 만반의 준비를 마쳤을 때 한 친구가 이 책의 초고를
읽었다. 그(they)는 내가 왜 그렇게 오래 가부장적 권력을 줄곧
원했는지, 가부장제가 정당하다고 판단하는 방식으로 가부장제나
나를 지각할 수 있기를 원했는지, 왜 그런 세계에 나를 맞추기를
계속 필요로 했는지 물었다. 내가 소환한 최선의 대답은 거의
평생에 걸쳐 나는 그 외의 다른 것을 원할 수 있다는 것을
이해하지 못했다는 것이었다.

지각의 노동에서 완전히 자유로울 수 있는 남성성의 능력이야말로
남성성을 정의한다. 남성성은 지각한다, 물론, 그러나 오직
한 가지 방식으로 그렇게 한다. 바로 그런 이유로 남성성에는
다원론이 없다. 하지만 남성성은 쑤신 칼을 영악하게 비틀어서
자신의 철학을 다음의 배열 방식에 적합하도록 만들었다. 즉,
주체와 객체/대상의 철학, 객체/대상은 주체에 의해 구성된다는
생각에 기초한 철학.

나는 헤겔이 "발명해낸" 이것을 철학자들이 "상호 주관성"이라고
부른다고 들었다. 남성성은 지각한다. 말인즉슨 남성성은
주체라는 뜻이고, 그 외 모든 것은 객체/대상이 된다는 뜻이다.
다시 말해, 주체로서의 Z가 나를 객체/대상으로 지각했다는 바로

그 사실이 나를 존재하게 만들었던 것이다.

나는 지금 내 주장을 확증하기 위해 헤겔을 인용해야 한다고 느꼈고, 이는 내가 학교에서 그런 법칙들에 의해 어떻게 교육을 받아왔는지를 보여주는 또 다른 증거일 뿐이다. 그렇다, 친애하는 독자들이여, 예상대로 헤겔의 정액이 이 글 전체에, 나에게 뿌려져 있지만, 이미 그렇다는 걸 어디에서나 볼 수 있는데 어떻게 그렇게 됐는지 내가 굳이 말할 필요가 있을까?

작고 착한 구성된 객체/대상처럼, 정액을 뒤집어쓴 얼굴을 하고, 내 얼굴이 정액으로 덮여 있다고 선언하고 증명 절차를 종결하면 안 될까?

철학을 공부하는 친구에게 "세계"에 대한 주요한 정의 방식을 물어봤더니 플라톤, 헤겔, 라이프니츠 등 초기 철학의 저자 놈들 목록을 보내주었다. 며칠 후, 잠에서 깨보니 그에게서 "오늘 비트겐슈타인에 대해 좀 더 알게 됐어"라는 문자가 와 있었다. "주체는 세계에 속하는 것이 아니래. 오히려 주체는 세계의 한계라네"라고.

―

내 그림에는 용맹함을 내뿜는 강렬한 색을 칠해줘. 그걸 권위의 초상화로 만들어줘. 미덕, 마키아벨리 식의 비르투(virtù), 남자에게 속할 뿐 아니라 우리가 남자들을 정의하는 방법 ―

도덕적 힘, 높은 인격, 선함, 탁월함, 용기 등 — 이기도 한 동어반복 동의어와 나의 이미지가 같게 만들어줘. 네가 가진 제일 큰 캔버스를 줘. 그 뒤 그걸 열 배 더 크게 만들어. 나를 중앙에, 다른 사람들보다 높은 곳에 그려줘. 누구든 나를 쳐다보는 사람은 조그만 암캐처럼 고개를 높이 쳐들어야 할걸. 굵고 확실한 붓칠을 해. 계집애처럼 굴지 마. 조명을 제대로, 정확히 맞춰서 황금빛이 되게 해줘. 권력의 색인 붉은 망토를 입히고 신들의 강풍이 내 망토를 부풀리게 만들어줘. 내가 가고 있는 곳, 내가 나를 따르는 사람들을 데리고 갈 곳인 하늘을 향해 몸짓하고 있는 나를 그려줘. 뒷다리로 일어서 있고 눈빛은 의로움으로 불타는 종마에 나를 태워줘. 우리 둘 다 처벌받지 않고 당당하게 바깥을 응시하고 있게 해줘. 감히 내 턱을 약하게 만들어놓으면 나는 네 머리를 쟁반 위에 얹어놓을 거야. 혹시라도 내가 원하면, 내가 원하면 언제든, 나는 내가 뭐든 할 수 있기에 하고 있다는 것을 보여주는 데 네 상징을 사용해. 이걸 그려. 맘에 들면 세 점을 더 그리도록 돈을 줄게. 나의 청중, 나의 독자, 나의 왕국이여, 날 봐, 그러면 네가 뭘 봐야 하는지 알려줄게. 나는 네가 메달과 돈에서 발견하는 그 사람이야. 세계가 지도자를 필요로 한다고 말할 때 그 말이 의미하는 바로 그 사람이야. 나는 영웅이고, 네가 내게 공손하게 부탁하면, 네가 애타게 원하면 나는 네 것일 수 있어. 나는 모든 것을 정의하고 아는 방법 그 자체야. 나는 네가 무엇이 아닌지를 알려줄 거야.

✝

남성성은 지상에서 가장 높은 언덕 꼭대기에서 집중 조명을 받으며 좌대 위 왕좌에 앉아 있다.
여성성은 반대다. 교도소 맨 밑바닥 동굴에 쇠사슬로 묶여 있고 그 교도소에는 무대가 있는지라 그 위에서 죄수들은 공연을 펼친다. 여성성은 이런 퍼포먼스다.
경비원들은 당신 위에, 주위에 있어서 모든 각도에서 당신을 볼 수 있다. 그들은 당신의 관객이고 당신이 공연하는 동안 당신에게 잔인한 생각을 내지를 것이다. 여성성의 문제는 간수가 정확히 누구인지 알기 어렵다는 것, 즉 당신이 죄수와 간수, 현실과 꿈, 학생과 교사, 주체와 객체, 관객과 예술가 사이의 경계 어디에 서 있는지 알기 어렵다는 것, 즉 누가 당신을 가장 사랑하게 될지 알기 어렵다는 것이다.

✝

쑤셔진 칼이 또 한 번 비틀린다. 주체에 의해 구성된 객체/대상은 그렇기에 반드시 주체에 속한다.
바로 그런 이유로 Z 같은 사람들은 나 같은 사람을 그렇게 애타게 원한다.

✝

독자여, 아니! 여기서 헤겔을 인용하지는 않을 거다!

앤 카슨은 다음과 같이 썼다. "미친 상태는, [아르토]가 거듭
 강조했듯이, 공허하다. 공허함으로 가득 차 있다. 공허함으로
 매듭지어져 있다. 겸손할 필요 없이 가장 공허하다. 당신은
 광기에서 공허함을 한 줌씩 꺼낼 수 있다. '나는 여기 없어. 나는
 여기 없고 앞으로도 없을 거야'라고, 당신은 끝없이 꺼낼 수 있다."
나는 이런 공허함에 동의하지만, 대문자 세계가 소중히 여기는 것들이
 미친 상태에 들어 있지 않다는(empty) 그 점 때문에만 그것이
 공허한 것이라고 단서를 달고 싶다.
앤 카슨은 다시 아르토에 대해 이렇게 말한다. "아르토에게 있어
 미친다는 것의 진짜 단점은 의식이 짓밟히고 찢긴다는 게
 아니라, 광기가 작동하는 동안 그게 아무리 매혹적으로
 보일지라도 그렇다고 말할 수 없다는 것이었다. 오직 어느 정도
 '회복된' 후에, 설득력이 그만큼 약화된 후에나 말할 수 있다는
 것[이었다—옮긴이]. … 고통의 주요한 특징은 설명을 요구한다는
 것이다."
내가 실제로 그랬다고 주장해야겠다. 미친 상태에서 나는 정말 말을
 했다. 그러나 대문자 세계가 이해하고 싶어 하지 않는 언어로 말을
 했다.
이를 달리 말한다면, Z와의 관계에서 나는 표상의 위기를 마주쳤다고
 할 수 있다. 모든 종류의 표상은 항상 위기이기 때문에. 어쩌면
 그도 이런 위기를 겪었을지 모른다. 그러나 표상을 신뢰할 수
 없음을 알았던 내가 그 위기를 더 쉽게 알아챘던 것 같다.
표상은 언제나 부인(否認)이기도 하고, 서사는 언제나 허구다. 모건

파커는 이렇게 말했다. "사실(fact)은 국가 권력을 쥔 픽션이다." 우리 중 몇몇은 믿을 수 없는 서술자로 간주되어왔고, 몇몇은 우리의 진실이 허구로 수정되도록 만들었고, 몇몇은 우리의 위기에 의해서가 아니라 위기 자체로 정의되었다.

✝

그 안으로 빠져들 때 그랬던 것처럼 어느 날 모든 것이 바뀌었다. 나는 그 여름으로부터, 모든 것이 난장판을 이루며 휩쓸려 떠내려가서 깨끗해지는 그 여름으로부터 빠져나왔다. 양극성 장애의 편안함 중 하나는 믿을 만한 주기가 있다는 점이다. 올라가면 내려온다.

Z가 내 열병을 깨는 데 도움을 주었다. 데이트를 시작하고 얼마 지나지 않아 나는 일부일처제를 바라지 않는다고, 나는 이성애자가 아니라고, 심지어 여자도 아니라고 그에게 말했다. 많은 백인 시스헤테로 남자들처럼, 그는 내 선언 중 앞의 두 가지는 내가 그에게만 헌신할 수 없다는 뜻으로 이해했고, 마지막 말은 나에 대한 그의 의심이 옳았다는 뜻으로 받아들였다. 나는 다루기 힘들고, 소유할 수 없으며, 법을 넘어서는 존재라는 뜻이었다. 그는 나를 완전히 소유하려 했고, 내 이메일 계정에 침입했고, 자신의 취약성을 무기로 위협했으며, 연약한 눈동자는 복수심에 불타 떨렸다.

"이러다가 나는 부숴지겠지."

Z는 탄원이 아니라 경고의 의미로 말했다.

Z에 대한 이야기를 들려줄 때면 나는 이렇게 말하곤 한다. "딱 하나, 그를 향해 더 많은 것을 집어던지지 않은 게 후회돼."

✛

독자들은 하필 내가 왜 백인 시스헤테로 남자와 사귀었는지 궁금해할
수도 있다. 씨발 좋은 질문이다! 그해 여름을 돌이켜보건대, 그때
내가 정말 미쳤다고 확신할 수 있는 유일한 증거가 바로 그것이다.

✛

나는 다시는 Z와 말하지 않았다. 헤어진 후 그는 나를 "이겨서"
되찾으려는 시도로, 우리 관계에서 자신이 저지른 실수들에 대해
여러 차례 이메일을 보냈다. 그는 자신의 실수를 나의 특성들이
영향을 끼친 탓이라고 둘러댔다.
==너는 씨발, 나한테 저주를 건 악마-년이야==가 그 한 예다.
==내가 너무 잘해주려고 했어, 그렇지? 다정하고 사랑 가득한 남친==
==역할은 잘했지만 쓰레기 역할은 잘 못했지. 난 대사를 너무 많이==
==틀렸고, 너는 언제고 캐스팅 감독에게 전화 한 통이면 되는==
==사람이었지==는 또 다른 예다.
==미끼 같은 걸 더럽게도 많이 던져놨더라.==
토씨 하나 고치지 않았다. 주관적이기만 한 지각이 얼마나 달콤했을지!
그가 나에게 겨눈 최후의 단어들은 새벽 2시에 술에 취해 보낸
이메일에서 나왔다. ==이제 널 놔줄게. 넌 언제나 그저 장엄할 거야.==
칭찬으로 제공된 대사를 무기로 바꾸는 것은 백인 이성애자 소년들의
독특한 재능이다. 그 방법을 나도 배웠더라면 좋았을 것이다.
학교에서 많이 가르쳐준 것 같은데 결국 나는 그 학교에서
낙제했다.

오늘 이 부분을 읽으면서 나는 Z가 우리 둘이 하고 있던 게임을 이해하는 데 얼마나 가까이 다가갔는지, 그게 얼마나 절대적인지, 얼마나 피해를 주는지, 그 누구도, 심지어 승자조차도, 그것을 이길 수 없게 되어 있었는지, 그러나 이길 수 없는 게임인데도 그가 자신이 이기는 쪽이어야 한다는 생각에서 얼마나 벗어나지 못했는지에 대해 많이 생각했다. 당신이 이기도록 조작된 게임에서 이기기를 원한다는 것. 아, 여기서 연민을 한 움큼 가득 꺼낼 수도 있을 것이다.

✢

가끔 나는 "내 30센티 좆의 여름"을 "그 전쟁극이 내 침대에서 상연되었기에 내가 마침내 가부장제에 대한 교훈을 깨달은 여름"이라고 표현하기도 한다.
이 여름과 내가 미쳤던 시기가 일치한다는 사실은, 광기가 반란이 때가 있는가란 질문을 던지게 한다.

✢

시간과 공간 속에 위치를 정하고 그곳을 내게 속할 수 있는 말과 감정과 욕망으로 채운다는 것은, 위치와 행동 방식이 속한 무언가가 되려는 시도다. 말하자면, 욕망이 속하는 하나의 "나"(an "I")가 되려는 시도이고, 이는 내가 길을 잃지 않았다는 뜻이다. 나는 주체가 되길 몹시 원했기에 내게 속하지 않았고 속할 수 없었던 것을 기꺼이 소유하려 했다. 하지만 그보다 더, 소유라는 개념 자체를 믿었다.

세계 전체가 같은 것을 믿을 — 어떡하지? — 때. 어떤 이들은 땅에 묶여 있고 고작 몇 사람만 날아오를 수 있는, 사고의 비약?

날고 싶은 것과 나는 꿈을 꾸고 싶은 것 사이의 경계선을, 좋아서 공간을 차지하는 것과 당신에게 속한다고 여겨지는 영토에서 태어나는 것 사이의 경계가 어디인지를 내가 말할 수 있을까? 우리 모두는 자기 자신을 고집하는, 말하자면 자신의 감옥을 고집하는 고유한 방법을 개발한다.

나는 내가 참여하기로 되어 있는 게임의 승패 여부로 정의되는 걸까? 아니면, 내가 어떻게 길을 잃었는지, 게임을 아예 거부했는지로부터 나에 대한 정의가 도출될까?

결론:
　나는 세계가 곧 법이고 법이 곧 세계라고 생각한다.

당신이 그걸 부숴버릴 의향이 있는지가 관건이다.

때려도 돼?

그(they)는 알몸으로 침대에 엎드려 있다.

"때려도 돼?" 내가 물었다.

"응, 제발"이라고 그가 말한다.

그에게 올라타서 그의 근육질 등의 우묵한 부분에 젖은 보지를 밀착시키고 주먹을 쥐고 냅다 휘두른다. 첫 번에 너무 세게 때리지는 않지만, 장난스레 친 것도 아니다. 그는 작게 끙끙거리는 듯한 소리를 낸다. 그라면 이런 건 한참 더 받아낼 거다.

"어때, 좋아?" 내가 묻는다.

"응." 그가 말한다.

"계속하길 원하는 거지?"

"응, 제발." 그가 말한다.

"더 세게?"

"응. 부탁이야."

나는 숨을 내쉬는 타이밍을 주먹이 꽂히는 순간으로 맞춘다. 훅 밀려나는 공기. 손가락 관절과 피부가 근육과 피부에 부딪히는 소리. 나는 있는 힘껏 밀어친다. 신음 소리. 연타를 먹인다. 원, 원투, 원투쓰리. 잽. 훅. 그의 몸은 체육관에 매달린 무거운 샌드백

같은 소리를 낸다. 그렇게 느껴진다.

"왼쪽 주먹보다 오른쪽 주먹으로 치는 게 더 나은 것 같은데." 나는 말한다.

"아니야," 그의 호흡은 내가 주먹으로 때리는 중에 끊어진다. "왼쪽이 나아."

우리는 웃는다. 나는 그를 왼손으로 할 수 있는 한 가장 세게 치고 치고 또 친다. 오른손으로도 더 잘 쳐보려고 애쓴다. 내 다리 안쪽과 맞닿은 그의 피부가 땀으로 젖은 것을 느낀다.

"세상에, 너무 좋아." 내가 말한다.

"나도." 그가 대답한다.

나는 다시 그를 때린다.

"고마워." 그가 말한다.

"방금 뭐라고 한 거야?" 내가 호령한다.

"고맙다고." 그가 말한다.

더 때릴 수 없을 때까지 그를 때린 다음 그의 등 위에서 허물어져 그의 귀에 대고 헐떡인다. 그는 아직 내 밑에서 낑낑거리고 있다. 너무 좋다. 나보다 훨씬 키가 크고 — 195센티미터 — 한 손에 다 들어오지 못할 만큼 두꺼운 좆을 가진 그이지만 지금 당장은 작아져 있다. 나는 그 사실 때문에 기쁘고 엄청 젖어 있다. 정말 착하고 귀여운 서브(sub)다.[1] 숨을 고르면서 그의 상체 위에 누워 내 팔 밑의 열기와 피로한 맥박을 느낀다. 그리고 나서는 한 손으로 그의 목을 감싸 내 품으로 끌어당긴다. 그러면 그는 내가 자기 목을 젖힐 수 있게 해준다. 나는 그의 등에 밀착한

---

[1] [옮긴이] BDSM(구속, 지배, 복종, 사도마조히즘) 역학관계에서 복종적인 측을 나타내는 서브미시브(submissive)의 약어.

채로 다른 손을 이용해서 절정에 이른다. 그는 내 비명에 때맞춰 낑낑거린다.

킹크는 돌봄이고, 돌봄은 킹크다.

내가 널 뭐라고 불러줬으면 좋겠어?
좋아? 이게 네가 원하는 거야? 얼마나 원해?
이 정도면 알맞아? 부족해? 어떻게 하면 더 좋을까?
얼마나 마음에 드는지 들려줘. 내가 네 마음에 드는 대로 하고 있니?
괜찮아? 견딜 만해?

멕시코시티에서 절친과 나는 루차 리브레[2]에 가서 삶을 만끽한다. 그곳에서 1년째 살고 있는 그와 나는 우리가 그의 새 터전에 함께 있게 되면 우정 타투를 하기로 약속했었다. 루차 리브레에 가기 전날, 프로레슬링 쇼에서 관중이 외치는 구호가 가장 중요하다는 것을 알고 있는 우리는 구호를 준비하기로 했다.
CDMX(멕시코시티)에서 관중은 함성을 그치지 않는다.
"¡Ahhh huevo!" (엄밀히 말하면 "고환"이지만 "그래 씨발"이라는 뜻)
"¡Esooooo!" ("그거야", 무언가가 좋을 때)

---

[2] [옮긴이] lucha libre. 스페인어로 '자유로운 싸움'을 뜻하며, 스페인어권에서는 프로레슬링 전반을 가리킨다. 하지만 비스페인어권에서는 주로 화려한 기술과 가면을 쓴 레슬러들의 극적인 연출을 특징으로 하는 멕시코 특유의 프로레슬링을 일컫는다.

"¡Con fuerza!" ("힘으로", 내 친구가 만든 구호)

"¡Quiero ver sangre!" ("피 좀 보자")

우리는 이런 걸 사랑한다. 이게 분명 우리를 구해줄 것이다. 다음 날 우리는 서로의 몸에 상대방의 손글씨를 타투로 새긴다(타투는 아카이브이면서 동시에 목적이다). 우리는 10년 넘게 친구로 지냈고, 서로의 피를 보았다. 또 눈물과 땀과 침과 웃음을, 그야말로 정신 나간 무지갯빛 웃음을. 우리는 둘 다 장애인이고, 정신병이 있고, 매운맛신경인(neuro-spicy)[3]이고, 퀴어 프릭이고, 고스 펑크족이고, 킹크에 빠져 있고, 전투화를 신은 채 쿵쾅거리고 돌아다니며, 살아남기 위해 형이상학과 더러운 농담에 매달리며, 살아가는 게 불가능하다고 느꼈던 날들을 서로 함께 했고, 계속 살아갈 수 있도록 서로를 도왔다. 우리는 줄곧 서로의 아카이브이자 목적이었다. 타투숍에서 우리는 서로의 피부를 만지고 서로 칭찬한다. 그는 배고프지 않다고 했지만 나는 같이 먹을 피자를 주문한다. 나는 "너 한 시간이면 배고플걸"이라 말하고, 정말 그렇게 된다.

다음 날 밤 퍼버트라 불리는 퀴어 섹스 레이브[4]에 간다. 댄스 플로어 오른쪽에서는 빨아주고 있고 왼쪽에서는 손으로 쳐주고 있는 그곳에서 우리는 상상한다. 귀를 찢는 음악이 들리고 숱하게 많은 몸들이 땀을 흘리고 있고 거의 칠흑 같은 방들에 숨어 있는

---

[3] [옮긴이] 신경다양성이라는 특징을 너무 학술적이거나 무겁지 않고 유머러스한 방식으로 지칭하는 영미권의 신경다양인 당사자들의 표현이다.

[4] [옮긴이] 퍼버트(Pervert)는 멕시코시티에 기반한 레이브(Rave)다. 레이브는 1950년대 런던 소호 구역의 비트족 사이에서 성행한 일종의 파티다. 레이브는 EDM을 주된 음악으로 하지만 음악에만 연관된 용어는 아니며, 성적 자유와 약물 탐험, 향락주의 등 다양한 특성을 일컫는다.

특별한 신(god)을 마주하는 장면을. 우리는 인생을 다시금 만끽한다. 본디지 하네스[5]를 착용한 레더[6] 대디[7] 게이들이 인산인해를 이룬 곳에서, 내게 호감을 가지고 있고 약을 하고 있는 트윙크[8]를 찾아내는 데 가까스로 성공한다. 그러니까, 나는 틀림없이 하네스를 입은 레더 대디 게이 소년이다. 그러나 특히 어두운 방에서 나는 그렇게 보이지 않는다. 그 트윙크는 영어를 전혀 할 줄 몰랐고, 그래서 내가 "너 너무 섹시해!"라거나 "때려도 돼?" 따위의 다양한 문장을 친구에게 외치면, 친구가 트윙크에게 스페인어로 외치고, 트윙크가 고개를 끄덕이며 동의를 한다. 나는 검은색 가죽 장갑을 끼고 있고, 트윙크는 내 한 손을 자기 턱에 대고 내가 자기 머리를 존나게 흔들어주길 원한다는 신호를 보낸다. 그래서 그렇게 해준다. 그의 턱을 세게 쥐면 쥘수록, 머리를 세게 흔들면 흔들수록, 그는 더 행복하다. 그의 두개골 안에서 뇌가 이리저리 출렁거리는 걸 느낄 수 있다. 씩 웃는 그가 귀엽다.

이튿날에는 저녁 6시까지 자고, 그 뒤에는 침대에 누워 TV를 시청하며 배가 터져라 음식을 먹는다. 어젯밤 댄스 플로어에 있던 모든 사람이 바로 지금 똑같은 일을 하고 있을 거라 생각한다. 이게 내가 레이브에서 가장 좋아하는 부분이다. 다음 날의 부드럽게

---

[5] [옮긴이] bondage harness. BDSM 수행 중 하나인 구속 플레이를 하는 동안 주로 참여자들에게 시각적 내지 촉각적 쾌감을 유발하는 것을 목적으로 입는 복장의 일종.
[6] [옮긴이] Leather. 가죽 의류와 연관된 관행과 스타일, 하위문화 혹은 그 참여자.
[7] [옮긴이] Daddy. BDSM 현장에서의 용어. 관계의 주도권을 이양하고 자신의 처신에 따라 돌봄이나 처벌을 받고 싶어하는 리틀(Little) 성향자와 파트너로 묶여 리틀에게 필요한 것들을 제공하는 성향자. 여성의 경우 마미(Mommy)로 칭한다.
[8] [옮긴이] Twink. 게이들 사이에서 젊거나 젊은 외양의 마르고 체모가 적은 남성을 유형적으로 가리키는 말.

길게 지속되는 이런 상태, 온몸의 나른한 통증, 꼭 필요한 휴식과 회복. 나는 운이 좋을 때만 술을 마시거나 약을 할 수 있다. 운이 결코 좋지 않기에 나는 언제고 항상 취해 있는 상태가 아니다. 하지만 15센티미터 굽의 릭 오웬스 플랫폼 힐을 신고 새벽 4시까지 춤을 추고 난 다음 날엔 좀처럼 움직일 수 없다. 몸을 너무 오래, 너무 열심히 사용하면 언제건 만성 통증이 씨발놈의 불길처럼 활활 타오른다. 그런 일은 라이브 공연을 하거나, 여행을 하거나, 술을 한잔 마시거나, 열 시간을 못 자거나, 섹스하거나, 담배를 한 모금 빨거나, 초콜릿을 먹거나, 20분 이상 걷거나, 불편한 의자에 앉거나, 네 시간 이상 일하거나, 어떤 것이든 무게 나가는 것을 들거나, 어떤 것을 강렬하게 느낀 후에 일어난다. 나는 고통이 이러한 경험들을 하려면 지불해야만 하는 대가라는 것을, 즉 삶에 깨어 있으려면 지불해야만 하는 대가라는 것을 배웠다.

이 책을 쓰는 동안 나는 몸이 존재하는 이상 아플 거라는 사실로 인해 몹시 흥분했다. 아픔은 실존의 질감이다. 고통에 놀라지 않고, 고통 속으로, 고통을 향해 손을 뻗고, 고통에 찬성하고, 고통으로 시작해서 고통으로 끝을 맺는 사람이라는 이유로 내가 망한 건 아닌지 궁금해진다.

친구 우마 브레이크다운에게 루차 리브레와 퍼버트, 폭력에 대한 나의 사랑, 남자로 사회화된 사람들에게 주먹을 휘두르는 내 킹크에 대해, 그리고 극단으로 내몰린 몸을 어떻게 다뤄야 하는지, 거기에 필요한 지원이 무엇인지를 놓고 비슷한 느낌을 갖는 모든 사람에게 어떤 특별한 것이 존재하는지에 대해 이야기를 들려준다. 우마는 가장 잘 구축된 돌봄 네트워크, 돌봄을 허용할 가장 풍부한 가능성은 활동에 수반되는 위험이 큰 범죄화된 활동들 — 마약 복용, 일탈적인 성관계, 트랜스임, 가난함, 장애인임 — 을 중심으로 형성될 경향이 크다고 지적한다. 바로 거기에서 우리는 공유 지식의 메커니즘을 구축하고, 바로 거기서 서로를 돌볼 여지를 만들 수 있다. 그런 장소에서 우리에게 가장 필요한 것이 돌봄임을 알고 있기 때문이다. 우마는, 결정은 그런 활동에 참여하지 않겠다 는 것이 아니라 위험을 고려하고 서로를 충분히 도와줄 그런 활동을 할 방법을 찾는 것이어야 한다고 말한다.

돌봄을 받는다는 것은 해를 입지 않는 것이라거나, 돌봄의 기능은 해로움의 고통을 감소시켜 더 이상 돌봄이 지각되지 않는 수준으로까지 낮추는 것이라는 기대가 있다. 이런 기대를 내가 신뢰하는지는 확실치 않다. 마비시키기, 망각하기, 삭제하기, 감소시키기 같은 것은 결코 나의 야망이 아니다.

돌봄에는 인과성이 존재하며, 돌봄이 존재하는 데는 이유가 있다는 것, 그리고 돌봄의 이유 가 고통이라는 사실을 갑자기 자각한다. 그렇지 않고서야 왜 돌봄이 필요하겠는가? 우리는 그 외에 다른 어떤 방식으로 돌봄을 서둘러야 한다는 걸 알 수 있을까? 우리 주변에 돌봄을 구축하려 노력해야 한다는 뜻은 아닐 것이다. 어쩌면 돌봄의 건축술은 이미 고통에 의해 만들어졌고 이 자리에 깃들어 사는 게, 모든 방 이곳저곳을 돌아다니며 자유로움을 느끼는 게 우리의 과제라는 뜻일 것이다. 나는 너무 많은 침묵이, 이 집에서 침묵당한 것이 걱정된다.

우리는 돌봄이 고통을 중심으로 형성되고, 고통으로부터 태어나고, 고통에 수반되고, 고통으로 인해 필수적이게 되는 모든 방식에 기꺼이 경탄을 표할 수 있어야 한다. 또한 우리는 고통의 풍부함을 떠들썩하게 흥겨워하고, 치열하게 생각하고, 깊이 있게 느껴야 한다. 고통의 종류가 얼마나 많고 다른지 알게 될 것이기에!

고통들은 미열에 요동치며 끓는다. 고통들의 색채, 시학, 풍미가 우리의 추진력이고 앞으로도 계속 그럴 것이다. 나는 그 모든 것에 깨어 있고 싶다.

풀려난 그림자처럼 이 고통과 돌봄의 집에 뒤따라 들어온 것은, 우리가 일대일로, 살과 살이 맞닿고, 손으로 움켜쥘 수도 있는 종류의 폭력이라는 사실이다. 폭력의 확장된 부모들 — 정부와 권력 시스템이 우리에게 가하는 폭력 — 과 합의되지 않은 폭력의 친척들도 수없이 있다. 이런 것들이 어떻게 우리 집에 끼어들어 공간과 집기를 바꾸고 재배치하는지를 소재로 이야기하는 사람은 셀 수 없이 많고, 그동안 우리는 그 이야기를 들려줄 저자로서의 자격을 강제로 빼앗겨왔다.

지금 당장, 나는 그 폭력들의 밑바닥에 있는 것, 빛을 거부하며 뱀처럼 기어다니는 것들 — 우리가 요구하고, 원하고, 바로 우리 입과 손으로 초청하는 친밀한 종류의 폭력 — 에 관해 쓰고 싶다. 이런 폭력은 우리 자신과 서로를 알아볼 수 있게 해준다. 우리는 근본적인 토대 안에 코드화된 용어를 이용한다. 하지만 이런 폭력은 그것이 지목하는 신경증, 도착(倒錯) 때문에 종종 위장되고, 흐려지며, 탈구된다. 나는 고통으로 지어진 건축물의 기층을 놓는 지식에 관해 말하고 있다.

―

식칼을 들고 골목 끝까지 이웃을 뒤쫓아 내달리던 엄마를 내가 어떻게 기억하는지 들려줘야겠다. 엄마가 왜 그랬는지는 모른다. 하지만 다른 어조들로 이 이야기를 들려주었던 수년간의 경험을 뒤로하고, 지금은 엄마에게 감탄을 표하며 들려주려 한다.

내가 어렸을 때 가족 중에서 가장 폭력적인 사람은 다 여자였다. 부모님 중엔 엄마가 무서웠다. 집기를 부수고 방을 난장판으로 만드는 격분한 엄마는 미치광이 반신(demigod) 같았다. 아빠는 바닥을 기고 있는 나를 향해 날아오는 엄마의 발차기를 피해 내 작은 몸을 들어 올렸던 이야기를 들려준다. 엄마에 대한 대부분의 기억에서 엄마의 눈은 빨갛게 번뜩이고 있다. 그녀는 턱을 앞으로 내밀고 있고 아랫니는 날카롭다. 피라냐나 울버린 같다. 그녀는 새벽 3시에 내 방에 달려 들어와 소리를 지르고 물건들을 던지고 손에 닿는 모든 것을 부숴버리는데, 거기에는 나도 포함되어 있다. 그녀 안의 절박한 필요는 마음을 부수는 것이었다. 마치 누군가가 엄마의 갈비뼈 안에서 우주 규모의 폭발을 일으키고 있는 것처럼 보였다. 그녀의 갈비뼈는 고통으로 구축되었다. 어떤 돌봄도 그 안에 살고 있지 않았다.

아빠는 유순하고, 수동적이며, 고통을 겪고 있었다. 가끔 열 받아서 벽을 치거나 내 머리를 내리치기도 했지만, 대부분의 시간에 아빠는 그냥 앉아서 속을 삭이곤 했다. 그는 예민했고, 음악가였고, 몽상가였으며, 점심시간 동안 혼자 긴 산책을 하며, 밑에 뭐가 사나 보려고 바위들을 뒤집고, 발견했던 곳에 다시 풀어주기 전 몇 주간 수족관에 두려고 도시락 가방에

뱀과 도마뱀을 데려오곤 했다. 그는 부드럽게 말하고, 잘 웃고, 킥킥거렸다. 꼭 어린애 같았다. 친절하지만 소원한, 고독한 사람이었던 아빠는 곧잘 돌변했다. 엄마와 싸움이 고조되면, 그는 종종 차를 타고 멀리 나갔지만 늘 돌아왔다. 돌아오지 않았던 그날까지는. 다른 한국인과 한국계 미국인 들이 하는 말을 들어보건대 가족의 역학관계는 비슷했다. 폭력적이고 비열하고 무자비한 여자들, 그런 여자들을 조용히 원망하며 스스로의 마음을 닫아버리는 남자들. 아빠는 경멸하며 고개를 흔들고 한숨을 쉬면서 엄마를 모욕했고, 엄마의 말을 경청하지 않았고, 천천히, 꾸준히, 여러 해 동안 엄마의 자기 자신에 대한 느낌을 좀먹었다. 이 때문에 엄마는 더욱 마음이 아프고 쉬이 휘발할 것처럼 불안정해졌다. 차를 몰고 영영 떠나버린 후 아빠가 엄마에 대해 들려준 이야기에 따르면, 엄마는 30년 동안 아빠를 지하 감옥에 가둔 사악한 괴물이었고, 아빠는 마침내 그곳에서 탈출한 사람 같았다. 아빠는 우리가 엄마에 대해 이야기할 때면 언제나 역겨움에 치를 떨며, 욕지기하는 소리를 내곤 했다.

내가 왜 그리고 어떻게 엄마에게, 정육점 칼을 손에 들고 누군가를 쫓으며 거리를 활보할 만큼 분노에 휩싸인 엄마에게 경탄을 표할 수 있는지 의아하다면, 당신은 주의를 기울이지 않은 것이다. 나에게 또는 엄마에게.

그래, 칼을 들고 길거리에서 누군가를 뒤쫓는 것은 명백히 나쁜 일이다. 하지만 어린애가 어떤 여자가 그러는 걸 지켜보고 그녀를 롤모델로 삼는 건, 어떻게 보면 좀 강렬하지 않나?

내가 태어났을 때 아빠는 스물세 살이 된 지 겨우 3주밖에 되지 않았었다. 고로, 아빠는 자신을 진정 아빠라 느낀 적이 없으며 큰오빠쯤으로 생각했다. 아빠는 우리가 함께 크는 중이라고 말하곤 했다. 우리는 복싱 시합을 같이 보곤 했다. 나는 아직도 복싱 시합 보는 걸 좋아한다. 아빠는 시합을 해설하곤 했다. 얼굴 앞으로 주먹 쥐는 법을 직접 보여주기도 했다. 학교에서 야구를 하던 기억이 생생하다. 아홉 살이나 열 살쯤이었고, 코치 중 한 명이 나를 괴롭히면서 좆같이 굴었다. 야구 모자를 쓰고 후드티를 입은 크고 우락부락한 놈이었는데, 아빠에게 배운 대로 주먹을 쳐들고 그 새끼 몸통에 연이어 잽을 날렸지만 곧 내 손목이 꺾였다. 그 새끼는 돌로 쌓은 담벼락 같았고, 나를 향해 껄껄 웃었다. 일말의 타격도 주지 못했던 것이다. 나는 그때 내 몸 속에서 무언가를 이해했다. 남자에 비해서 내가 얼마나 작고 약한가 하는 무서운 사실을.

35년 동안 자꾸만 꾸는 악몽이 있다. 내가 한 번도 본 적 없는 낯선 남자(꿈마다 다 다른 사람이다)가 강간하고 살해하겠다고 협박한다. 엄마, 동생, 이모, 할머니들, 여자 친구를. 흐물거리든 탄탄하든, 털이 많든 매끈하든, 늙었든 젊든, 허리춤까지 홀딱 벗고 있다. 몸통은 땀으로 번들거린다. 칼이나 야구방망이, 또는 몽둥이를 들고 있다. 때로는 주먹만 쥐고 있지만, 그 주먹들은 내 머리통보다 크다. 놈은 언제나 미소 짓고 있다. 우리를 망쳐버리고 싶어서 안달이다. 나는 그와 내가 보호해야 할 여자 사이에 서 있다. 나는 몇 분 동안 그와 싸우느라 고군분투한다. 그는 둔해지지도 물러서지도 않는다. 나는 계속 싸운다. 꿈의 어느 시점에서 나는 그를 죽여야 한다고, 죽이지 않는 한 그는 멈추지 않는다는 것을 깨닫는다. 나는 이것을 맨손으로 해내야 한다는 것을 깨닫는다. 모든 것을 관통하며 퍼지는 충격적인

자각이다. 꿈의 세계가 너무 차가워서 타버릴 듯하다. 내
손가락은 이미 그의 피부 아래의 밧줄 같은 근섬유가 어떻게
꿈틀거리고 경련하는지 느끼고 있다. 그러나 나는 몸 더 깊숙이
손톱을 박아야 하고, 피부와 근육을 그의 뼈에서 뜯어내야 함을
깨닫는다. 살아 있는 조직을 뼈에서 뜯어내는 것이 얼마나 어려운
일인지, 기절할 지경의 현현(epiphany)이다. 그러나 나는 그것을
견디고 완수한다. 나는 그의 두피에서 머리카락을 뜯어내고,
마치 그의 머리통이 흙인 양 뿌리가 뽑히는 것을 느낀다. 나는
그의 입에 주먹을 밀어 넣고 아랫턱이 산산이 바스라질 때까지
잡아당긴다. 나는 그의 침, 피, 땀으로 범벅이 되고, 그의 혀는
걷잡을 수 없이 흔들리며 내 손에 와서 부딪히고, 그는 구역질을
하고, 나는 계속한다. 꿈은 이런 식으로 계속된다. 그만큼 나는
더 두렵고 결연해진다. 맨손으로 사람을 죽이려면 얼마만큼이나
헌신적이어야 할까? 나는 헌신적이다. 이것이 내 임무다.
반드시 해내겠다. 그리고 한다. 아주, 아주, 아주 오랜 시간이
걸리지만, 나는 항상 이 악몽에서 그 남자를 죽인다. 어려서
그 꿈이 나의 밤에 처음 나타났을 때에도 내가 이겼다. 꿈에서
깨면 기진맥진했고, 입안에 피 맛이 돌고, 손도 꼼짝할 수 없다.
밤새도록 내내 싸우고 왔다. 그리고 이제 나는 하루 종일 싸워야
한다.

주먹과 권력과 지배와 공격성과 폭력의 언어는 가장 보편적인 언어 중
하나다. 여자로 사회화된 나는 이 언어를 배웠어도 절대 입 밖에
내서는 안 됐다. 이 언어를 말하기만 했다가는 **그때는** 내가 허용
가능한, 이해할 만한, 제어 가능한 범위를 벗어났다는 증거이며,
위반에 대한 처벌을 받아야 한다는 말을 나는 들었다. 이 언어가

항상 집에서, 거실에서, 침실에서, 식탁을 가로질러 먼저
말해진다는 사실, 그리고 여자들, 퀴어들, 펨들, 아픈 이들에게
자주 말해진다는 사실은 기상천외한 부정직과 과시적 위선 ㅡ
우리 언어의 젠더를 설계하는 ㅡ 을 폭로한다.
어려서 나는 결코 소녀들과 동일시한 적이 없었다. 나는 소년들에
더 가깝다고 느꼈지만, 내 몸에 관한, 그리고 내가 어떻게
취급되고 사람들이 내게 어떻게 말하는지에 관한 모든 것이
나는 소년이 아님을 요란스레 알려주었다. 나는 항상 동화에
나오는 비인간 생명체들, 마녀, 마귀할멈, 뱀파이어, 유령,
괴물, 용 등과 가깝다고 느꼈다. 이 야수들은 분노로 활활
타오르는 강력한 존재들이었고, 나는 그래서 그들을 좋아했다.
나는 키가 하늘만큼이나 크고 흑요석 빛깔의 용으로 변신하는,
쬐그만 왕자에게 녹색 화염파를 뿜어대는 말레피센트였다.
말레피센트에게 왕자가 휘두르는 작은 검은 이쑤시개처럼 보였다.
아주 오랜 시간, 나는 싸움, 폭력, 분노와 그것들이 야기하는 고통을
구별할 수 없었다. 그것들은 새어 나와 난장판을 만들고, 나를
곤경에 빠뜨리고, 피해를 입히고, 모든 것에 얼룩을 남기고,
내 집을 망치는 뜨겁고 끈적끈적하고 지저분하기 짝이 없는 벌레
덩어리처럼 느껴졌기 때문이다. 나는 분노가 당신을 통과하는
감정일 수 있다는 것을, 호기심이나 기쁨과 다르지 않아서 때로는
쉴 수 있는 침대가 될 수도 있다는 것을 몰랐다. 싸움이 신나고
존중과 함께 이루어질 수 있다는 것을, 그냥 가구를 벽으로
밀어두면 스파링을 위한 공간을 마련할 수 있다는 것을 몰랐다.
폭력이 욕망과 선택에 의해 나아가고, 제의와 의식에 담겨 있으며,
우리가 폭력을 긍정할 수 있는 모든 방식에 대한 충만하고

상상력 넘치며 낭만적인 언어가 있다는 것을 몰랐다. 아마도 나는 개념적으로나 언어적으로, 또는 실제적으로 이러한 구분을 할 수 없었다. 왜냐하면 아주 오랫동안 내가 이 언어를 말하는 것이, 어떤 종류의 권위나 선택권을 가지고 있든지 간에 입에 담는 것이 허용되지 않는다고 생각했기 때문이다.

내가 아팠을 때, 하고 많은 이상한 땅을 밟아봤지만, 제일 이상한 곳은 치유의 시장이었다. 60달러짜리 튜브 크림에 담긴 웰니스를 팔려고 하는 돌팔이들의 바자회 말이다. 그곳은 우리의 속까지 부수는 분노를, 그것이 아무리 정당한 분노일지라도 의심하고 결국에는 진정시켜야 한다는 생각을 판다. 치유사들은 분노가 암을 유발한다고, 계몽되지 못한 사람만이 원한을 품는다고 주장한다. 거기서 나는 나를 학대한 사람들에게 품은 분노가, 내가 이번 생에 지혜에 다다르지 못하고 자아의 한계로 말미암아 고통을 겪을 숙명의 증거란 소리를 들었다. 한 의사로부터는 내 정신의 일부가 원해서 내가 만성 대상포진을 앓는 것일지 모른다는 말을 들었다. 내가 고분고분한 환자가 아닐 때, 내가 고통과 동요와 격분을 고집할 때, 치유사들은 나에게 눈을 감고 천천히 숨을 내쉬고 원한을 내려놓으란 말을 들려줬다. 그것들은 단지 나를 망치니까. 치유의 시장통엔 꽃들과 파스텔 색조에 둘러싸인 채 천진난만한 미소를 짓고 있는 (항상 백인인) 여자의 스톡사진이 깔린 대형 광고판들이 있다. 광고판엔 이렇게 적혀 있다. "당신 자신을 돌봐줘서 고마워요."

좆까라고 해. 결코 호전되지 않고 부서진 채로 머무른다는 것과 그 모든 상처로 무엇을 할 수 있는지에 대해 이야기하지 않는다면 나는 치유에 대해 말하고 싶지 않다. 우리의 필요가 우리 안에 만든 구멍이 얼마나 엉망이고 고통스럽고 메울 수 없는 것인지 이야기하지 않는다면 나는 돌봄에 대해 말하고 싶지 않다. 내게 복수에 대해 이야기하지 않으려거든 자기 돌봄에 대해서도 말하지 말라. 우리 집 지하실의 악마들을 쫓아내라고 말하지 말라. 내가 그들을 쫓아내면 그들은 어디에 살란 말인가?

물론, 엄마가 내 안에 심어준 폭력, 나 자신도 갈망하는 그녀의 권력, 그리고 내가 킹크 등에서 계속 재상연하는 엄마와 아빠의 역학관계에 대해서는 뭔가 정신분석적인 것이 있어야겠지만, 거기에는 당신 혼자 힘으로도 도달할 수 있을 것이라고 나는 확신한다. 엄마의 폭력은 엄마가 나를 지배하고 싶어서 나를 향한 게 아니었다. 그것은 나만큼이나 **그녀를** 지배하고 있는 것처럼 보였다. 이런 이유에서, 그것은 항상 지배욕의 냄새를 풍기는 가부장적 폭력의 맛이 나지 않았다. 엄마의 폭력은 엄마가 느꼈던 붕괴 상태에 대처하는 방법으로서 엄마에게서 터져 나온 경련의 몸부림이었다. 그 안에 잔혹함은 없었다. 엄마가 살던 집도 엄마를 보호하지 못했는데, 내 몫의 집을 지어주는 과업을 엄마가 어떻게 떠안을 수 있었겠는가?

나는 엄마의 폭력을 빌미로 엄마를 원망하지 않는다. 아니, 더 이상은 그렇게 하지 않는다. 엄마를 그저 괴물로만 보지 않는 방법을 찾기 위해 20년 동안 온갖 종류의 치료를 받았다. 가장 효과가 좋았던 치료법은 킹크였다. 킹크에서 괴물들은 고통과 돌봄의 집들 바깥에 방치되지 않고 집 안으로 초대되어 자기들만의 방을 제공받는다. 폭력이 고통과 돌봄의 집 여기저기를 돌아다니며 양탄자에 점액을 흘리는 동시에 식탁에서 한 자리를 차지하는 자유로운 행위자로 이해될 때라야, 은유와 상징이 빛과 그림자,

역겨운 것과 순수한 것, 우리가 계속 숨기는 것, 밤에 우리를 노리며 잠복해 있는 것과 양지에 자리를 가진 것 너머로 이동할 수 있다. 우리가 함께 갈 수 있는 공간이 이렇게나 많은데, 돌봄과 고통이라는 이분법에 우리를 한정하는 것은 유용하지도 않고 그다지 재밌지도 않다.

집에 대한 나의 은유는 부지불식간에 나를 프로이트식 원점 ― 아빠, 엄마, 아기. 남자, 여자, 구멍들. 침실, 지하실 ― 으로 데려간다. 프로이트는 따분하지만, 나는 원한과 질투, 특히 부모를 향한 원한과 질투에 그가 마련해둔 많은 공간은 높이 평가한다. 또 성기를 문제의 중심으로 강조한 것도 마음에 든다. 나의 문제는 내 소유의 좆을 갈망한다는 것뿐이 아니다. 내 문제는 내 궁극적인 꿈이 시스젠더 남성이 자기 좆을 거부하고 제 손으로 제거하고 싶게 만드는 것이란 점이다. 달성하기 어렵다고 판명된 꿈이지만, "여자"(girl)는 꿈꿀 수 있다. "그녀"는 할 수 있지 않은가?

집이 고통으로만 지어질 필요는 없다. 집의 가장 주된 이점을 생각하면서 바슐라르는 이렇게 제안했다. "집은 백일몽을 숨겨주는 곳이다, 집은 몽상가를 보호한다."

열네 살, 커밍아웃을 한 1998년에 가용한 선택지는 "게이" 또는 "레즈비언"뿐이었다. 내가 시스젠더 여성도 아님을 표현할 수

있는 언어를 갖기까지는 15년이 더 걸렸지만, 심지어 98년에도,
10대스러운 관점에 힘입어 나는 이미 "게이"가 더 정확하고 더
유망하다는 것을 간파했다. 그것은 당시에도 진실처럼 느껴졌고,
내가 도달할 만한 어떤 진실한 목적으로 간주되었다. 나는
여자보다는 남자처럼 느낄 때가 더 많았지만 남자와 자는 걸
선호했다. 나는 남자들과 싸우는 것도 선호했다(내 정신적
협소함을 용서해주길. 하지만 남자에 관해서라면 내게 둘 사이엔
거의 차이가 없다). 나는 이런 모호함이 내 안에서 퍼져 나가고,
내 어조를 굳세게 만들고, 내 걸음걸이를 달뜨게 하고, 내 손,
내 주먹, 내 목표를 일종의 훔쳐온 발기증으로 채워 넣는 느낌을
좋아했다. 그것은 내가 할 수 있거나 될 수 있거나 원할 수
있도록 허용된 것이 아니었다. 그래서 당연히 나는 그것을
원했다.

킹크는 나에게 권력과 쾌락을 둘러싸고 발생하는 일탈들에 관한
것이다. 킹크는 권력을 안정시키는, 겉보기에 불가침으로 보이는
행동들, 규칙들, 안무들에 파열을 일으키는 모든 것, 그리고 이
파열에서 오는 쾌락을 의미한다. 반드시 성적인 권력과 쾌락에
관한 것일 필요는 없지만, 권력과 쾌락 모두가 서로 가장 강력하게
반향하는 현장은 종종 성적인 것이다. (나는 가끔 이성애가 가장
킹크한 것이라고 생각한다. 이성애는 항상 가장 평범한 권력이
어떻게 쾌락을 억압하는지에 관한 것이고, 쾌락은 억압 자체에
있기 때문이다. 으!)

나는 희귀하고 희소한 상들 ─ 유별난 광경들과 관능성들 ─ 을
좋아한다. 나는 판타지가 제 이름에 부응하길, 일상에서 흔하지
않은 것을 내게 보여주길 원한다. 나는 여자처럼 보이지만 여자가

아니고, 트롱프뢰유[9]의 몸을 가진 대담한 난봉꾼처럼 느껴졌고 지금도 그렇게 느낀다. 나는 대명사로 그(he/him)를 사용하는 한편으로 하드펨[10] 쌍년을 수행하는 것을 좋아한다. 나를 대디라고 불러, 무릎을 꿇고, 나를 따분하게 하기만 해봐, 굴욕을 당할 줄 알아. 그리고 참고하시길. 당신이 시스젠더 남성이라면 이미 나는 따분해하고 있단 걸. 내가 제일로 꼽는 별미는 내게 때려달라 애원하고 내가 때려주면 감사해하는 목줄에 매인 남자다. 나는 자신의 피부 안에서 좀 불편해 보이는 이들을 좋아한다. 그들은 가끔 자기 좆의 거주에 엄청 불행해하거나 어떤 다른 성기들이 자기 몸에서 돋아날 수 있을지를 궁금해한다. 그들은 외계인에게, 진주 장신구를 하고 아이섀도를 바른, 연약하고 초라한 그(they)에 대해 연대감을 느낀다. 그의 엄마들은 그를 뱄을 때 담배를 피웠을지도 모른다. 나의 첫 남자 친구는 검은 드레스를 입고 안전핀을 얼굴에 꽂았다. 내 보지에 봉사하는 게 그가 할 만한 최고의 일이라고 그에게 알려줬던 그때, 열여섯 살이던 그때, 나는 나의 해방에 착수했고, 수년간 입속에 있었어도 한 번도 발화하지 않았던 언어를 빚어내기 시작했다. 내가 가장 카타르시스적이고 마법 같다고 느낀 섹스, 무지갯빛 변용을 일으킨 섹스는 우리가 가장 위험하다 느껴서 오랫동안 덮어놓았던 욕망들을 우리 사이의 열린 공간으로 풀어주었던 섹스였다. 그때까지 우리는 그것들을 묻어두었고 수치스러워했다.

---

[9] [옮긴이] trompe l'œil. '눈속임'이라는 뜻의 프랑스어로, 주로 매우 사실적인 착시를 통해 2차원 평면에 3차원 공간과 사물을 옮기는 미술 기법이다.

[10] [옮긴이] hard femme. 레즈비언 연인 관계 중 전통적인 펨에 대한 고정관념과 다르게 여성적 젠더 표현을 구사하거나 여성적 정체성을 지니면서도 수동적이고 부드러운 역할을 하지 않음으로써 젠더 이분법을 교란하는 퀴어 수행 중 하나다.

이제 우리는 서로의 가슴뼈를 밀착시키고 우리의 벌린 입을 작은 공연장으로 만들어 이 난장판을 담을 용기로 사용했다. 우리는 체액을 닦을 수 있는 수건을 가까이에 두었다. 우리는 입으로 잔뜩 했다. 우리는 흐느꼈고, 공중(public)에 맞지 않는 소리를 냈다. 우리는 욕망이 어떻게 삶의 진부한 말들을 쳐내는지를 쾌락을 느끼며 확인했고, 욕망이 우리를 한 번도 가보지 못한 장소들, 혼자서는 가기 두려웠던 곳들로 데려가도록 내버려두었다. 쾌락은 무한한 문법이다. 쾌락의 확장성은 놀랍기만 하고, 단지 "좋은" 느낌을 넘어선다. 이 언어를 함께 말하도록 서로를 돕고, 그 문법의 규칙들과 그 언어가 분만하는 구문이 우리 각자의 안을 빚어내고, 뒤이어 우리의 바깥을 빚도록 하면 무슨 일이 벌어질까?

각자 가담했던 싸움들에 대해 서로 들려주는 것으로 시작해보자. 내가 가담했던 싸움들은 내가 누구인가의 본질적인 부분을 이룬다. 내가 맞서 싸우지 않았던 때의 이야기들이 있다. 너무 많이. 그때 내가 잃은 것. 내가 배운 것. 내가 지금 무언가를 하도록 만든 교훈들. 주먹이 오가지 않았던 싸움을 포함해 지금까지 당신이 가담했던 싸움에 대해 들려달라. 흉터는 어디에 있는가? 내가 봐도 될지? 당신이 가장 큰 상처를 입었던 싸움과 당신이 가장 큰 상처를 입혔던 싸움에 대해 들려달라. 싸움에서 이겼을 때, 그리고 졌을 때 어떤 기분이었는지도. 당신이 질 때는 어떤지, 내가 이기면 무엇을 얻는지 알고 싶다. 나에 대해서도 같은 것을 알고 싶은가?

어떤 이들은 우리가 이 언어를 함께 말하길 원하는 나의 바람을 승인하지 않을 수도 있다. 그들은 그것의 위험성을 경고할지 모른다. 그들은 내가 우리를 안전한 공간의 정반대 쪽으로 이끈다고 걱정할지도 모른다. 그러나 "안전한 공간"이라는 문구를 목표이자 약속으로 들을 때마다 나는 움찔한다. 사람들이 사회 내부의 해악을 최소화하고, 줄이고, 심지어 근절하려는 노력에 대해 이야기하는 것을 들으면 나는 움찔한다. 어떻게 이런 일을 하겠다는 건지 모르겠다. 마치 인체의 모든 뼈를 녹여버리면 사회를 고칠 수 있다고 말하는 것처럼 들리기 때문이다. 내 상상력의 실패일지도 모르지만, 나는 폭력 없이, 고통 없이 이 행성에서 몸으로 살아 있다는 것을 상상할 수 없다. 방에 있는 모든 사람이 안전, 신뢰, 합의, 돌봄을 추구하는 데 동의한다고 해도, 우리도 모르게 우리의 동물적인 부분들이 위협받고 공격당하고 위험해지고, 우리를 침해하는 것에 맞서 스스로를 부수려고 하는 수많은 방식들에는 어떻게 할 것인가? 우리의 동물적인 부분들이 위협받지 않았음에도 뜨겁고 어둡고 갈망하는 방식으로 깨어나는 것은 어떻게 할 것인가? 우리가 피와 고통을 갈망하고 그 갈망이 환희에 가득 차 있다면 어떻게 할 것인가? 찢고 찢기고 싶은 욕망이 동물적인 것이 아니라 인간적인 것이라면 어떻게 할 것인가?

✟

내 에로틱한 삶에서 내가 좋아하는 순간 중 하나는 더 고블린(The

Goblin)과 함께 할 때 일어났다. 필드[11]에서 그를 만났는데, 필드의 내 프로필은 이렇게 시작한다. SF에서는 으레 아이를 지하실에 사슬로 묶어두어서 마을이 번영하곤 하잖아? 내가 바로 그 아이야. 이어지는 소개는 이렇다. 당신이 신화적인, 특히 지하 세계에서 온 아픈 생명체처럼 생겼다면 곧바로 나에게 섹스트[12] 해. 그러면 의욕적인 응답들을 거둘 수 있다. 더 고블린은 아이오와 출신의 퀴어 소년으로, 과연 고블린처럼 생겼지만 개중 섹시한 축이었다(젊은 윌리엄 더포를 떠올리면 된다). 프로필 사진 중 하나는 캐리[13]의 옷차림을 하고 있었다. 흰색 프롬(Prom) 드레스에, 금발 가발을 쓰고, 피를 뒤집어쓴 모습이었다(오른쪽으로 넘긴다). 그는 이스트 할리우드에 위치한 동굴 같은 방에(아, 이런) 살았고, 액션 피규어 수십 개(아, 이런)를 가지고 있었으며 그중 적어도 일곱 개가 「에일리언」 시리즈의 제노모프였다(음). 한쪽 벽에 걸린 커다란 깃발에는 AMC[14] 광고에 나오는 니콜 키드먼의 얼굴이 있었다(좋아, 오른쪽으로 넘긴다). 그는 나에게 피스팅[15]을 하려 했다. 그러나 그가 손을 움직이자 뭔가가 나를 쥐고 베었다. 순간 통증이 섬광처럼 내 온몸을 관통했다. 나는 비명을 지르며 물음표

---

[11] [옮긴이] 필드(Feeld)는 비관습적이고 대안적인 관계 모델과 성적 취향에 관심 있는 이용자들을 위한 애플리케이션이다. 자신과 다른 사람과의 관계를 재정의하면서 모든 성별 및 성 정체성에 열려 있는 공동체를 추구한다.
[12] [옮긴이] sext. 섹스(sex)와 텍스트(text)의 합성어로, 성적으로 노골적인 문자나 사진을 휴대폰으로 보내는 행위 또는 문자나 사진 그 자체를 일컫는다.
[13] [옮긴이] 스티븐 킹의 소설 『캐리』와 이를 원작으로 하는 동명의 영화에 등장하는 인물. 프롬에서 염력을 사용하는 하이라이트 장면으로 유명하다.
[14] [옮긴이] AMC 엔터테인먼트 회사가 운영하는 미국의 영화관 체인이다.
[15] [옮긴이] fisting. 항문 또는 질에 손을 삽입하는 성적 행위를 일컫는다.

모양으로 몸을 움츠렸다. 내 안의 욱신욱신한 느낌이 도처로 퍼져 불쾌했고, 나는 눈을 감고 심호흡을 하려고 애썼다. 내가 좋아하는 것이 아니었다.

내가 가장 좋았던 건 그의 반응이었다. 그는 갑자기 두렵고 걱정스럽고 슬퍼 보였다. 잠깐 전까지만 해도 그의 눈은 온통 굶주림으로 시커멓게 번들거렸다. 그의 눈을 그렇게 만들었다는 게 내심 좋았다, 어렵잖은 일이긴 하지만. 그가 얼마나 열심히 손 전체를 안으로 집어넣어 손가락 끝까지, 백조 머리 모양으로 만들었던지. 파고드는 그 손은 주려 있고, 탐욕스러운 것이었다. 하지만 그건 사고이기도 했다. 내가 엉덩이를 엉뚱한 방향으로 움직일 때 그가 손을 움직여버렸다. 내가 비명을 지르자, 그는 즉시 손을 빼고 사과하기 시작했다. "괜찮아? 정말 미안해." 그의 손은 이제 긴장한 채로, 겁에 질린 새가 착륙해도 안전한지 확인하려는 것처럼 내 위를 맴돌고 있었다. "괜찮아?" 그는 두려움과 걱정으로 떨리는 손바닥을 내 배 위에 머뭇머뭇 아주 부드럽게 얹었다. 세상에서 가장 부드러운 것처럼 느껴졌다. 그는 다른 손을 들어 해를 끼치지 않겠다는 뜻으로 하는 인간들의 제스처를 취했다. 섹스에 파열이 일어나면 뇌가 무엇을 해야 하는지 알기 전에 몸이 먼저 그에 대처해야 할 수도 있다. 돌봄은 언어가 의도적으로 그것을 굳히기 전에 몸에서 먼저 일어날 수 있다. 돌봄은 본능일 수도, 충동일 수도, 분출일 수도 있다. 더 작은 아이와 엄마의 주먹 사이로 끼어드는 아이일 수도 있다. 손으로 주먹을 쥐는 대신 다른 손짓을 만드는 남자일 수도 있다.

"괜찮아?" 더 고블린은 네댓 번이나 물었고, 나는 괜찮지 않은데도 괜찮다고 했다. 언어가 돌봄을 흐린다는 것, 말은 우리를 실패하게 한다는 것, 우리는 우리가 의미하지 않는 것을 말한다는 것, 우리는 우리가 참이길 바라지만 아직은 참이 아닌 것을 말한다는 것, 이런 이유로 우리는 말하고 또 말하면서 우리가 말하는 것이 존재하길 바란다는 것도 참이기 때문에.

나는 눈을 감고 몸을 떨었다. 내가 내 고통을 느끼는 것을 그가 지켜보고 있다는 걸 느낄 수 있었다. 이건 조금 전 그가 느끼게 했던 고통, 내가 원했던 고통, 내 안에서 그것이 발생할 때 그가 그토록 굶주린 눈으로 지켜보던 그 고통과는 달랐다. 이제 이것은 우리의 고통, 우리가 나눈 것이었다. 한 사람이 감당하기에는 지나친 것이 갑자기 일어났기 때문에 우리는 그것을 나누어야 했다. 그는 내가 받겠다고 합의한 것보다 많은 고통을 주었고, 그는 그 대가로 그 사실에 대한 죄책감을 느끼는 것에, 그것이 강요하는 회복에 참여하는 것에 동의하고 있었다. 그것은 교환이 되었다. 우리 둘 모두가 위치를 점하는 장(field), 한 방향으로만 움직이는 힘이 아니라 우리 둘을 에워싼 일종의 충만함이 되었다. 나는 그게 좋았다. 그게 그를 변화시키는 방식이 좋았다. 순식간에, 그의 내면 깊은 곳 어딘가에서부터, 그의 몸 모든 부분이 그걸 끌어안기로, 나를 끌어안기로 동의하는 것이 좋았다. 그것은 우리가 함께 말할 언어를 찾으려고 노력하게 만들었다. 부디, 내 몸이 그에게 말했다, 이걸 수습해줘. 네가 날 아프게 만든 그곳이 나아지게 해줘. 내가 아프게 해달라고 부탁했지만, 네가 너무 많은 아픔을 주었으니까 이제는 모든 아픔을 끌어안는 법을 함께 배우자.

이런 요청을 했을 때 사람들이 항상 동의하는 건 아니다. 사람들은 자주 싫다고 말한다. 그는 동의했었다.

몇 주가 지나자 우리의 불장난은 식어버렸다. 나는 10년 된
파트너이자 내 인생의 사랑에게 돌아갈 예정이었다. 돌아가는 것
외에 다른 것을 원한다는 의사를 내비친 적도 없었다. 더 고블린은
짐작건대 너무 취약해지지 않으려 기를 쓰면서, 거침없이 조롱을
퍼부었다. 날카롭고 작은 모욕들. 기분이 나쁘다고 말하자, 그는
내가 애정에 주려 있고 과장되게 군다고 했다. 우리의 마지막
밤에 나는 그의 등에 가랑이를 벌리고 섰다. 나는 벗었고 그는
옷을 입은 채였다. 그는 선잠에 들어 있었다. 시간이 오래 걸리긴
했지만 나는 내 손을 써서 절정에 이르렀다. 절정에 이르는 동안
나는 그의 어깨를 할 수 있는 한 세게 깨물었다. 이빨 사이로
살이 느껴졌다. "아악!" 그는 소리를 질렀고, 화를 냈다. "그만해!"
나는 멈추고 그로부터 굴러떨어졌다. 나는 열심히 사과했고,
그는 "알았어, 알았어, 괜찮아"라고 말했다. 그가 그랬듯, 나 역시
진심을 담아 말했던 건 아니었다. 우리는 뜻하지 않은 것들도
말할 수 있다. 우리는 복수의 행위, 폭력의 행위를 이용해 돌봄을
요청할 수 있다.

날 주먹으로 때린 엄마를 이해한다고 해서 그때나 지금이나 그
주먹들이 준 고통이 줄어들지는 않지만, 그게 자신의 고통에
언어를 부여하려는 엄마의 암담한 시도였다는 것을, 그녀가
인정과 승인, 도움을 요청하는 방식, 그녀가 아는 유일한 방식,
즉 그녀 자신에게 말을 건네는 유일한 언어였음을 알게 된 것은
나에게 또 다른 의미를, 말하자면 더 많은 여지를 제공한다.

고통이 돌봄을 위한 집을 짓도록 여지를 준다면, 폭력이 의미를 깊게 하고 확장하도록 한다면, 그리고 내 악몽들이 지하실이 아닌 그들이 원하는 어떤 방에서든 집 안의 다른 거주자들과 함께 지낸다면, 그럼 나는 모든 종류의 꿈꾸기를 보호하는 집에 사는 것 아닌가?

우리 중 많은 이가 그랬듯이, 나 역시 치유를 대면하기 위해서는 치유를 필요로 하는 손상이 먼저 있어야 한다는 것을 힘들게 배웠다. 나는 치유가 손상<mark>에서 탄생하고</mark>, 치유가 손상을 <mark>뒤잇는다</mark>는 것을 힘들게 배웠다. 우리에게 돌봄이 강제되려면 고통이 이미 존재해야 한다.

이 얼마나 잔혹한 우주의 법칙인가. 얼마나 끔찍한 일인가. 우리가 위험을 감수하고 인내해야 한다는 것은 무슨 의미인가.

켜켜이 쌓여가는 핏자국. 우리가 공유한 조건 — 우리의 아카이브들과 목적들 — 을 상기시키는 핏자국.

서로의 얼굴을 먼지 구덩이에 밀어 넣는 모든 방식을 포함하고, 그 방식들에 언어를 부여하고, 그 방식들이 거처할 곳을 마련할 방식들을 찾지 않고서는 더 나은 세상을 계획할 수 없다고 생각한다.

함께 돌봄을 행하려 할 때, 기꺼이 함께 고통을 행하려는 마음보다 더 위대한 의도를 생각해낼 수는 없을 것이다. 기꺼이 우리의 괴물성, 우리의 누출되는 내장들, 우리의 폭력성을 초대해 같은 지붕 아래에서 사는 방법을 찾으려는 마음 말이다. 당신의 가슴뼈를 내 쪽으로 돌리고, 갈비뼈를 다칠 위험을 감수하며, 입을 열 것. 나와 함께 그 작은 공연장을 집으로, 무대로, 꿈으로 만들 것.

더 프릭

씌우는 것이나 씌이는 것,
글쓰기를 뜻하는 다른 말일 수도 있다.

재클린 로즈

1부

마치 지옥으로 들어가는 입구같이 느껴지는 이스트로스앤젤레스 교차로의 카페 바깥에서 담배를 피우고 있을 때 그(them)를 세 번째로 보았다. 들리는 소리로는 그 동네 괴짜라고 했다. 왼팔에는 크고 심각하고 기괴한 깁스를 하고 있었다. 팔꿈치는 접힌 상태로 고정되어 있고, 팔뚝을 지나 거의 어깨까지 뻣뻣하고 무거운 깁스를 하고 있었다. 팔꿈치를 높이 띄울 수 있게 몸통을 지지대로 사용한 금속 막대, 금속 막대를 돌돌 감아 단단히 묶고 있는 에이스 붕대, 안전핀들, 검지 손톱에 붙인 고리를 칭칭 감은 낚시줄에 묶인 고무줄 등등이 포함된 정교한 조립 장치가 달린 깁스였다. 둥글고 동시에 네모난 이상한 머리, 손가락 관절처럼 날카로운 턱뼈를 한 그는 머리카락은 대부분 밀었고, 짙은 갈색의 부드러운 창이 매달린 듯 머리 꼭대기에 남은 머리카락을 한쪽으로 길게 늘어뜨렸다. 연필처럼 끝으로 갈수록 가늘어지는 몸은 길고 뻣뻣했다. 단순하고 야생으로 되돌아간 듯 각양각색의 해진 옷은 오랫동안 매일같이 입어서인지 본래의 검정색 대신에 진흙색으로 변했고, 옷이 그의 피부였다. 걸을 때 조절된 날개처럼 위쪽으로 휘어지는 발은 내가 노(能)극[1] 배우들에게서나 봤던 동작을 했다. 내가 가장 먼저 알아차린 것이 걸음걸이였다. 그는 등에 높이 맨 커다란 검정 가방을 넓은 스트랩으로 가슴에 잡아매고 있었다. 그리고 뭔가에 골몰한 채 빠르고 뻣뻣하게, 고개를 돌리지 않고 걸었다. 등을 항상 꼿꼿하게 폈는데, 카페에서 책을 읽는 그의 모습을 봤을 때도 그런 자세였다. 항상 앞으로 내밀고 있는 다친 팔이 이상한 방패처럼 보이기도 했다.

그날엔 그가 늦은 오후에 나를 지나쳐 걸어갔고, 나는 **지금이야** 하고 생각했다.

"이봐, 물어봐야 할 게 있어. 팔은 어떻게 된 거야?"

내가 말을 하는 사이에 그는 멈추어 서서 나를 마주하려고 휙 돌아섰고, 성한 손을 치켜들었다. 그는 몸을 움직여 가까이 다가왔고 그림자를 드리우며 내 얼굴에 쏟아지는 햇볕을 가렸다. 내가 그늘 속에 있게 되자 그가 말했다. "아직 그런 걸 들려줄 만큼 널 잘 모르는데?"

---

[1] [옮긴이] 에도시대 이래로 공연이 지속되고 있는 무용 기반의 전통 일본 연극으로, 인간 영웅으로 변신하여 이야기를 서술하는 초자연적 존재가 등장하곤 한다. 가면, 의상, 다양한 소품이 동원되며 감정 표현이 고도로 양식화되어 있다. 유네스코 무형문화유산으로 등재되어 있다.

일은 이렇게 쉽게 진행되었다.

우리는 안으로 들어가 탁자를 사이에 두고 앉았다. 그는 내 또래에 피부색이 어둡고 눈빛이 강렬한 라틴계였다. 어느 순간 그가 성한 손을 뻗어 내 목걸이를 집어들었다. 작은 라임 크기의 빨간 나무 구슬이었다. "생각보다 무겁네." 그가 말했다.

"난 지금까지 이걸 애들용 공재갈(ball gag)이라고 농담을 해왔지." 내가 말했다.

그러자 한 치의 망설임도 없이 그가 말했다. "너 입이 작구나." 내가 사물들을 가련한 것으로 명명하는 것에 대해 높이 평가했다. "실제로 대부분 그러니까." 미국인을 "무해"(anodyne)라고 불렀다. 선셋 대로의 인텔리겐차라고 적힌 표지판 아래 앉으니, 차라리 총에 맞겠다고 했다. "쟤넨 인텔리겐차가 뭔지 모르나 봐?" 길고 고상한 이름을 갖고 있었지만 곧바로 다시 거둬들였다. "하지만 원하는 대로 아무렇게나 불러도 돼."

전화, 자동차, 컴퓨터, 이메일 주소, 소셜 미디어는 물론이고 룸메이트도 없고, 대학 교육도 안 받았고, 친구도 없고, 이름 말고는 나에 대해 전혀 질문도 없고. 길고 긴 침묵이 이어지는 동안 그는 결핍이 비치는 무표정으로 눈을 고요하게 깜빡거리며 내 눈을 뚫어져라 응시했다. 그는 옆 건물에서 일했고 두어 블록 떨어진 그 작은 모퉁이, 입구 쪽, 제 집에 살았다. 내 전화번호를 물으며 말했다. "이상한 시간에 낯선 번호로 전화가 오면 나야."

해 질 녘에 문을 닫을 때까지 우리는 카페에서 이야기를 나눴다. 나는 그가 다치지 않은 손으로 다 떨어져가는 진흙색 스웨터를 입으려고 애쓰는 모습을 지켜보았다. 밑단 주변에 접혀 있던, 회색으로 바랜 마스킹 테이프 한 줄 위에 그가 슬쩍 끼워놓은 나비 모양 클립이 스웨터 앞섶을 여며주고 있었다. 스웨터의 한쪽 소매가 깁스의 거칠거칠한 엄지손가락 부분에 뜯겨 있었는데, 그래도 스웨터를 전체적으로 자주 수선하는 것 같았다. 우악스럽게 여기저기 바느질한 자국이 보이고 다른 직물 조각들이 대충 덧대어져 있었다. 그러나 스웨터가 무섭게 보이지는 않았다. 그냥 하나밖에 없는 스웨터 같았다.

우리는 산책을 나갔다. 마녀 빗자루 소품을 든 젊은 여자가 우리를 지나쳐 갔다. "저걸로 뭘 하려는 걸까?" 내가 물었다.

그는 이를 내보이고 씩 웃으며 말했다. "저 사람이 타면 좋겠다."

찻길에서 나를 끌어당기는 통에 나는 그가 내 목 언저리를 잡고 다른 곳으로 집어던질 힘이 있다는 것을 알았다. 샛길을 따라 언덕 꼭대기까지 행군을 하는 동안, 그는 마치 경주에서 이기기 위해 헐떡거리는 것처럼 숨을 몰아쉬며 쉰 소리를 냈다. 그의 피부 밑의 뜨거운 전선 같은 핏줄이 보였고 덕분에 그는 아주 뻣뻣하고 단호하고 격앙되어 있는 것 같았다. 그의 보폭에, 그가 발을 디디는 곳에 발을 맞추려고 노력했다. 내 다리는 작았다. 그는 앞서 나갔다.

"왜 그렇게 빨리 걸어?" 그를 부르며 뒤쫓았다.

"아, 생각 못 하고 있었네."

"무슨 생각 하고 있었는데?"

그는 얼굴을 보고 말하려고 멈췄다. "아마 너." 키스는 이상하게도 부드러웠고, 그는 이미 딱딱했다.

―

1주인가 2주 후에 이상한 시간대에 낯선 번호로 전화가 왔다. 우리는 바에서 만났다. 밴드가 연주 중이었는데 너무 시끄러웠다. 그는 그 너머로 "네 목소리를 들을 수 있는 곳으로 가고 싶어"라고 소리쳤다.

내가 운전했다. 우리 앞 교차로에서 차 두 대가 충돌할 뻔했다. "구경거리 좀 생기나 했더니." 그는 실망해서 말했다. 몇 주간 내 차에 그의 냄새가 머물렀다.

내가 데려간 조용한 바에서 그는 공간을 둘러보며 고개를 끄덕였다. "잘 골랐어, 자기야." 내가 이 이야기를 들려주면 눈을 흡뜰 이성애자 여성들이 있을 것이다. 그 바는 수입 맥주를 전문으로 하는 곳이었는데, 그는 웨이터에게 독일 맥주와 오스트리아 맥주, 벨기에 맥주의 차이점에 대해 너무 길게 너무 지나치게 이야기했다. 웨이터는 지루해했지만 예의 발랐고 나는 짜증이 났다. 하지만 나는 항상 매운맛신경인들에게 뻑간다. 우리가 무슨 이야기를 나눴는지는 전혀 기억나지 않고, 또 한 번의 침묵 속 눈맞춤, 그것이 아주 아주 길게 이어졌다는 것만 기억난다. 우리는 몇 분 동안 아무 말도 하지 않고 싸우지도 않고 미소 짓지도 않고 그저 서로의 눈과 얼굴을 바라보기만 했다. 일반적으로 나는 내가 말할 때 가장 매력적이라고 생각하기 때문에 그걸 갑옷처럼, 위트를 카리스마 그득한 무기처럼 사용한다. 아무 말도 안 하고 가만히 있으면 누군가가 그 안을 바로 들여다볼 수 있으니 위험하다. 하지만 그와 함께 있으면 호흡이 이완됐다. 낯선 사람 앞에서 그렇게 조용하고, 그렇게 침착했던 적이 없었고, 그렇게 오랫동안 나를 응시하는 사람을 도로 응시했던 적도 없었다. 그토록 적나라한 눈맞춤, 그것이 의미하는 바는 분명했다. 그는 성한 손을 들어, 느리고 끈기 있는 동작으로 내 얼굴에 갖다댔다. 그는 한동안 내 얼굴을 붙들고 있었으며 나는 그 손의 열기를 피부로 느낄 수 있었다. 나는 눈을 감지 않은 채 그의 손가락 틈으로 그를 바라보았고, 그는 다시 나를 바라보다가 잠시 후 내 관자놀이부터 턱까지 부드러운 가운뎃손가락으로 쓸어내렸다.

나는 차로 그를 집에 데려다주었다. 우리는 잠시 차에 앉아 있었는데, 그가 말했다. "널 안으로 초대할 거야. 하지만 네 엄지손가락 둘레로 내 엄지를 문지르며 네게 뭔가 원하는 게 있다고 암시하는 것 같은 짓은 안 할 거야. 약속할게." 표지판을 읽으려고 길에 뛰어들면서, 그는 내가 차를 댄 곳이 주차해도 되는 곳인지를 확인하는 여분의 섬세함도 발휘했다.

그는 낡아빠진 스투코**2** 방갈로 단지에 살고 있었다. 언덕 위로 굴곡진 형태로 올라가는 가파른 계단을 높은 나무 대문이 지키고 있었고, 양쪽의 거처들은 서로 마주 보는 형태로 모든 창문에는 창살이 달려 있었다. 다투라나무 한 그루가 그의 현관문에다 향기를 뿜어냈다. 이 세부 사항들이 이 사람을 마음 깊이 닻처럼 내려놓았기 때문에 나는 이것들을 기억하고 싶었다.

원룸 아파트 내부의 모든 벽은 갈색으로 칠해져 있었고 천장도

---

2 [옮긴이] stucco. 소석회나 석고를 주재료로 골재나 분말, 물 등을 섞어 건축물 벽면에 바르는 미장재.

마찬가지였다. 카펫은 더러웠고 얼룩이 묻어 있었고, 갈색이었다. 방 뒤쪽 구석에는 얇은 매트리스가 바닥에 깔려 있고, 되는대로 뭉쳐놓은 갈색 시트가 그 위를 덮고 있었다. 구부러진 벽등의 전구 몇 개가 방 안을 어두운 황갈색으로 비추었다. 그의 피부와 머리카락, 옷, 집 안의 모든 것이 갈색이었다. 짙은 갈색 책장들이 벽을 따라 빼곡이 들어차 있었고, 나무 탁자가 방의 대부분을 차지하고 있었으며, 그 위에 종이와 책이 무더기로 쌓여 있었다. 탁자 위에 놓인 1980년대식 대형 전기 타자기에는 글이 빼곡한 종이 한 장이 들어 있었다. 마룻바닥에도 허리 높이까지 책과 종이가 위태롭게 쌓여 있어서 걸을 공간이 없었고, 나는 헨리 다거를 떠올렸다.[3] 낱말들과 문장들을 갈겨쓴 노란 포스트잇 메모가 책장, 벽, 타자기, 탁자 등 곳곳에 점을 찍어놓은 듯 붙어 있었다. 나는 타자기에 붙어 있던 것을 읽으려고 했지만 글자가 상형문자처럼 보였다. 그는 내가 쳐다보는 걸 보더니 "걔넨 읽을 수 없어"라고 했다. 내가 글씨를 이해할 수 없다는 뜻인지, 아니면 읽도록 허락받지 않았다는 뜻인지 궁금했다. 그러다 쌓여 있는 책들 꼭대기에 검은색 가죽 장갑이 한 짝만 놓여 있는 것을 알아챘다. 장갑 밑에 있는 책 표지가 빼꼼하게 보였다. 루이즈 브룩스[4]의 전기였다. 기억나는 다른 제목으로는 『유목 민족의 역사』, 『복싱 기술』, 『엉덩이와 다리 운동하기』가 있다.

내가 가까스로 읽어낸 포스트잇이 하나 있었다. 현관문 뒤편에 붙어 있었기 때문에 사람들이 떠나면서 마지막으로 보게 될 것이었다.

---

[3] [옮긴이] 미국 시카고에서 병원 관리인으로 일하던 시각 예술가이자 장편 소설가. 그의 작업은 아웃사이더 아트, 혹은 나이브 아트로 분류된다.
[4] [옮긴이] 20세기의 아이콘으로 꼽히는 미국 댄서이며 여배우. 보브컷을 유행시켰다.

"밥벌이를 해라." 이렇게 적혀 있었다.

화장실을 사용했다. 긴 줄무늬 모양으로 녹이 슨 욕조 안에 웬 양동이가 들어 있었다. 곰팡이 때문에 검게 변한 세면대의 온수 수도꼭지를 틀었지만 찬물만 나왔다.

"온수는 안 나와." 내가 돌아오자 그가 말했다. 주방에는 녹슨 자전거가 바닥에 거꾸로 놓여 있었고, 벽과 선반에 줄 맞춰 늘어선 빈 맥주병은 모두 갈색이었다. 나는 이 집의 유일한 창문이 책꽂이로 막혀 있다는 것을 알아챘다.

내 안에서 한 가지 생각이 종소리처럼 울렸다. 이 사람은 날 죽일 거야. 그러고서는 생각했다. 멋지겠는걸.

자신이 동의하지도 않았는데 자신의 몸이 죽음(나 자신의 죽음, 엄마의 죽음)의 가능성 안으로 밀려 들어가는 것을 느꼈던 사람으로서, 또 나 자신의 죽음 쪽으로 손을 뻗었음에도 그게 꽤 지루하다는 것을 알게 된 사람으로서 나는 따분하게 삶이 제거되는 게 아닌, 쾅 하는 소리와 함께 삶에서 제거될 수 있다는, 즉 축축하고 뜨겁고 꺼져가는 어둠 속으로 내가 손을 뻗을 수도 있다는 것을 깨닫고 짜릿했다고밖에는 달리 설명할 방법이 없다.

그가 제재소의 소리를 담은 듯한 CD를 틀었다. CD는 밤새도록 울리고 윙윙거리기를 되풀이했다. 어느 순간 그게 뭐냐고 물었더니, 그가 대답했다. "소음."

그는 방 한가운데에 서서 나를 응시했다. 나도 도로 응시했다.

우리가 만났다.

나는 그의 셔츠 밑 여기저기를 더듬었다. 그의 단단하고 늘씬한 몸을 두드리면서. 손을 납작하게 해서 그의 몸을 더듬었을 때 나는 움찔했다. 그의 피부는 거칠었다. 그는 흉터로 뒤덮여 있었다.

"왜 이런 흉터가 생겼어?"

"익스트림 스포츠를 많이 해서."

"익스트림 스포츠라니?"

"나는 몸으로 극단적인 일을 많이 해."

"예를 들면?"

"그러니까 극단적인 일에 몸을 쓴다구."

"무슨 뜻이야? BMX[5] 같은 거?"

그는 크게 웃었다.

"건물 사이를 뛰어다니는 그런 거?"

그는 또 크게 웃었다.

좀 더 주변을 더듬어보았다. 흉터는 몸통, 어깨, 팔, 등을 덮고 있었다. 거친 흉터들, 불규칙하고 많고 작은, 칼끝으로 난 자국, 칼날에 길게 베인 자국, 피부의 이음매와 선들과 이리 파이고 저리 솟은 자국들. 자해하는 사람이 신중하게 디자인한 종류의 상처들이 아니었다.

그 생각이 들자 나는 깜짝 놀랐다. "너, 파이트 클럽에 있어?"

그는 조용했다.

"너 파이트 클럽 같은 곳에 있는 거지, 그치?"

조용.

"그래서 팔을 다친 거야?"

"못 해," 그는 잠시 멈칫했고, 그의 목소리는 속삭이는 소리가 되었다. "말해줄 수 없어."

이런 새로운 지식을 품고 그를 만지는 동안 더 많은 침묵이 흘렀고

---

[5] [옮긴이] 경주 및 스턴트 라이딩에 사용하는 자전거의 한 종류.

나는 그게 어떤 종류의 파이트 클럽이든 믿겠다고 결심했다.
잠시 후, 나는 "너, 키가 아주 크네"라고 말했다.
그는 물 밑으로 가라앉듯 내 앞에 무릎을 꿇고 말했다. "너를 위해서라면 나는 이렇게도 할 수 있어."

—

내가 그의 셔츠를 당겨 벗길 때 그는 팔을 들었지만 깁스를 하고 있어서 동작이 어색했다. 그는 내 오른쪽 귀 안쪽에서 원을 그리며 도는 형태의 선 타투를 발견했다. "이게 뭐야?" 그가 물으며 내 머리를 위아래로 움직였고 다시 또 내 얼굴을 잡았다. "왜 타투를 했냐면"이라고 내가 말하기 시작했지만, 그는 금방 알아채고 내 입에 멀쩡한 손을 부드럽게 대며 말했다. "아, 알았다. 일종의 지침이구나." 그는 그것을 따랐다. 마치 이미 내 언어를 읽었고, 나를 예상했고, 내가 아직 어떻게 요청해야 하는지를 모르더라도 내가 원하는 방식으로 나를 끌어안아줄 수 있을 것 같았다.
그는 체모를 모두 밀었다. 28센티미터나 되는 포피 절제를 하지 않은 걸 보고 내 안에서 또 다른 생각이 튀어올랐고 나는 마침내 이해하게 되었다.
"포르노 찍어?"
뜸 들이지 않고 — 그는 대답을 생각해내려고 뜸을 들이는 일 따위 하지 않았다 — 그가 말했다. "유명하진 않지만. 진짜 돈을 벌려면 내가 하기 싫은 일을 해야 할 테니까." 깜빡거리는 그의 눈시울이 젖어 있었다.
나는 그가 하고 싶은 게 무엇인지 묻지 않았다. 그가 얼마나 빨리

무릎을 꿇었을지, 어떻게 내가 원하는 대로 자기를 불러달라고
할 수 있었는지 짐작할 수 있었다. 촬영장에서 그가 어떤 일을
당해야 하는지, 어떤 상처를 받았을지, 어떤 사람이 되고 싶었을지
알 수 있었다.

처음으로 우리가 침대에 들어갔을 때 그는 전등불을 껐지만 잠시
후 일어나서 티라이트 촛불을 켜기 시작했다. "내가 미쳤다고
생각할지 모르는데, 그래도 네 얼굴을 보고 싶어."

내가 깨달은 건 그때였다. 그는 나를 죽이려 한 것이 아니라 그저
사랑하고 싶었을 거라는 걸.

우리는 그의 깁스를 조심스럽게 다루어야 했다. 그는 사과했다.
"손재주가 얼마나 좋은지 시범을 한 손으로 보여야겠네." 내가 말했다.
그는 "자기, 그게 바로 내가 해온 일이야"라고 했다. 그러고는 "자기
입들이 다 조그맣네"라고 말했다.

그는 자기가 "이상한 소리"를 낼 것이라고 경고했는데, 한 시간 동안
내 품 안에 얼굴을 묻고 개처럼 끙끙거렸을 때 정말로 그랬다.
내가 그로 하여금 내 밑에서 사정하게 했을 때, 소리를 내지 않고
머리를 뒤로 떨군 그는 마치 피에타 품 속의 부서진 그리스도
같았다.

일을 치르고 나자 그는 나에게 "오랫동안 널 기다려온 것 같아"라고
말했다. 그때 내가 고질병이 있고, 게다가 오래 앓았다고 했고,
그는 나를 역겹다는 듯이 쳐다보았다. "아니야"라고 말하며 그는
돌아섰다.

우리는 손도 대지 않고 잠을 잤다. 아침에 나가려고 일어났을 때, 그는
조용히 말했다.

"마지막에 못되게 굴었다면 미안해."

2주 후, 그는 내게 전화해 3주 후에 다시 전화하겠다고 했다. 그게 우리의 마지막 통화였다. 3주 후 이틀 동안 세 번이나 전화가 왔지만 나는 받지 않았다.

2부

몇 달 후, 그를 만났던 카페 옆 예술공간에서 일을 시작했다. 그는 몇 건물 너머, 지척인 곳에서 일했으므로, 그 안에, 벽 몇 개만 넘으면 그가 있을 거라고 상상했다. 매일 그를 볼 수 있기를 기대하며 하루하루를 보냈고, 그 가능성에 숨을 쉴 수가 없었다. 예술공간에는 커다란 통유리창이 있어 로스앤젤레스에서 가장 번화한 거리 중 하나가 내다보였고, 나는 거리를 마주하고 있는 내부 탁자에서 작업했다. 하루 종일, 나는 그곳에 앉아서, 두려움과 스릴, 사시나무처럼 떨리는 정욕으로 위를 올려다보곤 했고, 지나쳐 가는 어두운 형상이나, 누구든 빠르게 움직이는 사람, 누구든 날씬하고 마른 사람을 볼 때면 속이 치밀곤 했다. 일과가 끝나면 서둘러 차로 향했고, 건물 옆 카페에는 절대, 절대, 한사코 들어가지 않았다. 걸어서 출근 중일 때 그가 모퉁이를 돌아오면 나는 반대 방향으로 돌아서 가거나 움직일 수 없게 되거나 질식하리라 상상하곤 했는데, 왜 그런지는 알 수 없었다. 지금 생각하면 뻔히 보이는 일이지만, 10년 동안 나는 왜 그가 전화했을 때 응답하지 않았는지, 왜 그를 다시 만나기가 그토록 두려웠던 동시에 왜 그것 이외의 다른 것을 원하지 않았는지 몰랐다. 그는 내 자신의 지하 세계, 결핍, 병적 상태, 내 죽음에 대한 갈망, 내 악마들의 소위 대변인이었던 거다. 그리고 바로 그것을 다시 대면하고 싶다는 것, 그것을 내 아래에서 다시 손에 쥐고 싶다는 건 불가해했던 거다. 게다가 나는 그저 한심하게 홀딱 반해 있었다.

하지만 그해 남은 여름과 가을에 나는 그를 보지 않았다.

그는 내가 친구들에게 들려준 이야기가 되었다. 나는 그에게 더 프릭(The Freak)이라는 이름을 붙였다.

그는 좋은 이야기였다.

12월 말, 나는 1.6킬로미터 정도 떨어진 곳에 서블렛으로 아파트 하나를 얻었다. 모퉁이에는 카페가 있었다. 어느 늦은 오후, 나는 글을 쓰다가 잠시 휴식을 취했다. 아래층으로 내려가서, 담배를 피우고, 커피를 사기 위해, 푸근한 실내복을 굳이 갈아입지 않고. 더 프릭이 인도에 서서 자전거에 자물쇠를 걸고 있었다. 나는 다시 뛰어 들어가 계단을 올랐고, 모아 쥔 손에 숨을 내쉬었다. 그의 팔에 깁스는 여전했지만 대신 더 작고 부드러워져서, 이전처럼 몸 앞에 매고 있지 않아도 되었다. 그 외에는 똑같아 보였다. 진흙탕처럼 검고 날카로운 두상, 스트랩으로 단단히 조여 등에 맨 커다란 가방, 채찍 같은 몸.

그렇게 목격들이 시작되었다. 항상 일종의 정신적 섬광 같은 것이 그것들을 촉발시켰다. 잠에서 깨면 이런 생각이 엄습했다. 나는 오늘 더 프릭을 볼 거야. 그러면 실제로 보게 되곤 했다.

예를 들어 몇 주 후, 잠에서 깨니 그 생각이 번뜩였고, 그러고서 나는 출근길에 차를 몰고 가다가, 카페에 앉아 있는 그, 붉은 벽돌에 기대어 눈을 감고 햇볕을 쬐고 있는 그를 보았다. 계절에 맞지 않게 더웠던 어느 아침 눈을 뜨자 곧 그 생각이 밀려들었고, 나는 그날 오후 강 근처를 걷고 있는 그를 보았다. 깁스는 이제 손목 부목으로 바뀌어 있었다. 두 번이나, 나는 내 척추를 타고 오르는 따끔함을 느꼈고, 침으로 찌르는 듯한 통증이 두피 전체에 퍼졌고, 잠시 후 그가 가방을 등에 짊어진 채 자전거를 타고 예술공간 창문을 지나갔다. 가방 안에 무엇이 들어 있을까? 책들? 복싱 글러브? 채찍? 한번은 친구를 만나려고 식당 앞에 서 기다리고 있었다. 밤이었다. 나는 길을 마주보고 있었다. 누군가 내 뒤로 걸어왔다. 발자국 소리가 들리더니 마치 내 목에 탐욕스러운 입김이 닿는 것 같았고 그의 길쭉한 뼈대가 슥 지나갔다. 그가 나를 본 걸까? 어떻게 그가 나를 못 볼 수 있었을까? 어느 날 새벽 2시가 가까워진 시각, 친구와 술을 마시고 집으로 돌아오던 중이었다. 지하도 근처에서 보도 위를 빠르게 걷는 미끈한 그림자를 본 것 같았다. 나는 차를 돌려 다시 몰았고, 차를 세운 다음에는 내려서 그를 만나기로 작정했다. 말할 것이 있었다.

아무도 없었다.

그가 유령일지도 모른다는 생각이 문득 들었다. 나의 유령. 내 지하 세계에서 풀려난, 그 세계의 상상의 산물. 어쩌면 그는 여기 위에 존재하지 않았을지도 모른다.

아무런 목격 없이 몇 달이 지났다. 그리고 새해가 되었다. 걸을 때

흥얼거리던 콧노래를 그쳤고, 잠에서 깨어나면 따끔거리며 튀는
불꽃도 없어졌다. 나는 작업을 하며 평온을 되찾았고, 카페에
들어갔고, 밖을 돌아다녔고, 동료들과 함께 혹은 혼자서 담배를
피우곤 했다. 여름이 왔다. 나는 오후에 친구와 함께 돌아다니면서
행사 포스터를 붙이며 시간을 보냈다. 식당 안에서 테이프로
포스터를 창문에 붙이고 있을 때였다. 창밖을 내다보니 몇 발자국
떨어진 곳에 더 프릭이 서 있었다. 그는 여전히 거리를 오만하고
이상한 표정으로 훑어보고 있었다. 그 표정에는 육체적 굶주림이
있었고, 마치 현장에 어떤 파괴 같은 것을 일으킬까 계산하고 있는
것처럼 보였다. 나는 포스터 뒤에 숨어서 그가 지나쳐 걸어가는
모습을 지켜보았다. 그는 손가락 부분이 없는 검은 가죽 장갑을
끼고 있었고 깁스는 사라진 채였다. 등에는 커다란 가방을 메고
있었다. 시선을 앞뒤로 흔들면서 뽐내며 걷는 모습이 수탉 같았다.
나는 그가 나를 봤다고, 똑바로 들여다보고 있다고 생각했지만,
그게 아니라 유리에 반사된 그 자신과 눈을 맞추고 있다는 것을
곧바로 깨달았다.

친구와 나는 계속 걷다가 타코를 사러 농산물직거래장에 들렀다.
자리에 앉아 있는 동안 더 프릭은 여전히 모든 것을 먹잇감인 양
훑어보며 주변을 배회하고 있었다. 나는 등을 구부리고 친구에게
최대한 설명하려고 했지만, 친구는 "뭐가 그렇게 큰일인지
모르겠다"고 대답했다. 당신의 지하 세계에서 온 악마가
농산물직거래장에 걸어 들어오고 말았다는 사실을 어떻게
설명하겠는가?

친구의 차로 돌아와서 차를 몰고 계속 갔다. 지옥 입구의 교차로에서
우회전을 하려고 기다리는 동안 더 프릭이 내가 앉은 좌석

쪽으로 걸어왔다. 내 쪽 창문은 내려져 있었다. 그는 나와 30센티미터(25센티미터?) 정도 떨어져 있었다. 너무 가까워서 진흙처럼 새카만 티셔츠만 겨우 알아볼 수 있을 정도였다. 그리고 다시 그의 냄새를 맡을 수 있었고, 그 냄새가 너무 좋았다. 나는 비명을 지르며 얼굴을 가렸다. 친구는 "너 오늘 진짜 이상하다"고 말하면서 차를 몰아 멀리 나갔다.

7월. 내가 속한 콜렉티브의 전시 개막식이 예술공간에서 열렸다. 나는 군중과 함께 밖에 서 있었는데, 때는 무더운 밤이었고, 더 프릭에 대한 이야기를 여러 번 들은 친한 친구 한 명과 이야기를 나누고 있었다. 친구의 어깨 너머로 길을 가로질러 검은 다트핀처럼 길을 쏜살같이 가로지르는 형상이 보였다.

"맙소사." 나는 낮게 쉿 하며 친구의 말을 가로막고 펄쩍 뛰어 그의 뒤로 숨었다. "더 프릭이야!"

나이 든 쌍년인 내 친구는 자기 어깨 너머로 시선을 흘깃 던지고는 담배를 물고 천천히 돌아서서는 "너, 더 프릭이 섹시하다고는 말한 적 없잖아"라고 말했다.

8월. 나는 소수의 사람들과 함께 예술공간 밖에 서서 내 오른쪽에 있는 누군가에게 말하고 있었다. 나는 북쪽을 향하고 있었고, 왼쪽은 번화가였는데, 차량들이 웅웅거리는 소리가 강처럼 흐르고 있었다. 누군가 소리 없이 내 옆을 지나가는 것이 느껴졌다. 나는 보았다. 더 프릭이었다. 몇 발자국 가더니 자기 어깨 너머로 나를 돌아보았다. 눈이 마주쳤다. 나는 그의 표정을 읽을 수 없었고, 얼굴을 움직이지 않았고, 그건 그가 나를 보지 않고 유리에 비친 자신을 볼 때와 비슷했지만, 이번에는 그가 나를 보았고, 나도 그를 보았고 우리는 서로를 바라보았다. 그때 우리가 바라보았다는 사실이 내가 이 에세이를 쓰기 위해 10년 넘게 노력한 이유다.

그는 고개를 돌리고 계속 걸어갔다. 1년간 그를 다시 보지 못했다.

3부

╈

2013년 1월. 내 병이 극에 달했고 몸과 마음이 무너졌다. 나는 세계로부터, 시간으로부터 떨어져나갔다. 많은 것을 잊어버렸고 그나마 기억할 수 있는 것들도 할 수 없었다. 밤낮으로 침대에 누워 지냈고 이런 식으로 몇 달이 흘러갔다. 나는 예외적 세계로서의 내 꿈으로 후퇴했으며 깨어 있는 시간보다도 꿈들을 선호했고, 더 프릭은 여러 번 거기에 나타났다. 다른 사람들도 마찬가지로 꿈에 나타났지만 더 프릭의 출현은 다른 사람들과 같지 않았다. 꿈에 우리는 함께 행복했고, 노란 오후의 햇살 속에 웃고 있었고, 서로를 안고 있었고, 사랑으로 따뜻했다. 꿈에서 나는 그와 함께 안전했다. 꿈에서 더 프릭은 어린아이처럼 낄낄거리며 웃곤 했다.

6월에 나는 소설을 쓰기 시작했다. 자신의 살을 난도질해 그 안에 비행 기계를 붙박아 넣는 이카루스 같은 캐릭터를 요술 부리듯 만들어내려 애썼다. 나는 더 프릭, 그의 생체공학적 깁스와 상처투성이 몸, 그날 저녁 갈색 방에서 있었던 기억의 섬광들로부터 캐릭터를 만들기 시작했다. 그 무렵의 기억은 희미해져 아주 날카로운 파편 정도로 줄어들었으므로, 나는 메모한 내용이 있는지 보려고 과거에 썼던 글을 뒤져보았다. 컴퓨터 폴더에서 2011년에 작성한 한 단락의 긴 글을 발견했다. 잊고 있었던 세부 사항들이 도로 밀려들어 왔고, 더 프릭에 대한 이야기에서 강렬하고 충격적일 만큼 엄청난 쾌감이 나를 휩쓸고 지나가는 걸 느꼈다. 친구에게 들려주었더니 그녀는 즉시 매료되었고, 그래서 나만 그렇지 않다는 것을 확인받는 느낌이었다. "더 프릭!" 친구가 손을 마주 비비며 말했다. 친구는 그의 가방에 무엇이 있었는지 계속 추측하려고 했다.

그 문단을 발견한 지 일주일 후, 나는 세차를 하고 있었다. 쓰레기가 가득 쌓인 좌석 아래에 잃어버린 줄도 몰랐던 2011년 여름의 노트가 있었다. 열어보니 숨이 턱턱 막히고 감전된 듯한 느낌을 주는, 더 프릭에 대한 다수의 구절들, 우리의 두 번의 대면 뒤에 쓴 구절들이 있었다. 컴퓨터로 옮기지 못한 많은 것이 적혀 있었다. 가령 내 입들에 대한 그의 논평도. 내가 그걸 어떻게 잊을 수 있었겠는가? 주소도 적어두었는데, 그와 연락할 수 있는 유일한 방법이었다. 그 숫자를 읽을 때 나는 덜컹거림을, 따끔거림을, 가려움을 느꼈다.

노트에는 우리 둘의 마지막 전화 통화들 사이의 5주를 묘사한 것도 있었다. 나는 연락이 닿게 하려고 거침없이 노력하고 있었다. 그에게 전화나 문자, 이메일을 보낼 방법이 전혀 없는 데다가 그의 직장에 나타나는 것도 구리다고 생각했기 때문에, 나는 그가 사는 건물 문 위에 "그래서?"라는 메모를 남기는 식의 좀 소름 끼치는 경로를 택했다. 어느 날 밤, 나는 차를 몰고 그의 집에 갔다가 대문이 열려 있는 것을 발견하고, 계단을 올라가 문을 두드리는 놀라운 용기를 발휘했다. 노크를 하기 전에 계단을 여러 번

오르락내리락했고, 막힌 창문에서 희미한 불빛이 새어나오고
있는데도 대답이 없어서 나는 공연히 다투라나무 가지만 꺾고
거길 떠났다.

내가 어째서 그를 지독하게 원했는지 알지 못했기 때문에 내가 얼마나
간절히 그를 원했는지 잊었다고 생각했다. 욕망이 그렇게 나를
사로잡은 적이 한 번도 없었고, 그것은 이전에 느껴본 적이 없는
종류의 욕망이었다. 그것은 오직 부분적으로만 섹스에 관한
것이었다. 우리는 단 한 번의 오후와 단 한 번의 밤을 함께 보냈을
뿐이다. 우리는 두 번, 단 몇 분 전화 통화를 했고, 그마저도
마지막 통화에서 그는 딱 한 문장만 내뱉고 전화를 끊었다. 그는
나에게 어떤 배경 이야기도 들려주지 않았고, 나에 대해서는
아무것도 묻지 않았고 칭찬만 해줬다. 나는 그가 나에게 보여줬던
것 말고는 그에 대해 아무것도 몰랐지만, 그가 내게 보여준 것은
다른 어떤 것과도 달랐다.

그리고 나는 내가 더 프릭을 이전에 다른 사람이 그를 결코 본 적이
없는 방식으로 보았다는 것을 알았다. 나는 왜 그가 자신의 피부에
그 모든 상처가 쌓이길 원했는지, 왜 고통을 추구하고 고통에 손을
뻗으려 했는지, 왜 세상으로부터 숨었는지, 왜 주어진 이름 없이
지내고, 왜 누가 그러라고 말할 필요도 없이 무릎을 꿇었는지
알 수 있었다. 나는 친구들에게 농담을 하곤 했다. 더 프릭에게
인터넷이 있었다면 그는 지금쯤 트랜스젠더일 거라고. 그는
자신이 신경다양인이라고 주장했을 것이다. 텀블러 네임드 계정을
소유했을 것이다. 가장 이상한 야망가(hentai)를 다운로드할 수
있는 곳도 알고 있었을 것이다. 하지만 그에게는 인터넷도,
친구도, 공동체도 없었다. 그래서 그는 대신 자신의 고독과,

자신의 부상, 그로 인한 만성적인 통증과 장애를 가졌고, 그리고 특이성, 특정성, 자신의 킹크를 가졌다. 그는 흑백 영화 DVD를 빌려서 보고 또 보았다. 그가 가장 좋아하는 영화는 마를레네 디트리히[6]였고, 그녀는 더 프릭의 거울이었다. 그가 집 벽들을 작은 메모로 가득 채웠던 것은 그의 뇌가 자신의 가장자리 너머로 흘러넘쳤기 때문이다. 나는 그가 홀로 바에 가서 춤을 추고, 과음하고, 영업 마감 시간에 싸움에 휘말리고, 누군가가 그에게 피맛을 보게 해주고서야 발밑의 땅을 디뎠을 것이라는 것을, 그제서야 무언가 안정된 것 위에 서 있다고 느꼈을 것을 이해할 수 있었다.

내가 처음 그의 피부를 만지고 흉터들을 느꼈을 때, 얼마나 상처가 많은지, 얼마나 생생하게 살아 있는지를 느꼈을 때 나는 마치 바로 내 안을 만지는 것 같았다. 나는 이 흉터들이 무엇을 의미하고 기념하는지 알았다. 내 피부는 더 프릭의 피부처럼 보이지 않지만, 나는 일부러 피부를 베고 긁고 멍들게 해보았고, 벽에 머리를 박고, 달리는 차에서 몸을 던지고, 타투를 새기고, 바늘과 여타 물건들이 내 몸에 박히는 쾌감을 알았다. 나에게 킹크란 심리적으로 복잡해지고, 예상을 뛰어넘고, 당신이 외면할 수 없을 방식으로 당신을 당신 자신의 두려움으로 데려다 놓는 것이다. 내가 가장 좋아하는 것 중 하나는 나의 서브들에게 탑질(topping)을 하는 동안 내 눈을 들여다보라고 명령하는 것이다. 그들이 몸을 움찔거리며 "안 돼, 네가 무서워"라고 말하면, 나는 그들의 얼굴을, 더 프릭이 내 얼굴을 잡았던 것처럼 부드럽고

---

[6] [옮긴이] 1901년 베를린 쇠네베르크에서 태어나 할리우드에서 큰 대중적인 성공을 얻은 배우.

정확하게 잡는다. "눈을 뜨고 나를 응시해." 나는 명령한다.
더 프릭은 한 번도 시선을 돌리지 않았고, 내가 무섭다는 말도 하지
　　않았다. 대신 나를 똑바로 응시했다.
그는 내가 그를 보았던 것과 같은 방식으로 나를 보았다. 그는 그
　　오랜 시간 다른 누군가에게 보여줄 수 없었던 나 자신, 심지어 나
　　스스로에게도 보여줄 수 없었던 나 자신, 내가 입은 의상보다 더
　　정직했던 나 자신의 한 가지 버전이었다.
수년 동안 나는 그를 소설에 옮겨 적었고, 내가 창작한 다른 인물들
　　안에서 그가 나타나는 것을 보았고, 이 텍스트의 일부를 기억과
　　신화에 대해 내가 만든 영상 연작들에 사용했다. 나는 내 타입을
　　묘사할 때 더 프릭을 묘사한다. 그의 몸을 보고 있다는 상상을
　　할 때면, 내가 계속 감춰둔 내 자신의 일부, 읽을 수 없는 부분들,
　　엉망진창인 똥을 볼 때면, 나는 그를 본다, 나는 그다, 내 골격에
　　어정쩡하게 앉아 있는 나의 남성성, 내가 떨고 낑낑거리는 방식과
　　반대로 움직이는 나의 복수심과 육체성, 내가 얼마나 자주
　　연약하고 작고 아래라고 느끼는지와 평행하는 분노와 고통에
　　의해 내가 확장되는 방식들, 나는 더 프릭을 본다 ― 나는 더
　　프릭이다. 더 프릭은 무릎을 꿇고 나를 올려다보고 있고, 나는 그
　　위에 서 있다. 더 프릭은 내 아래에 있고, 그로 하여금 내 손 안에
　　분출하도록 만드는 동안 나는 신적으로 보인다. 더 프릭은 나를
　　응시하고 꿰뚫어보며, 스스로를 바라본다. 거울들.
더 프릭을 본 지 몇 년이 지났지만, 나는 여전히 세계의 이 구역이
　　그에게 속한 공간이라는 생각 없이는 로스앤젤레스의 그
　　지역에 지금 있을 수가 없다. 적어도 그러기를 희망한다. 그는
　　로스앤젤레스의 시간과 공간을 대표하게 되었다. 로스앤젤레스가

무엇을 만들 수 있고, 누구를 탄생시킬 수 있는지를. 그는 프릭들이 전화나 컴퓨터도 없고, 오직 타자기만 갖고, 자동차도 없이 살 수 있던 그런 로스앤젤레스이고, 잔혹한 지하 세계 포르노를 찍고, 도서관에서 마를레네 디트리히 DVD를 빌려보는 펑크 키드다. 혼자인 그는 항상 혼자다. 그런 버전의 로스앤젤레스는 더 이상 존재하지 않는 것 같다. 지금은 호수 주변에 울타리가 쳐져 있으니까.

차 안에서 잃어버린 노트를 찾은 지 며칠 후, 우리가 처음 만난 날로부터 거의 2년이 지난 어느 날, 우연히 그의 동네 근처를 차로 지나가다가 자전거를 타고 있는 어두운 형상을 보았다. 나는 혼자 속으로 "세상에, 더 프릭 아냐?"라고 외쳤다. 맞다는 것을 확인한 나는 비명을 지르며 손뼉을 치고 그의 이름 전체를 큰 소리로 불렀다. 그가 그러지 말라고 했는데도 기억하고 있었던 것이다. 나는 백미러로 그가 자전거를 끌고 높은 대문으로 올라가는 모습을 지켜봤다. 그는 여전히 그곳에 살고 있었고, 나는 주소를 알고 있었다.

다음 날 나는 그에게 편지를 보냈다.

이렇게 적었다. 가끔 넌 길거리에서 내 근처에 나타났고, 나는 종종 널 궁금해했어. 최근에 2년 전에 쓴 약간의 글을 발견했어. 그냥 내가 기억할 수 있게 적어둔 메모였지. 네가 이걸 가져줬으면 해. 그리고 네 편지도 받고 싶어.

지금도, 여전히, 나는 기다리고 있다.

✝

한 친구는 내가 더 프릭의 이야기를 들려주자 "넌 더 프릭에서 바로
   네 자신의 프릭이 마침내 쉴 수 있는 장소를 알아봤던 거야"라고
   말했다.
나 자신의 프릭.
당연하게도, 나는 사랑하는 마음에서 더 프릭을 "더 프릭"이라고
   부른다.
당연하게도, 이 이야기의 더 프릭은 나다.

4부

✝

수년 동안 많은 사람들이 나에게 돌봄이 무엇인지 물어왔다. 내가
   돌봄에 대해 쓴 글귀가 인터넷에 떠돌아다니고, 그 글귀를
   누군가가 바늘로 수놓은 것도 보았다. 대답을 할 때 나는 돌봄은
   당신이 일반적으로 생각하는 것과는 다르다고 설명하려고 한다.
   그건 당신이 아플 때 누군가가 수프를 가져다주는 것이 아니고,
   힘이 없어 스스로 머리를 빗지 못하기 때문에 누군가가 머리를
   빗겨주는 것도 아니다. 글쎄, 그런 것들만 돌봄이 아니다. 이런
   규범적인 순간들에 돌봄이 충만하긴 한데, 거기에는 돌봄이
   전적으로 결여되어 있을 수도 있다. 그러한 순간들은 조종의 순간,
   유아화의 순간, 착취의 순간, 권력 투쟁과 권력 불균형의 순간,
   악취가 나고 통제의 수단으로 전락한 필요의 순간일 수 있다.

고딕 멜로 드라마의 수많은 어머니와 아내가 자신에게 의지하는 이들을 억압적인 사랑으로 질식시키는 장면을 떠올려보라. 누군가가 당신을 돌본다고 주장하면서 당신의 얼굴을 주먹으로 때린다고 생각해보라. 국가가 돌봄이라는 명목으로 내미는 무기를 생각해보라.

내가 대신 제공하고 싶은 마음이 드는 돌봄의 예는 바로 이런 것이다. 로스앤젤레스에서 내가 가장 좋아하는 콘서트 중 하나는 다운타운 리젠트 극장에서 예닐곱 해 동안 매년 열린 '메탈 앤드 비어 페스티벌'이었다. 몇 날 밤 동안, 하룻밤에 여러 밴드가 출연하는 행사였는데, 모든 밴드의 로고가 마치 낡은 가죽 의자 등받이 쪽의 갈라진 틈처럼 보였다. 스파이크, 문신, 피어싱, 개목걸이, 가죽, 후드티, 그물, 플랫폼 부츠 등으로 꾸민 군중은 사랑스러웠다. 모든 콘서트를 갈 때마다 입구에서 장애인석을 요청했는데, '메탈 앤드 비어 페스티벌'에서 그것은 보안 요원이 직접 긴 간이의자를 들고 나를 안으로 에스코트해서는 "원하는 곳 어디건 놓으세요"라고 말해준다는 뜻이다. 나는 바닥이 경사진 뒤쪽 구석에 의자를 놓아 관객들 위쪽을 볼 수 있게 만들고는 한다. 하지만 리젠트 극장은 규모가 작았기 때문에 나는 모시 피트[7]에서 멀리 떨어져 있지 않았다. 아무도 그러지 않았다.

한번은 나는 간이의자에 앉아 있고 친구는 맥주를 마시러 간 사이에 모시 피트가 한껏 달아오르기 시작했다. 부츠들이 내 머리께를 떠다녔고 나는 똑바로 앉아 있으려 갖은 애를 써야 했다. 근처에

---

[7] [옮긴이] mosh pit. 보통 펑크, 메탈, 록 공연 무대의 앞쪽에 형성되는 공간으로, 관객들이 서로 몸을 부딪히고 뛰고 춤추는 공간을 일컫는다. 음악의 강렬함과 에너지를 신체적으로 표현하고 공유하는 공간이라고 할 수 있다.

서 있던, 큰 키에 나보다 훨씬 더 덩치가 크고 살집이 있는, 스파이크 달린 가죽 재킷을 입은 한 쌍이 나를 발견하고 상황을 살피더니, 말없이 내 쪽으로 와서 한 명씩 양 옆으로 섰다. 노래가 울려 퍼지고 모든 사람이 신호에 맞춰 소리를 지르자, 그들은 자신들의 몸을 가지고 내게 지나치게 다가올 수 있는 모든 상해로부터 나를 보호했고, 우리는 더블베이스 드럼에 맞춰 허공으로 주먹을 날렸다. 내가 돌봄에 대해 생각할 때 떠올리는 것은 바로 이 장면이다.

＋

더 프릭 이야기에서 내가 가장 좋아하는 세부 사항 중 하나는 그가 내게 건넨 첫 마디가 어떤 경계, 즉 넘어갈 수는 없지만 경이롭게도 들어갈 수는 있는 경계를 새겼다는 점이다. 아직 그런 걸 들려줄 만큼 널 잘 모르는데, 정말 근사한 첫 마디다. "아직"이라는 표현이 마음에 든다. 어떻게 보면 그가 나에게 했던 마지막 말도 이랬다. "3주 후에 다시 전화할 거라고 말하려고 전화했어." 사실로서의 나의 병에 그가 역겨움을 표했을 때 가장 마음이 아팠다는 이야기 대목이 내가 그를 존경하는 또 다른 이유 ― 그리고 마침내 당시의 내 마음이 무엇이었는지를 깨닫게 되는 지점 ― 이기도 하다. 나는 그 말에 아팠고, 그때 그것이 내 인생 최고의 원나잇스탠드를 망쳤고, 바로 그 이유로 나는 그가 이후 내게 전화를 했을 때 받지 않았다. 그러나, 그래서 나는 그를 존경하게 되었기도 하다. 그 일 때문에 내가 그를 사랑하게 되었다는 말을 하려는 걸까?

이 대목이 설명하기 제일 어렵다. 앞뒤가 맞지 않는, 서사를 비틀리게(kink) 하는 대목이다.

가족, 친구, 낯선 사람, 선생님, 상사, 심지어 씨발, '메탈 앤드 비어 페스티벌' 입구의 경비원에게까지, 수많은 사람에게 내 장애에 대해 말해야 했고, 온갖 반응이 내게 전달되었다. 대부분의 반응은 어떤 부정적인 기미를 띠었다. 상대가 견딜 수 없어 할 때는 극적으로 끈을 끊어내야 했던 경우도 있었지만 대부분은 상황이 진지해지면 일언반구 없이 사라져버렸다. 예전의 나는 화가 나서 이런 일을 겪으면 몇 년씩 마음속으로 곱씹으며, 그들이 어떻게 나를 버렸고 내가 얼마나 버려질 만했는지, 어떤 식의 저주가 복수에 적절할지 생각하고는 했다. 하지만 내가 필요로 했던 돌봄 때문에 더 이상 내 친구가 아니게 된 그 친구들을, 우리 둘 다를 위한 존중이자 배려의 차원에서 내게 거절을 표한 이들이라고 생각하려고 노력하면 — 설사 그게 그들의 의도가 아니었고 당시에 내가 그렇게 느끼지 않았더라도 — 기분이 좋아지고 상처가 아무는 듯도 하다는 것 역시 사실이다. 나를 돌봐달라고 누군가에게 무안을 주었을 때 그 결과는 재앙이었으며 훨씬 더 심한 상처가 되었다는 점 역시 사실이다. 이 진실의 또 다른 측면은 사람들이 나를 돌보기를 원해서 돌보는 거라고 말할 때 가장 기분이 좋았다는 것이다. 이는 우리가 함께 돌볼 수 있고, 나도 그들을 그들과 함께 돌볼 수 있음을 뜻한다.

이렇게 말해보자. 돌봄과 킹크에 관한 핵심적인 사실은, 이 둘이 잘 작동하려면 강한 경계가 필요하다는 것이다. 모든 이가 킹크를 이해한다. 하지만 그 사실이 우리가 돌봄을 이해하는 방식에는 포함되어 있지 않다. 이는 우리가 킹크를 선택, 선호, 욕망의 표현,

승낙 또는 거절할 수 있는 것으로 이해하기 때문이다. 우리는 마땅히 킹크가 지닌 모든 특성을 돌봄에도 적용해 이해해야 하지만, 그 대신 우리는 돌봄을 공급, 제공, 채굴 가능한 자원으로 이해한다. 이는 돌봄이 고갈될 수 있으며, 비활성 상태로 변할 수 있다고 전제하는 것이다. 우리는 돌봄을 ATM 기기로 하는 거래 같은 것으로 만든다. 이때 돌봄은 우리가 함께 원할 수 있는 것이 아닌, 우리 중 하나가 주거나 받기로, 그리고 오직 한도 내에서 주거나 받기로 허용한 것이 된다. 돌봄을 생기를 불어넣고 유지하는 관계를 통해, 그리고 그 관계 때문에 생명을 얻는 행위로 보는 대신, 돌봄에 대한 우리의 규범적인 이해는 돌봄이 정의하는 **누군가**에 의해 결정된다. 즉, 누가 너무 많이 주었고, 누가 너무 많이 받았는지에 의해 말이다. 이는 모든 사람이 항상 돌봄에 참여하고, 돌봄을 이용하고, 필요로 하고, 주고, 받는다는 사실을 삭제해버린다.

그렇다. 앞에 "돌봄"이라는 단어가 없으면 "받는 사람"과 "주는 사람"은 이분법적 대립을 형성한다. 그런데 "돌봄"을 추가하면 돌봄을 받는 사람(caretaker)과 돌봄을 주는 사람(caregiver)이 동등해진다는 사실에서 우린 무엇을 건져 올릴 수 있을까?

나를 힘들게 하는 것은 인간적 얽힘의 가환성(commutativity),[8] x와 y가 같다고 하자는 유동성이다. 어떻게 우리가 움직일 수 있는지, 어떻게 위치를 뒤바꿀 수 있는지, 어떻게 순서가 바뀌어도 값은 바뀌지 않을 수 있는지.

킹크와 관련해서 내가 좋아하는 것은 우리 모두가 프릭이라는

---

[8] [옮긴이] 제시된 수의 순서와 무관하게 같은 결과를 도출한다는 의미다.

전제에서 출발해 그것을 어떻게 지지할 수 있는지를 묻는다는 점이다. 돌봄은 정반대의 위치에서, 즉 질병, 장애, 쇠약함을, 평범함에서 벗어난 프릭의 순간들 — 다시 정상성으로 돌아가도록 관리되어야만 하는 — 이라고 선을 그으면서 시작된다. 킹크가 욕망, 선택, 행위성, 합의를 전면에 내세우는 곳에 있다면, 돌봄은 의무, 책임, 부담에 갇혀 있다. 그러니 돌봄이 지겹고 싫증나는 일로, 킹크가 훨씬 더 재미있는 일로 느껴지는 건 아주 당연하다. 킹크와 돌봄 모두의 핵심에는 권력이라는 어둡게 고동치는 사실이 존재한다. 킹크가 작동하기 위해서 권력은 우리의 승인을 받아야 할 뿐 아니라, 우리가 권력에 가담해 있어야 하고, 권력 가까이에 있어야 하며, 내내 권력이 우리의 시야와 입에 담겨 있어야 한다. 그러나 돌봄의 맥락에서 권력은 어디에서도 논의되지 않는다. 이게 왜 실수인지 내가 당신에게 말할 필요는 없을 것이다.

장애인 공동체에서는 "능력"(capability)이라는 단어보다 "수용력"(capacity)이라는 단어를 선호한다. 그렇다, 당신이 무언가를 할 능력이야 있을 수 있지만, 지금 이 순간에 그 무언가를 할 수용력을 갖고 있을까? 이 척도는 장애인과 비장애인, 혹은 아직 비장애인인 모두에게 적용된다. 당신은 무엇을 원하는가? 무엇이 필요한가? 어떻게 그걸 원하는가? 지금 괜찮은가? 그렇지 않다면 무얼로 도움이 될 수 있을까? 이러한 질문은 우리가 돌봄을 받는 쪽에 있다고 인식하는 사람뿐만 **아니라** 관련된 모든 사람 — x는 y라고 하자 — 에게 물어볼 질문들이다. 돌봄은 킹크와 같은 전제에서 출발**할 수 있고** 킹크가 강조하는 것들과 똑같은 것들을 강조할 수 있다. 즉, 돌봄은 누군가가 원하는 것과 원하는 방법, 누군가가 필요로 하는 것과 그 이유, 그리고 이를 자랑스럽게 내보이는 데 관련된 전부를, 서로를 위해 그리고 서로와 함께 충분히 담을 수 있을 정도로 방대할 수 있다. 엉덩이를 맞고 흥분하는 사람만 그 방에서 유일하게 절정에 오르는 사람이 아닌 것처럼, '돌봄을 받는' 사람이 돌봄을 받기만 하는 것이 아니며 '돌봄을 주는' 사람만 자신을 내어주는 것도 아니라는 것을 이해할 수 있다. 인터넷에 온갖 종류의 킹크와 이용 가능한 온갖 종류의 포르노가 존재하는 것처럼 돌봄의 방식도 수없이 다양할 수 있다. 더러울 수도, 분노로 가득 찰 수도 있고, 모시 피트에서 일어날 수도 있고, 시트에 똥 얼룩을 남길 수도 있다.

내가 하려는 말은 이것이다. 더 프릭 이야기는 킹크, 고통, 흉터들 없이는 당신이 돌봄에 대한 이야기를 들려줄 수 없다는 사실을 다룬다는 것. 무릎을 꿇은 누군가 없이는. 자신으로부터나 그 누구든 지켜보는 사람들로부터 숨어 있다가, 또한 열린 곳에 떨어지도록 자기 자신을 완전히 풀어내는 누군가 없이는. 유령 이야기가 아니라면 당신은 돌봄에 관한 이야기 역시 말할 수 없다. 당신이 기다려왔던 누군가에 씌는 것에 대한 이야기, 또는 더 이상 존재하지 않는 누군가, 어쩌면 당신 자신일 수도 있는 누군가에 씌는 것에 대한 이야기가 아니라면. 돌봄에 관한 이야기는 우리가 돌봄은 어떠해야 한다고 보는 생각과 거리가 먼 급격하게 꼬여 있는 무언가에 대한 이야기이며, 그것이 얼마나 매력적인지에 대한 이야기다. 돌봄 이야기에는 다가오는 죽음, 죽음을 원한다는 전율, 몸의 냄새가 감도는 방식, 누군가 개처럼 낑낑거리는 모습이 포함되어야 한다. 낯섦, 배고픔과 필요, 일탈. 이런 것들이 바로 어떤 이야기를 돌봄 이야기로 만든다.
남자로 사회화되었고 흉터로 장식한 피부를 갖고 있는 젊은 남자, 그가 누구인지를 아는 한 낯선 사람 앞에서 무릎을 꿇는 남자의 이야기는 어떤 종류의 이야기일까? 낯선 사람이 이름만 빼고 다른 모든 말로 자기를 부르길 원하는 것은? 어떤 종류의 이야기에서, 어떤 종류의 인물이 흔적을 남길 정도의 상처 입기를 원하고, 원하고 또 원하고 또 원할 수 있을까? 다른 사람에게 자신의 몸을 내어주는 것이 자신이 누구인지 알려주는 방법을 제공하기 때문에 그렇게 하길 원하는 인물일까? 침묵 속에서 서로를 응시하며 서로에게 보여지는 — 역전된, 뿌연, 도전적인, 기다리는, 원하는 게 있는, 달콤한 거울들 — 두 사람의 이야기는 어떤 종류의 이야기일까? 다른 프릭을 보려고 몇 년을 기다렸다가 상대가 가까이 다가오면 도망치는 프릭에 관한 이야기는 어떤 종류의 이야기일까?

더 프릭을 마지막으로 본 것은 2016년, 베를린으로 이사하기 몇 주 전이었다. 동생과 함께 차를 타고 동쪽으로, 지옥의 입구가 있는 교차로에 거의 다 왔을 무렵이었다. 우리는 신호등에서 좌회전을 기다리고 있었다. 더 프릭은 폐업한 가게 밖 벤치에 앉아 있었다. 우리 차가 있는 길 바로 건너편에.

"세상에," 내가 가리키며 말했다. "더 프릭이야." 나는 동생에게 그에 관한 이야기를 자주 들려줬었다.

"씨발, 뭐라고?!" 동생은 잔뜩 신이 났다. "마침내 그를 보게 되는구나!

믿을 수가 없네!"

우리는 거기 앉아서, 단 몇 발자국 떨어진 곳의 그를 응시했다. 더 프릭이 우리를 봤는지 모르겠다. 내가 몇 년에 걸쳐 그를 응시하고 있는 걸 그가 본 적이 있는지 모르겠지만, 나는 그가 그랬을 것이라고 생각하길 좋아한다. 내가 바라보는 모습을 보았고 그래서 단지 나를 위해 공연을 해주었다고 생각하길 좋아한다. 그는 검은색 옷을 입고 등을 꼿꼿이 세운 채 혼자 앉아 있었다. 그의 손, 깁스를 하고 있던 손은 이제 손바닥을 위로 한 채 무릎에 올려져 있었고 그는 그 위로 아주 살짝 고개를 숙이고 있었다. 우리는 그가 입술을 오므렸다가 펼친 손바닥에 침을 길게 뱉는 것을 지켜보았다. 침은 천천히 입을 떠났고 중력에 의해 길게 실처럼 늘어졌다. 침을 기다렸던 손이 이제 침을 받고 있었다. 동생이 마구 웃음을 터뜨렸다. 나는 비명을 질렀다. 그때 신호등이 녹색으로 바뀌었고 우리는 차를 지옥의 입구 쪽으로 향했다가 좌회전했다.

트래시 토크에 관한 단상
(또는 공동체에 대한 단상)

당신은 내가 UFC의 열혈 팬임을 알아야 한다. 나는 UFC를 매주 시청한다. 비꼬려는 게 아니라, 나는 일반적으로 격투가 목격할 수 있는 가장 짜릿하고 에로틱한 것 중 하나라고 생각한다. 나는 특히 종합격투기를 좋아한다. (척추나 후두부를 가격하는 것은 안 되지만) 규칙이 거의 없고 그러므로 모든 잔혹함이 허용되기 때문이다. 나는 격투기의 언어를 좋아한다. 선수의 두 주먹은 "통제해야만 하는" "무기"이고, 녹아웃은 "의식에서 분리되는 것"이며, 선수가 "항복"하면 질 수 있다는 것 등의 언어를. 나는 하룻밤이 지나는 동안 케이지 바닥에 핏자국이 쌓이는 것을 보는 걸 사랑한다. 자신과 상대를 땀 흘리게, 피 흘리게, 헐떡이게, 빨개지게, 부서지게, 다치게 하는 몸들을 관전하는 것은 내가 다른 사람들과 연결되어 있고 살아 있다고 느끼게 하는 언어다.

드래그(내가 매우 좋아하는 또 다른 것)처럼, UFC에서 내가 가장 좋아하는 것 중 하나는 트래시 토크[1]다. 확신하는데, 그건 현대판 셰익스피어다. 드래그에서는 "도서관이 열렸다", "썅년을 읽는다", "완전 다 읽혔다" 같은 표현을 쓴다.[2] "넌 어찌나 오래 묵었는지 장루 주머니도 나무로 만들었겠네." "나잇값 좀 하라고 했더니 그 여자가 죽어버렸어." 프로레슬링에서 레슬링 선수의 가치는 "마이크 기술"로, 훌륭한 "마이크꾼"이 되는 것으로 평가된다. 우람한 앞발로 마이크를 움켜쥐고는 왜 다름 아닌 적수가 엉덩이가 꽉 끼는 짧은 바지를 입고 위축되어야 하는지 쏟아낸다. "이봐, 링에 들어오면 알 거야, 신하고 붙기엔 네 팔은 너무 짧아."

내가 좋아하는 UFC 트래시 토크 장면이 있다. 하빕 누르마고메도프가 적수인 건방진 애송이 코너 맥그리거에 대해 "걔 얼굴을 바꿔주고 싶다"고 말하는 장면. 친애하는 이스라엘 아데산야가 어깨를 으쓱하며 조용히 마빈 베토리가 1라운드가 채 끝나기 전에 "입으로 숨을 많이 쉬게 될 것"이라고 말하는 장면.

좋은 모욕의 값어치는 지구를 내놔도 될 정도다.

내가 확실히 해두고 싶은 것은, 우리가 지금보다 나은 미래를 상상하려고 할 때, 이것보다 더 나은 사회를 구상하는 정치적인 꿈을 꿀 때, 우리는 모욕을 위한 공간을 만들어야 한다는 것이다. 당신의 적수를 비장애중심주의적인 방식으로 모욕하는 것이 가장

---

[1] [옮긴이] trash talk. 종합격투기에서 상대 선수의 사기를 꺾으려는 의도로 행해지는 걸쭉하고 악의적인 입담을 말한다.

[2] [옮긴이] 드래그 공동체에서 리딩(reading)은 성원들이 스스로를 표현하는 방식 중 하나로서 또 다른 드래그 퍼포머에게 재기발랄하고 때때로 낯선 비판을 하거나 경쟁적인 방식으로 곯려주는 말을 던지는 것이다. '도서관'은 리딩의 집단적 수행을 비유하는 말이며, 어떤 퍼포머가 '완전 다 읽혔다'면 경쟁자에게 퍼포먼스, 외모, 페르소나와 연관한 약점이나 결점을 읽혔다는 것이다. 리딩이 드래그 공동체에 특징적인 수행이라는 점에 착안하여 영어권에서는 드래그 퀸이 공공도서관에서 동화책을 읽어주는 이벤트를 열기도 한다.

적수의 마음을 찢어놓는다는 것을 나도 모르는 바가 아니다. 넷상의 비백인 비시스헤테로-남성이라면 누구든지 자신의 몸 때문에 모욕받는 것이 특히 사악한 짓임을 알고 있다. 우익 트롤, 트랜스 혐오자, 백인 우월주의자 같은 명백한 적으로부터 가해지는 모욕일 경우에는 머릿속 허튼소리 양동이에 부어버리는 게 용이하다. 나는 내 질환, 내 능력 부족, 내가 할 수 없는 것, 내가 이상하게 움직이는 모습을 두고, 악의를 가지고 조준된 적들의 말들이 표적을 찾아 착륙할 때 살을 에고 쑤시는 아픔을 느껴보았다. 거리에서 내 지팡이와 절름거리는 걸음걸이를 보고 낯선 사람들이 나를 향해 소리를 지를 때처럼. 그러나 이런 일은 나의 장애에 대한, 좋은 의도로 포장되어서 판단을 흐리게 했던 발언들보다는 훨씬 적게 일어난다. 공손함이 덧입혀진 논평 속을 횡행하는 판단이라든지, 의견 비스무리한 것이 수동공격에 숨겨져 있음을 감지하는 시간들보다는 훨씬 적게 일어난다. 이런 것들이야말로 더 깊숙이 꿈틀거리고 욱신거리는 모욕이다. 이런 모욕은 내가 아는 사람들, 일견 제대로 말할 줄 아는 이들로부터 온다. 그들이 모욕을 로스팅하고 내가 그걸 다시 로스팅[3]해서 내놓을 수 있는 배틀(battle) 형식 안에서 그것을 공개적으로 제거할 수 있다면 훨씬 좋겠단 생각이 든다. 나는 언어가 진실 주위를 맴돌며 발뺌하는 게 아니라, 열린 곳에서 움직일 수 있도록 해줄 공간을 만들고 싶다고 말하는 것이다. 내 육감은 말한다. 그렇게 함으로써 언어는 어렵고, 고통스럽고, 너저분한 것들을 더 많이 담을 수 있게 확장될 것이고, 더 엄밀해지고 더 연마될

---

[3] [옮긴이] 요리에서 굽기를 뜻하는 로스팅(roasting)은 스탭드업 코미디 배틀에서 상대를 구워버릴 듯 독하게 농담하며 까내리는 것을 뜻한다. 레슬링 대결 방식의 원조라고 한다.

것이라고.

또한 나는 재미있고 싶다. 더 많이, 그리고 항상.

우리 모두 알다시피 모욕을 꺾어버리는 가장 좋은 방법 중 하나는 모욕에 정면으로 대응하는 것, 즉 모욕을 비웃어주거나, 개의치 않는 것, 어깨 한 번 으쓱해주고는 대수롭지 않은 일로 떨쳐버리는 것이다. 모욕을 완화하는 또 다른 방법은 모욕에 동의하는 것이다. 당신에게 던져진 험담을 씩 웃으며 당신 얼굴에 쳐바르는 것, 이보다 더 펑크스러운 영광이 있겠는가? 그래, 나 장애인 **맞다**, 이 개년아! **왜** 나에게 특수 화장실이 필요한지 확실하게 보고 싶어?

━━

로스앤젤레스에서 (액션 피규어와 니콜 키드먼 깃발을 든) 더 고블린이 프로레슬링 쇼를 보여주려고 나를 '더 포럼'으로 데려갔다. 이런 쇼에 가본 적은 한 번도 없지만 언제나 가고 싶었다. 나는 검은색 라텍스 옷을 입고 빨간 립스틱을 발라 매무새에 힘을 주고, 그곳으로 가는 차 안에서 자위를 한다. 오르가즘 중에 비명을 질러서 더 고블린에게 약간 겁을 주면 나는 더 쾌활해진다.

프로레슬링은 남성성 드래그라고 더 고블린이 설명했던 적이 있다. 드래그는 여성성 드래그다. "씨발," 내가 말했다. "빨리 보고 싶어 미치겠다."

나는 언제나 「루폴스 드래그 레이스」[4]가 아니라 UFC야말로 TV 최고의 드래그 쇼라고 말하곤 한다. 나는 화려한 눈요기를, 세레모니를, 어떻게 격투기 선수들이 노래에 맞춰 걸어 들어오고, 서서히 옷을 벗고 바세린에 흠뻑 젖는지 보는 것을 아주 좋아한다. 더 고블린의 말이 맞다. 프로레슬링이 얼마나 존나 게이스러운지 믿을 수가 없다. 그 스펙터클, 의상(레오타드, 타이츠!), 머리 모양을 보라! 그리고 오 이런, 이렇게나 엄청난 동성애적 에로티시즘이라니! 모든 남자가 다른 남자들의 어깨에 앉아 얼굴에다 사타구니를 들이민다. 더 고블린은 이런 일이 일어날 때마다 후루룩 침 넘기는 소리를 낸다. "음," 그는 "이 땀에 젖은 소년들 좀 봐"라고 말하며 입술을 지그시 깨문다.

수요일, 관중석 1만 7500석이 모두 매진되었다. 이날 밤 오프닝의 마지막을 장식하는 출연자는 형광핑크색 스판덱스를 입은 게이 소년으로 구성된 듀오, 디 어클레임드다. 이들이 무대에 등장할 때 관중 전체가 끓어오르듯 연호하는 구호는 "가위쳐줘, 대디놈아"[5]다. 이 구호가 어떻게 만들어졌는지에 대해서는 할 얘기가 많지만 중요한 것은 아니다. 당신에게 중요한 것은 그저 기쁨에 겨워 발을 구르는 1만 7500명의 관중, 집에서 골판지와 알루미늄 포일로 만든 가위를 휘두르는 일가족, 모습과 크기, 삶, 섹슈얼리티에 있어서 온갖 다양한 국면에 있는 젠더노소, 나와

---

[4] [옮긴이] 미국의 TV 리얼리티 드래그 퀸 경연 프로그램으로, 멘토이며 진행자이자 심판으로 출현하는 루폴(RuPaul) 본인이 유명한 드래그 퀸이다.

[5] [옮긴이] 원문은 "Scissor me, Daddy Ass!"다. 레즈비언 섹스 체위를 가리키는 용어 '가위치기'(scissoring)는 프로레슬링에서 재해석되어 손가락으로 가위 모양을 만들어 서로 맞대는 축하 제스처로 사용된다. Daddy Ass는 레슬러 빌리 건의 별명인데, 디 어클레임드의 멤버들이 이 문구를 외치며 유명해졌다. "Scissor me, Daddy Ass!"는 퀴어 문화와 프로레슬링 문화의 융합을 보여주는 예시라고 볼 수 있다.

더 고블린 그리고 그의 친구들 같은 사람들, 너드 같은 트랜스젠더 소녀 둘, 우리 모두가 구호에 맞춰 제스처를 하며 목청껏 "가위쳐줘, 대디놈아! 가위쳐줘, 대디놈아!" 하고 구호를 외치는 모습을 상상하는 것뿐이다.

디 어클레임드는 화려한 불꽃 연출과 함께 무대로 뛰어나와 노래와 춤을 시작한다. 하지만 그들 중 한 명이 가사를 조져먹는다. 그는 손을 흔들며 노래를 멈춘다. "잠깐! 미안해요, 내가 망쳤어요. 우리 다시 해야 해요!" 두 사람이 무대 밖으로 뛰쳐나가고, 촬영기사와 사회자가 다시 시작하자, 관중석에서는 웃음과 박수가 터져나온다. 모두가 연호하기 시작한다. "조졌네! 조졌어! 조졌다고!"

나는 경이로움을 느끼며 경기장을 둘러보았다. 모두가 행복해하고, 킥킥 웃고, 박수를 친다. 물론 질책도 있었지만 악의가 없고, 잔혹한 것은 전혀 없다. 나는 다른 누군가의 성공을 미치도록 갈망하고, 실수를 저질러도 유쾌하고 자비롭게 받아주려는 이렇게나 많은 사람이 하나의 집단을 이룬 곳에 있어 본 적이 단 한 번도 없다. 이런 장소에서 이런 느낌을 받을 거라고는 상상도 못 했다. 가발이 벗겨질 정도로 놀랍다.

수요일 WWE 행사에서 정치적 유토피아에 대한 전망을 갖게 되었다는 이야기는 아니다.

누군가 실수를 했을 때 이런 반응이 나온다면 세계가 어떻게 달라질지, 당신은 상상할 수 있는가? 온라인에서, 업무 회의에서, 시연에서, 교실에서 퀵사리들이 상호 지지와 응원을 얻어내고, 우호적으로 웃어주고, 심지어 박수를 쳐줄 일이라면 어떨까? 만약, 예를 들어 누군가가 이전에 한 번도 해보지 않은 일을 시도하고, 새로운 생각을 처음으로 큰 소리로 말하고, 줄곧 진행해왔던 프로젝트를 발표하고, 새로운 가시성의 위치로 발을 내딛을 때, 그런 순간들에 그들이 불가피하게 일으킬 빅사리가 수치심이나 처벌이 아닌 왁자지껄한 선의의 폭소를 마주하게 된다면 어떻게 될까? 그리고 정치적인 말로 하자면, 만일 누군가가 모르고 모욕적인 단어를 사용했을 때, 어쩌면 한때는 받아들여졌고 심지어 당시에는 혁명적이었지만, 이제는 무식하고, 시대에 뒤떨어지며, 문제시되고 오글거리는 의견을 표할 때, 우리 모두가 박수 치며 입을 모아 "조졌네"를 외치기 시작하면 우리의 정치적인 삶은 어떤 느낌일까? 우리가 넘어지고 실패하고 도리깨질을 하고 함께 웃어 넘길 수 있다는 것을 아는 채로 함께 나아갈 수 있다면, 모두가 모두를 포착할 수 있을 거기에 있다면?

한 번은 내가 주최한 행사에서, 청중 한 명이 돌봄과 아픔을 갖고 내가 만든 이분법을 유예할 수 있을 다른 세 번째 용어가 가능할지 물었다. 가장 먼저 떠오른 것은 유머였다. 내게는 서로 웃고, 농담하고, 희롱하고, 놀려줄 수 있는 것이야말로, 암울한 확실성인 아픔과 그것이 돌봄이라는 진심 어린 단일체를 필수적이게 하는 방식 사이를 끝없이 오르내리는 시소 운동을 끊기 위한 가장 쉬운 길인 것처럼 보인다.

나는 수년에 걸쳐 주류의 토론 장소에 입성한 장애의 화두들이 종종 전문용어를 두고, 즉 장애인 공동체가 어떤 용어로 호명되기를

원하는지 혹은 원하지 않는지를 두고 토론을 이끌게 된다는
것을 발견했다. 비장애인 공동체는 그런 걸 그렇게까지 심각하게
받아들이지 말아야 한다고 대응하고, 장애인 공동체는 더 강하게
밀어붙이면서 거기에 응수할 뿐이다. 나는 이것을 진보로 여기는
것이 그다지 내키지 않는다. 나는 비장애인 공동체에게 우리가
온통 낱말에만 신경 쓰는 공동체로 보이길 원하지 않는다.
장애인 공동체에 대한 가장 큰 도전, 가장 큰 피해가 마치 거기서
시작해서 거기서 멈추기나 하는 양 말이다.

나는 문제를 다른 쪽에서 보고 생각하고 싶다. 나는 얼마나 많은 신참
장애인들이 아직도 공동체가 선호하는 언어를 알지 못한다는
이유로, 장애 공동체에 더 오래 머물렀던 우리에게 모욕을 받고
비난받는지를 생각한다. 나는 가끔 한 불구 친구가 자신의 장애
정의 액티비즘을 두고 이렇게 말했던 것을 떠올린다. "틀린 단어를
썼다는 이유로 누군가를 뒤처지게 하고 싶지는 않아."

[우리의—옮긴이] 모든 실수들과 우리가 아직 모르는 것들, 우리가
어떻게 서투르게 굴고 조져버리는지가 우리를 하나의 '우리'로
쌓는 순간들이라면 어떨까?

나는 모두가 "옳게" 행동하고 "옳은" 말을 한 순간들만 포함할 것이
아니라 이 모든 것이 [그러한 순간들에] 포함되기를 원한다. 내
액티비즘이 엉덩이가 꽉 끼는 짧은 바지와 빅사리, 가위치기
농담을 쓴 수제 골판지 간판도 포함하기를 나는 원한다.

이건 내가 역설을 담을 수 있는 언어 — 그리고 확장해서 정치적
수사 — 를 원한다는 말이다. 아니, 나는 역설을 담을 수 있는
언어가 필요하다. 이는 역설이 존재하며, 나는 언어가 역설을
반영하기를 필요로 하기 때문이다. 2023년 팟캐스트 「비트윈

더 커버즈」에서 진행한 인터뷰에서 (내가 지금 당장 지구상에 살아 있는 실제 신이라고 생각하는) 작가 마틸다 번스타인 시카모어는 이렇게 말했다. "나는 역설을 향해 글을 씁니다. 그리고 나는 역설이 존재하니까 그게 전부 존재하기를 원합니다. … 역설이 존재한다면, 우리는 그걸 해결할 수 없을 겁니다. 그게 역설이니까요. 그러나 우리는 존재하는 모든 복잡성, 모든 층위, 모든 친밀성, 모든 불가능으로 갈 수 있습니다. … 내게 있어 모든 모순을 끌어안는 것 … 그것이 생존의 방법입니다."

같은 인터뷰에서 그녀는 이렇게 말한다. "나는 문장이 살아 있는, 숨을 쉬는 것이기를 원합니다. 문장이 나를 어딘가로 데려가면 나는 그곳으로 갑니다." 종종 다른 곳에서도 그랬듯이 나는 마틸다의 말을 따라 언어를 규정이나 규칙, 해서는 안 되는 말, 허용되지 않는 말 등으로 고착시키기보다는 언어가 살아 있게 두자고, 우리에게서 발생하도록 두자고 주장하고 싶다. 나는 혼란의 위험을 감수하면서도 항상 더 많은 공간을, 더 많은 의미를, 더 많은 진실을 원한다. 덜 원하기보다는 더 많이 원한다.

이것이 의미하는 바는 우리는 이 모두를 끌어안기 위해서라면 더욱 주목하고 열려 있으며 용서하고 호기심을 가져야 한다는 것이다. 즉, 돌볼 줄 알아야 한다. 그게 내 핵심이다. 나는 신중함 대 부주의함이란 이분법 이상을 원한다. 나는 형용사가 아니라 동사로서의 돌봄, 조건이기보다 행동인 돌봄을 원한다. 나는 언어가 할 수 있는 모든 것을 원하며, 그 수용력에는 언어 때문에 우리가 변화하는 방식도 포함되어야 한다. 예술가 릴리 콕스-리처드에게 그녀가 돌봄이라는 말로 무엇을 의미했는지를 질문했을 때 그녀가 했던 말이 생각난다. "그것은 주의와 의도의

교차점이죠." 이 말이 내가 가장 좋아하는 돌봄의 정의가 되었다.[6]

✝

내가 프로 격투 경기를 사랑하는 또 다른 이유는 돌봄이 꼭 필요한 순간과 돌봄이 작동하는 것을 볼 수 있는 곳, 돌봄이 쇼의 일부로 포함되어 있고 연예오락적 요소로 통합되어 있는 공개 이벤트로 그것 말고 다른 것을 생각해낼 수 없다는 데 있다. 라운드와 라운드 사이 싸울 준비를 하는 그 강렬한 돌봄의 순간들, 선수가 자신의 코너로 돌아가서 쉬는 그 타격들 사이의 휴식들은 링에서 벌어지는 일만큼 중요하다. 나는 선수의 팀이 물과 얼음팩, 의자를 들고 선수에게 우르르 다가와 조언을 해주는 모습을 보는 게 좋다. 컷맨(cutman)은 지혈을 위한 거즈와 수건, 면봉, 부기를 가라앉히기 위한 찜질팩을 가지고 있다. 전략을 외쳐대는 너댓 명의 코치가 있다. "그녀가 왼쪽으로 달려들면 가운데로 올라가." 선수가 거의 항상 듣는 말 중 하나. "숨 쉬어. 숨 쉬는 걸 잊지 마. 지금 할 일은 숨 쉬기가 전부야."

이 순간 싸움이 어떻게 진행되는지에 대해 많은 이야기를 할 수 있다. 어떤 선수는 간이의자가 등장하자마자 바로 주저앉고, 어떤 선수는 너무 흥분해서 앉지 못한다. 어떤 선수는 멍한 표정을 짓고, 코치들은 고성을 지르며 했던 말을 반복한다. "더 차!"

---

[6] [지은이] 주의와 의도의 교차점은 널찍하다. 두 단어가 모두 적용되어야 한다는 요구, 물론 사악한 목적에 지렛대로 활용될 수도 있는 요구를 반영해서 그렇다. 미국 이민세관집행국에 대한 비판적인 예술 작품을 만들었다가 신나치주의자들에 의해 온라인에 박제당한 친구가 생각난다. 인터넷 트롤 떼거리의 주의와 의도 때문에 친구의 삶은 몇 달 동안 지옥이 되었다. 돌봄에는 언제나 맥락적이고 질적인 가치가 필요하다.

"머리를 노려!" 어떤 선수들은 거의 절망적으로 질문을 던지기도 한다. "쟤 라이트 훅을 어떻게 해야 해?" 이스라엘 아데산야에게서 강렬한 인상을 받은 것은 그가 앉는 것을 마다하고 너무나 우아하고 침착하게 코너에 서 있는 걸 보고 난 뒤였다. 그는 코로 숨을 내쉰다. 그의 코치는 조용히, 완전한 문장으로 그에게 말을 걸고, 아데산야는 고개를 끄덕이며 반응하는데 그들은 마치 어떤 아이디어를 두고 진지한 대화를 나누는 것처럼 보인다.

나는 선수가 지고 있을 때 코치가 선수에게 이야기하는 온갖 다양한 방식을 특히 사랑한다. 코리 샌드하겐과의 경기에서 첫 두 라운드를 지고 난 뒤에 말론 '치토' 베라는 자기 코너로 가서는 앉을 생각을 안 한다. 그의 팀이 그에게 달려들고, 그의 주코치인 제이슨 파리요는 전략을 짜기 시작하지만, 베라를 보자 멈춘다. 코치는 자기 선수의 시선이 먼 곳을 향하는 것을 본다. 파리요는 베라의 늑골에 손가락을 대고 "괜찮아? 무슨 일이야?"라고 묻는다. 그러고는 잠시 중단하고 베라가 혼란스러운 웅얼거림으로 대답할 때까지 기다린다. 파리요는 계속한다. "네가 날 좀 실망시키기 시작했으니까, 맞지? 그러지 마. 넌 이 녀석을 이길 수 있어." 그는 베라의 입에 물을 부어준다. 개멋진 돌봄의 작은 순간이다. "이제 정신 차렸어?" 베라는 고개를 끄덕이고, 다시 케이지 중앙으로 고개를 돌린다.

현실에서도 이런 일이 있었으면. 우리 모두가 그랬으면. 내가 들어야 할 필요가 있는 말을 해줄 내 코너의 누군가도 내게 솔직하게 이야기해주었으면. 그리고 내가 링 위에 있는 것처럼 이런 순간들이 작전(action)의 일부로 간주될 수 있었으면.

손잡이, 경사로, 베개를 찾아보아라.

아주 작은 것들도 도움이 된다.

지구상의 그 어떤 색보다 더 멀리서 보이는 것

P. 스태프에 관하여

나는 아직도 P. 스태프의 「금성에서」의 노란 빛깔을 꿈꾼다.[1] 방사성 오줌의 노랑을, 부식성 빛을, 황달의 색을, 달인 만큼이나 태양인 그 색조를. 월리스 스티븐스는 노랑을 "첫 번째 색"이라 불렀지만, 스태프에게 노랑은 세상 끝의 마지막 색, 최후의 색이다. 너무 늦은, 파멸 이후의 색, 그럼 이제 뭐 어쩌지?

더 낭만적인 예술가라면 이를 부풀려 카타르시스적인 틈으로, 모든 것이 빠져 들어가는 세계의 금으로 만들 수도 있다. 그럼에도 불구하고, 「금성에서」— 2019년 11월부터 2020년 2월까지 런던의 서펜타인 갤러리에서 처음 선보였고 이후 세계를 순회했다 — 에서 받은 첫 인상은 그 노란빛이 깨어

---

[1] [옮긴이] 런던과 로스앤젤레스를 거점으로 작업하는 시각예술 작가다. 「금성에서」(On Venus)는 2019년 11월부터 약 석 달간 진행된 동명의 전시에 출품된 장소특정적 설치 작업을 말한다. 두 부분으로 구성된 영상 작업과 영상이 설치된 장소의 역사적 맥락과 결합하여 생명정치와 제도, 퀴어, 트랜스젠더, 그에 가해지는 구조적 폭력에 대한 비판적 시각을 제시한다.

있고 숨을 쉬고 있는 당신을 붙잡는 무언가라는 느낌이었다.
난 그것 사이로 걸어 들어갔고, 그것이 나를 장악했으나 나름
다정했었다. 액체처럼 나를 푹 적셨고, 따뜻하고 고요했다.
만약 내 손목 피부를 열 수 있다면, 빛이 나를 비롯한 모든
것을 물들인 그 색과 같은 색의 반짝이는 노란 피가 흘러나올
것 같다는 인상을 받았다. 난 갤러리 중앙에 있는 검은 방 —
방에서 상영 중이던 13분가량의 영상은 우리 사회의 농업-
산업 및 의료-산업 복합체들의 동력이 되는, 동물을 상대로 한
각종 잔혹 행위(가위로 절개된 뱀들, 카메라를 멍하니 쳐다보며
죽어가는 닭의 눈)를 보여주었다 — 에 오래 머물고 싶지 않았다.
그럴 필요가 없었기 때문이다. 그곳의 이미지들은 나를 끝까지
따라왔다. 그 이미지들의 방사를 쬔 셈이다. 스태프는 이렇게 말한
바 있다. 「금성에서」는 "폭력, 우리 주변 모든 곳에 녹아 있는
지속적인 폭력과 함께 살아가는 방식에 관한 것이다". 내 생각에
작업을 관통해 쏟아지던 액체 같은 빛이, 위안은 없지만 부드럽게
여전히 나를 감싸고 있다, 경고이자, 목욕이자, 하늘이자, 또 —
알렉산더 터루는 노랑에 대해 다음과 같이 썼다. "노랑은 버터,
비소, 스펀지, 촛불, 메말라가는 잔디, 반투명한 호박(琥珀),
섀시[2]의 전기 배선의 음극 전송방출기의 색이다. 그것은 지혜,
계시 ⋯ 고해 신부의 빛깔 ⋯ 익어가는 곡식, 영원, 천국의 문을
표상한다." 아마 나는 스태프가 자신의 전시를 노랑으로 흠뻑
적셨다는 걸 발견하고 어떤 특별한 인식을 얻었을 것이다. 노랑은
내가 가장 좋아하는 색이다. 독성, 병, 황금, 꿀, 태양과 달까지,

---

[2] [옮긴이] chassis. 자동차 등 기계의 뼈대 구조.

너무도 다양한 것들이 될 수 있기 때문이다. 그 부드러움에도 불구하고, 혹은 그 부드러움 때문에, 그것은 산성비를 예고하는 색이다. 이러한 다재다능함으로써 노랑은 모호성으로 기울어져 의미로부터 분리될 수 있다. 이것이 노랑이 그토록 멋진 이유다. 빨강이나 파랑, 보라, 초록과는 달리, 노랑은 어떤 지배적 상징성에 충성을 다하지 않고(피의 색도, 성모 마리아의 색도, 왕족의 색도, 질투의 색도 아니다) 오직 위장과 변이만이 있을 뿐이다. 나는 노란 옷만 입고 지내던 3개월 동안(고스족에게는 하나의 업적이다) 전시 전체를 노란색에 관한 것으로 만든 적이 있다. 당시 함께 작업하던 마녀는 내게 노란빛을 들이마시는 걸 시각화하라고, 내 제3의 눈에서 그 빛줄기가 뿜어져 나오는 것을 시각화하라고 말했다. 그녀는 내가 치유되길 원했다. 그러나 너무 강하지도, 너무 빠르지도 않게.

11월 런던의 추운 밤에서 벗어나 「금성에서」 안으로 걸어 들어갔을 때, 스태프의 노랑이 내 안으로 미끄러지듯 기어들어 와 윙윙거리기 시작하자 나는 "그럴 줄 알았어"라고 소리 내어 말했다. 노랑의 힘은 교묘하다. 스태프의 작업에서 노랑은 테이블을 내리치는 커다란 주먹이 아니라 당신의 손을 스르륵 감싸 쥐고 끌어당기는 손이었다. 표면적으로는 금성의 색, 금성의 타오르는 유황의 색이었지만, 이 질식은 곧바로 정치적인 것이 되었다. 그것은 우리 모두가 숨 쉬는 공기였고, 동시에 어떤 이들은 신속하게, 다른 이들은 느릿하게 질식시키는 공기이기도 했다. 스태프의 2017년 작업 「잡초 제거제」에도 노랑이 등장하는데, 거기에선 고해상도 열화상을 통해 만들어진 선명한 팔레트 — 울트라마린 블루, 세룰리안 블루, 버밀리온 레드 — 의 일부였다. 「잡초 제거제」의 방사는 오염의 방사다. 이 역시 느리고 스며드는 듯하며 영구적이다. 캐서린 로드의 회고록『그녀가 머리카락을 잃은 여름』(화학요법이 몸에 미치는 멸절적 영향을 서술하고 있다)에 나오는 독백을 여배우 데브라 소슈가 낭독하는 것으로 영화는 추진력을 얻는다. 그녀의 낭독은, 기분이 엿같다거나 독감에 걸린 것 같다는 말은 "적절하지 않다"라고 지적하면서 시작한다. "독감은 마치 무언가가 당신의 몸에서 영양분을 빌려가는 것과 같다. 당신은 그 대출을 원치 않지만 그래도 빌려줄 여력은 있다. 이 경우엔 다르다. 무언가가 살의를 품고 당신의 몸속으로 침입했다." 하지만 역설적이게도 그녀는 살아가기 위해 화학요법이 필요로 한다. 「잡초 제거제」가 진행되는 동안, 이 침입자는 그녀의 몸을 무자비하게 돌파하고 관통하고 약탈하다가, 몸 안에 똬리를 틀고 그곳 집에서 잠에 든다. 나는 파르마콘(pharmacon)을 떠올린다. 독이면서 동시에 치료제인 것. 나는 파르마콘이 몸 그 자체에 내속한 것이 아닐까 궁금하다. 몸이 하기로 되어 있는 일을 하는 것만으로도 소진되어버리고, 움직이고 나면 관절에 통증이 밀려들며, 씹는 것만으로 이가 깎여나가고, 그저 쳐다보고 응시하고 들여다보는 것만으로도 눈이 약화되는 것처럼. 때때로 나는 세계의 역사가 이 몸이라 불리는 것에 대처하려는 노력의 역사가 아닐까 생각한다.

몇몇 인터뷰에서 스태프는 "내 주변의 세계는 정상적이지만, 실상 전혀 괜찮지 않다"라는 일차적인 소외를 기술하기 위해서 "지구의 자매 행성이지만 완전히 거주 불가능한" 금성을 하나의 은유로서(환유로서?) 전략적으로 활용한다. 개념적 틀에 관해서, 그(they)는 「금성에서」를 "삶의 평행 형식이자, 완전히 살아 있지도 완전히 죽어 있지도 않음의 평행 공간, 자매 행성이자 자매 현실”이라 칭했다. 스태프의 모든 작업에 생기를 불어넣는 이 관념은, 디스포리아가 본질적 조건이라는 전제다. 그것은 그의 노랑과 유사하다. 활활 타오르거나 시끄럽다기보다는, 흘러나오고 가라앉는 것, 내 꿈속으로 슬며시 들어온 것이다. 그것은 탈구가 어떤 선동적 사건이라기보다는 그저 기본값임을 시사한다. 위치 지어진다는 것 — 무언가에 의해, 누군가를 위해 — 은 드문 특권으로, 우리 대다수를 위해 만들어진 것이 아닌 세계에 순응한 소수에게만 허용되는 것이기 때문이다. 스태프는 그것을 렌즈라고 불렀다. “만일 내 몸이 나 자신에 대한 어떠한 감각과 외부 세계 사이의 주된 매개자라면, 그건 내속적으로 디스포리아적인 렌즈다.” (클로드 아질과 한 인터뷰에서 가져온) 이 인용문에서, 스태프는 특별히 젠더 디스포리아에 대해 말하고 있지만, 다음 문장부터는 이를 확장하기 시작한다. “그것은 또한, 마치 다른 이들과 다른 곳을 적극적으로 살해하고, 폭격하고, 학살하는 민족국가에 사는 것과 같을 수도 있다. 그것은 또한 이 나라에 수감된 사람이 점점 늘어난다는 걸 알면서 동시에 자신은 ‘자유로운’ 사람이라는 것과 관계하여 존재할 수도 있다.” 여기서 “또한”들(alsos)이 내 마음을 사로잡아, 내가 인식하고 있는 대기 속으로 나를 엮어 넣는다. 이 목록은 무한히 추가될 수 있을 테다. 이것은 우리 세계의 날씨, 우리가 통제할 수 없는 기후다. 우리는 그저 그것에 대처하길 바랄 수 있을 뿐이다. 비가 올 것 같으면 우산을 가져갈 수는 있지만 젖지 않을 수는 없다. CA콘라드와의 인터뷰에서 스태프는 「금성에서」에 대해 이렇게 말했다. “나는 금성에 있다는 관념을, 느리지만 영속적인 혹은 일관적인 존재 상태를 서술하는 하나의 방식으로, 일종의 끝까지 이 액체를 밀어붙이는 것으로, 삶의 평행 형식들, 박탈된 살기, 혹은 근사(近死, near-death), 비-삶(non life), 비-죽음(non death)이라는 이면적 상태들의 서술로 향하는 혹은 그 서술을 위한 일종의 축약법으로 활용하려고 한다."

다른 인터뷰들에서도 그는 이 세 문구 ― 근사, 비-삶, 비-죽음 ― 를 반복하는데, 나는 그런 상태들이 피투성이가 된다거나 썩거나 부패하는 것이 아니라 노랗게 변해가는 것이라 생각한다. 선명하게, 경고하는 듯, 환하게 밝혀진 그런 노랑.

우리 둘 다 FD13 레지던시 소속 작가였던 어느 겨울, P. 스태프와 나는 미니애폴리스에서 처음 만났다. 우리가 머물던 장소는 실내가 모두 흰색인데다 창문에 서리가 껴 있어서 "구름 집"이라 불렸다. 그곳에서의 첫날 아침, 잠에서 깨어나 공기에 퍼져 있는 P.의 향수 냄새를 맡았던 일을 기억한다. 그날 밤에, 우리는 새벽 5시까지 이야기를 나누며 깨어 있었다. FD13에서 스태프는 장차 2018년작 영화 「목욕」이 되는 작업에 착수했다. 영화는 빈 창고에서 혼자 얕은 물 웅덩이를 드나들며 움직이는 무용수를 묘사한다. 무용수는 형광등 아래에서 비틀거리고 휘청거리며, 때로는 몸을 구부린 채 개처럼 으르렁거린다. 간간이 기름, 미국 국경순찰대, 밤에 노니는 개의 이미지가 번쩍이지만, 무용수의 팔레트는 부드럽고 창백해, 뺨이 분홍빛으로 상기된 라파엘전파의 백인 소녀 같다. 점점 고여드는 물이 결국 오줌과 섞임에 따라 안무의 언어인 취기(醉氣)는 청결에 대한 질문을 넌지시 던지고, 무용수는 몸부림치며 팔다리를 마구 휘저음에도 몽유병 상태다, 이것은 분노나 광기가 아니다, 그저 어딘가의 어느 저녁일 뿐.

점성술에서, 소행성 키론(Chiron)은 누군가의 가장 큰 상처, 결코 치유되지 않을 상처를 표상한다고들 한다. 키론으로부터 얻을 수 있는 유일한 위안은 그 상처가 준 지식을 통해 다른 이들을 치유할 수 있다는 것이다. 고대 그리스 신화의 한 이야기에서 불멸의 켄타우로스 키론은 독화살을 맞지만, 자신의 불멸성 때문에 죽을 수는 없어서 기꺼이 프로메테우스의 자리를 대신한다. 프로메테우스는 신들로부터의 절도에 대한 처벌로 바위에 묶인 채 매일 밤 독수리에게 간을 쪼아 먹히고 있다. 프로메테우스는 결코 치유되지 않을 자신만의 상처를 갖고 있다. 이런 점에서 그와 키론은 자매나 다름없다. 키론은 자신을 희생함으로써 고통으로부터의 유예를 승인받고 지하 세계로 들어가도록 허락받는다. 어떤 결말들에서는 그의 몸이 녹아 별들이 되어 별자리를 이룬다. 나는 내 점성술 의뢰인들에게 이 이야기를 들려준 다음 그들의 차트[3]에서 키론의 위치를 확인하여, 그렇게 치유와 운명에 대해 말할 수 있게 되며, 그렇게 그들이 결코 치유되지 않을 수도 있다고 들려줄 수 있게 된다. 그들에게 현대 그리스어에서 "카이로스"(Καιρός)라는 단어의 정의가 그저 "날씨"일 뿐이라는 것도 들려준다. 출생 차트에 있는 키론은 당신의 삶에 있어서 결코 치유되지 않을 상처를 보여줄 것이다. 그러나, 마치 날씨처럼, 그것은 당신의 배경, 당신의 대기, 당신이

---

[3] [옮긴이] 점성술에서 천궁도(horoscope) 혹은 간단히 차트는 개인의 출생 순간과 같은 특정 시간의 천체 위치를 기록한 도표를 의미한다. 일반적으로 원형으로 표현되는 차트에는 태양과 달, 행성들이 표현되어 있고 황도12궁 등 이들의 위치는 각각 고유한 특성과 상징적 의미를 지닌다. 점성가는 이런 천체 위치와 각도 관계를 바탕으로 차트를 해석한다.

숨 쉬는 공기다. 당신은 그것, 그것의 리듬에 기댈 수 있고, 우산을 가져올 수도 있다. 어떤 의뢰인들의 경우는 이 사실이 가장 큰 상처가 결코 치유되지 않을 것이라 들었을 때 받은 충격을 완화해준다. 하지만 다른 이들에겐 키론에 대해 듣는 것은 자신의 생각을 확인받는 일이다 — 지금까지 내내 무언가 문제가 있었다는 걸 나는 알고 있었다니까! 난 알고 있다, 만약 내가 P. 스태프에게 그의 키론에 대해 들려준다면 그는 그것에 대해 이미 알고 있을 것임을, 아마 웃으며 어깨를 으쓱할 것임을. 그럴 줄 알았어.

아마도 「금성에서」에서 노랑에 관한 인식이 내게 꽂힌 것은 내가 젠더퀴어로서 젠더 디스포리아를 이해하고, 트랜스성이란 결코 도달할 수 없는 체현을 좇는 것임을 알기 때문일 것이다. 또는 내가 윤리적으로 거부함에도 불구하고 장애인으로서 자본주의적 의료-산업 복합체에 의존하고 있기 때문일 테다. 또는 어쩌면 내가 자국을 세계에서 가장 위대하다고 선언하면서도, 도시의 거리에서 사람들을 실종시키고, 아이들을 철창에 구금하며, 팬데믹, 대학살, 기후 종말과 같이 자신이 영속화하고 조장하는 참극들 속에서 자국민들이 굶주리고 고통받고 죽어가는 동안 억만장자들의 부의 팽창을 지지하는 그런 나라의 시민이기 때문일 것이다. 이 참극의 목록은 계속될 수 있다. 그것은 단지 우리 세계의, 우리 시대의 날씨일 뿐이다. 크롬 옐로우는 지구상 가장 먼 거리에서 볼 수 있는 색이다. 자막과 캡션이 노란색인 것은 실명하는 도중에도 마지막까지 볼 수 있는 색이 노랑이기 때문이다.

고대 그리스어에서 "카이로스"는 다른 의미를 가졌다. 그것은 시간의 일종을 지칭했다. 카이로스적(kaironic) 시간은 연대기적(chronological) 시간이 아니라 순환적 시간이었다. 적절한 순간 같은 무언가였고, 운명의 척도였다. 그것은 크로노스적(chronic) 시간과 달리 양적으로 셀 수 없으며 때가 맞을 때 도래해야만 하는 것이다. 이 단어가 어떻게 수 세기에 걸쳐 날씨를 의미하도록 바뀌었는지가 내가 「금성에서」를 통과하며 궁금해했던 것이다.

이 텍스트를 쓰려고 스태프의 작업을 다시 살펴보면서, 노랑이 다시 내 삶 속으로 슬그머니 들어왔다. 지난밤 나는 붉은 렌틸콩(요리하면 노랗게 변하는)과 강황으로 달[4]을 만들었고, 손톱을 금색으로 칠했다. 베이루트에서 두 번의 폭발로 5000명 이상이 부상을 입어 비상사태에 돌입했지만 코로나19 환자들로 수용 한계를 넘긴 병원들은 부상자들을 인도 위에서 처치해야만 했다는 뉴스를 읽는 동안, 노랑은 날씨였고 대기였다. 그곳에는 불과 연기가 하늘을 물들인 색이 있었고, 갈라진 콘크리트 위에 누운 흙빛 피부의 어두운 노랑이 있었다. 나는 사망자 수와 제프 베이조스의 수입이 동시에 올라가는 것을 지켜보았다. 노랑은 가장 상업성이 떨어지는 색이라, 판매를 원한다면 책 표지나 그림에 사용해서는 안 되는 색이라고들 말한다. 이토록 우리는 종말 속에서도 계속해서 물건을 사들이고, 이토록 그 무엇도, 심지어는 색마저도 자유롭지 못하다. 나는 가장 멀리서 보이는 색, 첫 번째이자 동시에 마지막인 색을 생각한다. 병(病)과 성인(聖人)들의 색. 그저 날씨에 불과한 운명.

---

[4] [옮긴이] dal. 남아시아 및 인도 전역에서 즐기는 콩으로 만든 카레나 스튜 형태의 요리로, 단백질이 풍부해 인도의 채식 문화에서 중요한 영양원으로 여겨진다.

피로 물든 흰 나이트가운들

키에르-라 재니스의 『정신병 걸린 여자들의 집』에 관하여

최근 좋아하게 된 밈이 하나 있다. 난 1950년대였다면 뇌엽절제술을 받았을 법한 사람들이랑만 친구 먹는다. 나도 뇌엽이 절제된 가여운 년들 중 하나였겠지.

이유인즉슨, 나도 그들처럼 정신 질환이라는 임상적 진단을 받았고, 또 그들처럼 너무 시끄럽게 웃고 울었고, 정신 나간 듯 춤췄고, 절망과 황홀경 속에서 비명을 질렀고, 잠들 수 없었으면서 또 너무 많이 잤고, 신의 이름을 함부로 들먹였고, 나 자신과 다른 이들에게 골칫거리이자 불편함, 위험이 되곤 했다. 나 자신을 파괴하려 했었고, 절박했었다. 그뿐만 아니라 그들처럼 돈을 벌고, 이혼하고, 섹스하고, 게이이고, 다른 게이들과 흥청망청 놀기도 하고, 글을 읽을 수 있고, 혼자 노래 부르는 걸 즐기고, 내가 원하는 대로 (때로는 남자처럼) 옷을 입고, 술 마시고, 담배 피우고, 욕하고, 밤늦게 돌아다니고, 자식은 없고, 혼자 있는 것을 좋아하고, 야망을 불태우며 경력을 원하고, 내 작업이 중요하다고 고집하고, 집 청소나 요리는 하기 싫어한다.

그리고 나는, 뇌엽이 절제된 그 가여운 년들처럼, 내 몸의 주권에 대해 사나우면서도 방어적으로 굴어왔고, 남자들에게 순종적이지도 알랑거리지도 않는다. 남자들에게 "아니"라고 말해왔고, 남자들과 논쟁해왔고, 남자들의 의견이 틀렸다고 말해왔고, 그 남자들은 나의 아빠, 할아버지, 교수, 상사, 의사, 남편, 연인, 적이었다. 남자들의 얼굴에 침을 뱉었고, 남자들을 때렸고, 남자들을 밀쳤고, 남자들에게 물건을 던졌다. 남자들에게 지배당했고, 피해를 입었고, 통제당했다. 남자들에게 폄하당했고, 무시당했고, 괴롭힘 당해왔다. 나를 놓아주지 않으려는 남자들에게서 도망치려 애써왔다. 남자들에게 위협받았고, 맞았고, 구속당했고, 폭행당했고, 학대받았고, 침해당해왔다. 내가 "히스테릭하다"는 이유로 경찰을 부른 남자가 있었다. 내 의지에 반하여 수갑을 채우고 정신과 병동으로 데려간 경찰이 있었다. 그리고 나는 학대하는 남자로부터 도망쳐 이혼했고, 그는 이후 자신보다 마흔 살이나 어린 사람과 사귀게 된다.

나는 이 마지막 문단에서 설명한 상황들에 알맞게 반응해왔다고 믿지만, 이것이 전체 우로보로스를 다시 시작하게 만든다 ― 두 번째 문단 첫 부분부터 다시 시작하자 ― 그러면 이 부분에서 나는 또다시 울고, 격노하고, 비명 지르고, 머리카락을 쥐어뜯고, 소란을 피워서, 통제를 벗어나, 감당할 수가 없어서, 이런, 이년은 정신병자야, 가둬놓는 게 낫겠어. 이게 역사 속 어느 순간에 벌어지더라도, 전체 목록은 말할 것도 없이 앞서 말한 행동 중 몇 가지만으로도 나를 평생 정신병자 수용소에 강제 수용하기에 충분할 것이다. 실제로 저 목록에서 한두 가지만 있어도 21세기에 나를 충분히 강제 수용할 수 있지만, 감사하게도 72시간으로 그쳤다.

나는 시스젠더 여성이 아니지만, 겉으로는 그렇게 보이고 그렇게 사회화되었다. 그래서 내가 앞의 목록에서처럼 과하게 감정을 표출하는 짓거리를 할 때면, 사실상 모든 면에서 "정신병 걸린 여자"라는 역할에 딱 들어맞는다.

언더커먼즈에 거주하는 우리 같은 사람들이 사용할 수 있는 몇 안 되는 저항의 양태 중 하나는 해석학적인 것이다. 현실적 정치 권력과는 다른 것인데, 그것은 사회 내 억압의 메커니즘들을 재구조화하여 우리를 덜 억압하도록 만드는 것도 아니고, 우리에게 물질적 자원을 더 내어주는 것도 아니다. 그렇다고 아무것도 아닌 것은 또 아니다. 해석학적 권력이란, 현실 권력을 가진 이들과 그들의 제도가 당신에 대해 진실이라고 말하는 것들에 동의하지 않을 권력이다. 그것은 다른 진실을 고집하는 것으로, 말하자면 그것은 곧 의미의 권력, 즉 의미를 무너뜨리고, 규범적인 것들을 뒤흔들어 새롭게 바꿔낼 그런 권력이다. 그것은 단순한 진술이다. "당신이 말하는 나는 내가 아니다. 당신이 말하는 진실은 진실이 아니다." 그것은 거부이며, 통치 불가능성이다. 놀이이면서, 놀림이다. 웃으면 안 되는 것을 두고 웃는 것이다. 뚫을 수 없다고 여겨지는 것을 꿰뚫어 바람을 빼버리는 것이다. 그것은 모든 의미, 모든 언어, 특히 무기로 변해버린 언어, 감시하고 지배하고 단속하는 데 이용되는 그런 종류의 언어에 내속하는 미끄러움, 협잡, 복수성, 다중성이다. 그러한 언어의 손아귀에서 미끄러져 나오기, 그 속박에서 빠져나오기다. 다시 말하지만, 이것은 현실적 정치 권력과는 다른 것이다. 그러나,

다시 말하지만, 되받아 침 뱉는 것이 아무것도 아닌 것은 아니다.

해석학적 권력은 본질적으로 그리고 항상, 누가 되든 책임자들 ― 정부든, 이데올로기든, 혹은 당신의 부모든 상사든 쓰레기 같은 남자든 간에 ― 에게 좆까라고 말하는 펑크적 충동이다. 그것은 장난스럽고 바보 같을 수도 있는데, 때로는 그게 가장 적절한 몸짓이기 때문이다. 나는 해커 집단 룰즈섹이 CBS 뉴스 홈페이지를 해킹해서 래퍼 투팍이 살아 있다고 말한 것을 떠올린다. 그것은 치기 어리고 유치할 수도 있는 만큼 강력하고 웅변적인 항의의 양태일 수도 있다. 억압받는 인민들의 역사는 해석학적 권력 ― 해석학적 거부, 해석학적 협잡 ― 이 거듭 반복해서, 또 반복하고 반복해서 행사되어온 역사다. 프레드 모튼의 『인 더 브레이크: 급진적 흑인 전통의 미학』에 나오는 첫 문장을 생각한다. "흑인성의 역사는 객체들이 저항할 수 있고 실제로 저항한다는 사실의 증거다." 어떻게 "퀴어"라는 용어 ― 한때 꼬리표처럼 들러붙었던 이 멸칭으로 인해 당신은 얻어맞고, 해고되고, 체포되고, 투옥되었다 ― 가 자부심과 축하의 의미로 탈환되었는지를 생각한다. "불구"도 유사하다. "불구자"에서 나온 멸칭으로 장애인들이 빼앗아 일종의 전략적 풍미를 더했고, 이를 통해 장애 정의의 정치를 형성했다. 이 정치는 더 많은 권리와 접근성을 요구하면서도, 동시에 우리의 일탈적이고 비규범적인 몸의 어떠한 요소도 숨기거나 지우는 데에 관심을 두지 않는다.

나는 "정신병자"(psycho)도 곧 비슷한 처우를 받게 되길 바란다.

범퍼 스티커, 타겟 티셔츠는 어디 있고, [1] 소셜미디어 프로필에 난 정신병자로 정체화한다라는 옵션은 또 어디 있나? 임상적으로 정신병자 씨발년이라고 진단받은 사람으로서, 나는 이 단어를 탈환하고자 최선을 다하고 있다. 왜냐하면, 말하자면 사실, 정신병자인 것은 존나 재밌거든. (내 필드 프로필에는 이렇게 쓰여 있다. "내가 보여주는 어떤 여성성이든 「포제션」 지하철 장면의 이자벨 아자니와 유사하다." 이 문장이 어떤 괴짜들을 꼬셔낼지 상상해보라.)

정신병자인 것은 이성애비관주의(heteropessimism)[2]의 이데올로기적 대립항이라고 제안하고 싶다. 최신 트렌드 이론인 이성애비관주의는 이성애자 여성들이 남자를 좋아하는 자신에 대해 나쁜 감정을 느끼는 것, 즉 자신을 억압하는 그 존재에게 끌린다는 것에 대한 수치심과 비천함을 말한다. 욕망이 정치와 합치하는 난장판에 대한 가치 있는 탐구가 여기서 진행될 수도 있겠지만, 대개 이성애비관주의는, 안 돼, 자지 빠는 게 좋은 걸 보니 난 페미니스트가 아닌가 봐 등과 같이 쓸데없는 방향으로 흘러가면서, 바텀질(bottoming)이야말로 존재하는 것들 가운데 가장 강력한 위치임을 증명해주었던 수십 년간의 퀴어 이론과 트랜스 이론 — 실제로 그렇게 살아가는 우리 모든 변태들,

---

[1] [옮긴이] 범퍼 스티커는 1970년대부터 LGBTQ+ 커뮤니티에서 가시성과 자기표현을 위해 정치적 도구로 활용되었다. 타겟(Target) 티셔츠의 경우, 성 소수자 디자이너들과의 협업으로 프라이드 컬렉션이 출시되었고, 자기표현의 접근성을 높여 퀴어 문화의 주류화에 기여했다. 물론 핑크워싱이라는 비판이 있었으며, 두 상품 모두 퀴어 가시성의 일상화와 상업화 사이의 복잡한 관계를 보여주는 아이콘이다.

[2] [옮긴이] 2019년 아사 세레신이 처음 제안한 개념으로, 성별 고정관념, 가부장제, 관계 내 불평등 등 구조적 문제로 이성애 관계 자체에 대한 회의와 불만족을 드러내면서도 냉소와 체념으로만 일관하는 경향을 의미한다.

킹크 프릭들, 걸레들은 말할 것도 없다 — 을 무시해버린다. 이성애비관주의자들은 이러한 비천함-이라는-테마에-대한-해석학적-개지랄을 수행했던 수많은 문헌, 기록, 증언, 사례, 예술 작품을 놓쳐온 듯하다. 대신 "내가 케이크를 가지면서(자지를 빨면서) 동시에 먹을 수는 없다는 거야?" 식으로 투덜대며 자격을 달라고 음울하게 떼쓰는 것에 골몰하고 있다. 정신병자라면 의심할 여지없이 이렇게 말할 것이다. "그래, 이년아, 완전 가능하지! 빨고, 씹고, 통째로 삼켜버리라고!"

정신병에 대한 질문은 항상, 왜 누군가 그렇게 되는지에 대한 질문이다. 나 자신에 관해 이런 질문을 받아본 적 있는 사람으로서, 나는 이 질문이 가시가 돋쳐 있으면서 동시에 여러 갈래로 미끄러지는 답변들로 쪼개지고 증식한다는 것을 발견했다. 이 질문을 파고들려 할 때 내 머릿속에 스치는 이미지가 하나 있다. 마녀가 썩어가는 과일 한 조각에 핀과 바늘을 여럿 꽂는 모습인데, 여기서 핀과 바늘은 사회경제적·역사적·정치적 힘들이고, 마녀는 우리가 응원하는 그런 종류의 마녀가 아닌 권력을 쥐고 있는 보수적인 백인 남자와 그가 이데올로기적으로 표상하는 모든 것에 해당한다. 이것은 예수 성심을 닮은 이미지다. 성스러움의 기운을 머금은 고통에 흠뻑 젖어 있기 때문이지만 — 신비롭지 않은 광기가 어디 있겠는가? — 길들여짐 속에서 파리하고 슬픈 모습이기도 하다. 얼마나 많은 예수 성심의 이미지가 코팅된 싸구려 인덱스카드에 인쇄되어 있거나, 부엌 코르크 보드에 압정으로 박혀 있던가? 정신병에 왜 걸리는지를 묻는 질문은 결코 한 개인의 정신 상태나 심리적 내부에 관한 것에 불과한 게 아니라, 그 내부성이 어떻게 외부 세계에 의해 조각조각 잘려나가고 꿰뚫리는지에 관한 것이기도 하다. 이는 곧 권력에 대한 질문이고, 다시 말해 이는 누가 권력을 갖지 못하는지, 왜 그런지, 이러한 조건들의 면전에서 그들은 무엇을 하는지에 대한 질문이다. 이는 정치적·이데올로기적 권력의 외부적 힘들이 어떻게 한 사람의 몸과 정신을 침습해왔는지에 대한 심문이다. 여기서 나는 "침습"이라는 단어를 의도적으로 사용하는데, 그것이 침입이고, 추행이며, 공격이기 때문이다. 정신병 걸린 여자가 어떻게 그렇게 되었는지를 묻는 특수한 질문은, 어떻게 우리 모두가 우리를 미치게 만들고 아프게 만드는 사회적 조건에 의해 점유되는지를 묻는 더욱 큰 범주의 지표적 질문이다. 우리가 살아가고 있는 그런 종류의 사회에서, 트라우마와 비천함, 그리고 그것들로부터 오는 병리 현상들을 우리가 어떻게 한 개인의 조건으로 이해할 수 있겠는가? 어떤 권력이 밑바닥(bottom)으로부터 나올 수 있을까? 당신의 입에 자지가 물려 있을 때 무슨 말을 할 수 있을까?

온갖 종류의 생존 전략들이 발명되어왔다. 나는 예술적 전략들이 하찮다거나, 절망적 시기에 예술이 사치라고는 생각하지 않는다(그 생각의 논리적 귀결은 예술은 오로지 절망이랄 게 존재하지 않는 사람들에게만 속하고, 그들을 위한 것이며, 그들에 의해 만들어져야만 한다는 것이다. 그런 사람이 누구인가?). 예술이 없다면 우리에겐 무엇이 남는가? 우리가 살아가고 있는 바로 그 세계로부터 트라우마가 우릴 공격해 올 때, 그런 비천한 조건에 접근하기 위한 방식 중 유일하게 내가 파악할 수 있는 것은 해석학적으로 난잡한 방식이다. 그 방식은 그러한 공포와 어려움이 어떤 가능한 방식으로 소화·흡수되고, 표현되고, 처리될 수 있는지를 물으며, 또 그것이 어떤 형식으로 이루어지는지를, 글쎄, 흥미롭거나, 깨달음을 주거나, 놀랍거나, 창의적이거나, 영감을 주거나, 오락적이거나, 어쩌면 즐겁거나, 심지어는 — (놀란 숨소리) — 재미있는 형식으로?

키에르-라 재니스의 『정신병 걸린 여자들의 집: 호러 영화와 익스플로이테이션 영화[3]에 나타나는 여성 신경증에 대한 자전적 지형학』은 왜 쌍년은 미쳤는지에 대한 질문들이 남긴 가시 돋친 미끄러지는 잔해에 답하고자 시도하며, 시네마의 시작 이후 호러 영화에서 정신을 잃은 여자들을 어떻게 묘사하는지에 대한 방대한 조사를 수행하는 데에 멋지게 성공해낸다. 『정신병 걸린 여자들의 집』은 놀라운 성취다. 2012년에 시작된 이 다가적이고 백과사전적인 영화사 프로젝트의 연구, 비평, 회고록은, 거의 200편의 영화를 인용하는 단행본으로, 열세 시간이나 되는 추가 자료가 수록된 네 편의 영화 DVD 세트로, 셔더[4]에 엄선하여 업로드된 36편의 영화 컬렉션으로, 수년간의 강연, 상영회, 행사들로 구현되었다. 이는 온갖 분야에 걸쳐서 새로운 학문, 예술, 비평을 고무했고, 무시되고 간과되었던 수십 편의 영화들을 맥락 속으로 끌어들였으며, 이 영화들에 비평적으로

---

[3] [옮긴이] exploitation film. 선정성, 폭력성, 금기 등 자극적인 소재로 관객의 호기심을 끌어 상업적 성공을 노리는 저예산 B급 영화를 말한다. 1960-70년대 미국에서 유행했으며, 섹스, 범죄, 공포 등 다양한 하위 장르가 있다.

[4] [옮긴이] Shudder. 공포, 스릴러, 초자연 장르에 특화된 미국의 구독형 스트리밍 플랫폼이다.

관여하면서도 동시에 그 자체로 즐길 만한 작품들이기에 즐거이 향유하기도 하는 그런 장르, 영역, 정전을 지도화했다.

「포제션」에서 이자벨 아자니의 지하철 장면이 자신을 대변한다고 느끼는 우리들 사이에서 컬트적 아이콘으로 여겨지는 재니스는 박식한 지성의 소유자다. 페미니스트 작가, 프로듀서, 비평가, 장르 영화 연구자로서의 그녀의 작업은 대부분 제도권 주변부에서 (여기저기서 시간강사를 하면서) 기능해왔다. 사실상 하나의 영화학과 전체의 역할을 그녀 혼자 도맡고 있음에도 말이다. (그녀는 또한 전 세계 온오프라인 모두에서 영화 수업을 제공하는 미스카토닉 호러학 연구소의 설립자이기도 하다.) 재니스에 대한 제도적 정전화가 이렇게나 부족한 건 다음과 같은 사실을 입증할 뿐이다. 재니스가 조명해낸 작업 전체, 그 역사적 가치와 동시대적 중요성에 더하여 그녀 자신의 학문적 성취까지 모두, [제도와 주변부 사이의―옮긴이] 경계선이 그어질 곳을 결정할 위치에 있는 이들에게는 여전히 주변부에 속하는 것으로 보이는 주제 및 화제 들에 관한 것이라는 사실을 말이다.

언더그라운드라는 지위와 학계와의 전복적 관계를 제외하고도, 재니스의 프로젝트가 정치적·미학적 측면에서 그토록 급진적인 것은, 그녀가 겉보기에 상호 배타적인 이중성을 자신의 탐구의 핵심으로 삼으면서, 어느 한쪽에도 더 높은 위계적 중요성을 부여하지 않는다는 것이다. 한편으로 그녀는 어떻게 광기가 가부장제, 여성 혐오, 성차별이라는 조건들에 대한 유일하게 제정신인 반응인지를, 그러한 조건들과 그 반응들을 스크린에 묘사하는 수백 편의 영화를 매우 세심하게 제시함으로써 입증하고 있다. 다른 한편으로, 재니스는 여자들과 펨들의 정신병이 그저 그 자체의 조건으로, 그 자체를 위하여, 무(無)로부터 존재할 수 있을 충만한 공간을 만들어낸다. 때때로 쌍년은 그냥 미쳤고 폭력적이며 악하다, 어쩌면 그년이 살인광인 건 그냥 그게 느낌이 좋기 때문이다. 그리고 이런 것을 영화에서 보는 게, 특히 가짜 피가 잔뜩 나오는 영화에서 보는 게 재미있지 않나?

재니스 책의 각 장은 하나의 테마를, 그 테마를 선회하는 수십 편의 영화를 통해 탐구한다 — 예컨대 강간과 복수, 분신, 남성혐오 자경단 등이 있다. 책은 광택지에 근사하게 인쇄되었고, 페이지마다 피와 땀, 눈물, 여타 체액으로 뒤덮인 여성들의 흑백 영화 스틸컷들이 실려 있다. 분노와 쾌락, 충격적인 혼란, 살인에의 결의가 그 얼굴들에서 느껴진다. 머리 위로 치켜든 주먹에서 칼이 떨리고, 배에서 내장이 쏟아지고, 다리는 벌려져 있고, 혀는 밖으로 나와 침을 뚝뚝 흘리고, 또 책 중간에 나오는 33쪽 분량의 사랑스러운 컬러 화보에는 영화 포스터와 기타 홍보물들이, 여백 없이 페이지 전면이 [피로—옮긴이] 가득 차도록(full-bleed)[5] (웃음) 인쇄되어 있다. 내가 북투어 중에 이 스플래터[6]와 고어로 가득한 커피테이블 북을 가방에 넣어 호텔에서 호텔로, 공항에서 공항으로 다니면서, 누군가의 머리를 가격해야 한다면 (언제나 가능성이 있다) 이 책을 무기로써

---

[5] [옮긴이] full-bleed는 '페이지 가장자리까지 완전히 채워 인쇄하다'라는 의미의 출판 용어다. bleed는 '흘러넘치다'라는 뜻으로, 잉크가 페이지 경계를 넘어 흐르는 것을 의미하는데, 이 책이 피(blood)로 얼룩진 이미지들을 다루고 있다는 점에서 bleed라는 단어의 중의적 의미를 지시하고 있다.

[6] [옮긴이] splatter. 피와 신체 훼손 등 극단적으로 잔혹하고 선정적인 고어 장면을 과장되게 묘사하는 공포영화의 하위 장르다. 공포나 서스펜스보다는 시각적 충격과 역겨움, 때로는 코믹한 요소까지 강조하며, 피가 튀고 살점이 난무하는 장면을 특징으로 한다.

휘둘러도 될 만큼 충분히 무겁다는 생각을 한 번 이상은 했다. 이 책의 살육의 관능미는 정말 특별하다. 192편의 영화로 구성된, 책의 절반을 차지하는 부록 "여성 신경증 대계"는 재니스에 따르면 "절대 전체를 포괄하지는 못한다." (MUBI.com에 다나 레이누스가 편집해놓은 목록이 있으니 즐겨찾기에 등록해두길 권한다.)

여자들이 해서는 안 되는 행동을 하는 그토록 많은 이미지를 한 손에 쥐고 있다는 건 페미니즘 기획에 있어 기본적으로 흥분되는 무언가가 있다. 이건 다소 쉽게 얻을 수 있는 정치적 성과일 수도 있지만, 여자들이 여전히 행위성이나 권리, 혹은 재정적·신체적 자기결정권을 가져야 할 사람으로 여겨지지 않고, 생각할 능력도 누군가를 살해할 능력도 결여한 사람으로 여겨지는 세상에서, 그 이미지들을 손에 쥐는 게 내가 느끼기에 얼마나 대단해 보였는지, 나직이 전율이 일었다는 것을 인정하겠다.

재니스의 기획의 다른 하나의 급진적 불꽃은, 각 장을 관통하며 둥둥 울리고 있는 것이 그녀의 자서전, 즉 개별 장의 테마를 예증하는 그녀의 삶에서 일어난 사건들이라는 점이다. 그리고, 이야, 정말이지, 끝내주는 사례들이다. 그녀의 가장 첫 번째 기억부터 시작하겠다.

… 어느 날 밤, 이상한 소리를 듣고 어두운 아파트에서 화들짝 깨어난 기억이다. 조사하려고 자리에서 일어났지만, 내 방은 바깥에서 잠겨 있었다. … 그다음엔 그림자들이 휙 지나가고 왜곡된 소음들이 들려와 뚜렷한 공포감이 들었다. 엄마가 나를 들어 올려 품에 안고 창틀에 앉아서는 모든 게 괜찮아질 거라

내게 말했지만, 그녀의 목소리는 떨리고 있었고 나는 그다지 위안을 느끼지 못했다.

재니스는 자신을 깨운 그 소음이 그녀의 어머니가 강간당하는 소리였음을 이후에 알게 된다. 잔혹하고도 연약한 붓질들로 그려진 재니스의 삶의 에피소드들이 장에서 장으로 이어지며 나온다. 그중엔 학대받던 어린 시절, 자해와 중독을 통한 대처 방식, 위탁 가정에서 보낸 시간들, 가출, 범죄를 저지르는 것 등이 있다. 여기에 그녀가 있다, 비명을 지르고, 울부짖고, 머리카락을 쥐어뜯고, 폭력적이고, 제어할 수 없고, 분노에 가득 찬, 정신병자인 그녀가. 그녀의 삶에서 아버지 역할을 하는 남자들은 구리고, 그럼에도 그녀는 여전히 그들의 관심과 인정을 갈망한다. 그녀의 어머니는 괴물로서도, 그리고 최선을 다하는 여자로서도 그녀의 삶에 커다란 존재감을 드리운다. 재니스는 때로는 여자가 자신에게 가해진 끔찍한 일들 때문에 미치게 되고, 때로는 이로 인해 다른 사람들에게 끔찍한 일들을 저지르게 되며, 그리고 다시 그 우로보로스가 나타난다는 것을 보여준다. 트라우마와 해악의 상호 작용, 그것이 어떻게 관계들 안에서, 세대를 걸쳐 사회적으로 펼쳐지는지가 재니스의 책을 하나로 묶는 피투성이의 창자다. 자서전으로 학문을 구조화하고 또 뒷받침하는 일은 여전히 시스젠더 남성이 아닌 모든 이의 경험을 묵살하고 무효화하는 가부장제의 면전에서 내가 가장 충성심을 느끼는 유의 페미니즘의 실천이다. 이는 헤게모니가 진실이라고 말하는 것과는 다른 의미를 주장하는 종류의 페미니즘이며, 우리에게 권력을 행사하는 이들의 얼굴을 향해 웃으며 침을 뱉는 그런 종류의 페미니즘이다. 학술적 연구의 전통적인 형식들은 보편적인 것 바깥에 있다고 여겨지는 주관성들을 의심하고 노골적으로 추방해왔다. 특히 그러한 주관성들이 그들의 특수하고 타자화된 체현들에 입각해서, 그 체현들에 대해서 말하고자 하는 경우에 말이다. 학계가 이러한 목소리들, 몸들, 정신들을 학계 정전으로 받아들이기 시작한 것은 얼마 되지 않았고, 이마저도 그들의 타자성을 크게 부각한다는 조건하에서였다. 만일 영화학개론 강의계획서가 오직 여자나 흑인, 혹은 글로벌 사우스 출신 감독의 영화들로만 구성되어 있고, 그렇게 구성되었다고 특별히 명시하지 않은 채, 즉 그저 영화학개론이라고만 제시되었다면, 1950년대에 학과장들이 과연 그 수업을 승인했을지 의문이다. 하물며 지금으로부터 10년 전에도 승인되지 않았을 텐데.

―

영화에서 남성 정신병을 묘사하는 경우는 흔히 있다. 이들은 좀처럼 B급 영화 장르인 호러 및 익스플로이테이션 영화의 영역으로 격하되지 않는다. 오히려 남성 정신병 묘사는 정전격 영화가 자랑하는 품위 있는 대표적 표지들 중 하나로 찬사받아왔다. 「택시 드라이버」, 「파이트 클럽」, 「지옥의 묵시록」, 「에비에이터」, 「워터프론트」를 생각해보라. 각각의 영화가 내세우는 남성 주연은 정신을 잃은 사람이지만, 남자의 내면 상태를 묘사하는 어떤 것에서건 전형적으로 볼 수 있듯 이 사례들은 용맹하고 덕성 있는 남자가 비록 파멸해가고 있다 해도 좋은 싸움을 해내고 있음을 보여준다. 그는 역사, 사회,

비윤리적 권력의 간계에 맞서 싸운다. 그는 그의 강력한 야망과 의지, 투지에 의해 추동된다. 그는 그의 불안정한 정신 따위에 허물어지는 것이 아니라, 세계의 장애물들과의 영광스러운 갈등 속에 있다. 위대한 전투를 하고 있는 것이다. 외부 세계가 어떻게 우리를 조각조각 자르고 우리의 정신을 침습하는지에 대한 그 가시 돋친 미끄러지는 질문은 — 남자들에 관해서라면 — 결코 그 남자가 비난받아야 할 문제로 여겨지지 않는다.

최근 몇 년간의 영화 중에서 이러한 용맹함에 균열을 내는, 남성 정신병을 다룬 내가 가장 좋아하는 사례 중 하나는 「원스 어폰 어 타임 인 할리우드」다. 나는 남성 정신병에 대한 표준적인 이성애 규범적 독해를 교란하고 내가 그토록 달가워하는 이런 해석학적 장난질을 내놓는 영화를 달리 떠올릴 수가 없다. 내게 이 영화는 퀴어적 돌봄을 다루는 최고의 영화 중 하나다. 이 영화는 의존적이고 귀찮게 구는 캐릭터들의 멜로드라마와 신경증에 열중하되, 타란티노는 물론 그 이전의 수많은 이들도 지금까지 보여준 적 없는 다정함과 상냥함을 갖고 그렇게 한다. 레오나르도 디카프리오는 거만하고, 쇠퇴했으며, 전성기를 한참 지난 한물간 디바 릭 돌턴으로서, 그의 경력에서 가장 캠피한[7] 퍼포먼스를 보여준다. 이는 레오의 노마 데스몬드[8]이며, 그는 이를 맛깔나게 연기한다. 덕분에 나는 다시 레오를 존경하게 되었다. 인터뷰에서

---

[7] [옮긴이] 캠프(camp)는 퀴어 하위문화에서의 과장되고 연극적인 미학을 지칭한다. 진지함과 경박함의 경계를 허물고 이성애 규범적 취향에 도전하는 전복적 잠재력을 지니고 있는 이 감수성은 수전 손택의 1964년 에세이 「캠프에 관한 노트」(Notes on 'Camp')에서 체계화되었으며, 팝아트, 드래그 문화, B급 영화 등에서 두드러진다.

[8] [옮긴이] 영화 「선셋 대로」(1950)의 주인공이다. 무성영화 시대의 전설적인 스타였으나 유성영화의 등장과 함께 잊힌 배우로, 자신의 과거 영광에 집착하며 현실과 환상을 구분하지 못하는 인물이다.

타란티노는 이 캐릭터가 자신도 모르는 양극성 장애가 있다고 말했는데, 내겐 이것이 논의의 출발점으로 삼을 가장 극적인 시나리오 중 하나로 보였다. "미친 쌍년은 자기가 미쳤는지 알까?" 타란티노와 레오에 의해 릭 돌턴의 얼굴은 붉어지고, 부어오르고, 눈물로 얼룩지게 되고, 릭은 부기를 가라앉히려 얼음에 얼굴을 파묻는다. 영화 전반에 걸쳐 릭은 징징거리고, 훌쩍거리고, 떼쓰다가, 포기해버린다. 그의 자아는 마치 그의 지붕 위 TV 안테나처럼 망가져 있다. 그는 감상적이고 쉽게 우는 성격이다. 여덟 살배기 아역 배우가 그에게 방금 그 연기가 자신이 본 것 중 최고의 연기였다고 말했을 때, 그의 얼굴엔 웃음꽃이 피며 눈엔 눈물이 글썽거리고, 소품 총을 장전하며 자기 이름을 큰 소리로 말한다. 그는 혼자서는 운전도 못 하고 대사도 기억하지 못하며, 긴장하면 말도 더듬고, 술도 너무 많이 마신다. 그리고 브래드 피트가 그를 위해 거기 있다. 그를 대신해 운전해주고, 망가진 안테나를 고쳐주고, 눈물을 닦아주기 위해(혹은, 남자 버전으로 말하자면, 그에게 조종사 선글라스를 돌려주면서 "멕시코인들 앞에서 우는 거 아니다"라고 말해주기 위해).

남자가 정신을 잃고 무언가 필요하다고 고양이 우는 소리 하는 건 왜 여자가 미치는 것보다 훨씬 더 동정심을 자아내는 것일까? 남자의 자기파괴는 우리가 막아야 할 것 같은 마음이 들면서도, 여자의 자기파괴는 불가피한 것이란 말인가? 그래서 뭣하러 그것을 멈추려고 사서 고생하냐는 식인가?

1974년 영화 「운전석」에서 엘리자베스 테일러는 자신을 살해해줄 남자를 찾아 로마로 간 중년 여성 리스를 연기한다. 남자를 찾느라 의연하게 몰입해 있는 상태로 그녀는 마치 완벽한 파트너를 찾고

있는 중인 양 남자들을 품평하는데, 영화는 이를 로맨틱한 것처럼
꾸며낸다. "당신은 내 타입이 아니에요," 그녀는 앤디 워홀을
포함한 여러 남자들에게 말한다. 그녀는 자신을 기다리고 있는
남자 친구에 대해 몽롱한 목소리로 말한다. 그녀와 만난 남자들은
그녀가 섹스를 원한다고 가정한다. 한 남자는 그녀를 강간하려
시도하고 그녀는 그에게서 도망치기 위해 하이힐을 신은 채로
길을 따라 뛰어야만 한다. 어떤 남자는 자신은 다이어트의
일환으로 하루에 한 번은 오르가즘을 느껴야 한다고 선언하는데,
여기서 테일러의 가장 아이코닉한 대사가 등장한다. "나는
다이어트를 할 때는 다이어트를 해요. 오르가즘을 느낄 때는
오르가즘을 느끼죠. 난 둘을 섞지 않아요."

영화는 테일러에게 야한 색의 옷을 입히고, 머리카락을 쥐굴 마냥
헝클어뜨리고, 이미 거센 눈에 아이라이너를 덧칠하는 모습을
그로테스크하게 클로즈업해 보여준다. 테일러가 이해 불가능한 건
그녀가 미쳤기 때문이 아니라 그녀가 그 목적[자살—옮긴이]에
있어서 전문가처럼 느껴질 정도의 확신을 갖고 그녀를 연기하기
때문이다. 가장 가슴 아픈 장면은, 그녀가 쇼핑하러 갔을 때
얼룩 방지 원단으로 된 드레스를 자신에게 가져다준 여점원을
질책하며, 리스 자신이 무언가를 쏟을지도 모른다는 가정을
공격하는 장면이다. 나중에 그녀가 칼에 찔려 죽기를 원한다는
것을 우리가 알게 될 때, 이 장면이 되돌아와 메아리친다.

나는 이 영화에 대해 어떤 리뷰도, 특히 남자들이 쓴 리뷰는 읽지
않기를 권한다. 대부분이 리스가 얼마나 당혹스러운지, 그리고
42세의 테일러가 얼마나 못생겼는지에 대해 이야기하기
때문이다. 예컨대, 2013년 『슬랜트 매거진』에 쓴 글에서 평론가

데이비드 에런스타인은 이렇게 말한다. "테일러는 시스루 브래지어 사이로 자신의 가슴을 만지작거리는 장면 외에는 (이 시점에는 꽤나 거대해진) 그녀의 몸을 거의 보여주지 않는다. 이는 「클레오파트라」에서 그녀가 보여준 품격 있는 세미누드 장면들과 판이하고, 계속해서 불어나는 체중 덕분에 영화적 에로티시즘의 기억할 만한 순간과도 거리가 멀다."

내가 우리 같은 언더커먼즈의 사람들이 갖고 있는 것이라곤 해석학적 권력뿐이라고 말할 때, 당신은 왜 그것이 여전히 실제 권력에 터무니없이 미치지 못하는지 알 수 있을 것이다. 여기서 나는 데이비드 에런스타인에게 그가 자기 생각을 종이에 적을 때마다 인류의 지식 총량을 감소시키는 편협한 멍청이라고 말할 수도 있겠지만, 나는 이것을 밑바닥에서 말하고 있다. 이렇게 말해보자. 데이비드 에런스타인과 내가 한 방에 들어간다면, 다만 우리가 태어날 때부터 가진 몸만 가지고서 우리에 대해서 대체 무엇이 결정될 것인가? 그 방이 어떤 방이든 간에, 그 방 안에서 누가 권력을 더 갖게 될까? 데이비드 에런스타인과 내가 공공장소에 있다가, 우리 둘 다 머리카락을 쥐어뜯고, 울부짖고, 비명을 지르고, 킬킬거리기 시작한다면, 둘 중 누가 수갑을 차고 끌려가게 될까, 둘 중 누구에게 인간적으로 말을 걸어주고 대우해주며, 기분이 나아지기 위해 무엇이 필요한지 물어볼까?

이따금 나는 이 불모지에는 어떤 가능성도 없는 것처럼 느껴진다. 하지만 재니스의 기획은, 적어도 예술이라는 운반체를 통해 탈바꿈된다면 그 가능성들은 무수해지고 그 재현들도 풍부해진다는 것을 상기시켜준다. 거기에는 살인광의 피로 번들거리는 미소가 있고, 염력술사의 맹렬한 눈빛도 있다.

잘려나간 사지, 참수된 머리들이 있다. 단검들. 싱긋 웃는 미소들. 광기 어린 결의로 빛나는 엘리자베스 테일러의 눈이 있다. 「캐리」에서 주홍색 피로 불타오르며 신의 노여움을 획득하는 시시 스페이식이 있다. 「마니」에서 벨벳 블레이저와 애스콧 타이, 승마 장갑을 착용하고 총을 겨누는 티피 헤드런이 있다. 「아빠」에서 니키 드 생팔이 그녀의 조각 중 하나인 관 속에 놓인 인체 크기의 남근 조각 곁에 위풍당당하게 서 있는 순간이 있다. 그녀는 한 손을 엉덩이 한쪽에 얹고 입꼬리 한쪽을 올리며 웃고 있다. 그녀는 자신감 있게 카메라를 노려본다. 그녀는 즐기고 있는 것처럼 보인다.

그녀, 기타 등등

수전 손택과 병의 신화에 관하여

> 나는 죽은 자를 우리의 로맨스에 복무하는 위치에
> 놓지 않으려고 항상 노력한다.
>
> 세이디야 하트먼

나와 같은 세대의 똑똑한 퀴어들, 특히 토성의 궁(宮) 아래에서 태어난 이들은 모두 수전 손택이 자신의 대디[1]였던 단계를 거쳤다. 손택은 당신에게 모든 것을 가르쳤다. 무엇을 읽어야 하는지, 무엇을 봐야 하는지, 누가 중요한지, 당신이 왜 그것을 알아야 하는지, 그리고 가장 중요하게는, 당신에게 어울릴 가장 아이코닉한 헤어스타일을 찾아야 한다는 것까지. 손택은 모든 것에 주의를 기울여야 하는 방식이었고, 그리고 그래야 하는 이유였다. 손택은 진지함이 멋진 이유였고, 속물처럼

---

[1] [옮긴이] BDSM 관계에서 지배적 역할을 담당하는 파트너를 지칭하는 용어지만, 이후 더 넓은 퀴어 정체성과 관계성을 담기 시작했으며, 젠더와 섹슈얼리티에 관한 주요 모티브 중 하나로서 대중문화로 확산되었다..

구는 것이 섹시한 이유였다. 손택은 20세기 미국의 대중적 지식인의 유일무이한 원형이었다. 손택은 뉴욕, 파리, 베이징, 사라예보였다. 손택은 아르토, 브레송, 제발트, 시오랑, 카네티, 베유였다. 손택은 친구들과 함께 바에서 담배를 태우며 새벽까지 떠드는 것이었다. 손택은 당신이 데이트 상대와 함께 보던 느린 흑백의 외국어 영화들이었고, 상대가 영화를 보다 잠든다면 그건 당신에게 둘의 관계가 잘 안 될 거란 이유가 되어주었다. 손택은 파티에서 모두에게 깊은 인상을 주기 위해 꺼내놓을 수 있는 식견 있고 세련된 견해였다. 그리고 손택은 거의 모든 것에 대한 견해였다. 캠프가 어떻게 그것이 건드리는 모든 것에 따옴표를 붙이는지 (그녀의 가장 유명한 문장 중 하나인, "램프가 아닌 '램프', 여자가 아닌 '여자'"), 어떻게 우리가 필요한 것이 예술의 성애학인지, 어떻게 병을 둘러싼 언어가 때로는 거짓말인지에 대한.

그녀의 어떤 책을 처음 읽었는지는 기억나지 않지만, 1990년대 후반, 내가 10대였을 때 그녀를 발견했다. 그녀는 언제나 그녀의 책 이상의 존재였다. 많은 이들이 그랬을 테지만, 그녀와의 첫 만남은 그녀의 이미지를 통해서였다. 그 이미지는 그녀의 에세이 속 목소리와 똑 닮아서, 엄격하고, 매혹적이며, 군림하는 듯했다. 머리카락에 난 하얀 띠, 그 크고 대담한 검은 눈동자, 어리석은 이들을 용인하지 않는 듯한 그 작가다운 위엄 있는 시선. 당시 내 책장에는 작가가 되고 싶어 하는 10대 소녀라면 으레 갖고 있을 법한, 버지니아 울프, 실비아 플라스, 조앤 디디온과 같은 표준적인 롤모델들이 꽂혀 있었다. 이들이 책을 읽지 않는 가정에서 자란 내가 접근할 수 있었던 작가들, 체인 서점의 서가 위에 꽂혀 있던, 손이 닿는 곳의 작가들이었다.
이 여자들은 모두 자기들이 쓴 책들 너머에 존재했고, 나는 그들의
실제 글쓰기만큼이나 그들의 이미지를 흠모했다. 몸에 딱 붙는
긴 나이트가운을 입고 자신의 콜벳 자동차 옆에서 꾸물대는
디디온, 커다란 자상처럼 보이는 미소로 얼굴이 주름진 플라스,
지성으로 인해 흐릿해지는 동시에 선명해 보이는 울프의 아득한
시선, 이런 모든 전설적인 사진을 말이다. 당신이 나처럼 작가가
되고 싶었지만 자신을 소녀로 정체화하지 않는다는 것을 깨닫기
시작한 퀴어 아이였다면, 손택은 그 무리에서 다른 종류의 대문을
지키는 문지기로 떠올랐을 것이다. 혼자서는 찾을 수 없지만 분명
존재하리라 희망했던 비밀스러운 대문. 그곳으로 가려면 길을
아는 누군가가 당신을 데려가 주어야만 했을 것이다.

당신이 출발하고 있는 곳으로부터, 당신이 왔던 곳이 아닌 어딘가로
가려고 할 때, 당신에게는 나침반이 필요하다. 숲에서 길을
잃었다면 북극성을 보라. 여러모로 대디란 안내자, 지도자다.
길을 아는 사람을, 적어도 아는 것처럼 행동하는 이를 따르라.
우리 중 많은 이들은, 특히 우리가 젊을 때, 퀴어일 때,
유별날 때, 이론이 실천을 충족시키는 것을 볼 필요가 있다.
잘 맞지 않는, 제멋대로인 꿈들이 어떻게 지상에 도착해 땅 위를
걸어다니는지를 볼 필요가 있다. `저렇게` 칼라를 세우는 거야,
`저렇게` 마티니를 주문하는 거야, `저렇게` 방에 들어가는 거야.
예술가가 되고 싶은 우리에게는, `저렇게` 꾸준히 작업하는 거야,
`저렇게` 작업이 중요한 것일 수 있도록 놔두는 거야, 같은 것들
말이다.

손택은 내가 똑똑한 퀴어이던 수년 동안 나의 대디였다. 토성의

기운을 타고난, 남부 캘리포니아의 노동자 계급 가정 출신인 나는, 언젠가 문화를 생산하겠다는 희망으로 문화에 대해 배우고 싶다는 갈망이 있었고, 그것만이 내가 온 곳과는 다른 어딘가로 나를 데려다줄 수 있을 것 같았다. 나의 야망은 자아의 문제가 아닌 밖으로 나가기 위한 승차권의 문제였다. 1933년에 교양 없고 배운 것 없는 중산층 가정에서 태어나 노스할리우드 고등학교를 다녔고 유럽 지식인 엘리트에 속하기를 갈망했던 유대인 소녀 손택과 별반 다르지 않았다. 어린 시절 손택이 투손의 한 문구점 뒤편에서 모던 라이브러리 시리즈를 발견하는 — 열심히 전체 목록을 읽고 후면 표지의 책 목록에서 하나씩 체크해나가던 — 이야기를 듣는 것은 순전히 욕구의 힘만으로도, 태어난 환경과 다른 자신이 원하는 사람이 되는 게 가능하다는 것을 확인해주었다. 「순례」에서 그녀는 할리우드에서 "서점에 푹 빠진 내 인생의 첫 번째 진짜 서점"을 발견한 것에 대해 쓴다. "방과 후 며칠에 한 번씩 들러 그 자리에 서서 세계 문학을 읽어나갔다. 살 수 있을 땐 사고, 담력이 있을 땐 훔쳤다. … 나는 그것들을 소유해야만 했고, 그것들이 내 조그만 침실 벽을 따라 줄지어 놓여 있는 것을 봐야 했다. 나의 가신들. 나의 우주선들." 나 역시 책과 서점에 푹 빠진 10대로서, 그녀의 발자취를 따라 읽고 또 읽고 또 읽었다. 책은 곧 양식이었으니까. 열여섯에 월급을 받아 혼자 겨우겨우 생활할 때, 난 종종 음식 대신 책을 샀다. 가진 돈이라곤 15달러뿐이던 어느 고독한 저녁, 14달러 99센트짜리 세사르 바예호의 시집 이중언어판을 계산대로 가져가 세금을 낼 수 없다고 말했던 적 있다. "그러니까, 회원이시라 10퍼센트 할인받겠다는 거죠?" 그가 자비롭게 말했다. 나는 손택이라면 내 꾀와 우선순위들을 인정해줬을 거라 느꼈다.

물론, 다른 모든 대디처럼, 우리 똑똑한 퀴어들이 자기 자신을 찾아가면서 그녀의 필요성은 줄어들기 시작했다. (나보다 한두 살 어린 사람들은 다른 대디들을 두고 있다는 걸 알게 되었다. 1984년생인 나는 아마도 손택을 대디로 둔 마지막 세대일 듯하다). 21세기가 포스트-2008년의[2] 사회적 불안정성과 소셜미디어의 시간 구조, 기후 재앙을 향해 질주함에 따라 우리는 시오랑과 카네티가 더는 그렇게 중요하지 않다는 것을 알게 되었다. 완벽한 영혼을 향한 도덕적 탐구 — 손택이 자기 자신과 동시에 20세기 후반부에 고수했던 고전적 기준 — 는 불가능했고 어쩌면 잘못된 방향이었을 뿐 아니라, 부적절한 것이었다. 세계가 끝나가는 마당에 완벽한 영혼을 갖는 게 중요한가? 무엇이 완벽한지 누가 결정하는가?

그럼에도 여전히 선배 퀴어는 하늘이 내린 선물이다. 비록 우리 손택을 대디로 둔 이들이 어느 순간 그녀를 넘어서게 되지만, 그녀는 우리가 성장하도록 도운 첫 번째 사람이었고, 이로써 우리에게 깊은 흔적을 남긴다. 내겐 손택 이후에도 많은 이들이 있었지만, 그녀의 지적 후원은 그들 모두의 취지를 물들였고, 덕분에 나는 반항적이고 단언적인 아웃사이더였던 이들에게 제일 잘 배우는 사람이 되었다. 내가 열여덟이던 2002년의 어느 중대한 날, 나는 보더스 서점에 있었다. 손택이 할리우드에서 그랬듯 나도

---

[2] [옮긴이] 2008년은 리먼 브라더스의 파산으로 금융위기가 촉발되는 상징적 시점으로, 단순한 경기 침체를 넘어 신자유주의 경제체제의 근본적 결함이 드러나게 된다. 불평등 심화에 대한 대중적 인식, 기존 체제에 대한 불신을 특징으로 정치, 경제 및 문화 전반의 구조가 재편되었다.

종종 몇 시간씩 그곳에서 모든 섹션을 둘러보곤 했었다. 가장 좋아했던 건 지하의 픽션 섹션에 들어가서 맨 위쪽 선반의 좌측 상단 구석의 A섹션 첫 번째 책부터 시작해 알파벳 순서대로 나아가는 것이었다. 그저 제목을 읽고, 책등을 보고, 책을 꺼내 손에 쥐어보고, 배우고, 알아가길 시작하기 위해서였다. 그날, A섹션의 첫 번째 책은 최근 그로브 출판사에서 출판된 캐시 애커 저작 앤솔로지였다. 형광 마젠타색 표지에 흑백 이미지의 애커가 카메라를 통해 곧장 나를 노려보고 있었다. 선반에서 책을 꺼내 펼쳤는데 그 페이지엔 자지와 불알을 그린 선묘가 있었다. 첫 문단을 읽고 나는 머리를 한 대 맞은 것 같았다. 자기 아버지와 섹스하는 소녀에 관한 것이었고 보지니 자지니 박고 빨고 핥는 내용이었다. 그 페이지를 뚫어져라 보았다. 이렇게도 쓸 수 있다고? 이런 사람도 **될** 수 있다고? 아직도 그 책을 갖고 있다, 내 방 벽을 따라 줄지어 꽂혀 있는 책들 가운데 하나인 그 책을. 나의 우주선들 가운데 하나.

내가 실제로 알고 지내면서 대화할 수 있었던 첫 선배 퀴어는 UCLA의 디자인 교수였던 윌럼 헨리 루카스였다. 그는 해당 학과에서 유일하게 비백인 비이성애자 교수였고, 나를 알아보고는 찾아왔다. 헨리는 가장 필요하고 중대한 것을 가르쳐주었다. 이성애자가 네가 얼마나 멋있어 보이는지 열변을 토할 때 지루한 표정을 매혹적으로 짓는 법, 담배를 쥐는 법, 책장 만드는 법. **절대** 이성애자 남성이 너보다 낫다는 생각을 하고 있게 만들지 마라. **절대** 못생긴 신발은 신지 마라. 그리고 그는 내게 작업하는 법을, 무슨 일이 있어도 내 예술을 고집하는 법을 가르쳐주었다. 내가 20대였을 때 그가 해준 조언은 이렇다.

마흔이 될 때까지 가난하고 보이지 않는 존재가 될 각오를 해야
해. 그리고 그 시간 동안 너는 오직 네가 하고 싶은 작업만 하고,
창작의 자유를 가장 많이 주는 일자리만 받아들여야 해. 다른
모든 것은 거절해. 너 자신과 타협하지 마. 돈 따위의 어리석은 것
때문에는 더더욱. 이렇게 한다면, 네가 마흔이 될 때쯤에는, 너는
전적으로 너 자신 그 자체인 작업 세계를 갖게 될 거야. 그리고
너는 그 작업 세계로 인정받기 시작할 거야. 충분히 그 값을 치를
거야. 그만한 가치가 있을 거야.

나는 그의 조언을 따랐다. 그리고 그는 옳았다.
부정적인 사례들도 도움이 된다. 무엇을 하지 말아야 하는지, 어떤
모습이 되지 말아야 하는지, 무엇을 받아들이지 않아도 되는지,
무엇을 거부할 수 있는지를 보여주니까 말이다. 내 엄마와
아빠 모두 창의적이고, 감수성이 풍부했고, 집에서 노래하고
춤추기를 좋아했다. 두 분 다 예술가가 되기를 갈망했는데, 아빠는
뮤지션을, 엄마는 화가이자 섬유예술가를 꿈꿨다. 그럼에도 그들
삶의 많은 부분이 다음과 같은 부정적인 능력 안에서 기능했다.
그들의 낙담, 가난, 좌절된 야망으로 옥죄어진 삶, 불안전성, 자기
의심, 주말 동안 쓸 마약에 얼마 남지 않은 월급을 허비하기, 다음
월요일 아침 현실로 출근하기 전의 짤막한 도피의 구름, 나는
이런 것들을 물려받고 싶지 않았다. 그들 각자의 부모님들의
삶, 즉 대학에 발도 들여놓지 못한 노동자 계급으로서 그들에게
허용된 것들에 그토록 제약되었던 삶, 생존을 위해 애쓰는 것
말고는 앞에 놓인 것이 없었던 삶 역시 내가 원한 것이 아니었다.
스물여덟에 한국에서 [미국으로—옮긴이] 와 평생 2교대 병원

청소부로 일했고, 샴푸를 살 돈이 없어 머리를 밀고 가발을 썼던 아빠의 엄마. 대공황 시기 오클라호마 농장에서 자랄 때 여섯 남매 중 맏이로서 늘 배불리 먹지 못하다가, 로스앤젤레스의 중하류층 가정 출신 남자와 결혼함으로써 약간의 계층 상승을 이룬 엄마의 엄마. 내 외할머니는 감사하게도 교외에서 살게 되었고, 남편과 딸을 위해 하루 세 끼를 요리했다. 외할머니의 남편은 제2차 세계대전의 PTSD로 조용히 고통받았고, 딸들은 신경다양인이었으나 그렇다는 진단은 한 번도 받지 못했고, 그중 한 명은 중독으로 죽게 될 터였고, 또 외할머니의 위장은 평생 예민했고, 유산과 낭종을 달고 살던 자궁으로 인해 매달 일주일씩 하얗게 타오르는 고통 속에 침대에서 지내야 했으며, 평생 입은 안쪽으로 접힌 채로 말을 담지 않으려 했다.

10대 시절 외할머니와 나눈 대화가 기억난다. 우린 어떻게 내가 이미 시와 이야기를 쓰고, 곡을 쓰고, 앨범을 녹음하고, 태양을 향해 손을 뻗고 있는지 이야기하고 있었다. "나는 너와 다르단다. 우리 세대는 너희 세대와 달라." 외할머니가 말씀하셨다. "이런 모든" ― 그녀는 모기를 쫓아내듯 손을 내저었다 ― "자신을 표현하는 것 따위는."

"그럼 할머니는 할머니 생각들로는 뭘 하는데요? 느낌으로는요?" 내가 말했다. "살아 있는 게 이렇게 어려운데 그걸 어떻게 견뎌요? 자기 마음에서 벗어날 방법은 어디서 찾나요?" 나는 거의 애원하는 듯했다.

그녀는 어깨를 살짝 으쓱였다. "난 다림질을 한단다." 잠시 멈춤. 슬프고 온화한 끄덕임. "다림질하는 게 좋단다."

다림질을 할 때면, 자주 하지는 않지만, 가끔 이 순간이 떠오른다.

내면의 심란함이 증기와 무거운 쇠 속에서 다림질되어 반듯해지는 것을 느껴보려 한다. 평생 그렇게 살아간다는 것을, 그 무게를 내 손에서 느끼며 상상한다.

그 대화가 있고 얼마 지나지 않아, 나는 열여섯의 나이에 집을 나오게 된다. 2년 일찍 고등학교를 졸업하여, 전일제 직장을 구하고, 열여덟이 될 무렵에는 나만의 방이 생기게 된다. 엄마가 내 머리를 때린 지 며칠 뒤에 나는 집을 나왔다. 맞은 다음 날 아빠가 멍을 발견했고, 아버지 노릇을 제대로 하지 않는 전형적인 방식으로, 내가 나가는 게 좋겠다고 제안했다. 처음 몇 주 동안 내가 머물게 되는 장소들은 점점 더 낯설어져갔다. 처음엔 남자 친구 집, 그다음엔 친구 집, 그러곤 친구의 친구 집, 그러다가 더러운 무단 점거 건물에 있던, 시트 사이에 다 쓴 콘돔이 여럿 파묻혀 있는 침대까지. 천만다행으로 해변에 24시간 카페가 있었다. 거기는 언제나 갈 수 있었기에 다른 가출한 고스족들, 펑크족들과 함께 카드게임을 하며 밤을 지새울 수 있었다. 집 없는 자유를 맛본 그 첫 며칠은 존나게 전율스러웠다. 저녁 9시에 길모퉁이에 서서, 그날 밤 어디서 잘지도 모른 채, 주머니에 5달러쯤 되는 돈을 들고, 아이스크림이 먹고 싶다고 마음속으로 생각하던 것을 나는 절대 잊지 못할 것이다. 그때 깨달았다. 그냥 가게에 걸어 들어가서 하나를 사서 먹으면 된다는 걸, 아무도 그러면 안 된다고 말하지 않을 거란 걸, 내게 소리 지를 어른도 없고, 내가 하기 싫은 일을 시킬 어른도 없다는 걸, 이제부터는 정확히 내가 원하는 대로 나만의 삶을 만들어갈 수 있다는 걸.

나는 내 기원 이야기이자 내 신화의 한 부분으로서 이 일화를 좋아한다. 길모퉁이에 선 젊은이가 자기 자신을, 자신의 욕망을,

자신의 갈망을, 그리고 자신만의 선택들이 중요하다는 자신의 결의를 깨닫는 일화를, 설령 그 선택들이 아이스크림처럼 하찮을지라도, 아니 어쩌면 하찮기 때문에 특히 더 중요하다는 것을.

오페라 감독 피터 셀라스는 빌 비올라의 문장을 바꾸어 이렇게 말했다. "신화는 차량관리국에서 당신이 작성하는 양식이다.[3] 그건 당신의 이름, 당신의 주소다. 신화가 존재하는 이유는 그것이 다른 누군가의 이야기가 아니기 때문이다. 그것은 당신에 관한 것이다." 그러나 당신의 이야기를 들려주기 위해서는 당신은 먼저 그것을 채워 넣을 양식이 필요하다. 우리 중 그 누구도 백지에서 시작하지는 않는다.

손택은 그 누구도 모방할 수 없는 20세기의 신화 중 하나였는데, 이는 그녀가 자신만의 대담함과 삶에 대한 애호를 통해 구현해낸 업적처럼 보인다. "나는 살아 있다는 것이 너무 좋습니다," 다큐멘터리 「수전 손택을 주목하며」의 도입부 인터뷰에서 그녀가 말했다. "매일 아침, 내가 살아 있다는 것에 무척 감사해하며 눈을 뜹니다. 이는 단순한 즐거움 이상이에요." 그녀에게는 열정적인 영민함과 자신만의 이야기를 창안하는 것에의 헌신이 있었고, 이는 이야기가 구원이 될 수 있는 사람들, 즉 투손의 문구점 뒤편이나 서점의 책장에서 발견한 이야기가 얼마나 완전하게

---

[3] [옮긴이] 미국은 국가 차원의 신분증 시스템이 없어 주정부 차량관리국에서 발급하는 운전면허증이 실질적으로 신분증 역할을 한다.

자신을 구해낼 수 있는지 이해하는 사람들에게 찾아오는 것이다. 엘리자베스 하드윅은 이렇게 쓴다. "그녀[손택—옮긴이]가 처음 등장했을 때가 기억난다. 여기서 등장이란 단순한 사회적 현전이 아니라 강렬한 문학적 작업이 그 사람, 그것을 쓰고 있는 당사자와 매력적으로 결합되어 나타난 것을 의미한다. 물론, 그녀가 낭만주의자였음은 그 즉시 분명해졌다. … 흥미로운 것들에 대해 그녀만큼 기민하게 반응하는 사람은 거의 없다." (강조는 하드윅 본인)

손택은 다른 표준적인 여성 작가 아이콘들 — 디디온, 울프, 플라스 — 보다 훨씬 더 멋지고 더 세계시민스럽지만, 그녀도 그들과 마찬가지로 자신이 쓴 책들을 무색하게 만드는 어마어마한 유산의 소유자다. 아이코닉한 사진들, 트위터 봇들, 유명한 인용구들, 밈이 된 인터뷰 클립들, 작가들 각각을 둘러싸고 분주하게 움직이는 전기(傳記) 산업까지. 나는 그녀의 글을 거의 대부분 읽었음에도 불구하고, 그녀의 실제 글보다는 그녀의 삶 — 그녀가 누구와 친구였는지, 누가 그녀의 연인들이었는지, 그녀가 했던 잊을 수 없는 말들 — 에 대해 더 많이 알고 있다. 그녀를 읽는 것은 마치 그렇게 맛은 없지만 건강에 좋다고 하는 무언가를 먹는 것 마냥 응당 따라야 할 것처럼 느껴질 수 있다. 그녀에 관한 이야기들을 들려주는 것이 훨씬 재미있다. 그녀 주변으로 맴도는 신화들은 결코 반짝이길 멈추지 않는다.

벤저민 모저가 쓰고 2019년에 출간된 그녀의 공식 전기 『손택: 그녀의 삶과 작업』(나는 『화이트 리뷰』지에 이 책을 산산조각 내는 리뷰를 실었는데, 대체로 모저가 얼간이처럼 쓴 데다가 여성 학자들의 정당한 공로를 인정하지 않은 채 그들의 지적 노동으로 자신의 주머니를 채웠기 때문이다)은 이런 이야기들로 독자들을 현혹하며, 수년간 계속되어온 찬사의 합창에 동참한다. 나는 그녀가 재스퍼 존스와 사귈 때의 이야기를 좋아한다. 헤어진 후 그가 그녀에게 자신의 아파트를 주는데, 그 아파트 벽을 뒤덮은 존스의 회화를 위한 스케치들을 손택이 모두 덧칠해버린다는 것이다. 열다섯 살 때 여느 10대 아이의 것과 같은 침실에 앉아서 칸트의 『순수이성비판』을 반 친구에게 개략적으로 설명해주는 이야기는 어떤가? 존스 외에도, 그녀는 루신다 차일즈, 애니 리버비츠와 연인이었으며, 1970년대의 뉴욕 지식인 신(scene)을 다루는 대릴 핀크니의 기막힌 가십들로 가득한 회고록 『9월에 돌아오다』에 따르면, 프란 리보위츠(내게는 또 다른 대디인)와 게이 바에서 춤을 추기도 했다.

『손택: 그녀의 삶과 작업』이 나오기도 전에, 손택에 대한 신화는 그 자체로 하나의 산업이었다. 유언비어와 풍문에서부터 손택의 중요성을 분석하는 고상한 서적들에 이르기까지, 이 모든 것들에 넘쳐흐르는 역동성 때문에, 나는 이 전기 — 공인 정본 전기 — 를 읽기를 평생 기다려온 것만 같은 기분이었다. (2008년과 2012년에) 출판된 손택의 일기들은 지나치게 많은 내용을 드러냈다. 그녀의 가장 유명한 에세이들이 되는 글들의 목록과 개요들이 끝없이 열거되어 있고, 이와 함께 그녀의 상심과 자멸적인 자기의심을 다룬 곤란한 서신들이 있었다. 이 일기들로 인해, 그녀의 유산을 다룬 사설들이 또 한바탕 쏟아졌고 그녀의 영향력은 더 확장되었다. 곧, 더 젊은 작가들(나를 포함해서)은 손택이 발명하지는 않았더라도 정전화한 형식인 번호를 매긴 목록 형태의 에세이들을 출판하기 시작했다.

손택의 일기와 공식 전기에서 드러난 가장 매혹적인 주제 중 몇몇은, 삶에 대한 그녀의 활기찬 성향이 종종 어떻게 그녀가 왔던 곳 혹은 도달한 곳으로부터 빠져나갈 길을 그녀에게 보여줄 안내자에 대한 그녀의 필요에 의해 추동되곤 했는지를 보여준다. 여러 차례 재창안(그녀는 에세이와 소설을 썼고, 영화와 연극을 연출했다)된 그녀의 모범적인 삶은 그녀의 흥분된 눈빛 속 타오르는 열의, 그 아래에서 끓어오르던 자책하는 듯한 불만족이 부추긴 것이다. 설령 열정으로 시작되었다 하더라도, 그녀가 맺은 관계들은 많은 경우 비교와 비판, 그리고 궁극적인 거부와 같은 부정적인 능력 속에서 기능했다. 그녀는 그녀의 엄마, 그녀의 어린 시절, 그녀의 유대인성, 그녀의 퀴어성, 그녀의 몸, 그녀의 젠더와 고통으로 가득한 관계를 맺고 있었다. 그녀는 열일곱에 결혼했고 스물여섯에 쓰라린 이혼을 겪었다. 그녀는 자신에게, 또 친구들과 동료들에게, 그리고 세계에 대해서까지도 실망했고, 그건 징벌적이었으며 고문하는 듯 고통스러웠다. 한 인터뷰에서 이렇게 말한 적이 있다. "나는 적대자인 게 좋습니다."

어떤 좋은 대디라도 그렇듯이, 손택은 자신이 직접 그 역할을 맡기 전에, 자신만의 대디가 계속해서 잇따라 필요했다. 나는 손택이 자신의 연인인 안나 카를로타 델 페조의 발치에서 무릎 꿇고 있는 이미지를 잊지 못할 것 같다. 그녀는 "현실과는 서로 인사도 나눠본 적 없는" 그런 공작부인이었다(이건 칭찬해야겠다. 모저는 돌려 깔 때는 아주 끝내준다). 한 친구는 이렇게 말한다. "수전은 문자 그대로 단 두 사람의 발치에만 앉았어요. 방에 들어올 때 두 사람 중 누구든 눈에 띄면 그녀는 곧장 여기 바닥에 앉곤 했죠. 바로 한나 아렌트와 카를로타예요." 정말 대단한 광경이지 않은가.

수전 손택이 한나 아렌트와, 전기에 따르면 "아마 평생 책 한 권도 읽어본 적 없는" 공작부인의 발치에 무릎 꿇고 있는 모습이. 자신의 주제들에 거의 금욕적인 수준으로 헌신하던 작가였음에도 불구하고, 한 사람으로서의 손택은 까탈스럽고, 자기 중심적이며, 거만하고, 요구가 많았다. 그녀는 남자처럼 행동하기로 유명했다. 「수전 손택을 주목하며」에서 우리는 그녀가 출판사의 디너파티의 관습을 깨트렸다는 이야기를 듣는다. 그곳에서는 남자들은 식사 후 한 방으로 가서 대화를 나누고 여자들은 다른 방으로 가는 게 관습이었다. 손택은 격식이고 뭐고 남자들에게 합류했고, 그 관습은 영원히 끝났다. 그녀에 대한 가장 생생한 글 중 하나는 2000년 『뉴요커』에 실린 조앤 아코셀라의 인물평론 「단식 예술가」인데, 여기서 우리는 환희와 의욕에 가득 찬, 눈을 크게 뜨고 팔을 펄럭이며 "여섯 시간 동안 막힘없이 이야기하는" 손택의 잊을 수 없는 이미지를 만나게 된다. 내가 잊지 못하는 또 다른 이미지는 시그리드 누네즈의 2011년 회고록 『언제나 수전』에 나온다. 여기서 우리는 빈혈과 편두통에 시달리는 아이였던 손택이 어머니가 정육점에서 가져온 피를 매일 몇 잔씩 마셨다는 이야기를 듣는다. "그녀는 세상이 마음에 들지 않을 때면 화가 폭발했고, 누군가를 해치고 싶어 했다"라고 누네즈는 쓴다. "그런 최악의 순간들에, 나는 피 몇 잔을 들이키던 소녀로서의 그녀의 이미지가 불현듯 떠올랐다." (이것을 읽었을 때 나의 일부분 — 피로 물든 구덩이라는 필연성에 의해 소집된 정치적 상상력과 관련된 부분 — 이 동요하기 시작했다.) 모저의 『손택: 그녀의 삶과 작업』에는 그녀의 혹독한 심문에 대한 기록투성인데, 읽을 때 가장 속이 메스껍고 고통스러운 부분은 그녀가 자신을 그런 심문의 대상으로 대할 때다. 이것이 대디들이 작업하는 방식, 가부장적 길들이기가 대물림되는 방식이다. 사투르누스[4]는 하늘의 왕좌를 차지하기 위해 자신의 아버지를 거세했기에 자신에게도 같은 운명이 닥치는 것을 원치 않아서 자기 자식들을 모두 집어삼켰다. 그래서 사실상 그는 서구 신화에서 가부장제의 발명자로, 가장 지배적이고 결정적인 법으로서의 아버지의 법을 예시한다. 점성술에서 토성은 무엇보다도 우리가 어떻게 자신을 훈육하고 처벌하는지, 우리가 어떻게 고되게 노동하며 자신을 엄격한 기준에 맞추는지를 지배한다. 그리고 토성이 관심을 갖는 유일한 기준은 무엇이 앞으로 수십 년간 우리 삶에 지속적으로 영향을 미칠 결과를 낳을 것인가이다. 토성은 우리가 자신을 무엇으로 만드는지, 우리가 받은 것을 가지고 무엇을 하는지, 그것에서 얼마나 많은 활용 가치를 얻을 수 있는지를 지배한다. 그는 우리가 무엇이 현실이길 바라는지에는 관심이 없다. 그는 오직 무엇이 실제로 현실인지에만 신경 쓰며, 그래서 그는 끊임없이 실망한다. 토성에게는, 그 무엇도 결코 충분히 좋지 못하다. 언제나 해야 할 일이 더 남아 있다.

네 개의 행성이 토성이 지배하는 궁에 위치하는 손택은 『사진에 관하여』를 완성하자마자 침대에 몸을 던지며 글이 발터

---

[4] [옮긴이] 토성(Saturn)은 로마 신화의 농경신 사투르누스(Saturnus)에서 이름을 따왔다. 사투르누스는 그리스 신화의 크로노스에 해당하며, 하늘의 신 우라노스의 아들이다. 크로노스는 어머니 가이아의 도움으로 아버지 우라노스를 낫으로 거세하고 권력을 차지했다. 이후 자신의 자녀들이 자신을 폐위시킬 것이라는 예언을 들은 크로노스는 아내 레아가 낳은 자녀들을 태어나자마자 삼켜버렸다. 결국 레아는 막내 제우스를 숨겨 키웠고, 성장한 제우스는 아버지를 속여 삼켜진 형제자매들을 구출하고 크로노스를 폐위시켰다.

벤야민만큼 좋지 못하다고 한탄했다. 2003년 J. M. 쿳시가 노벨 문학상을 받았을 때 그녀는 크게 실망했는데, 이는 당시 일흔 살이었던 자신이 영어로 글을 쓰는 또 다른 작가로서 그 상을 절대 수상할 수 없다는 것을 의미했기 때문이다. 20대였을 때 남자와 처음으로 오르가즘을 경험하고서 그녀는 이렇게 말한다. "젠장할, 이제 나도 다른 사람들과 똑같잖아." 손택은 일기의 거의 모든 기록에서 족족 자신을 십자가형에 처한다. 자신의 글쓰기를 놓고 "문제점: 내 글의 얇음 ― 문장 하나하나가 빈약함 ― 너무 건축적이고 담론적임." 시몬 베유에 대해 명상한 뒤 내린 결론으로는, "내 문제점(그리고 아마 내 평범함의 가장 심오한 근원): 나는 순수하면서도 현명하기를 원했다." 1957년(스물네 살)에 자신의 결점들을 나열한 목록으로는, "항상 늦음 / 거짓말하기, 말이 너무 많음 / 게으름 / 거절을 잘 못 함." 그저 일기를 무작위로 펼쳐 찾아낸 짧은 사례들의 목록이 이 정도다. 손택의 그토록 매혹적인 지점 중 하나는 그녀의 CV를, 그녀가 스스로를 평범하다고 여겼던 모든 방식을 나열한 목록들과 대조해 알아내는 데 있다. 게으르다고 자신을 맹비난하는 부분을 읽다가 페이지를 넘기면 그녀가 최근에 다시 읽은 책들(거트루드 스타인, 카프카, 지드)의 목록과, 시청한 영화들, 이야기 구상, 그리고 데카르트, 빅토르 위고, 성 테레사를 인용하는 논증의 스케치들이 나온다. 순수함과 지혜, 성공의 도달할 수 없는 기준에 도달하고자 하는 그녀의 탐구는 종교적인 것으로, 구원자와 순교자의 성격을 같은 정도로 갖고 있는 것으로, 갈망하는 것 자체로 처벌받아 마땅한 것으로 느껴진다. 이러한 형벌의 자학적 상처는 쓰라리지만, 그 덕에 그녀는 박차를 가해 한층 더 앞으로 나아갈 수 있다.

그녀는 다른 이들에게도 숱하게 형벌을 내린다. 전기에서는 한 명 이상의 사람들이 그녀를 괴물이라고 부른다. 아코셀라는 그녀와의 인터뷰가 "동굴 속에 용과 함께 있는 것 같았다"라고 말한다. 시인 브렌다 쇼네시는 손택과 맺었던 학대적 관계를 치유하기 위해 상담을 받으러 간다. 가장 역겨운 구절들 중 일부는 손택과 그녀의 오랜 파트너 애니 리버비츠 사이의 역학관계를 서술한다. 애니는 1980년대 후반부터 손택이 죽을 때까지 함께했다(그리고 그녀의 시신을 촬영한 것으로 악명 높다). 수전은 사적으로나 공적으로나 기회가 있을 때마다 그들의 관계를 "격렬하게 부인했다". 손택은 공개적으로 애니를 폄하하고 질책한다. 발자크를 읽지 않았다고 멍청하다 핀잔하고, 세계에서 가장 성공한 사진작가 중 한 명인 애니가 "실제로 안목이 있다"는 것을 깨달았다며 "정말 놀라워!" 한다. 그들은 해악과 속죄의 순환 속에서 정기적으로 헤어졌다가 다시 만나는 것을 반복한다. 두 사람의 친구들은 움츠러들며, 더는 그들과 저녁 식사를 함께하지 않는다. 우리 모두 이런 커플을 본 적 있다.

모저와의 인터뷰에서 애니는, 단지 자신이 더 나은 사람이 되도록 손택이 밀어붙인 것이라고, 손택의 기준이 그토록 전설적으로 높았기에 그랬던 것이라고, 그리고 특히 손택이 아플 때 그녀에게 감정적·재정적 지원을 제공할 수 있어서 행복했다고, 심지어는 영광이었다고까지 주장한다. 하지만 그런 헌사 아래에는 그 책의 가장 흥미진진한 폭로 중 하나가 들어 있다. 모저가 인터뷰한 손택의 회계사는, 애니가 두 사람이 관계를 유지하는 동안 손택에게 호화로운 아파트를 사주고, 세계 일주 일등석을 선물하고, 정기적으로 용돈을 주었다고, 그렇게 총 800만 달러를 주었다고 증언한다. 대디 그 자체 아냐?

세기의 가십을 말해주겠다. 1975년, 세 번의 암 중 첫 번째 진단을 받았을 때 — 이미 "수전 손택"은 고급 문화 및 지적 성공과 동의어로 여겨지는 이름이었고, 당시 네 권의 책의 저자였으며, 그중 두 권은 베스트셀러였고, 칸 영화제 심사위원으로 있었음에도 — 수전 손택은 건강보험이 없었다. 그녀의 치료비는 15만 달러였는데, 이는 오늘날 돈으로 최소 70만 달러에 해당한다. 그녀는 친구들에게 전화를 돌려 돈을 보태달라고 부탁해서야 겨우 지불할 수 있었다. 최초의 고펀드미[5]였던 셈이다. 이 부분을 읽으면서 나는 좌절감에 주저앉았다. 수전 손택마저도 그녀가 아플 때 건강보험이 없었는데, 우리 나머지는 어쩌란 말인가? (이후의 암 치료비 대부분은 리버비츠가 지불했다.)

『손택: 그녀의 삶과 작업』은 읽기 힘든 책인데, 그녀의 병을 다루는 부분이 가장 힘들다. 『은유로서의 질병』에서 아픈 사람의 병이 그들 자신의 잘못이라고 생각하는 우리의 경향을 비판하는 입장을 취하면서도, 손택은 그런 비장애중심주의적 관념의 다른 한쪽 면, 즉 아픈 사람은 자신의 병에서 벗어날 방법을 떠올릴 수 있고 또 떠올려야만 한다는 관념을 자신에게 엄격히 적용했다. 자기 자신과 연관해서 그녀는 만약 치유되지 않는다면, 더욱이 완치되지 않는다면, 그것은 자신이 실패한 것이라고 믿었다.

---

[5] [옮긴이] GoFundMe. 2010년에 창립된 기부·자선을 목적으로 하는 크라우드펀딩 사이트로, 특히 총기난사 사건, 자연재해, 전쟁 피해자들에게 후원될 기부금을 모아 전달해주곤 한다.

모저가 지적하듯이, "몸을 부정하는 것은 또한 고집스럽게 죽음을 부정하는 것이기도 한데, 이 고집스러움은 손택의 최후를 불필요하게도 끔찍하게 만들었다. 그녀는 정신을 한데 모아 집중하면 결국에는 죽음을 이겨낼 수 있다고 믿었다 ― 문자 그대로 믿었다." 여기서, 나는 손택의 일기에서, 유사하게 방향을 잘못 잡은 노력에 대한 대목 "양성애자의 진보"를 떠올렸다. 거기서 그녀는 자신의 병을 앞지르려고 한 것과 마찬가지로 자신의 퀴어한 몸에서 벗어날 방법을 생각하려고 노력한다. 글쓰기를 통해 병에 대한 편견들을 허물기 위해 많은 일을 했음에도 불구하고, 궁극적으로 나는 어떻게 자신의 삶을 영위했는가에 있어서는 수전 손택이 비장애중심주의라는 파괴적 이데올로기를 훨씬 더 공고하게 만든 사람이라고 생각한다. 우리 모두가 알듯이, 더 좋은 쪽이든 나쁜 쪽이든, 이데올로기들은 오랜 시간에 걸쳐 규칙적으로 그것들을 살아냄으로써 공고해지기 때문이다.

단 한 번도 자신이 암에 걸린 상태에서 책을 쓰고 있다는 것을 언급하지 않은 채 병에 대해 책 전체를 써낼 수 있었다는 것은, 글쎄, 이상하다. 이는 철학적 에세이를 쓸 때 일인칭 "나"를 신뢰하는 것에 대한 불안 그 이상으로 보인다. 이런 태도는 10년 후 그녀가 자신의 퀴어성을 밝히지 않은 채 에이즈에 대한 책을 썼을 때까지도 계속되었다. 이 전기의, 그리고 사실상 손택의 삶의 아곤은, 그녀의 모든 친구들이 그녀의 퀴어성에 대해 알고 있었음에도 그녀가 벽장에 머물러 있었다는 것이다. 그녀의 삶이 끝날 무렵에는 그 사실이 이미 너무나 분명했기에, 그녀가 커밍아웃을 거부하는 데에 친구들 다수는 화가 잔뜩 나있었다.

(물론, 나는 「수전 손택을 주목하며」에서 웨인 코스텐바움이 한 말을 떠올린다. "「캠프에 관한 노트」의 저자가 꼭 커밍아웃을 해야만 하나요?")

퀴어 공동체의 그 유명한 아이콘이 그들과 공개적으로 연대하지 않았다는 사실은 여전히 쓰라리다. 그리고 바로 이 주제야말로 우리가 이 전기에서 대상 인물에 대해 모저가 가졌던 욕망과 느꼈던 실망을 듣기 시작하는 곳이다. 그는 에이즈 위기가 최고조에 달했던 1989년에 나온 『에이즈와 그 은유들』의 대리석처럼 차갑고 난해한 언어를 온당하게 비판한다. 모저는 이렇게 쓴다. "이름들을 거부하는 것 — '내 몸' 대신 '그 몸'이라 쓰는 것 — 은 거짓된 위안을 제공했고, 침묵과 수치심의 흐릿한 대기를 심화했다." 모저는 그녀의 아카이브에서 「캠프에 관한 노트」의 초기 제목이 「동성애에 관한 노트」였음을 보여주는 노트들을 발견한다. 다큐멘터리 「수전 손택을 주목하며」는 그녀의 퀴어성을 중심 서사로 전면에 내세우면서 이 사실을 모르고 있을 수도 있는 마지막 남은 사람들에게까지 이를 밝히려는 노골적인 시도이다. 아코셀라의 『뉴요커』 인물평론은 부분적으로 손택이 살아생전에 공식적으로 커밍아웃할 기회로 의도된 것이었지만, 손택은 대신에 발끈하며 마지못해 이렇게 인정했다. "내게 남자 친구들뿐 아니라 여자 친구들도 있었다는 게 뭐요? 내가 보기에는 세상에서 가장 자연스러운 일인데, 굳이 말했어야 했다고는 생각도 못 했네요." 모저는 이 인터뷰의 필사자, "완전한 오픈리 게이 남성"이 이 말을 듣자마자 눈물을 터뜨렸다는 아코셀라의 서술을 인용한다.

손택의 내면화된 비장애중심주의를, 그녀가 자신의 몸에 대해 느꼈던

부인의 연장이라고 읽지 않기는 어렵다. 이는 그녀의 내면화된
동성애 혐오 및 여성 혐오와 같은 장소에서 비롯된 것이다. 내게
이 모든 것은 그녀를 정의하는 엄격하고 음울한[saturnine,
토성적인] 본성, 자기 자신에 대한 그녀의 근본적인 불만족에서
기인하는 것처럼 보인다. 연민을 아무리 품고 읽어보아도, 이
구절들은 비극처럼 읽힌다. 내가 가진 『손택: 그녀의 삶과 작업』의
마지막 100쪽을 읽으면서, 책 여백에 계속해서 그려대던 것은
슬픈 얼굴이었다.

╋

나는 아픈 사람, 장애가 있는 사람이 자신이 내면화한
비장애중심주의에서 절대 벗어나지 못하는 것을 비난하지
않는다. 내가 여백에 그린 슬픈 얼굴은 인정의 표시였다. "와 씨,
그래 이년아, 나도 거기 있었다고." 우리의 정체성을 빚는
이데올로기들이 우리와 겹쳐져 있는 방식들을 풀어내는 것은
살아 있는 동안에도 충분히 어려운 일이다. 죽은 뒤에는 훨씬 더
골치 아파진다. 한 번도 자신의 퀴어성을 주장하지 않았던 퀴어의
퀴어성을 우리가 어떻게 사후적으로 이해할 수 있을까? 자신의
병에 대해 글을 썼으나 그 병을 절대 자기 몸의 일부라 밝히지
않는 사람의 병을 우리가 어떻게 이해할 수 있을까?
자신을 자신의 몸으로 환원시키길 원치 않았기에 손택의 불안이
유발되었다고 느껴질 수 있고, 또 여러모로 그녀에게는 이에 대한
타당한 이유가 있었다. 수많은 작가와 예술가 — 특히 여성들과
퀴어들, 비백인들 — 의 주변에서 득실대는 병과 광기, 장애 들은

그들의 유산에 일종의 향수(perfume)로 작용한다. 아픈 여자의 경우, 우리는 그 여자를 실제로 만나기도 전에 이 유산의 냄새부터 맡는다. 그중 가장 유명한 사람의 경우, 그 냄새는 대기를 넘어 성층권 전체를 이룬다. 그녀는 몸과 정신의 상태로 인해 낭만화되는 동시에 병리화된다. 그녀의 작업은 그 상태를 통해 읽히고, 그 상태에 의해 규정된다. 이렇게 그녀에게 부여된 양날의 검과 같은 중력은 그녀의 무덤을 마련해주는 만큼이나 그녀를 지상에 속박한다.

울프의 강물에서의 자살과 플라스의 오븐에서의 자살, 손택과 애커의 암, 디디온의 다발성 경화증 진단, 볼스의 뇌졸중과 실어증이 있다. 손택의 마지막 소설들에 나타나는 두서없고 지엽적이던 그 방종은 그녀가 마지막 암 투병 중에 강력한 진통제를 맞으며 마약의 안개 속에서 글을 썼다는 사실로 설명된다. 디디온의 꿰뚫는 듯한 응시와 찌푸린 눈썹은 무질서와 씨름하는 그녀의 글쓰기의 핵심에 있는 기획뿐만 아니라, 신경질적이고, 편두통에 시달리며, 정신적 붕괴에 취약한 그녀의 체질마저도 드러낸다. 플라스의 어마어마한 명성은, 그녀의 최고의 작업이 자살 우울증이라는 어둠 속에서 만들어졌다는 것, 그리고 『에어리얼』의 최종목적(telos)이 우리를 오븐 속으로 곤두박질치게 하려는 것임을 이해하는 것과 분리될 수 없다. 몇 년에 한 번씩 이 롤모델들에게 돌아와 그들의 작업을 다시 읽고 출판된 전기와 편지, 일기 들을 읽으며, 다른 이들이 그들에 대해 들려주는 가십을 군것질하듯 접하며 나이 들어온 내게, 이런 유산들은 두려움과 파토스로 무겁게 느껴지기 시작했다. 고통을 사실상 숭배하면서 그것을 다른 세상의 일로, 즉 누구나의

일상적인 삶의 소재가 아니라 우리의 아프고 미친 천재들이
만들어졌다가 그 뒤에는 허물어지는 도가니로 만들어버리는
성인전(聖人傳)들에 의해, 그 유산 하나하나 모두 안갯속에
흐릿해져 있다. 제인 볼스의 전기 『사소한 원죄』를 읽던 그 고문과
같은 기억이 떠오른다. 그녀가 뇌졸중으로 인해 읽지도 쓰지도
못하게 된 이후에 그녀의 남편과 친구들이 그녀를 보살피려
하다가 망한 시도를 여러 차례 서술하고 있었기 때문이다.
그들은 실어증에 대해 그녀의 절망을 합리적 반응으로 이해하는
대신 그녀가 히스테릭하다고 생각했고, 그렇게 두 손 두 발 다
들어버리기 일쑤였다. 나는 그 책을 읽는 데 10년이 걸렸다.
비장애중심주의와 고뇌가 너무도 거대했기에 계속해서 책을
내려놓아야만 했기 때문이다.

여성 작가, 예술가, 사상가, 창작자 들을 신화화함에 있어서 유독
특이하다고 느껴지는 점은, 우리가 그들의 병을 경유해서 그들의
천재성을 설명할 뿐만 아니라 그 병 때문에 그들을 처벌하기도
한다는 것이다. 반례를 들자면, 밴드 블랙 사바스의 기타리스트
토니 아이오미는 온전치 못한 손으로 연주한다. 열일곱 살에 철판
공장에서 일하다 사고로 중지와 약지 끄트머리가 절단됐는데,
이게 오른손이었다. 그는 왼손으로 연주하기 때문에, 오른손은
프렛보드[6]를 짚는 손, 즉 기타리스트에게는 가장 중요한 손이다.
그는 플라스틱 병뚜껑과 잘라낸 가죽 재킷 조각 등 다양한 DIY
보철물을 고안했고, 연주하는 법을 다시 배웠다. 그의 신화에서,
이 장애와 그것이 그의 연주 기법에 미친 영향은(예를 들어 줄이

---

[6] [옮긴이] fretboard. 기타의 목 부분에서 줄을 눌렀을 때 음이 정해지는 부분을 말한다. 오른손잡이는 일반적으로 왼손으로 프렛보드를 짚는다.

더 쉽게 휘어질 수 있도록 기타를 다운 튜닝해야 했다) 그를 어떤 길을 따라가도록 강제했고, 경외심을 담아 회자되듯, 그 길에서 그는 독창적인 헤비메탈 사운드를 발명했다. 아이오미 자신이 이를 온화하게 반박했다는 사실 — "그저 함께 살아가길 배워야 했던 무언가일 뿐입니다" — 은 고통의 잔해 속에서 발견된 중대한 문화적 발견이 내뿜는 것과 똑같은 광채를 내지는 않는다.

고통을 어느 정도 초연하고 무관심하게 수용하는 것은 대디들에게는 정언적이다. 대디들에겐 나약함이나 징징거림을 용납할 시간이 없다. 강인해져라, 견뎌내라, 계집애처럼 굴지 마라. 가부장제는 아픈 사람들이 자신의 아픔에 아무렇지 않아 보일 때 가장 큰 찬사를 보낸다. 이는 가부장제가 "남자처럼 행동하는" 여자들에게 보상하는 방식과 유사하다. 이것이 가부장제적 가치들의 근간을 이루는 모순적 동어반복 중 하나다. 가부장제는 먼저 당신을 타자화된 몸으로 정의하고, 그 몸으로 환원하며 — 실제로 그런 타자성을 고통 그 자체와 합쳐버리는 정도까지 나아간다 — 그리고 나서 당신이 마치 당신의 몸, 이 타자화된, 고통받는 정체성이 당신이 누구인지와는 사실 전혀 무관하다는 듯이 움직이고 행위하고 살아갈 때 당신에게 보상을 준다. 가부장제는 당신을 환원한 다음, 당신이 그 환원을 "극복"할 때 당신을 찬미한다.

나는 아팠을 때, 그리고 아픈 여자, 이-인, 정신병자 같은 이 새로운 정체성에 따라 내 이야기를 읽고 쓰기 시작하면서 비장애 중심주의의 숲에서 길을 잃고 북극성을 찾고 있었을 때, 이 역설적인 부정은 어디에나 있었다. 나는 환원 가능성을 할당하는 바로 그것에 의해 내가 환원되어버릴까 봐 불안해졌다.

나는 손택을 제하고는 그녀만큼 유명하면서도 자신의 병에 대해
금욕적이었고 심지어 침묵했던 여성 대디가 거의 없다는 것을
알아차렸다. 나는 그녀가 아픈, 퀴어, 여자와 같은 범주들이
자신에게 들러붙는 것을 그토록 격렬하게 거부했기—그게 선택인
양 — 때문에 그녀의 명성이 그토록 커졌던 것은 아닌지 궁금했다.
아니면 이런 신화화에 대해 그녀가 느낀 불안이야말로 그녀의
유산에 생기를 불어넣는 것일까? 이것들이 유일한 선택지일까?
대디가 되거나 아픈 여자가 되거나? 가부장이 되거나 이-인이
되거나? 말러슈바인이 되거나 정신병자가 되거나? 이것들에 맞서
싸우는 방식으로 정의되는 것이 당신이 희망할 수 있는 최선일까?
자신만의 병, 정신적 붕괴, 입원, 노쇠함, 장애, 중독, 우울, 불안,
환각을 겪었던 여성 작가 및 예술가 가운데 아픈 여자들과
정신병자들은 아주 넘쳐난다. 프리다 칼로, 오드리 로드,
플래너리 오코너, 우니카 취른, 빌리 홀리데이, 리어노라
캐링턴, 진 리스, 셜리 잭슨, 토베 디틀레우센, 시몬 베유, 캐서린
맨스필드, 구사마 야요이, 세라 케인, 해나 윌키, 바버라 해머,
캐서린 로드, 젤다 피츠제럴드, 에밀리 디킨슨, 샬럿 퍼킨스
길먼, 앤 섹스턴, 사라 망구소, 힐러리 맨틀, 케이 세이지, 베트
하울랜드, 게일 존스, 비올레트 르뒤크, 카미유 클로델, 세라핀
루이, 마리나 츠베타예바, 알레한드라 피사르니크, 애그니스
마틴, 발레리 솔라나스, 재닛 프레임, 슐라미스 파이어스톤,
목록은 계속해서 이어지고, 이어지고, 이어진다. 이 여자들은
각자 — 어떤 이는 명시적으로, 어떤 이는 우회적으로, 가끔은
두 방식이 소용돌이치며 — 자신의 삶과 자신이 겪은 일들,
자신이 원하고 도달하려 했던 것들, 그리고 어떻게 하늘에서

때때로 추락했는지를 기록했다. 이들은 모두 자신의 이야기의
작가들이었다. 하지만 이 이야기들은 문학-전기-산업 복합체에
의해 되새김질되는 여물이 되어버렸다. 그들의 분투는
착취당했고, 상업화되었으며, 실재가 아닌 상징이, 깊이 없는
이미지, 결점 없는 아이콘이 되어버렸다. "실비아 플라스 효과", 즉
시인과 작가 들이 정신 질환에 더 취약하다는 안락의자 이론[7]이
있다. 『불에 닿다: 조울증과 예술적 기질』같은 대중 심리학
서적들은 이를 통계로 입증한다. 2013년, 『바이스 매거진』은
여성 작가들의 유명한 자살을 재연한 패션 화보를 실었는데,
거기서 우리는 아이리스 창을 연기하는 모델이 열린 입에
리볼버를 가져다 대는 모습을 보게 된다. 할리우드 전기영화들도
있다. 죽음을 몇 시간 앞두고 복도에서 희미한 전구 빛에 둘러싸여
혼잣말하는 실비아로서의 기네스 팰트로[8], 코에 보철물을 끼고
주머니에 돌을 넣은 채 강으로 걸어 들어가는 모습으로 오스카를
수상한 니콜 키드먼[9]. 더 이상 이어갈 필요는 없다. 전체 목록은
불필요하다. 우리는 모두 이야기가 어떻게 흘러가는지 알고 있다.
이제 이것은 이야기 이상이 되었기 때문이다. 여기 우리 곁엔
또다시 신화의 소재가 있다.
병의 신화는, 죽음이 그러하듯, 파토스와 애절함, 그리고 의미를 위한

---

[7] [옮긴이] 실증적 연구나 경험적 데이터 수집 없이 사변, 추론, 직관에만 의존하거나 기존 자료를 종합해 발전시키는 이론 구축 방식을 지칭한다. 18-19세기 학자들이 현장 조사 대신 자신의 안락의자에 앉아 세계에 대한 이론을 구상했다는 이미지에서 유래했으며, 일반적으로 경멸조로 쓰인다.

[8] [옮긴이] 기네스 팰트로는 영화 「실비아」(2003)에서 실비아 플라스를 연기해 플라스와 테드 휴즈의 결혼 생활과 가스 오븐으로 자살하기 전 마지막 순간을 묘사했다.

[9] [옮긴이] 니콜 키드먼은 영화 「디 아워스」(2002)에서 버지니아 울프를 연기해 『댈러웨이 부인』을 쓰는 과정과 우즈강에서의 자살을 묘사했다.

일종의 윤활유다. 발터 벤야민이 말했듯, "죽음은 이야기꾼이 들려줄 수 있는 모든 것을 인가한다. 이야기꾼의 권위는 죽음으로부터 빌려온 것이다". 나는 이것이 내게 가까이 다가오는 것을 느꼈다. 질식할 것 같은 습기가, 마치 축축하고 부패한 얇은 막에 뒤덮인 것처럼. 나의 이야기는 병을 신화화하는 기계에 먹히게 될까? 내가 주로 알려지게 된다면, 그것은 내 재능, 내 기교, 내 야망이 아니라, 내가 고통받았다는 사실, 그것에 대해 글을 썼다는 사실에 대해서일까? 내 몸이 나와 싸웠고, 죽음이 나와 싸웠으며, 내가 맞서 싸웠음에도 불구하고, 내가 졌다는 사실에 대해서?

내가 입원해 있을 때, 내 머릿속을 가득 채운 생각들 중 하나는 내가 죽으면 내 작업과 내 이야기가 어떻게 될 것인가 하는 것이었다. 나는 어린 시절부터 꾸준히 일기를 써왔고, 원고를 모두 보관하고 있다. 때로는 손으로 쓰고 모두 손으로 편집한 것들이다.

내 파트너는 내 필체를 전혀, 단 한 글자도 읽을 수 없다. 우리는 이것을 두고 웃곤 하지만, 때로 나는 이것이 다른 무엇보다도 내 운명을 결정할지도 모른다고 생각한다. 지렁이 기어가는 듯한 글씨로 뒤덮인 종이 더미, 아무도 읽을 수 없는 내 인생의 작업을 남기게 될 것이라는 운명. 예술가 세라 캐스린 알레지를 생각한다. 그녀는 남편에 의해 정신분열증으로 네 번 입원당했고, 무명으로 죽었으며, 그녀의 작업은 가족들이 버린 후 이웃이 쓰레기통에서 구해냈다. 빈의 한 미술관에서, 나는 유리장 안에 보관된 클림트와 실레의 편지들을 경이롭게 바라보았다. 찢어진 종이 조각에 현미경으로 봐야 할 만큼 작은, 상형문자 같은 글씨로 휘갈겨 쓴 편지들이었다. 누구의 글 조각들이 이런 돌봄을 받게 되는 걸까?

손택의 행운 중 하나는 아들 데이비드 리프가 모저에게 공식
전기를 의뢰하고 그녀의 일기들을 편집하고 출판함으로써, 자기
대디[손택—옮긴이]의 착한 아들로서 그녀의 재산을 고생스럽게
관리했다는 것이라 할 수 있을 테다(하지만 그녀의 일기 제2권이
출간된 지 10년이 넘도록 우리가 아직도 제3권을 기다리고
있다는 사실은, 손택의 착한 아들이 되는 데 요구되는 부지런함이
어떤 것인지를 암시하는 듯하다).

병적으로, 과장스럽게도, 입원한 상태에서, 내가 살게 될지 죽게 될지
확신하지 못할 때마다, 나는 내 유산 관리 과업을 맡길 자식이
없다는 사실에 초조해한다. 나는 내 원고들이 알레지의 작업처럼,
혹은 더 나쁘게는 플라스의 작업처럼 될까 봐 걱정되었다. 비록
플라스는 남편 테드 휴즈와 사망 직전에 서로 악감정만 남긴
채 결별했지만, 사망할 당시에는 여전히 결혼 상태였기에 그는
그녀의 문학적 유산의 집행자가 되었다. 이 권한으로, 그는 그녀의
일기 일부를 파괴했고, 그녀가 남겨둔 것과는 다른 형태로 그녀의
작업을 재배열하고 편집했으며, 전기 작가들과 편집자들이
그녀의 원고에 접근하는 것을 거부했다. 마침내 1970년대에,
플라스—산업 복합체의 요구에 압도되었다고 느끼며, 그는
자신의 누나 올윈을 고용해 유산 집행자 자리를 넘겨주었다.
올윈은 작가가 아니었고, 플라스가 살아 있었을 때에도 그녀를
좋아하지 않았다. 재닛 맬컴의 책 『침묵하는 여자』는 올윈이
플라스가 사망한 후에도 계속해서 갖고 있던 원한에 대한 연속극
같은 이야기를 상세히 다룬다. 그렇게 올윈은 자신이 원하는
방식 이외의 어떤 방식으로도 플라스 신화가 전해지는 것을
방해하고 거부하려 자주 시도했다. 올윈은 전기는 "정직한"

이야기를 들려주어야 한다고 고집하면서 플라스 전기 출판에 돈을 댔다. 따라서 거기에는 플라스의 옛 친구가 전하는 이런 이야기도 포함되어 있었다. 플라스가 그의 집에 머물 때 냉장고에 있는 음식을 모두 먹어버려서 저녁 식사로 먹을 것이 하나도 남지 않았다는 것이다. 맬컴은 이런 일화를 포함시키는 것은 플라스의 이야기에 보탬이 되기보다는 올윈 자신의 신화에 더 보탬이 된다고 지적한다. 하지만 이것들은 정확히 어디서, 어떻게 구별되는 것일까?

나는 침울해지면 내 파트너의 형제가 내 작업들의 집행자, 내 올윈이 될 가능성에 집착한다. 내 파트너의 형제는 석유 및 가스 업계의 임원이고, 네이비색을 많이 입고 책장에 아인 랜드를 꽂아둔 백인 이성애자 비장애인 남성이다. 우리의 첫 대화에서, 그는 자신이 예술을 좋아하지 않는다고 말했다. 나는 "하지만 당신에게 뭔가를 느끼게 해준 영화나 그림을 봤다거나, 그런 노래를 들었다거나, 그런 책을 읽은 적이 정말 한 번도 없나요?"라고 물었다. 그는 없다고 대답했다.

정신과 의사는 이를 내 과대망상의 증거로 볼 수도 있을 것이다. 심지어 내가 이것을 어떤 가능성으로 생각하는 것만으로도 그렇지만, 심지어 그것이 현실이 될까 봐 걱정하고 그것을 막을 계획을 세우는 것은 더더욱 그럴 것이다. 하지만 이건 진짜다. 내 죽음 이후에 나에 대해 쓰일 이야기에는, 이를테면 이제는 더 이상 친구가 아닌 사람의 증언이 포함될 수도 있다. 내가 그를 병원으로 불러 알아볼 수 없는 휘갈긴 글로 뒤덮인 종이 뭉치를 건네주며 후세를 위해 복사해달라고 요구했다고 회상하는 증언 같은 것 말이다. (그는 복사해주지 않았다.) 내가 밑에서 일했던 오페라 무대 디자이너 — 내 5150 강제 입원을 지지했던 그 사람 — 의, 내가 유산을 한 이후의 모습이 마치 기차 사고를 보는 듯 끔찍했다는 말들을 포함할 수도 있다. 독일 언론이 울리케 마인호프에게 했던 짓, 그녀가 당시 10년 전에 (양성) 뇌종양을 제거했기 때문에 테러리즘으로 전향했다고 말했던 것처럼, 기자들이 내 정치적 액티비즘을 내 병의 결과물로 설명하려 시도하는 걸 포함할 수도 있다. 앤 섹스턴의 전기가 했던 짓, 그녀의 정신과 의사가 전기 작가에게 그녀의 각 상담 기록 등 모든 파일을 넘겨서 전기에 길게 재수록한 것처럼, 내 의사의 노트가 인용될 수도 있다. 버지니아 울프의 전기들에 그녀의 남편이 그녀가 정신적 붕괴를 겪을 때마다 그에 대해 방대하고 꼼꼼하게 작성한 일기들까지 수록되어 있는 것처럼. 캐시 애커의 전기에서처럼, 특정 약물 복용을 거부하고 대신에 주술사와 영매, 마녀 들을 찾아다니는 등 내 몸에 대한 나의 선택들에 대해 친구들이 얼마나 반대했는지 회상하는 내용도 전기에 수록될 수 있을 것이다. 내가 충분히 유명해진다면, 버지니아 울프의 조카가 쓴 회고록처럼, 내 가족 구성원들이 나에 대해 아는 것으로 쓴 그들만의 회고록도 수록될 수 있을 테다. 그 회고록에서는 울프가 어린 시절 친척에게 성적으로 폭행당했다고 주장한 것을 조카가 일축하고 있다. 그녀의 삶을 황폐화한 그 트라우마를 그녀와 가까이 지내던 그 누구도 믿어주지 않았다. 나는 내 쓰레기통이 사후에 5500달러에 경매된다는 기사들이 『뉴요커』에 실릴 정도의, 조앤-디디온-성인전 복합체를 만들어낸 그런 종류의 명성에는 절대 도달하지 않기를 기도할 뿐이다. 그리고 만약 내 전기가 정말로 쓰이게 된다면, 제발 공감할 줄 아는 작가를 달라고 신들에게 간청한다 — 불구인 사람, 퀴어인 사람, 이를 받아들이는 사람을. 모든 전기를 백인 남성들이 썼고, 어느 순간 그들의 전기 대상 인물이 모든 것을 인종 문제로 몰고 가길 고집하는 것에 짜증을 내게 되는, 제임스 볼드윈의 경우와는 다르게. 또는 시몬 베유의 전기 작가인 프랜신 뒤 플레시 그레이가 베유의 거식증이 지겹다며 "대체 왜 뭐라도 좀 먹지 않는 거야?"라고 하던 것과도 다르게.

✝

2008년, 손택의 아들 데이비드 리프는 손택이 겪은 죽음의 고통을 상세히 다룬 『죽음의 바다에서 수영하기』라는 제목의 비범한 회고록을 출간했다. 리프는 수전 자신의 예외성에 대한 믿음, 그녀의 생애 전반에 걸쳐 실제 증거로 입증된 믿음을 기술한다. 이는 그녀가 자신의 지성과 집념 때문에 예외적인 인물이었다는 것뿐만 아니라, 모든 역경을 딛고 두 번의 암을 이미 이겨냈다는 게 그 믿음의 이유였다. 그녀는 (두 번째 암 치료로 인해 발생한) 세 번째 암도 이겨낼 것이라고 너무나 확신했기에, 그렇지 못하리라는 것이 분명해졌을 때도 그것을 믿기를 거부했다. 그녀는 아직 해야 할 일이 너무 많기 때문에, 죽을 수 없다고 고집했다. (그녀는 말년에 자신의 초기 작업을 부정하고 소설을 쓰겠다고 선언했다. "에세이! 흥! 에세이는 잊어버려! 이제부터 픽션을 쓰려고 해. 완전히 새 삶을 살 거야. 끝내주는 삶이 되겠지.") 200쪽이 채 안 되는 리프의 얇은 책은 손택에 관한 최고의 글 중 하나다. 그는 다른 어떤 이도 하지 못한 방식으로 손택을 명료히 설명해낸다. 모저의 문장들이 지루하게 느껴지기 시작하면, 나는 귀퉁이가 잔뜩 접혀 있는 내 리프의 책으로 돌아갔다. 리프가 쓰길, "과거를 사랑했던 사람치고는, 아니, 더 정확히는, 과거의 위대한 성취들과 그것들의 설계자들에 자신을 동일시했던 사람치고는 ― 어떤 의미에서, 그녀는 곧 그녀의 찬미들이었다 ― 내 어머니는 놀랍게도 향수(nostalgia)에 시달리지 않았다." 줄표 사이의 그 구절 "그녀는 곧 그녀의 찬미들이었다"는 그녀에 대해 쓰인 가장 웅변적인 말 중 하나다. 착한 아들이다.

손택이 (혈액암으로 고통을 겪으며) 죽어가던 시기, 그로테스크하지만 완전히 이해할 만한 [현실―옮긴이] 부정에 리프 자신과 손택이 함께 가담하던 시기의 두 사람에 대한 리프의 묘사는, 내가 읽은 것 중 가장 뇌리에 깊이 박힌 것 중 하나이며, 비장애중심주의가 어떻게 우리를 보호하고, 감싸주고, 심지어는 견딜 수 없는 현실들을 우리가 감당할 수 있도록 돕는지에 대한 가장 강력한 글 중 하나다. 리프는 낙담스러운 희망 찾기에 동참하려 함으로써 오히려 어머니의 고통을 악화시킨 것은 아닌지 고민한다. 그는 죄책감이 생존자들이 느낄 수 있는 유일한 것인지 묻고, 자신이 그녀 대신 죽을 수 있었길 바라며, 그녀에게 조금이라도 희망을 품게 한 것에 대해 자신을 채찍질한다. 자기징벌의 긴장이 이어지는 것을, 그 가족 유산의 토성적 음울함을 보고 있자니, 손택이 자신의 유일한 자식과 맺은 관계가 침략적이고 제압적이었다는 것을 알기에("나는 나 자신을 그와 너무 동일시하고, 그를 나 자신과 너무 동일시한다"라고 그녀는 쓴다) 회고록은 더더욱 고통스럽다.

나는 종종 리프의 회고록의 이 문장으로 돌아간다. "나는 '희망'이
　… 소멸의 그림자 아래에서 자신의 생각과 감정 들을 정리하려
　노력하는 누군가에게 많은 것을 베푼다는 생각에 크게 의구심이
　든다." 평범하다는 것에 대한 부단한 경이와 끔찍한 공포 둘
　다로부터 삶의 동력을 얻었던 사람에게, 우리 모두가 향해 가야만
　하는 그 소멸이라는 개념은 손택에게는 파문(anathema)과도
　같은 것이었다. 리프가 쓰길, "그녀는 어느 시점에선가 **다른**
　사람들이 암으로 인해 맞이한다고 믿게 되었을 게 분명한 그런
　죽음을 맞이했다..지식도 아무런 의미 없고, 싸울 의지도 아무런
　의미 없는 그런 죽음을". 가장 가슴 아픈 장면들 중 하나가
　마지막에 나온다. "죽기 직전, 그녀는 간호사 보조 중 한 명 —
　그녀의 딸인 양 그녀를 보살펴준 훌륭한 여자 — 에게 고개를 돌려
　'나는 죽을 거예요'라고 말하고는 울기 시작했다." 그녀의 마지막
　말은 데이비드 리프에게 하는 미완성의 문장이었다. "내가 네게
　들려주고 싶은 건….

✚

이 책을 쓰는 여러 해 동안 나의 독서는 아픈 여자들의 이야기들로
　충만했고, 오랫동안 나는 내 책이 나의 가장 중요한 길잡이가
　되어준 이들, 대디들과 대모들에 대한 일종의 조사가 될 것이라
　생각했다. 나는 신화 만들기를 분석하고 조목조목 검토하고
　싶었던 만큼이나 거기에 참여해 그 차량관리국의 양식을
　채우고 싶었다. 나는 그런 롤모델들이 어떻게 내 이야기 속에서
　살아가게 되었는지, 어떻게 그들이 우선 그 이야기를 살아 있게

만들어주었는지를 보여주고 싶었다. 그것은 감사와 경의, 헌사의 행위가 될 터였다. 나는 본분을 다하는 딸이자 착한 아들이 되고 싶었다.

나는 플라스에 관한 긴 글을 구상했다. 계절이 어두워짐에 따라 그녀의 기분도 어두워지고, 결국에는 그녀의 삶까지도 어두워지는 과정을 따라가며, 어떻게 내가 10년 동안 매년 10월마다 그녀를 다시 읽었는지에 대한 글이었다. 나는 제임스 볼드윈이 자신의 인생에서 "붕괴"라고 서술했던 순간들, 친구들이 몰려와서 몇 달 동안 그를 간호해야 했던 그 순간들에 대해 쓰고 싶었고, 나에게 많은 것을 주었던 그의 우아함 가운데 또 하나로서 그 단어를 내가 어떻게 나 자신의 경험을 서술하는 데에도 사용하기 시작했는지에 대해서도 쓰고 싶었다. 데이비드 워나로비치와 펠릭스 곤잘레스-토레스의 작품을 장애의 렌즈로 재평가하는 글도 쓰기로 되어 있었다. 나는 토니 모리슨의 환각에 대해 탐구하고 싶었다. 그녀가 자신의 집 앞 강에서 모자를 쓴 여인이 걸어 나오는 것을 보았던 경험에서 『빌러비드』가 시작되었다는 것을 어떻게 설명하는지, 그녀가 어떻게 자신의 등장인물들의 분위기를 그들만의 환각, 환영으로써 자아내는지에 대해서 말이다. 나는 캐시 애커를 처음 읽었을 무렵에 토니 모리슨의 『빌러비드』를 읽었고, 수년간 그것에 사로잡혀 있었다. 모든 장면, 이미지, 문단이 20년이 지난 지금도 여전히 내 기억 속에서 노래한다. 내가 가진 『빌러비드』 문고판이 비에 젖어 곰팡이가 피고, 페이지들이 울퉁불퉁해지고 얼룩져서, 새 책을 샀고 또 다른 책을 샀고, 지금은 아마도 다섯 번째 책일 것이다. 나는 우니카 취른을 영어권 독자들에게 소개하는 바로 그 사람이 되고 싶었다.

또 내가 지금껏 읽은 병에 대한 이야기들 중 가장 우스꽝스럽고 그로테스크하면서도 동시에 가장 다정한 이야기 중 하나인, 로절린드 벨벤의 잊힌 소설 『한계』에 대해서도 쓰고 싶었다. 나는 퀴어 장애인 여자들의 수호성인인 프리다 칼로에 대해 쓰고 싶었다. 칼로에 대한 에세이는 그녀가 일기에 마지막으로 쓴 말을 내가 그녀의 필체로 새긴 타투로 시작할 것이었다. "나는 출구가 기쁨으로 가득하길, 그리고 다시는 돌아오지 않기를 희망한다." 이 쓰이지 않은 에세이들은 내 야망의 일부였다. 나는 이미 이 책에서 성취하지 못한 것들에 실망하고 있다. 누가 알겠나, 어쩌면 아직 그중 일부는 손댈 수 있을지도 모르지. 내 이야기의 한 버전에서는, 넉넉잡아 50년이 내게 남아 있다. 하지만 이 이야기의 다른 버전에서는, 쓰고 싶은 모든 것을 쓸 만한 시간이 그저 부족할 뿐이다. 토성의 기운을 타고난 나는, 내가 현실이길 희망하는 것과 실제로 현실인 것의 차이를 알고 있다. 손택이 내게 물려준 것은 어쩌면 그 무엇보다도, 아직 해야 할 일이 많이 남은 것 같은데 죽음을 맞닥뜨렸을 때 그 면전에서의 슬픔을 달랠 길 없을 것이라는 두려움일 테다.

자본주의는 사악한 천재다.
우리의 필요와 우리의 욕망은 다르다고
믿게 만드는 데 성공해놓고서는,
둘 모두에 대해 돈을 지불하게 만든다.

야망에 관한 단상
(또는 생존에 관한 단상)

야망에 관해 쓰고 싶다. 나를 앞으로 몰고 가는 원동력인 야망이, 나를 내가 아는 가장 부지런한 사람 중 한 명, 제일 다작하는 사람 중 한 명으로 만들었다. "다작은 무슨. 그저 죽는 게 두려운 거지"라는 라라 미모사 몬테스의 내가 좋아하는 트윗이 떠오르긴 하지만. 내 인생사는 야망이 지배하는 이야기로 들릴 수도 있을 텐데, 야망 말고 어떤 다른 것이 나의 지난날들에 대한 권한을 가질 수 있을까. 정확히 무엇에 대한 야망인가? 모든 것이다! 어떤 직업적 성취에 도달하려는 야망들, 나의 윤리와 액티비즘과 정치적 꿈들에 관한 야망들, 내 옷장에 걸리는 옷들과 거실의 가구들, 나와 내가 사랑하는 이들이 묵을 집을 제공하는 것에 대한 야망들, 무엇보다도 내 수작업에 대한, 내 예술이 할 수 있는 일에 대한 야망들. 내가 내 앞에 놓아둔 목표들이 하루하루의 방향을 벼린다. 나를 이끄는 목표들의 목적은 동력 생산이고, 동시에 도피다. 내게 집중할 무언가를 주어서 내가 방심하거나 우회로에 한눈을 팔지 않도록, 뿐만 아니라 삶의 기계적인 클릭-전진에 도사린 그 모든 어려움을 무시할 수 있도록 한다. 왜냐하면 너무 많기 때문이다. 이 야망들의 그러한 목적이 나의 삶을 조직할 수 있다는 게 마음에 든다. 다른 것들이 이 역할을 놓고 경쟁하는 것보다는 야망이 내 시간과 노동의 관리자, 감독이 되도록 하는 것을 선호한다. 야망이 없다면 내가 겪어야 할 일들을 어떻게 헤쳐나갈지 알 수 없다.

야망은 어디서 나오는 걸까? 우리는 우리가 원하거나 반드시 가져야만 하는 무언가를 향해 손을 뻗는 걸까? 그렇게 하도록 우리를 내모는 추진력은 욕망일까 필요일까? 야망으로 이끄는 자극제로 볼 때 필요는 욕망과는 다른 느낌이다. 필요는 야망의 격을 낮추고, 더럽히고, 세속적인 생존에 대한 근심으로 야망을 괜스레 무겁게 만드는 것 같다. 동시에 욕망은 언제나 과도하게 표현되고, 비웃음당하고, 폄하될 수 있다. 우리 모두는 갖지 못한 무언가를, 어쩌면 가질 수 없는 무언가를 원한다. 욕망이 모든 고통의 근원이니 열을 좀 식히라고 그 화염의 바깥에 서서 말하기는 쉽다. 어떤 야망은 필요한 것을 목적으로 삼고 또 어떤 야망은 풍요를 목적으로 한다고 말할 수야 있겠지만 이 둘을 어떻게 떼어놓고 말할 수 있겠는가? 끼니, 집, 생계를 위한 일자리를 필요로 하는 쪽에서 위신의 표시, 풍족함의 증거를 원하는 쪽으로, 결핍 너머의 꿈을 좇고 우리에게 더 많은 무언가를 줄지 모르는 삶을 열망하는 쪽으로 넘어가는 일은 언제 일어나는가?

이 질문을 다른 식으로 하면 이렇다. 생존을 위한 필요에 의해 추진되는 야망은 어쩌면 야망이 아닌 걸까? 아니면 자본주의하에서는 그게 유일한 야망일까?

이카루스 신화를 재해석한 소설을 쓰면서 단어 "휘브리스"(hubris)에 대해 생각하는 데 많은 시간을 보냈다. 고대 그리스인에게 휘브리스는 신들에게 불복종하고 신이 정해준 운명을 거스르는 것을 의미했지만, 지금은 남들은 믿어주지 않을 때 자기는 자신을 믿는 일종의 대담무쌍한 용기를 표상한다. 아버지가 깃털과 밀랍으로 만들어준 날개를 달고서 태양에 너무 가까이 날아간 이카루스는, 오늘날 자신이 대단히 큰 야망을 품고 하지 말라는 일이나 할 수 없다는 일을 하며, 저 멀리 나아간다고 자부하는 이들의 상징이 되었다. 과하게 빨리 움직이고 되는대로 파괴하는. 이카루스가 바다로 떨어진 것 — 그의 실패로 해석되는 — 은 실패를 뜯어먹고 소화해서 성공의 서사 궤적 안으로 밀어넣는 신자유주의적 자본주의의 신념을 증명하는 데 동원되었다. 야망의 위험 그리고 야망의 영광과 동의어가 된 이카루스가 보여주는 것은, 누군가가 자진해서 밀어붙이고 있는 한계를 넘어서 그저 얼마나 멀리 나갔는지가, 누군가가 자진해서 감수하려는 위험이 무엇인가가 그 누군가의 가치를 증명한다는 점이다. 그는 마크 저커버그나 일론 머스크 같은 씨발놈들과 이들을 길잡이로 삼는 사람들의 롤모델이자 마스코트가 되었다.

우리는 이카루스가 노예, 즉 노예의 자식이었다는 사실을 잊었다.

건축가이자 장인이었던 그의 아버지 다이달로스는 미노스 왕의 노예가 되어 왕의 명령에 따라 무엇이든 만들어야 했고, 그의 걸작인 미궁의 비밀이 유출되지 않도록 감옥에 갇혔다. 왕은 다이달로스의 노동에 대한 보상으로 자유가 아니라

나우크라테라는 노예를 아내로 주었다. 문헌에 잠깐 등장하는 나우크라테는 위키피디아의 이카루스 페이지엔 나오지 않는다. 이카루스와 다이달로스, 아들과 아버지는 신화에서 진부하리만큼 잘 알려져 있지만, 내 소설을 위해 자료 조사를 하면서 나는 "이카루스의 어머니는 누구였지?"라고 구글에 검색해봐야 했다. (연관 검색어: "나우크라테는 어떻게 되었지?" "나우크라테는 어떻게 죽었지?")

이카루스는 21세기의 파괴자, 즉 노트북을 들고 노동력을 착취할 스타트업 계획이나 세우는 백인 소년의 방식으로 과하게 빨리 움직이거나 마구 파괴하고 있지 않았다. 이카루스가 태양 가까이로 날았던 것은 자신의 태생적 조건을 벗어나려고 노력하고 있었기 때문이다. 태양에 너무 가까이 가지 말라는 아버지의 경고는 지금 알려진 것처럼 이카루스에게 분수를 지키라는 훈계도, 다이달로스가 아들의 야망을 지지하지 않았다는 증거도 아니다. 아버지는 반드시 아들이 그들 가족의 노예 생활에서 벗어나 자유를 얻게 하려고 — 뭐가 됐든 날개를 만들어주었으니 — 조언했던 것이다.

이카루스를 갖고 소설을 쓰면서 내가 담아내려고 한 것이 "야망을 탈식민화하기"라는 표현으로 떠올랐다. 이 표현을 입에 올리는 사람은 지금까지 없었다. 그것이 무엇을 수반하게 될지가 궁금해졌다. 당시 나는 야망이 특정 유형의 사람, 즉 저커버그와 머스크 같은 치들에게나 속한다고 말해지는 특성임을 알아차리기 시작했다. 그들은 태양에 도달하려고 애쓰고 있다. 그들은 번영을 원한다. 그러나 도망 노예는 어떨까? 그에게도 야망이 있을까? 도망 노예가 탈출을 시도하는 일의 원동력이 생존을 위한 필요보다 번영하려는 욕망이라고 이해하려면 어떤 조건이 있어야 할까? 저커버그와 머스크는 번영을 =원하는= 것이고 도망 노예는 번영을 =필요로 하는= 것인가?

—

이 에세이를 쓰는 동안 레이철 아비브의 『내게 너무 낯선 나』를 읽었다. 비극적인 인물들이 계속 나오는 이 책에서 가장 비극적인 인물은 저자가 어렸을 때 병원에서 만난 소녀 하바다. 여섯 살의 아비브와 몇 살 더 많은 하바는 병원에서 거식증 치료를 받고 있다. 아비브는 하바에게서 자신의 모습을 보며 언니 같은 느낌을 받는다. 하바는 활기 넘치고 상냥하고 사랑스러운 소녀다. 수십 년이 지나 성인이 된 아비브는 책의 에필로그에서 미국에서 최연소로 거식증 진단을 받았던 유년기의 경험을 되짚어보며 자신을 치료했던 의사들을 만나 인터뷰하고 기록들을 비교한다. 이 과정에서 ─ 이것을 어떻게 부를지 고민되는데, 순례라고 해야 할까? ─ 아비브는 하바가 불과 10주 전에 사망했다는 사실을 알게 된다. 하바의 삶은 병원과 시설을 들락날락하며 정신 질환과 함께 살아가면서 고군분투하는 삶이었지만, 자살로 죽은 건 아니었다. 어릴 때는 거식증, 성인이 된 후에는 폭식증으로 수십 년간 섭식 장애를 앓아온 하바의 식도 근육은 그 긴 세월 동안 억지로 강요받았던 일에 적응했고 독립적으로 그 일을 해냈다. 하바는 수면 중에 구토를 하고 질식했다. 다음 날 아침 하바의 파트너가 커피를 내리고 출근 준비를 마친 뒤에 하바를 발견했다. "늘상 하던 대로 [그는] 하바에게 작별키스를 하려고 침대로 돌아왔다. 그녀는 응답하지 않았다." 나는 이 대목에서 울기 시작했다. 하바가 최근에 아주 잘 지내고 있었다는 사실이 이 소식의 무게를 더했다. "그녀는 번영하고 있었다"라는 누군가의 말과 함께 파토스가 피어올랐다. 나는 이 감정적인 순간에 충격을 받았다. 하바가 죽었을 당시 그 어느 때보다 행복했고 번영하고 있었음을 상기하면 이 일은 훨씬 더 비극적이게 된다. 만약 하바가 병원에서 몇 주 동안 침대에서 일어나지 못한 채 스스로 목숨을 끊었다면 이러한 힘이 이야기에 같은 방식으로 내려앉았을지 궁금하지 않을 수 없다. 그녀가 새로운 사랑에 빠지고 마침내 미래에 대한 희망을 품고 있던 것이 아니라면, 생존을 위해 고군분투했지만 그저 성공하지 못하고 죽은 것이었다면 우리는 같은 방식으로 비극을 애도하고 있을까? 더 나은 대우, 더 많은 권리, 덜한 폭력을 요구하는, 그럼으로써 우리가 단지 "생존을 위해 노력"하는 대신에 "번영할" 수 있을 것이라는 주장을 모든 종류의 좌파 운동에 참여하는 활동가들로부터 듣고는 한다. 생존을 위한 필요에서 번영할 능력으로 옮겨 가는 것을 모두가 원하고 모두가 가져야 하고 마땅히 누릴 만한 궤적으로 이해하는 게 당연시된다. 우리는 고개를 끄덕인다. 우리는 그것을 직감으로 느낀다. 그래, 우리는 번영하고 싶다! 이 모든 생존을 위한 투쟁 끝에, 수년의 분투 끝에 햇볕이 잘 드는 곳을 즐기는 것? 우리는 그걸 누릴 만한 자격이 있다!
나는 목적으로서의 이것 때문에 골머리를 앓는다. 생존을 위한 분투와 번영의 상태 사이에 큰 차이가 없다고 생각해서가 아니라, 차이가 있다는 생각이 분명해서다. 하지만 그것을 그렇게 동질적인 하나의 방식으로 열망하는 가운데 우리가 물화되어서는(reified) 안 되는 구조, 신념 체계, 가치 판단, 궤적을 강화하지 않을까, 나는 불안해진다. 우리가 도달해야 할 태양은 단지 하나가 아니다. 많다. 날개가 녹고 파괴될 수 있는 방법은 다종다양하다. 우리 모두가 패해서 추락할 바다는 존재하지만 꼭 똑같은 바다는 아니다. 내털리 디아스가 인터뷰에서 말했듯 "모두(allness)가 같음(sameness)를 의미할 필요는 없다".

나는 생존을 위한 분투와 번영의 차이를 아주 잘 안다. 내가 씻지 않고 방치했을 때와 세탁하고 향수를 뿌릴 수 있는 에너지와 돈이 있을 때, 내 머리, 피부, 옷에서 나는 냄새로 그 둘을 구별할 수 있다. 통증이 눈썹을 죄게 하고 우울증이 입을 처지게 할 때와 달리 미소가 얼마나 크게 번지고, 웃음소리가 얼마나 커지고, 눈빛이 얼마나 생생해질 수 있는지, 내 얼굴을 통해 나는 그 차이를 알아챈다. 나의 몸, 자세, 실루엣, 걸음걸이로도 알 수 있다. 나를 지켜보는 사람들, 내 친구와 가족, 연인의 얼굴과 몸에서는 물론 내 운명을 결정할 힘을 가진 사람들, 내가 마땅히 누릴 만한 것을 판단할 위치에 있는 사람들의 얼굴과 몸에서도 그것을 볼 수 있다.

제안을 하나 하겠다. 어쩌면 동사 "누릴 만하다"가 문제일지 모른다. 우리는 번영에 대한 요구를 우리가 마땅히 "누릴 만한 것"으로 공식화한다. 삶이 어떠해야 하는지, 우리가 가져야 할 정치적 조건들은 어떤 것인지, 우리가 접근할 수 있는 것은 어떤 것이 있는지 등과 같은 맥락에서 이 동사가, 누군가에게 자격 또는 가치가 있음을 시사하는 이 동사가 정말 도움이 될 수 있을까? 사람들은 권리를 **누릴 만하고**, 삶의 질을 **누릴 만하고**, 자유를

==누릴 만하고==, 굶주리거나 고통받거나 죽지 않을 ==만한== 것일까?

내가 물어보길 제일 좋아하는 질문 중 하나는 "넌 뭘 원해?"다. 그 다음엔? "넌 어디로 가고 싶어?"다. 나는 몸이 아프고 장애가 있는 친구들, 정신 질환이 있는 친구들, 흑인, 갈색 피부, 아시아계 친구들, 가난한 친구들, 트랜스젠더 친구들, 자폐증이 있는 친구들이 가장 야망이 있고 가장 잘 조직화된 계획들 ― 이 보조금, 이 자격증, 이 직위 ― 을 갖고 있음을 알아차렸다. 그들은 상황 파악이 빠르고 전략적으로 일을 처리한다. 내가 x를 하면 내년에 y를 받을 수 있고, 5년 후에는 z로 승진할 수 있다는 식으로 시간을 구획 짓는 데 눈이 밝다. 이들 중 누군가가 탐내던 자리를 얻어내면, 설령 그 자리가 이 땅에서 가장 나쁜 기관에 속해 있더라도 우리는 박수를 보낸다. 팬데믹 기간에 한 친구가 원격 수업을 허용하지 않는 대학원에 입학했고 우리 모두는 축하를 보냈다. 본인(they)이나 파트너가 모두 면역력이 심각하게 저하되어 있던 터라 사망할 가능성이 현실적으로 매우 농후했음에도 말이다. 하지만 그는 건강보험을 갖게 될 것이었다. 그는 안정적인 수입과 약간의 문화적 자본을 갖게 될 것이었다. 그래서 우리는 그에게 축하를 보냈다. 나의 친구들은 기회를 노리는 데 현실적이고, 방법을 영리하게 찾아내며, 조화로운 색상의 도표와 스프레드시트를 만들 줄 안다. 그들은 하루의 시간을 분 단위까지 관리한다. 그들은 무기력증으로 고통받지 않는다. 물론 그들은 침대에서 일어나기 힘들어하고, 오후가 되면

집중력과 능력을 잃으며, 절망과 한계, 고통으로 삶의 몇 달과 몇 년을 잃어버렸고 앞으로도 계속 잃어버릴 것이다. 그들은 매일 거대한 사회적 불평등, 눈에 보이지 않는 공격들, 차별에 직면한다. 그들은 이러한 사실들 에도 불구하고 그렇게 맹렬한 야망을 품는 게 아니다. 그들은 그 사실들 때문에 그리고 그 사실들 옆에서 자신의 야망들에 바싹 붙어 있다.

당연하게도 그들은 이런 식으로 살아야만 한다. 그들의 삶 — 그들의 생존과 번영 모두 — 은 살아갈 가치가 없는 것으로 간주되며, 세상은 이러한 신념을 따라 구조화된다. 따라서 그들의 자원과 기회는 제한되고 심지어 폐제되기까지 한다. 또 다른 진실은 내 장애인 친구들은 모두 가난하다는 것이고(한 달에 400달러로 생활하는 친구들도 있다), 나는 상당한 돈, 큰 보조금, 종신 재직권, 약간의 상향적 이동성, 손님방이 있는 집을 용케 얻어내는 극소수가 그 부를 나머지 우리와 나눈다는 사실을 수년을 거쳐 깨달았다. 그들은 자기 집, 냉장고, 페이팔, 벤모, 봉급을 개방한다. 부유한 집안 출신 한두 명이 그 돈으로 전체 친구 그룹들과 사교모임을 유지한다. 그들은 모두에게 저녁을 사주고, 모임과 회의를 주최하며, 승차 공유 비용을 내주거나 자기 차로 모두를 태워다준다.

불구들은 인생이 덧없다는 것, 건강도 덧없다는 것, 내일은 긴 시간이라는 것을 이해하고 있다. 그래서 우리는 우리의 번창에 적대적인 세상에서 어떻게든 우리를 위한 작은 공간을 마련하고 장식한다. 우리는 아름다움과 즐거움과 기쁨을 우선시한다. 우리 말고는 다른 누구도 우리에게 그렇게 해주지 않을 테니까. 우리의 풍요와 퇴폐와 재미가 비장애 세계에서는 "그저 살아남기 위해 노력하는 것"으로 보인다는 점을 나는 알고 있다. 우리의 창의적 표현, 춤, 음악, 미술, 시, 패션, 안락 추구 등의 행위들, 우리의 웃음, 고요의 순간들, 몽상과 관조의 순간들, 우리가 뒷베란다나 현관 앞 계단에서 와인을 마시고 한담을 나누며 느긋하게 시간을 보내는 것, 영화를 보고 토의하는 것, 정원을 가꾸는 것, 옷을 차려입는 것, 함께 요리를 하는 것이 우리의 욕망, 야망, 재능의 표현, 전망과 호기심으로 이해되는 경우는 거의 없다.

40대에 복학한 한 친구가 교실의 싸구려 플라스틱 의자 때문에 허리 부상이 악화되어 허리 베개와 쿠션, 숄을 학교에 가져가기 시작했던 게 생각난다. "이 쓰레기 같은 의자를 좀 손보자!" 아직도 그녀의 말이 귀에 생생하다. 내가 아는 매스크(masc)들은 돈을 아껴 맞춤 정장을 샀다. 펨들은 침대에서 일어나지 못할 정도로 통증이 심한 날에도 (또는 그런 날에 특히) 손톱을 칠하고 눈 주위에 글리터를 바른다. 한 불구 친구가 화려함은 자기(they) 삶에서, 정체성에서, 영혼에서 가장 중요한 것 중 하나라고 말했던 것을 항상 마음에 간직할 것이다. 나도 마찬가지다.

어느 날 밤 장애 심포지엄에서 친구 네브 마지크 비앙코와 나는 무대에 오를 준비를 하고 있었다. 네브는 거울 앞에서 립스틱을 바르고 있었다.

무대 담당자가 와서 카운트다운을 해주었다. "올라갈 때까지 15분! 10분! 5분!"

"15분 고마워요. 10분 고마워요. 5분 고마워요!" 우리는 단조롭게 반복했다.

무대 담당자가 돌아왔을 때 우리는 거의 끝나가지만 여전히 준비 중이었다. 네브가 말했다. "들어봐요. 저는 펨이고 장애인이에요.

제가 좀 늦을 거라는 뜻이죠."

나의 장애 정의 운동의 상당 부분이 어떤 관점에서 보면 일종의 부르주아적 라이프스타일에 대한 호소로 읽힐 수 있다는 것을 알고 있다. 나의 「장애 접근 추가 조항」은 나와 내 장애인 청중이 접근할 수 있는 숙박시설, 장거리 이동, 행사 실행 계획, 이를테면 나 개인이 묵을 방, 모두가 앉을 수 있는 의자 등을 요건으로 한다. 그러다 보니 내가 사치를 요구하고 나를 맞이하는 단체의 물자가 풍부하기를 요하는 것처럼 보일 수도 있다. 가끔 내가 행사장에 도착해서 지팡이 없이 걸을 수 있거나, 통증으로 지친 모습 대신 활기찬 모습을 보이면 주최 측에서는 당황한 표정을 짓곤 한다. 그렇게까지 심한 장애는 아닌 것 같아 보이는데 왜 주최 측은 비즈니스석 항공편, 공항 픽업 택시 같은 것들을 준비하고 자금을 지원해야만 했을까? 말해보자면, 접근이 될 때는 보통 꽤 괜찮다. 접근이 **안 되는** 경우 나는 몹시 장애를 겪게 된다. 비행기를 여러 번 갈아타는 장거리 이코노미석 비행, 휠체어 서비스를 이용하는 대신 짐을 끌고 공항을 걸어 다니는 것, 버스를 오르내리는 것, 숙소에 갈 때 가방을 들고 계단을 오르는 것, 숙소에서 먹을 수 있는 음식이 없는 것 등 때문에 나는 장애를 겪게 된다. 나의 증상들은 급격히 악화하고, 통증은 극에 달하게 되고, 실제 업무 수행이 불가능할 정도로 쇠약해지는 것이다.

얼마 전 유럽의 자그마한 도시에 있는 미술 학교에서 일주일간 강의를 해달라는 요청을 받았던 때 그 생각이 다시 떠올랐다. 도시에서

30분 정도 떨어진 숲속에 있는 설립된 지 2년도 안 된 신생 학과였다. 그곳의 조직자들은 돈도 없었고 내가 친하게 지내는 사람들이었기 때문에 굳이「장애 접근 추가 조항」을 보내지 않았다. 그들이 나를 충분히 잘 알고 있을 거라고 판단했고 내가 접근 문제로 소란을 피우면 그들과 그들의 빠듯한 예산에 부담이 될까 봐 걱정되기도 했다. 도착하고 나서, 호텔에서 학교까지 편도 20분 거리의 교통비를 직접 내거나 도보 15분 거리에 있는 정류장에 가서 버스를 타야 하고, 강의실은 겨울철에 난방이 되지 않으며 맨나무 의자만 있고, 이용 가능한 음식은 구내식당에서 오후 2시까지만 제공되는 회색 반유동식이고, 호텔에서 음식을 제공하지 않는데 경비에 식비도 전혀 포함되지 않아서 식비를 전액 자비로 지불해야 한다는 사실을 알고 나자, '장애 접근'이 왜 필요한지를 다시 떠올리게 되었다. 방금 말한 조건들은 비장애인들에게는 조금 불편하고 조금 성가신 것이었지만 그래도 괜찮았다. 그들은 힘으로 헤쳐 나갔다. 그들은 필요할 경우 힘으로 헤쳐 나가길 선택할 수 있었다. 나는 그럴 수 없었다. 사흘째가 되자 침대에서 거의 일어날 수도 없었다. 이튿날이 끝나갈 무렵, 약을 구하려는 중독자처럼 학생들에게 학교 어디든 앉아서 쉴 수 있는 의자, 소파, 뭐라도 푹신한 것을 아는지 물었다. 한 학생이 학과장실에 소파가 있다는 이야기를 들었다고 정보를 흘려주었다. 알고 보니 소파가 아니라 다소 푹신한 직사각형의 물체였다. 학과장은 내년 예산에 베개를 살 돈이 있으면 좋겠다고 말했다. 그는 전등이 영화「타인의 삶」의 동독 형광등을 떠오르게 하니 불을 켜지 말라고 충고했다. 나는 차가운 어둠 속에서 이 직사각형 물체에 누워 벽을 바라보았다. 시간이 좀 흐른 후

절뚝거리며 도로로 나가 호출한 택시를 기다렸지만 택시는 오지
않았다. 어두운 독일 숲속의 외딴길에 30분 동안 서 있다 보니
내가 버려졌다는 깨달음이 엄습했다. 마지막 날 미팅을 (난방과
쿠션 의자가 있는) 호텔 바에서 해야 한다고 말하자 학과장은
머뭇거렸다.

"당신이 호텔에서 미팅을 하려고 할 줄 제가 알았다면 초대하지
않았을 겁니다." 그가 말했다.

"이 일을 하는 동안 제 장애를 고려해 지원해주지 않을 줄 제가
알았다면 승낙하지 않았을 겁니다."

입장 차이. 나는 내가 요구한 것들을 들어줄 돈이 충분치 않다는
말만 줄창 들어야 했다. 학과장처럼 구소련 국가에서 태어난
사람에게는, 내가 늘 거기서 살고 일하는 사람들에게도 거의
불가능한 편의와 안락함을 요구하는, 진저리나고 짜증나는
미국인으로 비춰졌다는 것을 나는 안다. 가난하고, 근근이
살아가고, 아무것도 가진 것 없이 할 수 있는 최선을 다하고 있는
국가들과 배경들에서「장애 접근 추가 조항」을 쓰려고 한다면
무지하고 무식하며 심히 그릇된 판단처럼 보일 수 있는 것도
사실이다. 내 말이 디바의 말처럼 들린다는 것을 잘 안다. 매일
그곳에 사는 사람들에게도 더 좋은 음식, 더 편리한 교통수단,
난방 등이 없는데 왜 방문객인 나에게 이런 것들이 주어져야
하겠는가?

내가 하고 싶은 말은 꼭 나만이 아니라 모든 사람이 그걸 가져야
한다는 것,「장애 접근 추가 조항」은 모두 다가 아니라 일부의
사람들이 이미 그걸 가지고 있음을 측정할 방법이라는 것이다.
구체적으로 말하자면, 나는 장애인들이 그걸 갖고 있는 게 얼마나

영향력을 발휘하는 일인지, 우리가 그걸 갖지 못할 때 우리에게 무슨 일이 일어나는지에 관심을 가져야 한다고 지적하는 것이다. 물질적 지원과 안락함을 계속 주장하는 것은 나의 장애 정의 운동의 신용을 떨어뜨리는 것이 아니다. 오히려 그 운동의 핵심 논점을 뒷받침한다. 즉, 충분한 돈과 지원을 갖는 것 — 그리고 결정적으로 우리의 돈과 에너지와 시간을 어떻게 쓸지 선택할 수 있는 자유를 갖는 것 — 이야말로 번영을 보장한다. 장애인 공동체가 생존에 필요한 것을 가짐으로써 원하는 것을 할 수 있게 되면 아주 큰 힘을 발휘하리라는 예견은 우리 중 아직 이를 갖지 못한 경우가 얼마나 많은지를 방증할 뿐이다. 이건 누구나 가져야 하는 것 아닌가?

어느 순간부터 나는 서로가 디바가 될 수 있도록 지원하는 액티비즘인 "불구 디바 연대"에 대해 이야기하기 시작했다. 여자들아, 그들에게 네가 필요한 게 뭔지를 들려줘라. 부탁하지 말고 진술하라. 너에겐 더 많은 시간, 더 큰 방, 더 높은 보수가 필요하다. 너에겐 동행할 돌봄 보조원이 필요하고, 말이 되는 마감 기한이 필요하고, 더 나은 노동 조건이 필요하다. 이것이 바로 네게 필요한 것이다. 이상. 그 점을 부끄러워하지 말아라. 자, 그럼 우리가 원하는 것을 말하는 미래에 도달한다면 과연 어떤 일이 일어날까?

이년아, 가보자고.

헤드바의
「장애 접근 추가 조항」

그간 예술, 문화, 문학 기관들과 대학에서(종종 국제적으로) 강연을 하고/거나 공연을 해달라는 초대를 받았고, 덕분에 나 자신의 역량과 기관들과의 협업이 어떤 식으로 흘러가는지에 대해 많이 배웠다. 그래서 이제는 모처로부터 초대를 받으면 첫 번째로 하는 일이 우리가 함께 더 잘해낼 수 있도록 나의 「장애 접근 추가 조항」을 보내는 것이다.

접근성은 기관들이 장애 예술가 및 공동체를 이해하고 협력하는 방식에 지금도 여전히 뿌리를 내리는 단계에 있다. 기관들은 흔히 "접근 친밀성"(access intimacy)에 대해 전혀 들어본 적이 없거나 들어본 적이 있더라도 실제로 실행될 때 그것이 어떤 뜻인지를 모르는 경우가 많다. 나는 나의 「장애 접근 추가 조항」이 대개 그들이 접하는 최초의 접근성 지침임을 알게 되었다.

2019년에 내가 「장애 접근 추가 조항」을 공개한 것은, 많은 사람이 이 문서를 보고 싶다고 부탁했고, 다른 불구 예술가들에서 우리와 함께 일하고 싶은 비장애인 큐레이터들, 조직자들, 주최자들에 이르기까지 다양한 부류의 사람들에게서 이 문서가 유용한 모델이라는 얘기를 들었기 때문이다.

나는 이 자료를 당신 자신의 추가 조항을 위한 견본으로 사용하거나, 당신과 일하고자 초대를 보내는 기관들에 공유하고자 하는 사람이라면 누구나 환영한다. 그리고 기관 내에서 일하는 이 역시 누구나 이 견본을 사용하도록 초대한다.

✛

귀하의 행사에 기여할 수 있도록 초대해주셔서 감사합니다. 저는 장애인이므로 행사에 참여하려면 주최 측의 지원이 필요합니다. 또한 제가 참여하는 행사들에 장애인 공동체가 접근할 수 있어야 합니다. 이렇게 하면 더 많은 사람이 올 수 있고, 거기에 있을 때 우리가 모두 더 나은 느낌을 가질 수 있다는 멋진 장점이 있습니다.

이는 우리가 함께 접근 친밀성을 높이는 일에 착수해야 한다는 의미입니다(접근 친밀성이 무엇인지 잘 모르신다면 미아 밍거스의 「접근 친밀성: 잃어버린 연결 고리」라는 온라인 기사를 읽어보시기 바랍니다). 여러분과 함께 그 과정에 본격적으로 들어가기에 앞서 — 그리고 그대, 이건 (pro cess)[1]이에요! — 잠시 시간을 내어 아래 내용을 읽어보시고 각 항목을 어떻게 지원할 수 있는지 알려주시기 바랍니다. 어떤 구성 요소에 대한

---

[1] [옮긴이] 저자는 여기서 '과정'을 뜻하는 단어 'process'의 접미사 'cess'를 강조하고 있다. 'process'와 'access'가 같은 접미사를 쓴다는 점을 활용하여, '접근'(access)을 갖추기 위한 '이전'(pro) 작업이라는 의미를 담은 언어유희다.

이 이상의 정보가 필요하신 분은 제게 문의해주세요. 기꺼이 가능한 한 명확하게 설명하고 도움을 드리겠습니다. 이 목록에서 제공할 수 없는 사항이 있다면 함께 대화를 나눠봅시다. 제 관심은 여러분을 평가하는 징벌적 기준으로서가 아니라 우리의 공동 작업이 추구하는 것으로서의 접근성에 있습니다.

0
돈

접근은 장애가 있는 개인인 저 혼자서만 자금을 조달해 해결해야 하는 것이어서는 안 되며(예: 저의 보수 또는 제작/재료/장거리 이동 예산에서 차감), 기관과/혹은 시, 주와/혹은 연방 기금과 공동 부담해야 합니다. 접근에 제가 자금을 지원하는 경우가 많다는 사실은 단순히 재정적인 차원을 넘어 여러모로 세상이 얼마나 접근할 수 없게 되어 있는지를 보여줍니다. 이 무게를 실어 나르는 데 저와 함께해주시길 바랍니다.

1
시간

접근은 시간이 정말 오래 걸리고 겁나 까다롭습니다! 자본주의적 시간의 요구들이 우리의 삶을 지배하도록 내버려두면 저는 여러분과 함께 일할 수가 없습니다. 문자 그대로 **가능하지가 않습니다**. 저는 접근성 요소들뿐만 아니라 프로젝트/행사 자체에 대한 예상 회신 시일과 마감일을 포함한 우리의 작업 타임라인이

(모든 관계자에게) 가능한 한 스트레스가 없는 방식으로 구성되길 요구합니다.
저는 행사가 열리기 최소 3주 전에 아래의 모든 사항을 확인받고 계약으로 합의하는 것이 가장 효과적임을 알게 되었습니다.
진심으로, 모든 실행 계획을 정할 수 있는 시간이 많을수록 더 좋습니다.
저는 행사 당일에 장거리 이동을 할 수 없습니다.

2
출장 기간 내내

저를 보조해줄 돌봄 보조원이 필요합니다. 저는 혼자서 장거리 이동을 할 수 없습니다. 저는 돌봄 보조원과 동행하는 것을 선호합니다. 우리가 이미 관계를 형성한 상태일 것이고 그(they)는 무엇이 필요한지 알고 있을 것이기 때문입니다. 돌봄 보조원의 장거리 이동비, 숙박비, 식비, 교통비는 제 비용과 마찬가지로 주최 측이 부담해야 합니다. 이런 지원이 가능하지 않다면 제가 그곳에 있는 동안 도움을 줄 수 있을 기관 내 직원을 배정해주셔야 합니다.

3
항공 이동의 경우

오후 2시 이전의 항공편은 이용할 수 없습니다. 공항이 저의 집이나 숙소로부터 한 시간 이상 떨어져 있으면 안 됩니다. 직항편을 선호합니다. 경유를 해야 하는 경우라면 경유 시간이 두 시간을 넘기지 않아야 합니다. 공항으로 데리러 오셔야 하고 다시 공항에 데려다주셔야 합니다. 지팡이를 사용하기 때문에 항공편의 통로 좌석을 잡아야 합니다. 이것은 사전에 예약되어야 합니다. 여섯 시간 이상 비행하는 경우에는 비즈니스석을 요합니다. 건강 상태에 따라 공항에서 휠체어 지원 서비스가 필요할 수 있습니다. 항공편을 예약하기 전에 이에 대해 저에게 확인해주실 것을 요청합니다.

4
숙박의 경우

개인 방, 침대, 개인 욕실이 있어야 하고 창문이 있는 금연실을 요구합니다. 머무는 곳에서 음식에 접근 가능해야 하며, 호텔이라면 룸서비스가 가능해야 합니다. 숙소는 행사가 열리는 곳에서 합당한 거리에 있어야 합니다. 두 개 층 이상의 계단이 있는 경우 엘리베이터를 요합니다. 머무르는 기간의 모든 식사 비용은 주최 측이 지불해야 합니다. 저는 음식 알레르기/불내증이 있습니다. 견과류, 씨앗류, 조개류, 갑각류, 두족류를 먹을 수 없습니다.

5
행사 자체의 경우

오후 4시 이전에는 어떤 행사에도 참여할 수 없습니다. 저와 제 청중은 15분의 휴식 시간 없이 90분 이상 앉아 있을 수 없습니다.

분장실/무대 뒤 공간을 요하며, 그곳에 생화가 놓여 있는 것은 괜찮습니다. 무대에는 등받이가 달리고 쿠션이 있는 의자가 필요합니다. 저는 서 있을 수 없습니다.

6
행사의 접근성을 위해

행사는 휠체어로 접근할 수 있는 공간에서 진행되어야 하며, 예외는 없습니다. 행사에 실시간 자막 통역과 수어 통역을 모두 제공하기 위한 모든 노력을 기울여야 하며, 최소한 하나는 반드시 제공되어야 합니다. 행사장에 젠더 중립(all-gender) 화장실이 있어야 합니다. 행사장 공간에 가능한 한 냄새가 없어야 합니다. 저는 마스크를 요합니다. 누군가가 접근 요청을 해오는 경우 주최 측은 이를 제공하기 위한 최선을 다하기를 요구합니다. 요청된 사항을 제공할 수 없는 경우, 함께 해결책을 찾을 수 있도록 행사 전에 충분한 시간을 두고 제게 알려줄 것을 요청합니다.

7
행사 홍보의 경우

제 이름이 포함되는 모든 자료에 행사의 접근 정보를 기재해야 합니다. 여기에는 행사 기간 중 주차, 엘리베이터, 휠체어 접근 가능 및 젠더 중립 화장실, 실시간 자막 통역, 미국 수어 통역에 대한 정보가 포함됩니다. 가장 좋은 방법은 해당 공간이 얼마나 접근 가능한지, 또는 불가능한지에 대해 투명하고 가능한 한 상세하게 설명하는 것입니다.

예를 들어, 공간의 어디에 단차가 있는지를 남김없이 알려주고 추가 경로가 있는지를 알려주세요. 실시간 자막 통역만 제공되고 미국 수어가 제공되지 않는다면 그렇다고 알려주세요. 주차장이 해당 공간에서 도보로 5분 거리 혹은 15분 거리라면 그렇다고 알려주세요. 대부분의 자료실처럼 공간의 온도를 현저하게 추운 상태로 유지해야 한다면 그렇다고 알려주세요(이 경우 담요를 제공하는 기관을 본 적이 있는데, 참 좋은 방안이죠!).

사람들이 특정한 접근 항목을 요청할 수 있도록, 제 이름을 포함한 모든 자료에는 연락용 이메일과/혹은 전화번호가 게시되어 있어야 합니다.

이런 문구의 효과가 좋았습니다. "접근 요구 사항이 있다면 [이 날짜]까지 [이곳]으로 연락해주시면 최선을 다해 제공하도록 하겠습니다."

8
행사 기록의 경우

동영상으로 남기는 모든 기록 자료에 개방형/폐쇄형 자막을 요구합니다. 온라인에 게시되는 모든 사진에는 텍스트로 된 이미지 설명(대체 텍스트)이 필요합니다. 저는 제 이름을 포함하는 모든 최종 출판물의 언어 표현을 승인할 권리를 가집니다. 참고사항: 본인은 그가(they)/그를(them)/그의(their) 대명사를 사용합니다.

9
만약의 경우

만성 질환이 있기에 돌발통이 발생하면 마지막 순간에 출장을 취소해야 할 수도 있습니다. 이런 일이 자주 일어나지는 않지만 일어나기도 합니다. 만약 원격으로 참여할 수 있는 방법이 있다면 그렇게 할 것입니다.

10
앞으로의 경우

아주 멋진 일일 것이고, 여러분이 저와 제 친구들과 그 밖의 많은 사람을 매우 행복하게 해줄 것이고, 여러분의 행사 참석률을 훨씬 더 높일 수 있을 것이며, 만들어져야 할 필요가 있는 세상을 만들어가는 데 여러분이 일익을 담당할 수 있게 될 것입니다. 제 경우만이 아니라 앞으로 여러분의 모든 업무에 있어서 이 문서를 따른다면 말입니다.

"땅이 당신을 원해요."

나의 약초전문가가
나에게 중력을 설명하면서 해준 말.

방에만 있던 날

> 그것은 도망쳤다
> 죽은 이로부터
> 그리고 당신 안에 숨었다.
>
> 사스키아 해밀턴

2018년 5월 2일
베를린

아침에 깨어나 보니 뭔가 잘못되어 있었다. 요하네스가 집에 있었고, 창문을 열고 내게 이불을 덮어주었다. 리아에게서 문자가 와 있었다. 일어나면 전화해 그리고 하트 이모티콘. 나는 요하네스에게 왜 집에 있느냐고 물었고, 그는 몸이 안 좋아서라고 말했다. 그가 거짓말한다는 걸 알았다. 그는 나를 위해 집에 있었다. 누가 죽었을지 생각했다. 할머니, 아빠, 이모를 떠올렸다. 그러나 엄마였다.

5월 1일 화요일에 그들이 그녀를 발견했다. 엄마는 자기 방 마룻바닥에 혼자 있었다. 4월 30일 월요일 아마 한밤중에, 우리 결혼기념일에, 내 생일 6일 전에 엄마가 죽었다. 아마 내가 절대로 잊지 못하게 하려던 것일 테다. 그녀가 며칠 동안 가슴에

통증을 호소했다는 말을 그녀의 룸메이트들이 보안관에게
들려주었다. 그러나 그녀의 방은 잠겨 있었다. 일요일에 리아가
전화했을 때 그녀는 전화를 받지 않았다. 그녀답지 않은
일이었다고 리아가 말했다. 그녀는 혼자 죽었다. 그녀는 얼마나
오래 방바닥에 있었던 걸까? 보안관은 그녀가 누런빛이었다고
했는데, 이는 그녀에게 간경변이 있었다는 뜻이다. 그러나 그녀는
심장 마비로 죽었다. 보안관들은 그녀를 찾기 위해 창문을 타고
들어가야 했다.

어제 우리 주방 창문이 쾅 소리를 내며 열렸고, 선캐처 하나가 날아가
내 발 근처 바닥에 떨어졌다. 얼마 전에 걸어놓은 것이었는데,
그걸 보면 엄마 생각이 난다. 고양이가 떨어진 선캐처를 살피러
갔고, 나는 내 제단 위에 그 선캐처를 올려놓았다. 난 알고
있었던 것 같다.

지난 며칠간 기분이 이상했다. 마치 깨어날 수 없는 것처럼, 꿈속에
있는 것처럼, 무언가 눈 뒤에서 끌어당기는 것 같은 느낌이
들었고, 눈을 뜰 수가 없었으며, 어두컴컴했다. 그녀가 죽어가던
때가 그즈음이었다는 것을 이제는 안다. 그녀는 한동안
죽어가고 있었다. 월요일에 나는 잔뜩 부풀어 오른 대상포진
발진 때문에 잠에서 깼다. 아팠고, 극심한 고통을 느꼈다. 오늘은
개운한 기분이다 — 안개 같은 꿈은 걷혔고, 죽음은 완수됐다
— 기분이 이상하리만치 차분하다. 마치 내가 그것을 예상하고
있었던 것만 같고, 몸은 이미 그걸 느끼기 시작했다. 몸도 알고
있었다.

나는 죽음의 성녀[1] 촛불을 켰고, 친구들에게 이메일을 보냈고, 리아와 이모에게 말해주었고, 로스앤젤레스행 티켓을 끊었다.

생일을 맞은 그녀에게 보냈던 카드를 계속 떠올린다. 달나방이 그려져 있는 카드였다. 얼마나 오랜만이었는지 처음 연락한 것만 같았다. 7년 동안 그녀를 안 보고 지냈다. 금요일에 내 생일이라고 그녀가 보낸 카드를 받았다. 4월 20일에 보낸 것이었다. 그녀는 열흘 뒤에 죽었다.

내가 보낸 카드를 받은 날, 엄마랑 이야기를 나눴었다고 리아가 말했다. 그녀가 내 카드를 받고 몹시 기뻐했다고 했다. "하나[요하나를 뜻함—옮긴이]가 엄마를 사랑하나 봐"라고 리아가 말하자 엄마가 "알고 있어"라고 말한 걸 리아는 기억하고 있다.

그녀를 용서한다는 말을 그녀에게 미처 들려주지 못했다. 엄마, 당신을 용서해. 이렇게 오래 이야기를 나누지 못한 것이 유감이고 그렇게 할 수 없었던 게 미안해. 그렇지만 우리는 항상 소통하고 있었다고 느껴. 나는 엄마가 내 몸 속에서, 내가 고통을 느끼는 방식으로 나와 이야기한다는 걸 느껴. 뿐만 아니라 내가 알아차리도록 당신이 가르쳐준 것들의 아름다움들, 선캐처들, 동물들, 바다, 파도들, 별들의 아름다움도 느껴. 내가 당신을 사랑한다는 걸, 그리고 당신을 그리워할 것이라는 걸 부디 알아줘. 그리고 내가 당신을 얼마나 많이 떠올리는지, 얼마나 자주 사람들에게 당신의 이야기를 들려주는지도. 나는 당신 이야기의 지킴이가 될 거야. 마치 당신이 내 삶의 지킴이였던 것처럼.

---

[1] 죽음의 성녀(Holy Death) 혹은 산타 무에르테(Santa Muerte)는 죽음과 관련된 보호, 치유, 복수 등을 주는 신성한 존재이며, 주로 멕시코인들 사이에서 민간 신앙의 대상으로 꼽는다. 긴 로브를 입은 해골 형태로 묘사된다.

나는 조이에게 당신의 차트를 문자로 보냈어. 이런 걸 보내는 게 섬뜩한 일일까 싶어 사과했는데, 그(they)는 "그리 섬뜩한 일이 아니지, 이건 그녀의 삶이잖아"라고 말해줬어. 몇 개월 전, 나는 그해의 점성술을 보면서, 트랜짓❷들이 나에게 어떤 식으로 타격을 입힐지 기록해보려고 했어. 그때 나는 토성과 목성, 달과 남쪽 노드❸를 보았고, 네 가족 중 누군가가 죽을 것이다라고 말하는 번쩍임이 있었어. 나는 즉시 그걸 머릿속에서 밀어냈지. 나는 내가 그런 걸 볼 만큼 충분히 알지 못한다고, 충분히 뛰어난 점성술사가 아니라고, 점성술이 그런 걸 보여줄 수는 없다고 스스로 되뇌었어. 나는 미신에 빠져 있었어. 바보같이 굴지 마. 걱정하지 마.

그러곤 이 일이 벌어진 거야. 내 안에서 우글거리는 죄책감과 후회의 일부는 이런 지식을 탐구하는 걸 내가 두려워한다는 데서 나와. 혹시라도 내가 더 용감했고, 더 많이 알았고, 더 알고 싶어 했더라면, 나는 당신을 만났을지도 모르고, 아마 당신에게 경고할 수 있었을지도 모르고, 병원에 가서 심장 검사를 받아보라고 할 수 있었을지도 몰라, 연락을 할 수도 있었을 테고, 당신을 사랑한다고, 당신이 필요하다고, 당신을 용서한다고, 당신이 살아 있을 적에 말할 수 있었을지도 몰라.

그건 당신의 삶이었어, 엄마. 힘든 삶이었지, 그리고 나는 아름다운 삶이었다고 말하고 싶어.

---

❷ [옮긴이] 점성술에서 시간에 따른 천체의 운행을 말하며, 어떤 시점에 천체들의 에너지가 어떤 영향을 주는지 분석할 때 활용된다.

❸ [옮긴이] '노드'(node)는 '교점'이라는 뜻으로, 점성술에서는 지구 관점에서 태양이 지나가는 길인 황도와 달이 지나가는 길인 백도가 교차하는 두 지점을 의미한다. 북쪽 노드는 내가 발전하고 성장하기 위해 적극적으로 배우고 육성해야 하는 자질, 성향, 경험을 의미한다. 남쪽 노드는 이미 내가 충분히 가지고 있는 부분이자 유지하려는 영역으로 익숙해져버린 습관 같은 것인데, 성장을 위해서는 내려놓고 비워야 하는 영역을 의미한다.

당신이 혼자였다는 게 미안해. 당신에게 다가가보려고 했어. 당신을 느낄 수 있었거든. 내 눈을 당기고 있던 게 당신이었던 거야. 거기에 있어주지 못해서 미안해. 할머니가 당신과 함께 하러 왔길 바라. 모자이크도 거기에 있길. 사랑해.

5월 4일
로스앤젤레스, 집에서

그 첫 번째 밤, 방에 혼자 놓여 있는 그녀의 죽은 몸이 자꾸 떠올라 계속 잠에서 깼다. 그 방은 하늘색이었고, 나는 그 방을 어린 시절의 방처럼 만들어보려고 애쓰지만, 방은 그때의 모습과 똑같지 않기도 하다. 나는 그녀의 얼굴이 아래를 향하고 있었는지 아닌지 궁금하다. 때로 그녀의 얼굴은 아래를 향하고 있다. 그녀는 무스앤크루 맨투맨 티셔츠를 입고 있다. 내가 가진 그녀의 사진 네 장 중 세 장에서 그녀가 그 옷을 입고 있기 때문이다. 닳고 닳아서 피부만큼 얇아진 옷.

기분은 여전히 가라앉은 채다. 계속 생각한다, 나는 이미 엄마를 애도하는 데 긴 시간을 보냈어. 결코 존재하지 않았거나 있을 수 없었던 것을 슬퍼했고, 피할 수 없었던 것을 슬퍼했어.

비행기에서 나는 평소와 다르게 누군가에게 말을 건넸다. 이는 내가 절대 하지 않는 일인데, 아주 멋지고 즐거웠다. 우리는 다섯 시간 동안 이야기를 나눴다. 나는 집에 가게 되어서 신이 난다고 말했고, 그는 "가족을 만나서 좋으시겠네요"라고 말했다. 나는 "네, 그렇죠"라고 답했다. 처음에 나는 내가 거짓말을 하고 있다고, 예의상 억지로 그런 말들을 내뱉고 있다고 생각했지만, 그 말을 하고 보니 그게 진심임을 깨달았다. 그 남자 ― 데이미언이란 이름을 가진 이 남자는 디트로이트 출신이지만 로스앤젤레스에서 1년을 살았고, 첫 해외여행을 다녀왔으며, 3일 동안 아이슬란드에 갔었고, 1989년 8월 3일 아침에 태어났고, 자신의 패션 브랜드를 시작하고 싶어 하며, 이런저런 일들에 스트레스를 받지 않고, 음악을 좋아하고, 친절하고 사려 깊었다 — 는 마치 천사 같아 보였다. 우리가 이야기를 나누던 중 몇몇 지점에서 나는 엄마가 우리를 지켜보면서, 우리 얘기를 듣고 함께 수다도 떠는 장면을 떠올렸다.

집이다. 모든 냄새가 똑같았다. 근육에 새겨진 기억도 그대로다. 나는 생각하지도 않은 채 머그잔에 손을 뻗는다. 욕실 수도꼭지를 돌리는 게 얼마나 어려운지 안다. 여기서는 모든 게 살아 있는 것처럼 느껴진다. 이모, 이모의 집, 함께 한 기억들, 우리는 이미 차에서 웃고 있고, 집에 도착하려면 105번 도로에서 110번 도로를, 5번을, 또 2번을 타야 한다는 걸 안다. 살면서 처음으로 나는 침대 옆에 엄마 사진을 놓아두었다.

5월 6일 오후 10시 6분
베스트웨스턴인, 카핀테리아

엄마 방에서는 인센스 냄새(샌달우드와 유향)와 싸구려 향초들 냄새가 났다. 냄새 때문에 머리가 지끈거렸고, 방은 대체로 푸른빛이었다. 바다, 파도들, 물속 바다거북들, 서퍼들, 바다 위 석양의 수많은 이미지들이 벽에 테이프로 붙어 있었다. 그녀는 절대 아무것도 내다버리지 않았지만, 꼼꼼한 사람이어서 모든 것을 파일로 만들어 보관했다. 주택 당국에 보낸 신청서들, 사회보장 수표들, 푸드 스탬프들, 법원 출석 날짜와 벌금들, 면허를 정지한다는 차량관리국의 우편들까지. 나는 그녀가 날짜를 세면서 감옥에서 갖고 있었던 작은 달력을 발견했는데, 물때 달력에는 그날 무슨 일이 있었는지, 누가 전화했거나 문자 했는지, 그녀는 거기에 어떻게 답했는지 적혀 있었다. 그녀는 종종 한 단어로 어떤 기분이었는지를 적어놓았다. "좋음", "나쁨", "슬픔". 나는 그 방에 있는 그 많은 물건을 기억하고 있었다. 그건 우리의 자카란다 웨이 집에서 온 것들이었다. 접시들, 머그잔과 플라스틱 컵들, 사진 몇 장, 재봉틀, 가구. 그녀는 리아가 어린 시절에 쓰던 침대(트윈 침대)에서 잠을 잤는데, 새 침대를 살 돈이 우리에겐 없었고, 그 침대는 망가지고 찢어져 있었다. 그녀의 룸메이트들은 그녀가 그곳에 산 2년 동안 공용 욕실에서는 절대 샤워를 하지 않았다고 말했다. 그녀는 분명 자기 방 싱크대에서 스펀지로 몸을 씻었을 것이다. 부끄러워서. 불이 들어오는 전등이 하나도 없었다. 크리스마스 전구 한 줄만 작동했다. 그리고 텔레비전. 그녀는 자신이 좋아하는 프로그램과 스포츠 점수를 꼼꼼하게 기록했다. 그녀의 룸메이트들은 그녀가 일주일에 1.75리터짜리 위스키를 두세 병씩 마셨지만, 함께 어울려 마시는 경우는 절대 없었다고 말했다. 룸메이트들이 뒷베란다나 현관 계단에서 놀고 있으면 그녀는 방으로 돌아갔다가 더 취한 상태로 돌아왔다. 피부가 누렇게 뜨고 나쁜 상태인 걸로 보아 그들도 모두 알코올 중독인 것처럼 보였지만, 그녀는 자신의 음주 습관을 비밀로 하려 했다.

우리는 책상 한쪽에 놓인 종이들부터 정리하기 시작했다. 하나하나 살펴보았고, 너무 많은 것이 우리를 울렸다. 노숙인으로 살았던 사람이 배웠을 법한 방식대로 그녀는 모든 걸 간직했다. 건전지, 광고 우편, 플라스틱 숟가락, 소금과 후추 팩, 신문지, 뿐만 아니라 줄이 그어진 종이들을 마스킹 테이프로 직접 묶어 만든 노트에 다시 테이프로 붙인 낡은 서류들 위에 적힌 메모들까지도. 우리는 그녀의 장신구와 옷 일부를 살펴보는 것만으로도 힘에 부쳤다. 그녀는 우리와 가족과 모자이크의 사진, 그리고 기도 카드 몇 장이 놓인 작은 제단들을 도처에 만들어놓았다. 나는 그녀의 피 몇 방울, 세 방울이 묻은 컵받침을 챙겼다. 그녀의 몸에서 남겨진 어떤 부분도 차마 버릴 수가 없었다. 그녀는 4월 30일이 되기 며칠 전 넘어져 머리를 부딪쳤다. 우리가 도착하기 전에 룸메이트들이 바닥의 피를 닦아주었다. 고마운 일이다. 내가 그녀에게 보냈던 생일카드는 선반 가운데쯤, 눈에 가장 잘 띄는 곳에 있었다. 불현듯 그 방의 푸른빛과 냄새가 그녀처럼 와닿았다. 그 엉망진창과 먼지와 쓰레기 속에서 모든 것이 어찌나 미적으로 느껴지던지. 얼마나 꾸미고 수집하고 돌보고 원했을까. 모든 게 이렇게 느껴졌다. 종이와 노트, 파도 사진, 과거의 물건들 한 점 한 점 전부가 그녀에게는 정말, 정말로 필요했던 것만 같았다. 빛바래고, 싸구려인데다가, 망가진 것들인데도. 방은 빛이 잘 들었고 뒷마당 쪽의 전망이 멋졌다. 창문엔 선캐처들과 파란 유리 조각들이 매달려 있었다. 어떤 건 하트 모양이었고, 어떤 건 초승달 모양이었다. 그녀의 지팡이를 발견하고 나는 울기 시작했다. 아, 지팡이가 필요했구나, 나도 지팡이가 필요한데. 정말 간직하고 싶은 것들이 몇 가지 있었다. 그림 한 점, 장신구 한 개, 옷 한 벌. 나는 모든 장신구를 기억하고 있고, 모든 그림을 기억하고 있다. 오늘 그 물건들을 보았을 때 몇몇 물건은 내 기억에서 전력을 다해 헤엄쳐 나왔다. 나는 그것들이 기억에서 영영 사라졌다고 생각했었다. 하지만 그 물건들은 여전히 여기에 있었다.

5월 7일 오후 9시 54분
베스트웨스턴

오늘 아침 그녀의 일기를 읽었다. 그녀가 죽던 날까지 썼던 일기. 너무나 많은 날들에 "방에만 있던 날"이라는 표시가 있다. 내가 물려받은 그것이 뼛속 깊이 느껴졌다. 매일이 기록되어 있었다. 언제 일어났고, 언제 낮잠을 잤고, 언제 잠자리에 들었고, 밤중에 깼을 땐 몇 시였는지, 무엇을 먹었고, 보았는지. 누구에게 전화를 걸었고 무슨 이야기를 나누었는지, 메시지를 남겼는지 아닌지, 답이 없었는지 아닌지. 그녀는 은행 잔고도 매일 적었다. 마지막 며칠 동안 글씨가 엉망이 되기 시작한다. 4월 20일에는 흉통에 대해, 4월 23일에는 부은 발목에 대해 쓴다. 30일이 되기 며칠 전에 그녀는 넘어져 머리를 부딪치고, "사방에 피가" 묻었다고 쓴다. 그보다 앞서 넘어진 날이 또 있다. 나는 그걸 베란다에서 읽으며 울었다. 오늘 우리는 너무 많은 일을 해치웠다. 우리는 그녀가 화장될 때 입을 옷을 골랐다. 아주 낡아버린 옷, 내가 어렸을 때부터 기억하는 그녀의 카핀테리아 해안절벽 티셔츠는 무척 부드럽다. 그녀가 직접 만들어 입은 물고기가 그려진 바지와, 그녀가 헤엄칠 수 있도록 속옷 대신 수영복을 고르며 나는 흐느꼈다. 우리는 그녀와 함께 태울 것들도 골랐다. 그녀의 차트를 출력해서 내가 그녀에게 보냈던 카드 사이에 끼워 넣고, 사공에게 줄 20달러도 챙겨 넣었다. 리아는 뉴올리언스에서 가져온 이끼를 넣었다. 우리는 그녀의 보석함에서 조개껍데기 몇 개, 작은 껍질들, 뚜껑 달린 껍데기와 전복 껍데기 조각을 찾아냈다. 이모는 로즈마리를 넣었다. 장례식을 준비하고 주위에 전화를 돌렸다. 물건을 전달하고 서류에 서명하기 위해 차를 몰아 벤투라에 있는 화장장에 다녀왔다. 그 뒤에 리아와 나는 그녀의 방에 한 시간 정도 더 머물렀다. 단둘이 쓰레기를 버리고, 감정적인 것 따위에 빠지지 않으려고 노력했다, 마치 그게 가능하다는 듯이. 초등학교 시절의 나를 찍은 사진 두 장과 동전 몇 닢이 든 오래된 노란색 일본식 찻주전자를 발견했다. 어떤 주문 같았다. 그것을 그대로 남겨두기로 했다. 그녀가 부리고 있던 마법을 그대로 남겨두어야 하니까. 그녀가 남긴 쓰레기는 버거웠다. 냅킨, 비닐봉지, 먼지 낀 빈 액체 비누통처럼 노숙인의 논리를 따르는 이상한 유물들 천지였다. 그리고 침대 시트에서는 죽음 같은 냄새가 났다. 우리는 뒷걸음질 치며 비틀거렸고, 숨을 참았다. 나는 속이 안 좋고 지친 상태였고, 리아는 헛구역질을 해댔다. 온갖 것에 먼지가 잔뜩 쌓여 있었고, 그중 얼마만큼이 그녀의 피부였을까 계속 생각했다. 먼지는 우수수 떨어졌고, 덩어리졌고, 살아 있었다. 그것을 들이마시고 있음을, 그것들이 손에 묻고 있음을, 나는 느꼈다.

우리는 아빠와 저녁을 먹으러 갔고, 호텔 주차장에 있는 아빠의 밴 안에서 엄마가 남긴 돈이 얼마인지, 앞으로 나올 비용을 어찌 댈지 이야기했다. 우리는 그 전에 그녀의 계좌를 닫으러 은행에 다녀왔다. 계좌에 얼마가 들어 있냐고 묻자 은행원은 개인정보라는 이유로 말해줄 수 없다고 답했고, 리아는 눈을 크게 뜨고 "마이너스인가요?"라고 물었다. 은행원이 아니라고 답하자 우리는 남들이 들을 만큼 안도의 한숨을 크게 내쉬었다. 은행원의 연민이 느껴졌다.

리아와 나는 늦은 오후의 햇살을 받으며 호텔에서 집까지 걸어갔고,

지나가는 집들의 앞마당에서 꽃들을 꺾었다. 허밍버드 세이지, 코스모스, 재스민, 라벤더, 양귀비. 그리고 복도 맞은편에 살던 엄마의 룸메이트 수에게 몇 송이를 주었다. 우리는 엄마 방에 라벤더와 재스민을 놓아두었다. 내 몸은 불타는 것 같았고, 고통으로 정신이 혼미했지만 왠지 힘들지는 않았다. 죽음이 나를 순하게 만들었다. 그녀의 일기에서 내 이름을 보았다. 그녀가 내 생일 카드를 받은 날이었다. 그녀는 카드를 받았다는 말 옆에 이렇게 써두었다. "와우." 10년이 넘는 시간 동안 내가 그녀에게 보낸 건 그게 다였다. 그게 내가 견딜 수 있는 전부였으니까. 엄마의 문자에 내가 답장을 했던 적이나 있나. 그녀가 남긴 모든 음성 메시지에서 그녀는 흐느끼고 있었고, 나는 그것들을 하나씩 지웠다. 우리는 호텔 방에 그녀를 위한 작은 사당을 마련했다. 나는 우리 각자를 위해 세 장씩 카드를 뽑았다. 나는 코인의 기사 카드, 컵 5번 카드, 컵 시종 카드가, 리아는 죽음 카드, 지팡이 6번 카드, 컵 6번 카드가 나왔다.

방에만 있던 날. 그리고 항상 그날의 마지막에는 "침상 기도"가 있었다. 리아와 나는 곧바로 그 기도를 암송하기 시작했다. "사랑하는 주님, 제 가족과 친구들을 축복해주세요. 제가 가진 모든 것에 감사드립니다, 아멘." 장례식 초대장에도 적어야겠다.

펜은 그녀의 노트 마지막 페이지에 꽂혀 있었다. 그녀는 마지막 날에 단지 "안개"라고만 적었고 ― 적어도 우리는 그렇게 적혀 있다고 생각한다 ― 그 뒤에 뱅크오브아메리카에 전화를 걸어 통장 잔고를 확인했다.

5월 8일, 오후 9시 40분
아빠네 집

오늘 그녀를 화장했다. 오후 7시 45분, 벤투라에 있는 시설에서. 우리는 카핀테리아 4번가 해변으로 가서 통나무에 앉아 파도와 까마득한 푸른 하늘을 바라보았다. 빛이 춤을 추고 있었다. 우리는 서로 부둥켜안고 울었다. 이모는 아메리카 토착민 의례 서적에 적힌 시를 읽어주었다. 지상의 즐거움을 이유로 지상에 머물려는 유혹도 뿌리치고, 지상의 짐에도 구애받지 않는 영혼을 다룬 시였다. 이모는 그걸 두 번 읽었다. 해가 지고 땅거미가 내려앉았으며 구름은 핑크빛, 그 다음 희미한 연보랏빛으로 변했다. 바다는 하늘의 푸른빛으로 빛나고 있었다. 문득 평화로워졌고, 우리는 차로 돌아가 여기로 왔다.

오늘 아침 그녀의 부고를 썼다. 그녀를 위해 그렇게 할 수 있어서 기쁘다. 나는 그녀에 대해 지난 10년간의 기억이 거의 없다는 사실에, 있는 기억의 대부분은 고통스럽다는 사실에 망가진 기분이 들었다. 나만의 확고한 경계를 그은 게 열여덟 살 때였다. 살기 위해 그 경계가 필요했는데, 내가 이제 몇 살이더라? 리아는 많은 걸 기억하고 있어서, 나는 부럽고 질투가 났다. 나는 엄마에게 근사한 부고를 써주었다. 우리는 나의 8학년 졸업식 때 찍은 사진을 고른 뒤 할머니와 나를 포토샵으로 지웠다. 엄마는 다정하고 행복해 보였다.

우리는 그녀의 옷을 정리했다. 옷장 안에 묻힌 채, 지퍼 닫힌 배낭 안에 숨겨져 있던 그녀의 손가방을 찾았다. 그녀의 신분증을 보자 마음이 찢어지는 듯했다. 그녀의 눈은 벌겋고 얼굴은 퉁퉁 부어 있었다. 울락 말락 한 표정이었는데, 그녀가 미소를 지으면 항상 그랬다. 2013년에 발급된 신분증은 내년 그녀의 생일에 맞춰 만료될 것이다. 그녀는 절대 그것을 갱신하지 못할 것이다. 이것이 엄마의 마지막을, 엄마의 죽음을 고할 것이다. 지갑에는 버스 패스, 20달러, 도서관 카드, 장애인 패스가 들어 있었다. "가여운 삶이야. 가여운 삶"이라고 웅얼대며 우린 계속 흐느꼈다. 그녀가 어찌나 애를 썼을지.

손가방엔 손톱 줄과 인공눈물, 종잇조각이 들어 있었다. 엄마는 어딜 갔었던 걸까? 더 오래된 지갑도 찾아냈다. 그 안에는 모자이크와 토파즈의 오래된 사진들과 리아와 나의 학창 시절 사진이 들어 있었다. 이 기분은 날 쪼개어버릴 것이고, 나는 회복되지 못할 것이다. 그러나 이윽고 나는 이번 생 내내 내가 얼마나 조각나 있었는지를 떠올린다. 나의 가여운 삶 ― 회복할 것이라고는 아무것도 없다.

우리는 서랍장에서 대마와 알약을 무더기로 발견했다. 그녀의 죽음과 장례식을 알리려고 그녀의 가장 친한 친구의 자동응답기에 계속 메시지를 남긴다. 그는 절대 회신하지 않는다. 우리는 그를 다시는 볼 수 없을 것이다. 그는 30년 동안 엄마에게 마약을 팔던 사람이었다.

우리는 구멍이 나고 얼룩진 티셔츠 여러 장을 내다 버렸다. 노숙하고, 두렵고, 슬프고, 길을 잃은 그녀의 모습을 나는 계속 떠올렸고, 그녀가 재활시설에 가기 전까지는 말을 섞지 않으려 했던 몇 년의 시간을 떠올렸다. 나는 계속 말했다. "내가 같이 있어줄게. 옆에 있을게. 재활 시설에, 재활 모임에 가기로 결심하자마자 같이 있어줄게, 같이 가줄게." 그리고 그녀는 절대로, 결단코 가지 않았다. 대신 내게 전화해서는 자신이 얻어맞았다고, 강간을 당했다고 말했디. 항상 돈이 필요했던 그녀를 나는 믿지 않았다, 믿을 수가 없었다. 그녀는 고양이가 암에 걸렸고 약 살 돈이 필요하다는 이야기를 하려고 내게 전화하곤 했다. 나는 완고했다, 흔들림 없이, 안 된다고 말했다. 나는 그녀가 마약을 사는 데 그 돈을 써버릴 거라고 설명했다. 몇 년을 그랬다. 이제 나는 그녀의 시신에 20달러를 넣고 있다.

리아는 엄마가 4번가 해변 근처 골목 끝에 있는 어떤 남자의 집 뒤에 방을 얻었을 적 이야기를 해줬다. 그 남자는 수집광이었고, 그 집 화장실은 고장이 났었고, 엄마는 거기에 사는 걸 싫어했으며, 그 남자를 무서워했다. 리아는 엄마에게 노숙인 쉼터의 정보와 연락처를 주었지만 엄마는 리아에게 침을 뱉는 것으로 대답을 대신했다. 리아는 "화가 나지는 않았어, 그냥 슬플 뿐이었지"라고 말했다. 우리는 엄마가 부엌 칼을 들고 우리 이웃을 쫓아 길을 내려갔던 것을 회상했다. 우리는 웃음을 터뜨렸다.

5월 10일, 오전 11시 17분
베스트웨스턴, 카핀테리아

어제는 처음으로 울지 않았다. 리아도 마찬가지라고 했다. 우리는 장례식을 준비하고, 사람들을 초대하고, 쓰레기 수거함과 기부함에 물건을 두 번이나 가져다 놓았다. 중고품 가게에 두 번째 방문했을 때, 파리한 몰골의 나이 든 남자 한 명이 있었다. 아마 자원봉사자였던 것 같다. 우리가 가져온 물건을 들춰보고는 안으로 옮기던 그가 지하 세계를 안내하는 시종 같아 보였다. 우리 둘은 카핀테리아에 있는 식당에서 저녁을 먹으며 우리가 죽었을 때 어떤 일이 생기면 좋겠는지, 다른 한 명이 갑자기

가버리면 어떻게 할지 얘기를 나누었다. 리아와 나는 서로를 안락함과 사랑, 기쁨으로 채워주고 있다. 몇 년 동안 이어진 모든 긴장감과 거리감이 일순간에 사라진 것만 같고, 지금 우리 사이에 남은 건 인정뿐이다. 우리는 어린 시절, 엄마와 아빠, 서로에 대한 기억을 공유하고 있다. 리아가 어제, 우리가 장갑을 끼고 검은 쓰레기봉투를 든 채 엄마의 방에 우리 둘만 있었을 때, 이런 이야기를 들려주었다. 교회에 있을 때 유일하게 자신의 마음을 뒤흔든 건 나에 대한 사랑이었다고. 리아는 교회가 계속해서 요구했던 일을 자신은 할 수 없으리라고 생각했는데, 그건 나를 너무나도 사랑해서였다고, 나를 사랑하는 일은 교회 사람들이 해도 된다고 말했던 것과 너무나 모순되는 일이었다고 했다. 방에서, 이 말을 듣고, 나는 무너졌다. 지금도 무너진다.

엄마의 의자에 앉아서 옷장을 치우는 와중에 무언가 못돼먹은 게 내 왼쪽 허벅지 뒤를 물었고, 나는 소리를 질렀다. 지금은 손바닥만 한 크기로 세 군데가 빨갛게 부풀어 올라서 아프고 욱신거리고 가렵다. 어젯밤 베나드릴[4] 몇 알을 먹고 열한 시간을 통으로 잤다. 감사하게 생각한다.

우리는 장례식에 올 사람들 몇 명에게 연락했다. 그들을 만나기를 고대하고 있다. 죽음이 사람들을 한데 모으고, 살아 있는 자들에게 그들이 공유하는 바를 떠올리게 한다는 건, 참 이상한 일이다.

---

[4] [옮긴이] 베나드릴(Benadryl)은 디펜히드라민(diphenhydramine)을 주성분으로 하는 항히스타민제의 상품명으로, 알레르기 반응이나 가려움, 두드러기 등의 증상을 완화하기 위해 사용되는 약물이다. 흔히 복용 후 졸음과 진정 효과가 나타날 수 있다.

5월 14일 월요일, 오후 9시 49분
이모네

오늘 우리는 방청소를 끝냈다. 이유는 모르겠지만 집주인 아주머니가 갖고 싶어 했던 망가진 가구 몇 개는 남겨두었다. 리아와 나는 방이 비었다는 사실을 받아들이려고 했다. 우리는 우리가 그녀를 지워버린 것 같다고 말했다. 그리고 이곳이 그녀가 죽기에 완벽한 장소였다고 이야기했다. 비록 엄마는 혼자였지만, 최소한 그녀의 물건들에는 둘러싸여 있었다. 그녀가 가장 안전하다고 느끼는 장소에서. 만약 그녀가 병원에 있었더라면, 우리가 어떻게든 제때 병원에 갈 수 있었더라면, 그녀는 끔찍한 색들로 둘러싸여 병원에서 죽는 걸 정말 싫어했을 것이다.

장례식은 토요일이었다. 시간이 뒤엉켜 번져버렸다. 지쳐 있었고 기억이 잘 나지 않는다. 오늘 나는 울 수 없었고, 죽음에 대한 불안에 압도되었다. 해롭고도 끈질긴 발작. 난 이걸 점점 더 많이 겪고 있다. 이제 엄마가 우리, 우리가 엄마에 대해 갖는 느낌, 우리의 선별적인 기억들, 우리의 투사들과는 상관없이 그녀 자신으로서 존재하길 멈추었다는 생각에 너무나 고통스럽다. 이제 내 뒤에는 무언가 커다란 암흑의 공허가 존재하고 있다. 내가 온 곳 말이다. 생명의 줄이 끊어진 것만 같다, 나를 삶과 연결해주던 가장 중요한 것이, 나에게 생명을 준 것이 이제는 사라졌으니 말이다, 그녀는 사라졌다. 마치 내 존재 자체가 위협받는 것처럼 미약해진 것 같은 기분이 든다.

우리는 그녀의 재를 담은 유골함을 바다에 떨구었고, 그것은 이내 짙은 푸른색 속으로 가라앉았다. 그날은 완벽했다, 따스했고, 하늘은 맑았고, 나는 배를 타고 장례를 치르느라 햇볕에 심하게 타버렸다. 정말 많은 사람이 왔다. 세어보니 참석자가 서른 명이나 되었다. 우리 생각보다 많은 인원이었다. 이런 생각을 했다는 것 자체가 죄책감이 들었다. 그녀가 이렇게 많은 사람을 알고 지내는지 몰랐다. 모두 입을 모아 아름다운 장례식이었다고, 우리, 그러니까 리아와 내가 아름다웠고, 그날도 아름다웠다고 말해주었다. 지금 돌아보면 마음이 공허해진다. 이날들을 잊지 않기를. 이 모든 이를 보는 것 — 그들 중 많은 이가 엄마처럼 이곳에서, 인구가 겨우 만 명이 넘는 마을에서 평생을 살아왔는데, 나는 이곳에서 벗어나려고 애쓰는 데 평생을 보냈다 — 늙고 살찌고 피부는 나빠지고 머리카락은 더 가늘어진 이들을 보는 것, 그 모든 게 너무도, 너무도 슬프다. 하지만 동시에 집처럼 느껴진다. 여기가 집이다. 그녀는 집이었다. 캘리포니아에서 꼬박 3년을 떠나 있을 수 있다면 자유로워질 수 있을 거라고 철석같이 믿었었다. 그러나 그렇게 되지는 않았는데, 지금 나는 여기에 있고, 결코 떠난 적이 없는 것만 같고, 베를린은 그저 거쳐가는 하나의 단계일 뿐이고, 나는 결국 이곳으로 반드시 돌아와야 할 것만 같다. 나는 다른 어디에서도 죽을 수 없겠다는 기분에 사로잡힌다. 내 재도 태평양에 뿌려져야만 할 것이다. 내 이름으로 따온 엄마 집안의 모든 요하나들과 헤드바들은 이모네 집에서 몇 마일 떨어진 포레스트 론 공동묘지에 묻혀 있다.

내가 나 자신에 대해 결코 용서하지 못할 사실은, 내가 그녀를 용서하는 것 근처까지 갔다는 것이다. 거의 다 왔었지만, 아직은 아니었다는 그 사실. 나는 노력하고 싶었다. 그토록 고약하게 굴던 것을 그만두고 싶었다. 그녀가 계속 약을 하더라도 괜찮다고 말할 수 있는 지점에 이르길 바랐다. 만약 그녀가 그만둘 수 있었더라면 그렇게 했을 것이라고 리아는 말한다. 나는 우리가 우리이기를 바랐다. 나는 우리에게 미래가 있었으면 했다. 나는 내게 더 많은 시간이 남아 있다고 생각했다. 그렇게 되지는 않았다. 엄마는 나를 집으로 불렀고, 우리는 둘 다 혼자였고, 내가 왔다.

부드럽다가 단단해진다

세계라는 살의 점액질이 구조 속으로 휩쓸려 들어가는 순간들이 있다,
그런 일은 어떤 식으로든 일어나기 마련이다.
분자는 응고되고, 언어는 만들어지고, 노동은 임금이 되는,
모든 종류의 명명하기가 일어난다.

해리 도지

알려진다는 것은 때로 부드럽고 풍부한 상처다.

저스틴 필립 리드

한여름 베를린의 길고 청명한 저녁, 우리는 스쿠터를 탄 채 공원을 가로지르며 깔깔거리고 있었다. 나는 노래를 부르고 있었고, 내 스쿠터는 그의(their) 스쿠터보다 두 배 정도 빨랐다. 그가 뒤에서 나를 불렀고, 나는 땅에 처박혔다. 너무 급하게 방향을 바꾼 탓이었다. 전혀 아프지 않았다. "얘(they)는 잘 넘어져", 그는 나에 대해 이렇게 말했고 우리는 웃었다. 손꿈치에 25센트 동전 크기의 상처가 생겼다. 피가 굳으며 알아서 멈추는 것을 지켜봤는데, 이건 완벽한 은유였다. 너무 딱딱하게 굳어서 뭔가가 멈추는 것을 지켜보는 것. 그 모든 일이 일어난 뒤에 손에 생긴 상처에는 천천히 딱지가 앉았고, 딱지의 진행 과정을 지켜보는 것은

시계를 보는 것 같았다. 시간은 교활했고 붙잡히기를 거부했으며, 짓궂게도 사라지곤 했고, 우리는 서로의 안에서 길을 잃은 채 여기가 아닌 다른 어딘가로 향하는 문으로 미끄러지듯 들어갔다. 그래서 지상의 속도로 움직이면서도 완전히 변형돼버린 내 손의 상처가 적절하다고 느껴졌다. 손목시계가 있어야 할 자리 근처에 생긴 나만의 작은 시계는 내가 붙잡을 수 없는 것과, 놓아주려고 애썼지만 여전히 나였던 것을 째깍째깍 셈하고 있었다.

7월이었다. 나는 이 사람을 4월에 온라인에서 만났다. 그는 카라바조의 「류트 연주자」처럼 생겼다. 그의 문자와 말은 온통 삐딱하고 괴팍했는데, 지금껏 내가 경험한 것 중 최고였다.

5월에 있었던 몇 번의 데이트는 내가 두 사람 사이에 가능하다고 생각했던 바를 재배치해주었다. 너무 깊게, 너무 빠르게 지나가서 상처를 주는 방식으로, 또 내가 무중력 상태로 날 수 있게 되어 팽창하는 방식으로, 모든 게 재배치되었다.

6월에 나는 그가 바다를 건너 내게 올 수 있게 해달라고 제우스에게 빌었다. 나는 동유럽에서 짧게 투어를 할 예정이었다. 그가 내 밴드에서 연주도 하고, 투어를 다니는 동안 내 돌봄 보조원으로 곁에 있다가 나와 사랑에 빠지게 되는 것이 계획이었다. 내가 그에게 이 일을 하고 싶은지 묻자 그는 예스 예스 예스라고 답했다. 자질구레한 신들이, 가령 트릭스터,[1] 사티로스,[2] 뮤즈 들이 우리 편을 들고 있었다. 그러나 우리를

---

[1] [옮긴이] trickster. 서구 신화나 민담에 자주 등장하는 인물 유형으로, 기만과 속임수를 사용해 기존 질서와 규범을 흔드는 존재. 선과 악, 질서와 혼돈 사이를 넘나들며 사회적 금기와 관습을 도발하거나 전복시키는 역할을 수행한다. 대표적으로 그리스 신화의 헤르메스, 북유럽 신화의 로키 등이 있다.

[2] [옮긴이] satyros. 고대 그리스 신화에 나오는 반인반수의 존재로, 주로 인간 남성의

상대로 수많은 지상의 애로사항들(만료된 여권, 돈, 나의 건강)이 산적해 있었고, 그래서 아주 크고 강력한 도움이 필요했기에 제우스에게 간청한 것이었다. 나는 우리가 원하는 것이라면 무엇이든 즉시 수용하게끔 우주적 영역을 움직일 만큼의 힘을 원했다. 나는 고전학 교수인 친구에게 적절한 디오니소스 찬가로 무엇이 있을지 물었고, 그녀는 제우스에게, 강간하기 위해 몸을 바꿔 변신하던 하늘의 왕에게 공손하고 차분하게 요청하는 찬가를 추천해주었다. 간청을 하고 20분이 지나자, 하늘은 천둥번개와 함께 비를 퍼부으며 갈라졌고, 천둥번개 신의 이 휘황찬란함은 여름 내내 누그러질 줄을 몰랐다. 내가 뽑은 타로 카드는 좋은 카드였지만 모두 역방향이었다. 게다가 내 점성술의 점괘도 변화를 예언하는 쪽이었는데 개중에 한두 세계가 그 과정을 거치며 깨져야만 한다는 예언도 있었다. 그래도 나는 마법을 부렸고, 사정했다. 제발 내 사랑을 내게 데려와 달라고. 내 옆에 그가 필요하다고, 바로 지금, 바로 여기에.

고대 그리스어 "휘브리스"의 원래 뜻은 신들에게 불복종한다는 것이다. 나는 권위에 불복하는 데 능숙하다. 그래서 그런지 가장 사악하고 권위주의적인 신 몇몇이 날 위해 마련한 운명의 시련에서 절대 벗어나지 못하는 것 같다. 아니면, 이렇게도 말할 수 있다. 나는 각각의 신이 당신을 위해 서로 다른 운명을 마련해놓았다고 보는 고대 그리스의 사고방식을 좋아한다. 변덕스럽고, 이기적이고, 그들 각자의 음모와 드라마에 몰입해 있으며, 서로 협상하는 신들 때문에 누군가의 운명이 바뀔 수

상반신에 염소나 말의 하반신을 지닌 모습으로 묘사된다. 디오니소스를 따라다니며 술, 음악, 성욕, 광란을 즐긴다고 알려져 있다. 본능과 욕망의 상징으로 널리 쓰인다.

있으며, 운명은 늘 바뀐다는 사고방식 말이다. 이런 이유로 휘브리스를 신들에 대한 불복종으로 생각하면 해방감을 느낄 수 있다. 고통과 비참의 신이 당신에게 부과하고 싶어 하는 운명이 있을 때, 당신이 그와 협상하려 하고, 속이려 하고, 배신하기 위해 다른 신과 거래를 하고, 그에게 썩 꺼지라고 말하면 무슨 일이 벌어질까?

넘어지고 나서 사흘인가 나흘 뒤에, 딱지는 여태껏 났던 그 어떤 상처보다도 더 아프기 시작했다. (또 다른 은유인가?) 닷새째 되는 날에는 가렵기 시작했다. 조지아 오키프의 풍경화에 등장하는 색깔들, 어두운 핑크색, 얼룩덜룩한 주황색, 말린 세이지의 녹색이 생겼다. 처음 며칠 동안 딱지는 아직 딱지가 아니었다. 딱지는 완전히 단단하지는 않은 끈적거리는 표면에 불과했다. 그때가 녹색이 가장 반짝거리며 빛나는 때였다. 정말로 빛을 내는 것처럼 보였다.

일주일 전 내 사랑과 나는 류블랴나에서 만났다. 제우스의 천둥번개 때문에 비행편이 지연되어 거의 환승 비행기를 놓칠 뻔했다. 비행기에서 내리자, 휠체어 서비스 직원은 나보고 이미 비행기를 놓쳤을 거라고 했지만 나는 인터넷을 확인하고는 아니라고, 만약 당신이 더 빨리 간다면 시간에 맞출 수 있을 것 같다고 말했다. 그는 사람들을 향해 길을 비키라고 경적을 울리며 뮌헨 공항을 가로질러 재빨리 나를 옮겨주었고, 나는 모든 어려움을 뒤로하고 시간 내에 도착할 수 있었다. 제우스였던 걸까? 집요한 휠체어 서비스 직원으로 변장한? 내 사랑과 나는 호텔 침대 시트를 헝클어뜨리고, 산속에 있는 슬로베니아 성 주위를 겅중겅중 뛰어다녔고, 지중해 바다에서 수영을 했다. 우리는 멈출 줄 모르고 웃어댔고, 그는 자신이 얼마나 행복한지 쉬지 않고 말해주었다. 그는 무릎을 꿇고 앉아 입과 손으로 나를 애무해주었고, 욕구를 채워주었고, 어느 날 밤에는 나를 45분 동안이나 지속되는 오르가즘에 이르게 해주었다. 나는 순수한 빛이 되었다, 이것, 이것이야말로 내가 그리던 것이었다. 베를린으로 가서는 매일 함께 음악을 연습했다. 나는 그가 천재라는 사실을 깨달았다. 그리고 그가 엉망이라는 것도 알게 되었다. 그는 내가 걸을 수 없을 때 나를 안고 계단을 올랐다. 모든 상처와 모든 기쁨이 거기에 있었다. 우리는 더없는 행복을 연마하고 있었다.

베를린에서 어느 날 밤 그가 약을 사러 나갔다가 새벽 6시가 되어서야 집에 돌아왔다. 그는 잠시 의식을 잃었고, 눈구멍에서 눈이 이리저리 미끄러지고 있었다. 그는 반복해서 "난 괜찮지 않아"라고 말했다. 그는 며칠, 몇 주, 몇 달째 약과 술에 취해 있었다. 맞다, 몇 년 동안이나 그랬다. 나는 중독자 손에서 큰 사람이지만 처음엔 눈치채지 못했다. 중독자들은 약을 하는 게 얼마나 나쁜지 숨기는 데 능숙하다. 중독자들은 최고의 변신쟁이들이다. 내가 사랑하는 멋지고, 아름답고, 똑똑하고 다정한 사람이 있고, 그리고 술과 약에 취한 버전의 사람이 있다. 그날 이른 아침 어두운 내 침실에서 바로 그 다른 버전의 사람이 나에게 손을 뻗었고, 몸무게로 나를 꼼짝 못 하게 누르고는 내 목을 움켜쥐었다. 끔찍한 일이었지만, 악의적이지는 않았다. 마치 물에 빠져서 무언가에 매달리려고 하는 것처럼 절박한 허우적거림이었다. 나는 말했다, "멈춰, 자기야, 멈춰. 제발 멈춰 봐". 그는 나를 놓아주었고, 내가 그에게 모든 게 괜찮아질 것이라고 말해주는 동안 흐느끼며 잠에 들었다.

일주일 후 우리는 음악 페스티벌에서 연주를 하기 위해 프라하행 기차에 올랐다. 그는 스플릿[3] 사이즈 와인 다섯 병을 마시고 취한데다, 그날 이미 먹었던 MDMA[4]와 클로노핀[5] 네 알 때문에 헤롱거리는 상태였다. 내가 사랑에 빠진 그는 또 내 멱살을 움켜쥐려고 손을 뻗었다. 내가 뒤로 휘청했을 때, 나는 그의 눈에 수치심의 먹구름이 드리우는 것을 보았다. 그의 모습은 우리 엄마가 당신이 무얼 하고 있는지를 깨달았을 때의 모습과 비슷했다.

내 사랑은 화가 나서 어쩔 줄 모르는, 혼란스러운 얼굴이었다. 나도 전에 그와 같은 얼굴로 그의 자리에 있어본 적이 있다. 나는 몸부림쳤고, 팔다리를 마구 휘둘렀고, 귀마개가 필요했으며, 소리쳤고, 깍깍댔고, 비명을 질렀고, 주먹질을 해댔고, 누군가를 향해 손을 뻗으며 괜찮지 않아라고 말했다. 약이나 술 때문이었던 적은 한 번도 없다. 다만 해리성 공황 발작, 자폐성 감각과부하, 정신병적 삽화, 트라우마적 플래시백 상태에 있었다. 이 와중에 무슨 일이 일어났는지 나는 종종 기억하지 못한다. 기억이 난다 해도, 프리즘 같고, 번쩍이고, 깨진 것들이 담긴 병이 흔들리는 것 같은데, 그 병이 내 머리인 양 느껴진다. 내게 이런 일이 벌어지는 것을 지켜본 친구들, 가족, 연인들이 있었다. 그들은 내 얼굴의 반대편에 있었고, 그 후 몇몇은, 대부분은 영원히 떠나버렸다. 그때 그들이 내게서 본 것은 다른 버전의 나를 절대로 보고 싶어

---

[3] [옮긴이] 187ml 용량의 와인을 말한다. 보통의 와인 병은 750ml다.
[4] [옮긴이] 메틸렌디옥시메탐페타민(MDMA)은 향정신성 약물로, 흔히 엑스터시(Ecstasy) 또는 몰리(Molly)로 알려져 있다. 감각 강화, 기분 고양 등의 작용을 일으킨다.
[5] [옮긴이] 클로나제팜(Clonazepam)의 상품명으로, 벤조디아제핀 계열의 항불안제 및 항경련제다. 진정, 근육 이완, 항불안 효과가 있으며, 과용 시 의존성이 생길 수 있다.

하지 않게 만드는 데 충분했다고 추측해볼 따름이다.

곁에 남은 친구들, 가족, 연인들 또한 있었다. 내 귀에 귀마개를 꽂아주었던. "다 괜찮아질 거야"라고 말해주었던. 내가 방이나 움직이는 차 바깥으로 몸을 내던질 때 나를 쫓아와 주었던. 2층 창문 바깥으로 내가 뛰어내리기 전에 나를 붙잡아주었던. 나를 용서해주었던. 내가 밀쳐냈을 때에도 나를 붙잡으려고 애썼던. 내가 주먹을 날렸는데도 나에게 손을 뻗어주고 또다시 손을 뻗어주었던.

내가 지금 살아 있는 이유는 2013년에 내가 지금껏 받았던 그 어떤 사랑보다도 더 많이 나를 사랑해준 남자를 만났기 때문이다. 그 또한 자신이 지금껏 해본 그 어떤 사랑보다도 더 많이 나를 사랑했다. 우리는 지금도 서로를 사랑하고 있다. 우리는 이름이 같다. 그는 이 책에 등장하지 않는다. 왜냐하면 이 책은 고통에 대한 책이고, 그는 나에게 아무런 고통도 주지 않았기 때문이다. 어떤 종류의 물리학 법칙이 그걸 설명할 수 있으랴?

이 에세이에서 이 다음에 벌어지게 될 모든 일을 겪으며, 그라면 무엇을 했을지 나 자신에게 물어보려고 한다.

돌봄은 주고받기의 렘니스케이트 곡선이다. 돌봄은 플러스마이너스의 거래가 아니라, 롤러코스터처럼 끊임없이 움직이며, 수없이 오르락내리락하는 것이다. 반복이다. 돌봄은 롤러코스터처럼 당신을 겁줄 수 있고 중력의 법칙이 어떻게 느껴지는지 당신에게 노골적으로 보여줄 수 있다. 돌봄은 중력을 벗어나는 게 어떤 기분인지 당신에게 가르쳐주고 잠시나마 알려줄 수 있다. 아마도 내가 말하려는 건 고통 — 고통을 누군가와 나누고, 주고받고, 서로가 서로를 위해 짊어지고 견뎌내는 데 동의하면서 — 또한 무한의 상징처럼 느껴질 수 있다는 것이다. 우리가 고통이 끊어지고 단절되길 기대할 법한 그 자리에, 대신 회전력, 구심과 원심 운동, 궤도가 있다. 나는 돌봄과 고통이 어떻게 서로를 위해 움직이며 나아갈 길을 트는지에 대해 말해보려고 노력 중이다.

프라하에 도착하기까지 우리가 두 시간을 어찌 더 버틸 수 있을지 나는 고민했다. 베를린에서 기차를 타고 벌써 세 시간이 지난 뒤였다. 그는 기차 여행 내도록 흐느꼈다. 아니면 깍깍거렸다. 아니면 소리를 질러댔다. 그도 아니면 발을 구르고 넘어지고 밀어대고 싸웠다. 우리를 쳐다보지도 않는 근처 좌석의 남자를 향해 그는 "날 쳐다보는 거야?"라고 소리쳤다. 그는 그 남자와 싸우려고 했고, 내가 화장실 근처 열차 사이의 통로로 그를 끌어내려고 하자 이번엔 나와 싸우려 들었다.

기차가 체코 시골 어딘가의 인적 없는 정거장에 들어섰다. 나는 우리가 거기 그 작은 공간에 서 있다 보면 모든 것이 괜찮아질 거라고 생각했다. 나는 그에게 손을 뻗었고 우리 둘 모두에게 "다 괜찮아질 거야"라고 말했다. 그가 나를 밀쳤다. 나는 손을 뻗었다. 그가 다시 나를 밀쳤고 나는 다시 손을 뻗었다. 그는 나를 더 세게 밀쳤고 나는 뒤로 넘어졌다. 그러자 그는 등을 돌렸고, 나는 그가 기차 문을 열기 위해 버튼을 누르는 걸 지켜보았고, 그가 기차 밖으로 몸을 내던지는 걸 보았다.

그는 플랫폼 반대편에 있는 문을 열어젖혔다. 플랫폼은 없었고, 내려가는 계단도 없었다. 그는 선로 위 1.5–1.8미터 거리에 떨어졌다. 나는 그가 철로와 돌을 넘어 반대편의 낮은 콘크리트 벽을 기어 올라가는 모습을 지켜보았다. 나는 그의 이름을 세 번 외쳤다. 그리고 그가 그 벽을 뛰어넘어 사라지는 것을 바라보았다. 나는 그 벽 너머에 무엇이 있을지 볼 수 없었다. 기차역은 높은 곳에 있었고, 길은 그보다 훨씬 아래에, 적어도 6미터는 낮은 곳에 있었다.

나는 생각했다. **내 사랑이 죽는 걸 그냥 지켜보고 있었어.**

기차가 움직이기 시작했다. 문이 닫혔다. 그 모든 일이 일어나는 데 5초도 채 걸리지 않았다. 그걸 어떻게 아느냐면? 그의 이름을 세 번 외치는 데 5초가 걸리기 때문이다. 두 음절, 세 번, 5초. 그는 기차에서 뛰어내려, 벽 뒤쪽으로, 아래로, 낮은 곳으로 사라졌고, 기차는 더 빨리 달리고 있었다. 트라우마는 나를 내 몸 바깥으로 끌어내 내가 차분해지도록 만들었다. 나는 움직일 수가 없었다. 그 자리에 꼼짝없이 서 있었다. 그 장면이 머릿속에서 계속 재생됐다. 그가 벽을 넘어서 사라지는 모습이. 이 장면은 결코 멈출 줄을 모르고 머릿속에서 재생됐다.

그 다음 순간에 그에게 전화를 걸려고 휴대폰을 꺼냈을 때, 그때서야 나는 내가 내 몸 안에 있음을 깨달았다. 몸이 떨리고 있었다. 나는 24시간 동안, 그 다음 몇 주, 몇 달 동안 떠는 것을 멈출 수 없었다. 나는 전화를 걸고 또 걸었다. 이 가혹하고, 선명하며, 견딜 수 없는 현실을, 그가 벽 너머로 사라진 이 현실을 어떻게 해야 살아낼 수 있을지 알 수가 없었다.

그때 그가 전화를 받았다.

"살아 있어?" 내 목소리는 작았다.

"네가 날 떠난 거기에 있어." 그의 목소리는 더 작았다. 나는 그가 거리의 구겨진 더미 안에 누워 있는 모습을 떠올렸다.
"기차가 움직이고 있잖아. 널 데리러 갈 수는 없어." 내가 말했다.
"그럼 집에 가는 길을 직접 찾아볼게." 그는 이렇게 말하고 전화를
끊었다.
내가 50번 전화를 했지만, 그는 받지 않았다. 열다섯 시간 동안
그에게서 연락이 오지 않았고, 나는 그가 살았는지 죽어가고
있는지 알 수 없었다.
나중에, 나는 이 마주침의 운명을 이해하려 노력했다. 우리는
온라인에서 만났고, 지옥 입구가 열렸고, 이제 우리는 지옥에
있다. 왜일까? 이유가 있었을까? 이유가 있었더라면 더 쉬웠을까?
아니 이유가 있으면 더 암담했으려나? 별개의 지옥들이었다.
우리는 각자 자신의 지옥에 있었다. 지상, 지하, 신의 영역 중에서
어느 영역이 우리 것일까? 나는 그의 관점에서 이 이야기를
이해하려고 노력했다. **나**는 왜 **그**에게 일어났던 걸까? 나는 나
스스로에게 이야기했다. 이 일화는 그에게, 그가 자신의 과거
트라우마를 견디기 위해 의존했던 대처 기제가 자기 자신과
타인에게 해를 끼치는 방식을 비례적으로 대면한 상황이라고
말이다. 그러나 이 이야기는 그가 동의하는 한에서만 유효했다.
나는 이해하고 싶었다. 나는 운명을 믿는 사람이기에, 정의상
운명론자인 것이 확실하기에. 그러나 내가 운명을 믿는 건,
그걸 믿는 게 내 기분을 좀 더 낫게 만들어주기 때문은 아니다.
신이시여, 나아진다면야 좋겠다. "모든 일은 이유가 있어서
일어난다"라는 문구에 나는 거부감을 느낀다. 이 말은 유용하거나
미묘한 것을 희생시키고서라도 긍정적인 것을 고수하려는 엉터리
속임수다. "모든 일"이 벌어진 데에는 "하나의" 이유가 있다는

것에 기대는 건 나에게 그리 도움이 되지 않는다. 나는 그 이유가 무엇인지 정확히 알아야 하고, 그런 다음 다른 가능한 모든 이유를 맘속으로 헤아린다. 전혀 말이 안 되는 이유들은 어떨까? 견딜 수 없고, 허무맹랑하고, 자의적인 이유들은 어떨까? "모든 일"과 그에 대한 수많은 이유를 이해하는 것과 동일한 방식으로, 나는 운명을 다중적으로, **운명들**, 복수형으로 생각한다. 단수적 실체로서 운명은 당신의 목을 움켜쥔 것처럼, 따라 움직이는 것 말고는 당신에게 선택의 여지가 없는 궤도처럼 느껴질 수 있다. 복수형 운명들은 지혜와 성장을 싣고 오는 수단인데, 그래서 그만큼 까다롭고 기만적이다. 종종 어느 한 시점에 여러 운명이 동시에 작용한다. 운명은 지혜이면서 속임수다. 나는 어쩌면 운명이 하나보다 많다면 협상할 여지가 있다는 사실에서 위안을 찾는 것 같다. 나는 운명을 가공될 수 있는 원료처럼 생각하고 싶다. 운명이 가공될 원료라고 치면, 우리는 그것을 다른 모든 공예품처럼 다룰 수 있다. 수련, 기량, 호기심과 함께 말이다. 운명의 모양을 빚고, 제작하고, 당신의 손안에서 주물러 그것이 형성되는 것을 느껴보라.

내 사랑은 프라하에서 두 시간 떨어진 체코의 어느 시골 한가운데에서 길을 잃고, 홀로 술과 약에 취한 채 엉망이 되어 정신을 잃은 상태였다. 그는 지갑과 약이 든 힙색 외엔 아무것도 갖고 있지 않았다. 기차에서 뛰어내릴 땐 휴대폰을 갖고 있었는데 내 전화를 끊은 뒤 잃어버린 듯하다. 어쩌면 사티로스가 숨겼을지도. 내가 아는 건 그가 죽었을 공산이 크다는 게 전부였다. 만약 살아 있다면, 그건 상처뿐인 살아남음이었다. 그의 모든 물건이 나와 함께 기차에 있는 여행 가방 안에 있었다. 여권, 노트북, 휴대폰

충전기, 카메라들, 음악 장비, 옷가지들. 거기에다가 기타 두 대, 배낭 하나, 손가방 두 개, 그리고 7킬로그램이나 나가는 전자 샘플러가 든 케이스까지. 여행 가방은 말할 것도 없고 나는 배낭을 들 수도 없었다. 너무 무거웠다. 나는 모르는 사람에게 10유로를 주면서 기차에서 가방들을 내려달라고 했다. 그리고 프라하의 친구에게 전화해 플랫폼으로 나를 만나러 와달라고 부탁했다. 나는 나의 돌봄 보조원에게 기차에서 몸이 아파진 관계로 내려야겠다고 말했다. 거짓말은 아니었다.

친구와 내가 기차 플랫폼에서부터 경사로를 내려가(플랫폼의 엘리베이터는 전부 고장 나 있었다. 우리는 그 사실을 각 엘리베이터까지 50미터씩 걸어간 뒤에 알게 되었다. 나는 장애인 친구들과 내가 "모든 게 다 좋아. 비장애중심주의만 빼고!"라고 말하길 좋아한다고 친구에게 농담을 했다), 역사를 지나, 엘리베이터를 타고, 엘리베이터에서 나와, 길을 가로질러, 택시가 있는 주차장까지 가방들을 옮기는 데에 꼬박 한 시간이 걸렸다. 우리는 몇 걸음을 걷고 멈춰서 쉬어야 했다. 반복이다. 불구의 시간이다.

이 이야기의 버전 중 하나는 코미디다. 프라하에서 나는 '불안 협회'라는 예술가 주도 프로젝트가 주최한 레지던시에 참여하고 있었다. 불안 협회를 통해 나는 웰니스 스파처럼 생긴 아파트에서, 말하자면 생활에 필요한 모든 장비가 숨어 있는 고요하고 개방된 공간에서 머물 예정이었다. 화장지가 숨겨진 비밀 캐비닛을 열려면 벽을 더듬어 비밀 손잡이를 찾아야만 하는 곳이었다. 아파트 소유주인 여자가 나를 맞이해주었다. 그녀는 막 요가를 끝내고 온 참이었다. 그녀는 나에게 "머리서기를 제대로 할 수 있을 때면 저는 항상 제 자신이 정말 자랑스러워요"라고 말했다. 그녀가 이 말을 했을 때 나는 내 사랑이 살았는지 죽었는지, 그의 몸 어느 부분이 망가졌는지 여전히 알지 못했다. 거기에 머문 며칠 동안, 나의 흐느낌이 불안 협회의 쾌적하고 차분한 방들을 가득 채웠다.

＋

중독자와 사랑에 빠진 건 이번이 처음이 아니다. 우리 엄마가 그 이야기의 시작이다. 나의 첫 기억은 밤중에 엄마가 내 침대를 물끄러미 내려다보던 장면이다. 나는 세 살이다. 그녀는 척추 수술을 받으러 가야 한다고, 죽을지도 모른다고, 그렇지만 내가 아빠를 사랑하는 것만큼 자기를 사랑하지 않기 때문에 괜찮다고 말하고 있다. 몇 년에 걸쳐 그녀는 자살해버리겠다고 날 위협했다. 그녀는 내가 자기를 충분히 사랑하지 않기 때문이라고 말했다. 어린 시절 내내 일종의 시계처럼 그녀는 한밤중에 내 방에 들어왔다. 때로 그녀는 방을 엉망으로 만들었다. 때로는 흐느끼면서 나를 흔들어 깨웠다. 때로는 내 머리에 주먹을 날렸. 불교 신자들은 중독자를 "배고픈 유령"이라고 부른다. 배고픈 유령들의 위장은 산만 하고 목구멍은 바늘구멍만 하다고 한다. 나는 종종 절박함을 용서할 수 있다.

마음이 자신에게 복종하지 않는다고 마음을 들이박고 있는 사람을 지켜보는 건 끔찍한 일이다. 그 휘브리스, 자기 몸이 자기 주위를 둘러싼 콘크리트 벽인 양 찢어발기는 걸 목격하는 것은. 그 벽을 뛰어넘어 사라지기를 바라는 누군가를 보는 것도. 내 사랑의 운명이 그를 벽 너머로 데려가는 것을 나는 지켜봤던 걸까? 그를 데려간 건 그의 의지였나? 이 둘의 차이는 아무런 상관이 없는 걸까? 그 차이를 알고 싶어 하는 건 내가 베풀어보려 하는 일종의 공감일까?

신들을 발명하면서 인간은 그들에게 복종하지 않을 개념, 가능성도 발명해냈다. 그리스인들이 보기에 휘브리스는 파괴를 뜻하는 "네메시스"(Nemesis)를 낳는다. 이 파괴는, 아주 오만하게도 신들을 속이려 드는 필멸자들에 대한 신들의 형벌이다. 어원상 "네메시스"는 분배하기, 할당하기를 의미한다. 마땅히 주어져야 할 것을 측정하는 척도 같은 것이다. 네메시스는 여신이기도 하며, 검과 채찍을 상징으로 삼는다. 신적 복수와 응징의 여신인 그녀는 인간들이 개판을 칠 때 노골적으로 분개한다.『그리스 로마 전기 및 신화 사전』은 그녀를 다음과 같이 설명한다.

네메시스는 일종의 운명적인 신성이다. 왜냐하면 그녀는 인간사의 올바른 균형 혹은 평형이 깨지면 언제고 그것을 다시 회복하는 방식으로 인간사를 총괄하기 때문이다. 그녀는 행복과 불행을 각각 가늠한다. 너무 많이 혹은 너무 자주 행운이란 선물로 축복받은 자에게 그녀는 상실과 고통을 몰고 방문한다. 그가 겸손해지도록, 그리고 인간의 행복이 안전하게 넘어 나아갈 수 없는 경계가 있음을 느끼도록 말이다.

인간은 파괴가 우리에게 일어나는 방식을 중심으로 그것을 의인화하고 명료하게 표현하고, 그럼으로써 우리 자신의 방향을 설정하는 방법을 찾길 바라고, 찾을 필요를 느끼는데 ― 파괴에 이름을 붙이고 그 이유를 설명하기 위해서다 ― 이는 충분히 납득할 수 있는 일이다. 왜냐하면 그렇게 하는 것이 하지 않는 것보다 조금은 더 나은 기분이 들기 때문이다. 세상의 기능을 신들(복수형)의 행위로 생동감 있게 설명하면 더 살아 있는 것 같고 더 극적인 느낌을 준다. 이는 우리를 신들의 무대 위 배우들로 위치시킨다. 우리의 불복종을, 만약 불복종이 없었다면 그저 무작위하고 무의미한 파괴였을지 모르는 것의 원인이라고 주장하면 우리에게 약간의 행위자성이 돌아온다. 내가 말하고자 하는 바는, 추측건대 그게 단순히 우리의 운명들 ― 우리가 나눠 받은 것 ― 을 재료로 다루는 하나의 방식이라는 것이다. 그것은 설령 페이지의 공간을 두고 겨루는 다른 저자들이 있다고 해도, 우리 자신을 자기 고유의 이야기의 저자로 간주하는 방식이다. 무언가 나쁜 일이 벌어질 때, 우리는 종종 당황해서 이렇게 외친다. ==왜 이런 일이 벌어진 거지? 왜 하필 내가 고통받아야 하지?== 우리가 그 일을 일으킨 것인지에 대한 질문은 항상 존재한다. 우리의 의지들이 그 자체로 신들인 것인지, 아니면 벌어진 일이 우리의 통제를 벗어난, 운명의 기능, 운명들, 우리의 신들인 것인지를 묻는 질문 말이다.

내가 알고 있는 한 신들은 물론 수수께끼처럼 말한다. 그러면서도 꽤 직설적이다. 그들은 가차 없는 대칭이라는 우주적 강제력 안에서, 우리 모두의 목에 감긴 일종의 밧줄을 주거니 받거니 하는 렘니스케이트 곡선 안에서 세상을 바꾸기를 즐기는 듯 보인다. 그러나 나는 신들이 당신을 도울 날개 달린 신적 존재를 보내려고 하늘을 쪼개서 연다는 것, 아마 당신을 구원하기 위해서라기보다 최소한 전언을 전하기 위해서 그리 한다는 것도 안다. 그러나

이 신적 존재가 그렇게 바뀐 얼굴을 하고 나타나는 것은 오직 가끔, 아주 가끔이었다. 이따금 신들은 세상의 엔진이 자비와 인내, 그리고 찰나의 안락함과 기쁨으로 돌아가도록 만든다. 나는 내 사랑이 기차에서 몸을 내던지는 걸 목격해야 했고, 그 일을 겪었어야만 과거의 사람들이 내가 위기에 처했을 적에 나를 버린 이유를 이해할 수 있었을 것이라고 때때로 생각한다. 나는 내 어깨를 거칠게 밀치던 내 사랑의 손길을 느껴야 했다. 그래야 나는 당신에게 그런 짓을 한 누군가에게 계속 다가가는 것이 얼마나 힘든 일인지 알 수 있었을 것이다. 그게 힘든 일이지만 불가능하지는 않다는 것도. 무엇이 그걸 가능하게 하는 걸까? 우리 중 누가 이 이야기에서 날개 달린 이일까?

모든 일이 일어난 이유를 찾으려고 노력하는 사람은 나인 걸까? 네메시스가 내 목을 움켜쥐고 있는 것일까? 아니면 그녀의 무자비한 손에서 벗어나려고 몸부림치는 게 나인 걸까? 언젠가 영성에서 멋진 점은 당신이 무엇을 믿을지 선택할 수 있다는 것이라고 말해준 사람이 있었다. 그(they)가 그 말을 했을 때, 나는 내가 선택권을 가지고 있다고 느낀 적이 단 한 번도 없었음을 깨달았다. "인간의 행복이 안전하게 넘어서 나아갈 수 없는 경계가 있다"는 것을 믿기로 선택한 게 나일까? 최악을 대비하려는 선택을 내가 하는 건가? 네메시스가 종종 나를 겸손하게 만드는 게 적절하다고 생각해왔다. 그녀는 내가 마땅히 할당받기로 정해진 양을 초과하는 듯한 상실과 고통을 갖고 나를 찾아왔다. 그것이 어떤 느낌이었고, 내게 뭘 가르쳐줬는지 내가 어찌 모를 수 있을까?

데버라 리비는 우리가 알고 싶어 하지 않는 것은 우리가 이미 알고 있는 것이라고 말했다. 시몬 베유는 "우리는 세상에서 그 무엇도 소유하고 있지 않다. 순전한 우연이 우리에게서 모든 것을 앗아갈 수 있다. '나'라고 말할 수 있는 힘은 제외하고. 이게 바로 우리가 신에게 주어야만 하는 것, 달리 말하면 파괴해야만 하는 것이다"라고 썼다.

나는 불안 협회에서 뜬눈으로 밤을 지새웠고, 울어서 퉁퉁 부은 얼굴은 온통 두려움에 잠식당했다. 나는 견딜 수 없는 것을 떠올리며 내 사랑에게, 그리고 나에게 무슨 일이 벌어지고 있는지, 우리가 어떤 이야기 속에 들어와 있는 것인지 헤아렸다. 이 이야기에 대한 나의 버전과 내 사랑이 들려주는 버전이 어떻게 다른지에만 관심을 두진 않았다. 나는 모든 버전을, 특히 내가 알고 싶지 않았던 버전을 알고 싶었다. 말도 안 되는 버전들, 내 손을 떠난 버전들은 어떨까? 이 일 이후에도 내 사랑이 약을 계속한다면? (실제로 그랬다.) 더 나쁜 일이 일어난다면? (중독자에게는 종종 그런 일이 일어난다.) 우리 엄마처럼, 내 사랑이 중독으로 죽는다면? 분명 두려움과는 다른 지식이 있을 것이다. 사랑을 발굴해내는 자리들에도 항상 깊은 고통이 현재한다는 것을 내 뼛속과 근막으로 깨치는 지식이 틀림없이 있다. 그런데 나를 또 완전히 비워버리는 사랑으로 내가 가득 채워졌을 때, 나와 관련해서는 무엇이 남는 걸까?

아마도 나는 공감에 대해 쓰고 있는 것이다. 나는 공감이 네메시스가 나눠주는 것에 포함되는지, 아니면 마치 불복종과 휘브리스처럼 인간의 발명품인지 궁금하다.

공감의 문제점은, 누군가에게 그가 자기 몸으로 아직 느껴보지 못한 경험에 대해 공감해달라고 부탁하는 것이 쓸모없다는 데 있다. 공감은 체화되었을 때에만, 당신의 몸 안으로 들어가서 움직일 때에만, 당신 자신의 궤도에 형태를 부여할 때에만 생성될 수 있다. 그때까지 당신은 타인을 돌보려는 마음을 먹기 위해 그들 위에 당신 자신을 겹쳐놓는 일밖에 할 수 없을 것이다. "무엇이든지 남에게 대접을 받고자 하는 대로 너희도 남을 대접하라"라는 황금률은 여전히 행동의 강조점을 타인의 수중이 아니라 당신의 수중에 둔다. 세이디야 하트먼의 세상을 바꾼 1997년 저서 『종속의 장면들』이 다루는 것이 바로 이런 내용이다. 왜 백인은 인종차별과 백인 우월주의가 그들 자신에게는 아무런 영향을 미치지 않는다고 생각하는지, 왜 백인은 인종차별과 백인 우월주의를 그들의 문제가 아니라 다만 흑인의 문제, 흑인이 고통받는 문제이며 흑인이 해결해야 할 문제라고 생각하는지 말이다. 하트먼이 노예제 폐지 서사를 예로 들어 밝혔듯, 백인은 종종 자신을 그 장면에 겹쳐서 보거나 자신의 아내, 딸, 자기 자신 등이 노예의 자리에 있다고 상상하고서야 그 문제에 관심을 기울일 **수 있다**. 단순히 수없이 많은 타인이 고통받는 모습을 봤다고 해서 대의에 동참할 마음이 생기는 게 아니란 소리다. 그들은 그 문제가 자신에게 영향을 미친다고 느껴야만 동참한다. 그들은 그 이야기의 오로지 한 가지 버전만, 그들이 주인공인 버전만 알기로 선택한다. 심지어, 어쩌면 특히 그들이 적대자인 장면들조차도 말이다. 그들이 보여주는 공감의 한계는 그 이야기의 다른 버전을 알지 못하거나 알려 하지 않는 무능에서 비롯된다. 또 다른 예시로, 비평가 제사 크리스핀은 남성들이 아직 페미니즘을 접하지 않았다는 것이 얼마나 확실한지를 완벽하게 설명해냈다. "만약 그들이 페미니즘을 접했다면 우리가 모를 리 있겠어요?"

최근 몇 년간 나는 사람들이 장애가 그들 가까이에서 일어나기 전까지는, 즉 그들 자신이 아프거나 그들이 사랑하는 누군가가 아프기 전까지는 장애에 대해 생각할 시간을 내지 않는 것 같다는 사실에 분노해왔다. <mark>이미 여기에 있는 우리 모두는 어떻고?</mark> 소리를 치고 싶다. 하지만 내 생각에 그런 태도는 용서받을 수 있다. 달리 말하자면, 추상적으로 이해할 수 있는 것에는 한계가 있기 때문이다. 그 지식을 완전히 알게 되려면 어느 시점에선가 그것이 당신 몸 안으로 들어가 움직여야 한다. 이 지식은 형체가 없는 것에서 형체가 있는 것으로, 부드러운 것에서 단단한 것으로 옮겨 가야만 한다.

공감은 부드러움도 단단함도 아니다. 다만 그 둘 사이의 움직임, 변형일 뿐이다. 부드러움이 단단함으로, 다시 부드러움으로. 반복이다. 말하자면 공감은 지식이 아니라 알고자 하는 호기심이다.

운명은, 최악의 경우, 삶 자체에 공감할 수 없는 상태처럼 느껴질 수 있다.

고대 아테네에서 가장 많은 신전이 봉헌된 신은 신들의 왕 제우스가 아니라 헤르메스였다. 모든 집과 모든 거리마다 헤르메스를 위한

신전이 있기 마련이었다. 헤르메스는 언어, 의미, 전달되어야
할 전언의 신인데, 이는 또한 그가 기만, 계략, 중간에 사라지는
전언의 신이라는 뜻이기도 하다. 덕분에 헤르메스에게는 우리의
일상을 주무를 권력이 다른 어떤 신보다 더 많이 주어졌다. 그는
모든 세계 — 인간계, 신계, 지하계 — 를 넘나들 수 있는 유일한
신이었다. 만약 누군가 — 죽었든 살았든 다른 생명체 또는 신 —
에게 전해야 할 말이 있다면 당신은 헤르메스에게 도움을 청했다.
받은 전언의 해독이 필요할 때면 그가 너무 많은 시적 허용을
취하지 않길 기도하며 그에게 물었다. 그는 의미의 지배자임과
동시에 의미가 변신할 수 있는 방식을 지배하는 자이기도
했다. 루스 파델은 이렇게 썼다. "헤르메스는 비록 말이 똑같이
들릴지라도, 내가 의미하는 바가 당신이 의미하는 바가 아닐 수도
있다는 가능성의 신이다." 이어서 그녀는 이렇게 말했다. "거리는
분명 북적였을 것이다. … 사람들은 그에게 말을 걸었다. 그는
대답해주었다. … 헤르메스와의 관계는 대화의 관계였다. 제물로
사람들은 그에게 혀를 바쳤다."

때때로 나는 내가 모르는 사이에 무엇을 희생해왔는지, 무엇을
바쳐왔는지 궁금하다. 헤르메스가 나에게 알려주지 않은 것들,
암호화하는 편이 낫다고 생각해 내가 받지 못한 전언들이
궁금하다. 나의 타로 카드들은 역방향이고, 별자리는 두려움으로
가득 차 있으며, 창밖에는 천둥이 하늘을 찢을 듯 울리고,
내가 복종하지 않는 신들과 내 손으로 직접 빚어보려고 했던
운명(들)이 있다.

나중에 알았지만, 나의 카라바조는 발목이 세 군데나 부러지고는
거리에서 쓰러졌다고 했다. 도움을 요청했지만, 지나가던

첫 두 사람은 쳐다만 볼 뿐 도와주지 않았다. 세 번째 사람이
도와주었다. 병원에서 그는 천장의 불빛 때문에 겁에 질렸고,
못된 간호사들이 내 사랑에게 체코어로 소리를 질러댔다. 그는
곧바로 수술을 받아야 한다는 의사의 진찰은 안중에도 없이
혼자 퇴원해버렸다. 그는 기차역으로 다시 돌아와 나에게 전화를
걸려고 휴대폰을 찾다가 덤불 속으로 손을 집어넣었고, 하필
거기에 사람 똥 무더기가 있었다. 그는 몇 시간 동안 손을 씻지
못했다. 그는 똥 묻은 외투를 발견했고, 아무것도 가진 게 없고
추웠기 때문에 어찌 됐든 그 외투를 입었다. 그는 새벽 5시에
내게 전화를 걸었고, 우리는 전화 너머로 흐느꼈다. **살아 있구나
살아 있구나 살아 있구나.** 나는 그에게 기차 시간표를 문자로
보내주었다. 그는 프라하로 가는 다음 기차를 탔다. 나는 그에게
내가 어디에 있는지는 말해주지 않았다. 나는 여전히 떨고
있었다. 엄마의 유령이 내 목을 움켜쥐고 있었다. 그는 싸구려
호텔을 발견했고, 16일 동안 병원 가는 걸 제외하고는 방에서
나오지 않았다. 그는 병원에서 발목이 너무 부어서 수술할 수
없고, 열흘 동안 직접 혈액응고방지제를 주사해야 한다는 말을
들었다. 그에게는 보험이 없었다. 그는 호텔 프런트에 전화해
얼음을 부탁했고, 얼음을 담은 드라이클리닝 봉투가 터져 깁스
위로 새어 나온 물이 흘렀다. 항상 목발을 짚고 화장실에 갈 수는
없었기에 그는 얼음이 담겨 온 양동이에 오줌을 누기도 했다.
나는 매일 그와 통화했다. 도저히 할 수 없을 때까지. 나는 매일
그의 엄마와 그의 가장 오래된 친구에게 문자를 보냈다. 도저히
할 수 없을 때까지. 그러다가 다시 문자를 보냈다. 네 번째나
다섯 번째 문자마다 그의 엄마는 창피해하며 자기 자식의 행동에

대해 사과했다. 나는 이렇게 답장하고 싶었다. ==주식이 있거나 땅주인이거나 경찰에게 투표했다면 창피해야 하겠지만요, 당신 자식이 도움이 필요하다는 이유로 그럴 필요는 없어요.== 그러나 나는 그러지 않았다. 나는 "제가 도울 수 있는 모든 방법을 동원해서 도울 거예요"라고 말했고, 그렇게 했다.

나는 의지의 언어와 운명의 언어를 같은 정도의 유창함으로 말하는 법을 배우고 싶었다. 나는 네메시스를 왕좌에서 끌어내리고 싶었다. 나는 로절린드 벨벤의 소설『한계』의 다음 구절을 떠올렸다. "인간의 몸이 다정함으로 할 수 있는 모든 일을 나는 한다." 나는 그런 태도에 가까워지려고 최선을 다했다. 내 몸은 스트레스로 인한 면역성 돌발통으로 무너졌다. 돌봄이라는 렘니스케이트 곡선이, 수많은 오르락과 수많은 내리락이 있었다. 나는 침대에서 일어날 수 없었고, 관절이 비명을 지르지 않고는 몇 발자국도 걸을 수 없었으며, 대상포진에 걸렸다. 나는 내 사랑이 머무르던 방에 앱으로 이부프로펜을 배달시켰다. 그 약을 매일 먹은 지 꼬박 일주일이 되자 그는 자신이 초조하고, 불안하고, 잠을 잘 수 없다는 걸 알아차렸고, 내가 카페인이 든 이부프로펜을 잘못 주문했다는 사실을 깨달았다. 그가 자기 버전으로 들려줄 때 이 사건은 코미디의 완성도를 올려주는 요소일 테지만, 나는 내 실수에 대한 죄책감을 절대 덜어내지 못할 것이다. 나는 우버를 타고 가서 내가 갖고 있던 (카페인 없는) 이부프로펜 한 통을 호텔 프런트에 맡겼다. 나는 그 일을 하는 내내 몸을 떨었고, 호텔에서 그를 마주칠까 봐 겁이 났다. 만약 그를 마주쳤다면, 나는 뒤돌아 도망쳤을 것이다. 그가 날 쫓아왔을까?

내 고통이 내게 가져다준 지식 중 하나는 고통이 우리 모두에게

온다는 사실이다. 우리 중 어떤 이들은 우연히 혹은 고의로 고통을 불러들인다. 우리 중 어떤 이들은 고통에 대해 놀라워하고, 고통이 결국 찾아온 것에 대해 심통을 부린다. 우리 중 어떤 이들은 오직 고통을 통해서만 자기 자신을 이해할 수 있고, 고통에서만 집에 있는 듯한 느낌을 받을 수 있다. 우리 중 어떤 이들은 어떤 이유에서건 부모가 자기들의 고통으로부터 우리를 충분히 보호해줄 수 없었던 이들이고, 우리는 그 계보를 따른다. 우리 중 어떤 이들은 신들이 서로 전쟁을 벌이던 시기에 태어났다. 우리 중 어떤 이들은 잘못된 신과 잘못된 시간에 개쓰레기 같은 거래를 했다. 우리 중 어떤 이들은 우리를 도와줄지도 모를 신들에게 등을 돌렸다. 우리 중 어떤 이들은 잠재적으로 도움이 될 만한 신들이 우리에게 말을 걸던 언어를 이해하지 못했고, 그래서 우리가 울부짖을 때 그 신들의 말은 침묵처럼 공허하게 들렸다. 운명은 이 모든 게 한꺼번에 일어나는 것이다.

이 가운데 한 가지 확실한 사실은 고통이 결국 올 것이라는 점이다. 고통이 결국 오고야 만다는 데 너무 많은 이유가 있고, 그 이유들이 잠재적 의미와 가능한 이유들을 이리저리 끌어당기는 와중에, 그런 폭풍에서 중심을 잡아주는 것은 우리가 고통이라는 이 확실성을 마주하는 방식일 것이다. 달리 말하자면, 친절함이 우리가 선택해 배울 수 있는 마법의 한 형식이라는 것이다. 중요한 것은 고통이 존재하는 이유가 무엇이든 그 고통에 주의를 기울이는 것이다.

마법이 어떻게 작동하는지 우리가 알 길은 없겠지만, 알고 싶을 수는 있다.

어떤 사람들은 마법을 믿지 않아도 되는 특권을 누린다. 내가 기차에서 내 사랑에게 벌어진 일을 들려주었을 때 사람들이 보인 반응들, 심지어 장애 정의에 적극적이고 비장애중심주의의 작동 방식을 이해하고 있는 친구들의 반응조차도 충격적이었다. 그들의 어조는 징벌적이었고, 심판하는 듯 훈계조였다. 한 명 이상의 친구들이 내가 이 사람과 관계를 계속 이어나가는 것조차 반대했다. 내 사랑이 당한 부상은 그가 술과 약에 취한 상태에서 벌어진 일이었기 때문에, 친구들의 태도는 마치 그가 마땅히 당할 만한 일을 당했으며, 그는 자기가 벌인 일에 책임을 져야 하고, 이제 그 결과의 고통을 감내해야 한다는 듯 보였다. 이는 네메시스가 옳은 것을 분배해준 것이라는 평가이자 동시에 내 사랑이 비난받아야 할 유일한 사람이라는 평가였다. 그는 정확히 무엇 때문에 비난받아야 하는 것일까? 그가 트라우마 때문에 단단해졌고 다시 부드러워지는 방법을 모른다는 것 때문에? 그가 자신의 고통을 덜고자 무언가에 손을 뻗었기 때문에? 그가 절박했고, 몸부림쳤고, 혼란스러웠고, 두려워했다는 것 때문에?

우리가 호기심을 갖고 알려고 해야 하는 지식은 이런 것일 것 같다. 왜 돌봄은 그렇게나 하기 어려울까? 왜 돌봄은 우리가 줄 수 있는 것보다 더 많이 받아 갈까? 돌봄이 실패한다면, 그것은 누군가의 잘못 때문일까? 만약 돌봄이 자주 실패한다면? 그런 실패가 개인으로서의 우리가 할 수 있거나 할 수 없는 것에 관해서가 아니라, 사회로서의 우리가 우리 스스로에게 중요하니까 알도록 가르쳐온 것에 관해 말해주고 있다면? 우리는 우리의 세계가 무엇을 담도록 만들어왔지? 또 무엇을 위한 공간을 충분히 만들지 않았지? 만약 무언가 너무 굳어버려서 멈춰버린다면, 만약 우리의 부드러운 부분들이 너무 단단해져버린다면, 만약 알고자 하는 우리의 호기심이 벽에 부딪힌다면, 이것이 변화할 여지를 우리는 어떻게 만들 수 있지?

함께 아파하는 것, 함께 돌봄을 나누는 것, 장애의 폭발 반경을 통해 서로를 돕는 것은 누군가와 가장 깊은 유대감을 형성하는 방법 중 하나일 수 있다. 이는 트라우마적 유대[6]만큼이나 많은 피해를 줄 수도 있다. 그러나 다른 점이 있다면, 당신은 그 상처를 벌하거나 먹어치우거나 그것으로부터 뒷걸음질 치는 대신, 그 상처를 끌어안는 것을 선택할 수 있다는 것이다. 우리 중 많은 이들이 그 상처를 벌하려 하거나 그것에서 뒷걸음질 치며, 우리의 부드럽고 연약한 몸들의 현실과 이 몸들이 필요로 하는 것보다는 비장애중심주의에 유익할 서사를 강요한다. 또 우리 중에 많은 사람들이 우리는 이런 일을 당해도 싸고, 우리가 그 일에 대한 비난을 받아야 하고, 우리가 이 상황을 자초한 장본인이라고 말하는 암울한 숙명론에 만족감을 표한다. 상처, 슬픔, 고통을 이야기 안에 접어서 넣는다는 것은 때로는 담아내기에 너무 많은 것들이, 우리가 알고 싶어 하지 않는 아주 많은 것들이 있을 것이라는 뜻임을 나는 알게 되었다. 이 커다랗고 단단한 부분들이 이야기에 중요하다는 것 — 그리고 몇몇 버전에서는 이 부분들이 이야기 전체다 — 을 아는 것이 그 비결이며, 잠시 휴식을 갖고, 분노하고, 몇 시간 동안 울어도 괜찮다. 슬픔은 결코 멈추지 않는다. 당신이 그렇게 하도록 용인한다면, 돌봄도 결코 멈추지 않을 것이다.

---

[6] [옮긴이] 반복적 폭력이나 학대 상황에서 피해자가 가해자에게 심리적으로 집착하거나 정서적 유대를 형성하게 되는 현상. 생존을 위한 무의식적 전략이지만, 결과적으로 해로운 관계에서 벗어나기 어렵게 만든다.

내가 협회에서 지내는 동안 가장 놀라웠던 것은, 나를 짓누르는 슬픔이 얼마나 익숙하게 느껴졌는지와 그 슬픔을 마주하는 방식에 대해 내가 얼마나 다르게 느끼는지였다. 트라우마와 트라우마에 대해 내가 하겠다고 결정할 수 있는 것 사이에 이전보다는 약간은 넓은 공간이 생겼던 것이다. 나는 그 장면을 응시하면서 모든 가능한 버전을 알고 싶어졌다. 내 말은 이런 뜻이다. 나는 내가 그를 얼마나 사랑했는지 깨닫게 되어 놀랐고, 이를 통해 나는 내가 우리 엄마를 얼마나 사랑했는지, 내가 나 자신을 얼마나 사랑했는지 알게 되었다. 나는 이따금 우리가 희망할 수 있는 것은 그 이야기가 우리를 놀라게 하도록 내버려두는 것뿐이라고 생각한다.

✝

목발 때문에 내 사랑의 손에 물집이 생겼다. 그는 샤워를 하다가, 방에서, 병원에서 넘어지곤 했다. 그는 머리를 부딪쳤다. 그는 더 이상 움직일 수 없어서 길거리에 누웠다가, 다시 일어서서 계속 걸었다. 그는 나에게 이 이야기를 해주며 그가 누구보다도 잘하는 일, 나를 웃기는 일을 해냈다. 나는 재난 앞에서 웃는 것이 우리가 가진 전부라고 거듭 말했다. 말장난이긴 하지만, 내 돌봄 보조인이 되어주기로 했던 여행에서 그는 불구의 삶 단기 속성 과외를 부딪혀가며 받는 중이었다고, 그는 장애의 폭발 반경 속에 있었다고 우리는 농담을 주고받았다. 나는 그에게 내 에세이를 몇 편 보내주었다. 그는 고통스럽고 혼미한 상태에서 읽을 수 있는 만큼 읽어주었고, 본인이 가장 맘에 들어하는 문장들을 나에게 문자로 보내주었다. 그는 전화 통화를 할 때마다 부끄러워했고, 창피해했고, 울었다. 그는 기차에서 일어난 일, 침대에서 일어난 일을 전혀 기억하지 못했고, 자신이 한 일을 알고 나서는 두려움에 휩싸였다. 그는 사과하고 사과하고 또 사과했다. 그는 내게 고마워하고 고마워하고 또 고마워했다. 그는 자신의 "헛발질"을 후회했고 나는 이렇게 말해주었다. "그렇게 말하는 게 참 웃기네, 네가 발을 그저 잘못 디딘 것처럼 말이야."

나는 돌봄과 고통이 어떻게 한계 없이 서로에게 형태를 부여하는지에 대해 내가 배운 바를 당신에게 들려주고자 한다. 나는 이 지식을 살아가고 있으며, 나는 이를 알고 싶어서 궁금해했고, 여전히 그렇다. 아직 분명하게 표현되지 않은 것의 존재를 글로 만들어내는 것이 지식이 아니라면 무엇이겠는가? 그리고 몸으로 모양, 공간, 시간을 부여받은 언어가 아니라면 글쓰기는 무엇이겠는가? 그게 꼭 지면 위의 단어들일 필요는 없다. 그것은 한 번도 보내지지 못한 메시지, 방 안에서 내지르는 비명, 물속에서 손을 휘젓는 것일 수도 있다. 그것은 전날 내가 계단 오르는 것을 도와주었던, 내 목을 움켜쥔 손일 수도 있다. 우리의 몸들은 수많은 의미, 지식, 속임수, 진실을 끌어안고 있다. 아직 그 모두를 끌어안을 만큼 넓은 공간이 존재하지 않는다면, 우리는 신들이 우리를 깨부수어 더 많은 공간을 마련해줄 것임을 믿을 수 있다. 나는 나의 점성술 고객들에게 일생에 걸쳐 우리에게 다가올 수 있는 온갖 종류의 지식이 있다고 들려준다. 어떤 것이 지혜인지 알기 위한 방법은 지혜란 상처를 주는 종류의 것임을 아는 것이다.

우리는 부드러웠다가 단단해지고, 다시 부드러워질 수 있다. 반복이다.

우리는 우리의 신들에게 운명과 의지를 가지고 말할 수 있다. 아마도 운명과 의지는 그저 언어 중에 가장 신성한 언어일 것이다. 우리가 말하면 신들이 이해할 수 있는 그런 언어일 것이다. 우리는 네메시스에게 꺼지라고 말할 수 있다. 우리는 우리의 휘브리스가 마법의 한 형태가 되도록 만들 수 있다.

돌봄은 한 면은 고통이지만, 어찌된 일인지 그 면이 돌봄과 동일한 면일지 모르는 그런 뫼비우스의 띠다.

뫼비우스의 띠는 까다로운 종류의 렘니스케이트 곡선이다. 내가 좋아하는 것은 하나 이상일 수 있는 것들이다.

나는 기차를 탄 처음 30분 동안 상처의 딱지에 대한 내용으로 이 글의 첫 문단을 썼다. 나는 그것을 내 사랑에게 소리 내어 읽어주었다. 그때까지 그는 클로노핀 딱 한 알과 스플릿 사이즈 와인 두 병만을 마신 상태였다. 우리는 내가 딱지에 대해 조잡한 돈벌이용 소설처럼 써보려는 것을 두고 웃어댔다. 나는 딱지가 어떻게 끈적거리는 상태에서 껍질로 바뀌는지를 묘사하는 적확한 문장을 찾으려고 애쓰는 중이라고 말했다. 그는 고개를 끄덕였고, 그의 총명함이 발휘됐다. 내가 은유를 만드는 걸 도와주고, 내가 필요로 했던 언어를 나에게 건네주고, 내가 알아내려고 애쓰던 지식을 향해 손을 뻗으면서 그 또한 그것을 알아내려 애썼다. 그는 나에게 이런 문장을 주었다. "부드럽다가 단단해진다. 이해했어"라는 말을.

왜 이렇게 오래 걸릴까

1

2016년 1월, 「아픈 여자 이론」이 온라인으로 출간되고 몇 주 지나지 않았는데 입소문이 났다. 내가 그 글을 쓰도록 내몰았던 병들과 상해는 내가 나와 세상에 대해 참이라고 알고 있던 모든 것에 대한 당혹스럽고도 총체적인 변형이었지만, 글쓰기는 훨씬 더 불안정해지는 경험이었다. 이것은 만성 질환과 장애의 정치에 대해 사유해보려는 나의 첫 번째 시도였을 뿐 아니라, 처음으로 시도해보는 에세이 쓰기이기도 했다. 나는 이 글을 「아픈 여자 이론」이라고 불렀다. 왜냐하면 여성으로 정체화하지 않음에도 불구하고 나의 다른 정체성들이나 직업들보다도 먼저, 내가 무엇을 말하고, 행하고, 생산하든 간에, 혹은 나 자신을 무어라 정의하든 간에 나는 이제 그렇게, 아픈 여자로 보인다는 것을 깨달았기 때문이다. 이건 정말 좆같이 가혹한 처사였다.

「아픈 여자 이론」이 세상에 나온 후 몇 년간 문학 단체, 출판사, 예술 기관 들에 의한 나의 가시성 — 내가 어떻게 보이는지 — 은 "아픈 여자"에서 장애 및 만성 질환 공동체의 대변인 같은 것으로 확장되었다. 그 글이 출판되고 일주일이 지나지 않은 시점에서 나는 돌봄, 질병, 장애, 비장애중심주의를 주제로 강연을 하고 글을 써달라는 초대장을 받기 시작했다.「아픈 여자 이론」을 빼면 내 작업 중 그 무엇도 이 주제와 관련이 없었음에도 불구하고 말이다. 나는 오클랜드에서 열린 낭독회에 초대받았던 적이 있는데, 내가 나의 시 몇 편을 읽고 싶다고 말하자 주최자들은 스카이프 통화에서 "아뇨! 우리는 당신이「아픈 여자 이론」을 읽어줬으면 좋겠어요!"라고 외쳤다. 크고 작은 출판사의 편집자들은 나에게 아픈 여자 이론 책을 구매할 수 있을지 물었다. 나는 아직 그 책을 쓰지 못했다고, 그렇지만 완성된 소설 두 편과 시와 에세이 모음집, 작업 중인 또 다른 소설이 있다고 말했다. 나는 혹시 이 작업들에도 관심이 있는지 물어보았고, 당연히 그들은 관심이 없었다. 바로 이때 나는 가시성과 문화자본이라는 교활한 쌍둥이가 정확히 어떻게 작동하는지에 대한 많은 교훈들 중 첫 번째 교훈을 배웠다.

비장애인 백인 시스젠더로 패싱당하는 내가 다른 장애인 예술가나 활동가 들 — 패싱당하지 않는 이들 — 이 초대받지 못하는 장소들에 초대되고 있다는 사실을 나는 모르지 않았다. 나는 어찌 됐든 사람들의 입맛에 민주적으로 들어맞는 다소간 이론이 많이 등장하는 텍스트를 써왔고, 처음에는 그 파급력에 충격을 받았다. 갑자기 내가 글을 쓰는 목적, 쓰는 대상, 함께 쓰는 사람이라고 전에는 전혀 상상해보지 못한 사람들이 내 청중으로 들어왔다. 나를 초대한 장소들은 이국적이며 이질적이었고 적잖이 적대적이었다. 나는 지하 감옥에서 열리는 지하 킹크 파티에 어울릴 법한 옷을 입고 있지만, 정작 빳빳하고 새하얀 테이블보와 존경성 정치[1]가 깔린 디너파티에 와 있다는 걸 발견하고 깔깔거렸다. 예컨대 주류 기관들이 주최하는 장애 관련 토론회에서, 말하자면 나는 자신의 편두통에 대해 글을 쓴 성공한 백인 여성의 옆에 배정된, 공개적으로 장애인으로 정체화되는 보통은 유일한 사람, 관리 가능한 수준의 장애인이자 출연진을 골고루 안배하고 배정하기 위해 초대된 명목상의 활동가였다. 언젠가 한 행사에서 객석의 한 백인 여성이 나에게 비장애인들이 장애인들에 대해 꼭 알았으면 하는 한 가지가 무엇이냐고 물었다. 나는 그들이 한 가지 이상을 알았으면 좋겠다고 말했다. 나는 내가 하고 있는 것이 비장애중심주의 입문 강의라는 것을 계속해서 깨달았고, 그래서 소리를 지르고 싶었다. 코로나 팬데믹이 발생한 지 몇 달이 지난 어느 시점에, 돌봄이 왜 중요한지에 대한 강연에 백번째 초대받은 듯한 기분이 들 때쯤, 그러나 나는 그 누구에게도 이렇게 울부짖지 못했다. "당신네들은 도대체 뭘 더 봐야 알아먹을 건데?"

이 관심의 칼날은 양쪽을 다 베었다. 언젠가 한 번은 무대 위에서 대화를 나누던 중 상대방이 불안을 묘사하면서 "절름거리는"(crippling)이라는 단어를 사용했다. 이런 단어의 오도를 장애인 공동체는 다소간 비장애중심적이라고 간주한다. 몇 달 후 또 다른 행사의 질의응답 시간 중에 객석에 있던 사람이 마치 내가 반(反)-비장애중심주의의 편에서 그 순간을 성공적으로 감시하는 데 실패하기라도 한 것처럼, 왜 더 엄중하게 그 발화자가 위반한

---

[1] [옮긴이] 존경성 정치(respectability politics)는 소수자가 자신의 요구를 관철시키기 위해 주류 사회의 도덕적·문화적 기준에 맞춰 행동해야 한다는 정치적 전략을 뜻한다. 이는 흔히 '존경할 만한' 행동이나 '품위 있는' 행동을 강조하는 방식으로 작동한다.

것을 교정하지 않았는지 알고 싶다고 질문했다. 또 언젠가는 내가 백인으로 패싱당하는 몇 사람 중 한 사람으로 참석한 토론에서 객석의 한 백인 남자가 내게 "앤절라 데이비스의 교차성 개념"에 대해 어떻게 생각하느냐고 물었다.

"앤절라 데이비스의 개념이요?" 그의 실수를 따라 말하는 동안, 다른 이들이 아니라 나에게 물은 것은 그가 자신의 얼굴을 닮은 얼굴에 말을 거는 게 더 편안하다고 느꼈기 때문이라는 사실을 깨달았다. "음." 나는 옆줄에 있던 내 친구, 내가 사랑하는 지독히도 냉소적인 흑인 예술가이자 활동가인 친구를 흘긋 쳐다보았다. 그(they)는 반짝이는 눈빛으로 나를 쳐다보았고, 나는 객석에 있던 남자의 실수를 교정하도록 그에게 마이크를 건네주었다. 그는 가능한 한 친절하게 히죽거리며 남자의 실수를 교정해주었다. 우리는 지금까지도 여전히 이 일을 두고 웃는다.

나는 라디오에서 예상치 못한 히트를 친 언더그라운드 밴드가 된 기분이었다. 나는 당시 10년도 넘게 예술가로 활동하고 있었고, 열일곱 살이었던 2001년 이후로 쭉 글을 출판하고 있었다. 내 경력 대부분의 기간 동안 나는 적은 관심을 훨씬 더 적은 청중으로부터 받았지만, 내가 그들에게 헌신적이었듯이 그들도 내게 헌신적이었다. 그들은 나의 기이함과 장르적 방탕함을, 그 어떤 범주에도 들어맞지 않는 나와 관련한 모든 것을 사랑했다. 이제, 나는 엄청나게 많은 관심처럼 느껴지는 것을 딱 이 텍스트 한 편만 읽은 더 많은 청중에게 받는 중이다. 나는 한 가지(one thing)로 읽힐 수 있는 사람이 되었다. 그 찬란하고 단일한 스포트라이트 속에서 꼼지락대면서, 들어볼 만한 가치가 있는 다른 노래들이, 심지어는 모든 곡이 수록된 앨범 몇 장이 있다는 걸 제시해보려 했지만, 대개의 경우 관중은 그저 내가 그 히트곡 한 곡만을 연주해주길 원했다. 다른 곡들도 들어보고 싶어 하는 소중한 관객은 극소수였다.

입소문이 난 순간에 이어서, 몇몇 편집자가 그때 당시 단 20쪽에 불과했던 그 책을 사겠다고 연락해 왔다. 나는 언젠가 그 책을 쓰고 싶다는 건 알았지만, 우선 집필 중이던 소설을 끝내고 싶었으며, 아픈 여자 이론 책이 무엇이 되어야 하고 또 될 수 있는지를 알아낼 필요가 있었다. 나는 "한 5년이 지나야 이 책이 무엇인지를 알 수 있을 것 같은데요"라고 에이전트에게 말했다. 그녀는 책을 위한, 그리고 나를 위한 최선의 결정을 하라고 조언해주었고, 그래서 나는 그녀를 영원히 신뢰할 것이다. 우리는 편집자들을 거절했고, 그중 몇 명은 내가 오랫동안 출판하기를 꿈꿔왔던 출판사에서 일하고 있었다.

그건 전환점이었다. 2016년에 나는 9255달러를 벌었다. 나는 ==아주 간절하게== 출판할 수 있길 바랐고, 뭐든지 할 수 있을 것 같은 생각이 들었다. 받은메일함 속 편집자들은 대놓고 금액을 말하진 않았지만, 출판업계에서 "괜찮은 거래"라고 불릴 법한 금액에 아픈 여자 이론 책을 팔 수 있을 것임을, 그리고 6개월, 어쩌면 심지어 1년을 통째로 집필에 쓸 수 있을 것임을 넌지시 내비쳤다. 그런 돈, 그런 안정, 그런 삶은 나의 조상들과 나로서는 오로지 꿈만 꿀 수 있던 것이었다. 동화 같은 일이었다. 그러나 당신이 평생 가난했고 그런 가난함으로 얼룩진 세대의 후손일 때, 당신은 세상 물정에 밝아진다. 태어날 때부터 온 세상으로부터 사기를 당해봤기 때문에 당신은 사기 치는 사람을 알아볼 수 있다. 당신 자신도 사소한 사기를 여럿 저질러왔으니까.

그래서 이 편집자들이 슬쩍 내 곁으로 다가왔을 때, 골을 타고 열기가 치솟았다. 나는 그들의 제안이 그들이 내게 말하고 있던 것과 다르다는 것을 알았다. 내게 그 제안이 들어왔을 때 나는 오직 거기에 덧붙은 조건들, 즉 가격만 보았다. 나는 그들이 병에 대한 회고록을 원하는 것이지, 내가 쓰고 싶어 하는 것, 즉 전통적인 장르에 포함되길 거부하는 상이한 문학 장르를 통해 균열이 가해진 비장애중심주의에 대한 분석을 원하는 것이 아님을 알았다. 나는 그들이 원하는 책은 질문보다 대답이 많은 책이라는 것, 그러므로 내가 가진 것과 완전히 반대되는 것임을 알았다. 나는 그들이 만성 질환이란 유행하고 있는 주제의 정점으로 만성 질환의 향연을 끌어올려 줄, **돈이 짤랑거리는** 회고록을 원한다는 것을 알았다. 만성 질환이 이제 막 주류로 떠오르기 시작하던 참이었다. 나는 그들이 오로지 내 히트작만, 입소문이 난 작품 한 편만 보았지 내 작업 전반, 내가 탐구하고자 하던 다양한 주제들, 내가 가장 충성했다고 느꼈던 장르 엿 먹이기, 목표해왔던 길고 다양한 경력은 보지 않는다는 것을 알았다. 요컨대 그들은 내가 아니라 아픈 여자를 보았던 것이다. 나는 돈을 가져본 적도, 가지길 희망한 적도 없었기 때문에, 무한히 더 가치 있다고 느껴지던 다른 부분을 위해 나의 그 부분, 즉 가난한 부분을 그대로 남겨놓는 데는 전혀 비용이 들지 않았다.

적어도 돈이나 명성, 자본주의적 생산이 아니라 몸을 지원받기 위해 필요한 조건들을 추진력으로 삼은 시간들, 기만적인 자본주의와 돈의 결탁에서 떨어져나온 시간들, 쉼, 우회, 거절, 그 기나긴 퀴어의 낮과 밤을 요구하고, 분만 아니라 지속되고 계속 관심을 받고 유지되고 헌신의 대상이 될 필요가 있는 것을 고수하는 시간들을 증명해내는 것이 줄곧 나의 경력이었다.

나는 이메일에 "답장하지 않을 수도 있습니다"라고 말하는 자동응답을 2년간 설정해두었다. 나는 병에 관해 들어오는 모든 초대를 거절했으며, 그 대신 다른 수많은 주제 — 밴드 나인 인치 네일스, 모시 피트의 신비주의, 밴드 선,[2] 점성술, 머리카락 — 에 대해 글을 썼다. 그런 주제가 내게 상기시켜준 것은 전문성보다는 다름 아닌 난잡함과 호기심이 나에게 지속 가능하다고 느껴지는 정신적 가용 범위의 주요 기능들이라는 점이었다. 음악에서 10년 정도 공백기를 가진 뒤 나는 30대가 되어서야 다시 음악으로 돌아갔다. 이는 새로운 궤도로 행성이 움직여 들어가는 것과 같은 방향 전환을 필요로 했다. 돌봄에 관한 학술회의에서 발표해달라거나 병에 관한 그룹 전시에 참여해달라는 초대가 들어올 때면 나는 내가 제공해줄 수 있는 건 라이브 둠-메탈 공연이니까 받아들이든지 말든지 하라고 말했다. 많은 이들이 그 제안을 받아들이지 않았다.

거절을 받아들이는 게 점점 쉬워졌다. 사실 그런 거절이 내가 누구인지와 관련해 중요한 바를 강화하고 정당화해주는 것처럼 느껴지기 시작했다. 내 정신의 탐욕스러운 기호와 함께 나란 년은 마음과 몸에 있어서 한다면 하고 아니면 안 한다. 내가 유일하게 관심을 갖는 관계는 큰일을 도모할 수 있는 기반이 되어줄 관계다. 내가 계속 유지하고 있는 경력과 관련해서 쉬이 망각하게 되는 사실은 그 경력이 이와 같은 관계들을 통해 지탱되는 기계라는 점이다. 내게 중요한 것은 그러한 관계들이 어떤 관계들이고,

---

[2] [옮긴이] Sunn O))). 미국의 실험적 메탈/앰비언트 밴드로, 이름의 O)))는 앰프를 시각적으로 표현한 것일 뿐 발음하지 않는다.

그 관계들이 어떻게 느껴지는지, 또 그 관계들이 오랜 시간을 버텨낼 수 있는지, 가장 무거운 무게까지도 짊어질 수 있는지 여부다. 긴 시간 저녁 식사를 하고 춤을 추러 가서 땀을 흘리고, 상실의 아픔, 욕망, 야망에 대해 함께 이야기를 나누고 싶지 않은 편집자, 큐레이터, 에이전트, 기획자와는 의미 있는 일을 도모하고 싶지 않다. 단순한 업무나 일회성 작업이거나 조금 도와주는 정도의 일은 상관없다. 나중에 나는 그들의 이름을 잊어버릴 것이고, 그들도 내 이름을 잊어버릴 수 있으니까. 하지만 앞으로 10년간 내 정신의 피를 쏟아부을 책이라면, 모든 게 부서질 때까지 내 내면의 살결을 거슬러 밀어붙일 책이라면, 나는 이년들을 내 목숨처럼 신뢰할 수 있어야 한다. 왜냐하면 이건 내 목숨이 걸린 문제이기 때문이다. 신뢰에는 시간이 걸린다. 어떤 종류든 간에 몸들은, 특히 우리가 창의적 프로젝트 가운데 구축하고자 애쓰는 몸들은 좆같이 연약하다. 작은 불꽃과 기나긴 검은 폭풍이 있고, 나는 내가 그 대부분을 홀로 헤쳐 나가리라는 걸 알고 있지만, 빛이 찾아오는 부분에서 동료가 있다면 좋을 것 같다.

 내 친구들 대부분은 내가 「아픈 여자 이론」의 성공에 대해 왜 그토록 불평해대는지 의아해했다. 한 친구는 "넌 정말 큰 폭풍우를 일으켰고, 많은 년들이 흠뻑 젖었어. 뭐가 문젠데?"라고 말했다. 어떤 이들은 내가 왜 그 찰나의 계기로 돈을 벌지 않았는지 궁금해했다. 자그마한 책 계약이라 하더라도 내가 한 해에 버는 돈의 두 배는 됐을 터였다. 그리고 이건 모든 작가가 바라는 것 아니던가? 사람들에게 와닿는 글, 조금이라고 할지라도 공적인 담론을 변화시키는 글을 쓰는 것이?

내 불안을 설명할 수 있는 유일한 방법은, 실제로 바뀐 것은 바뀔 필요가 없는 것이었다고 말하는 것뿐이다.「아픈 여자 이론」을 썼을 때 나는 비장애중심주의라는 거대한 풍토 속으로 들어가며 글을 쓰고 있었다. 최선의 경우에는 그 발명된 규범에서 벗어난 누군가를 비가시적으로 만들고, 최악의 경우에는 그런 이들을 철저히 죽여버리는 풍토 속에서 말이다. 나는 가스라이팅, 차별, 감금, 잔혹함, 우생학이라는 제도적 관행들로 들어가며 글을 쓰고 있었다. 나는 분노로 타들어 가고 있었다. 나는 모조리 불태워 초토화해버리고 싶었다. 내가 "-에 대해"(about) 썼다기보다 "-로 들어가며"(into) 썼다고 말할 땐, 그 똥통으로 깊이 들어감으로써 정확하고 구체적인 특징들을 보고하는 것 말고는 내 주장을 펼칠 다른 길을 찾을 수 없었다는 뜻이다. 이는 내가 똥으로 뒤덮였다는 말이다. 나는 열성적이면서 행동을 고취하는 과장된 목소리를 소환했는데, 당시 내 목소리는 그렇게 들리지 않았다. 그런 목소리를 취한 이유는 내가 그런 목소리가 필요했기 때문이다. 결집하고 길을 내기 위해서, 외로운 어둠 속에서 "거기 누구 있어요?"라고 외치고, 또 어쩌면 "우리 여기 있어요!"라는 대답을 듣기 위해서. 단지 나 자신에게 방향을 알려주고, 내가 있던 곳이 아닌 다른 어딘가로 나아가기 위해 나는 "날 따라와요!"라고 우렁차게 외쳐야 했다. 그러나 그 똥이 상수도에 쏟아지기 시작했을 때, 나는 이 목소리가 그 자체로 잔혹한 낙관주의임을, 결코 이행할 수 없는 약속임을 알게 되었다. 내가 떠올렸던 건 권한을 부여하고 의로운 듯 보이며, 공동체를 약속하고 있는 아픈 여자였다. 그러나 내가 곧 깨달은 것은 공동체에 대한 약속은 지켜질 수 없으며, 연대에 대한 모든 약속은 실패한다는 사실이었다. 활동가로 5분 이상 일해본 사람이라면 누구든 이 사실을 알고 있다. 그 약속은 충분치 않다. 약속에 수반되는 실제적이고 물질적인 변화가 없다면 약속은 그저 뜬구름 잡는 소리일 뿐이다. 더 나쁘게는, 한 개인을, 즉 영웅적 리더 주위를 부풀리는 뜬구름으로써 다른 모든 이를 휘날리는 흙먼지 속에 남겨두게 한다.

내가 말하고 싶은 건, 내가 「아픈 여자 이론」으로 바꿔보고 싶었던 것은 세상이었지만 그 글은 결국 날 바꾸는 데 그치고 말았다는 사실이다.

달리 설명하자면 이렇다. 2019년 어느 날 아침, 나는 인스타그램을 열었고, 내가 알지 못하던 누군가의 사진에 내가 태그된 것을 발견했다. 그 사진은 문신 계정에서 올린 것이었는데, 머리 부분은 잘린 채 몸통만 찍혀 있었고, 팔 위쪽과 어깨에 새로 새긴 커다란 문신이 있었다. 그 문신에는 마치 타로 카드처럼 프레임 안에 사람이 그려져 있었다. 나는 왜 내가 태그된 것인지 몰라서 눈을 가늘게 뜨고 그 사진을 바라보았다. 잠시 동안 그 사진을 들여다본 뒤에야 비로소 그것이 「아픈 여자 이론」 텍스트와 함께 실린, 파밀라 페인이 찍어준 초상 사진 중 하나를 본따 그린 내 모습임을 알아차렸다. 사진에서 나는 겁먹은 문어가 내뿜는 먹물처럼 베개에 머리카락을 펼쳐놓은 채 누워 있었다. 이 낯선 사람의 팔에 새겨진 나 자신을 알아차린 그 순간, 코피가 터졌고 45분 동안 멈추지 않았다.

나는 내가 모순적이라는 것, 그리고 요구하는 게 많다는 것을 알고 있다. 나는 「아픈 여자 이론」이 세상을 바꾸길 원하면서 동시에 이 글의 저자를 두고 난리법석을 부리지 않았으면 했다. 나는 만성 통증과 가난, 의료-산업 복합체, 의사들의 가스라이팅에 대한 나의 경험을 분명히 표현하고 싶었지만 나의 비극적 운명, "죽음보다도 나쁜 운명"과의 낭만적인 대결에 캐스팅되고 싶지는 않았다. 나는 아픈 여자라는 인물을 묘사함으로써 왜 그녀가 존재해서는 안 되는지 자세히 설명할 수 있기를 원했지만, 동시에 아픈 여자와 동일시하는 이들이 그들 자신의 고통을 눈에 보이지 않는 무가치한 것이라고 느끼지 않길 원했다. 나는 선언문을 쓰고 싶었지만, 선언문이란 언제나 너무 먼 곳까지 도달하는, 너무나도 불가능한 방식으로 사유하는 문서일 뿐이라는 것을, 그리고 선언문이 가질 수 있는 유일한 용도는 왜 선언문이 선언될 수 없는 것인지 까발리고, 그 비선언화(un-manifestation)가 세상의 모양을 만들어내고, 바로 그런 비선언화가 선언문의 토대가 되는 모든 방식에 선언문 자체를 개방하는 것임을 곧 깨닫게 되었다.

2

아픈 여자 폭풍이 몰아친 지 대략 6개월이 지났을 즈음 받은메일함이 강연 초청들로 불룩해지고 있었다. 나는 기관들과 작업하게 될 경우 그들이 내 장애인 몸뚱이를 초청하고 관객들이 행사에 접근할 수 있도록 하려면 내게 무엇이 필요한지를 적은 접근 요구 사항 목록을 만들기 시작했다. 그 문서는 필수품으로서 시작되었다. 나는 이메일에 만약 내가 행사를 위해 숙박을 해야 한다면 제대로 된 방에 놓인 개인용 침대에서 잠을 잘 수 있어야 한다고, 난방이 되지 않는 복도에 깔아 놓은 에어 매트리스

위에서는 잘 수 없다고 적었다. 왜냐하면 어떤 년들이 그런 제안을 시도했기 때문이다. 장애 컨퍼런스를 주최하는 장소는 휠체어가 들어갈 수 있어야 한다고 썼다. 왜냐하면 너무 많은 년들이 그럴 수 없는 곳에 나를 부르려고 했기 때문이다.

나의 「장애 접근 추가 조항」을 텀블러에 게시한 지 며칠 지나지 않아 "내가 이런 문서를 사용한다면 나는 어디에도 절대 초대받지 못할 것이다"를 요지로 하는 트윗이 몇 개 돌아다니는 것을 보았다. 나는 깔깔 웃었다. 나도 그래, 이년아! 내가 그 문서를 보내면 그게 그냥… 잘 먹힌다고 생각하는 사람들이 있는 모양인가 보지?

나의 「장애 접근 추가 조항」은 태어나자마자 곧 실패의 문서가 되었다. 나는 기관들이 흔히들 이런 문서를 그 전까지는 본 적이 전혀 없으며, 접근에 대해 많은 생각을 해본 적도 없다는 점을 깨달았다. 이 때문에 나는 나의 추가 조항을 징벌적으로 사용한다기보다는 "개선점을 평가"하는 데 사용하기로 결심했다. 모든 종류의 초청에 대한 답으로 나는 이 문서를 보내고, 해당 기관이 각 항목을 어떻게 지원할 수 있고 또 지원할 수 없는지에 대한 대화를 나눌 수 있는지 묻는다. 나는 이 문서가 접근을 위해 우리가 함께 노력해나갈 공간을 열어줄 수 있길 바란다고 말한다. 즉, 이 문서는 내가 무보수 교육 노동을 쏟아부어야만 하는 모든 것을 항목화한 것이다. 그리고 이를 제시한다는 것은, 기관이 나보다 훨씬 많은 자원과 힘을 갖고 있음에도 그 항목들을 지원할 수 없다는 말을 듣는다는 것을 의미한다. 그 많은 자원과 힘을 접근 지원에 쓰고 있지 않다면 대체 뭘 하고 있는 걸까? 그들이 그런 항목을 지원할 수 없는 이유는 무수히 많다. "그럴 예산이 없어요"처럼 그나마 이해 가능한 (그러나 여전히 달갑지 않은) 답변부터 "그렇지만 수어는 산만하던데요"처럼 도무지 이해되지 않는 답변까지, 나는 모든 말을 들어봤다. 개선점을 평가하려는 내 방책이 좋은 생각이었는지는 확신이 들지 않는다. 내가 그렇게 했던 것은 접근성이 이미 갖춰져 있을 것이라고 기대하는 것보다는 그것이 그나마 더 현실적이었기 때문이다. 그러나 실제로는 내 시간의 대부분을 실제 작업이 아니라, 말하자면, 강연에서 실시간 자막 혹은 미국 수어가 왜 중요한지, 왜 젠더 중립 화장실을 선호하는지, 혹은 건물들이 경사로와 엘리베이터를 왜 갖춰야 하는지 설명하는 이메일을 작성하는 데, 그러고는 그 문제를 놓고 이메일로 싸우는 데 할애했다. 이는 나에게 훨씬 더 적은 시간과 에너지를 쏟는 단체에 나는 더 많은 시간과 에너지를 쏟아야 한다는 점에서 기본적으로 불평등한 관계에 진입한다는 뜻이다. 또한 내가 나와 대화하는 사람을 제도적 맥락 안에서 분만이 아니라, 협력하고, 관심사와 가치의 수렴점을 찾고, 무언가를 함께 만들어볼 수도 있는 사람으로 보기 위해 매우 열심히 노력한다는 뜻이다. 비록 노력을 하다가 이용당할 가능성이 농후하지만 말이다. 이런 상황은 기관이 절대 맥락 바깥으로 나오지 않기 때문에 벌어진다. 기관은 항상 거기에 있다. 사실, 기관은 우리 관계 전반의 전제이며, 거리낌 없이 자신이 생존하기 위해 필요로 하는 자원들을, 심지어 그 자원이 나라고 하더라도 소비한다. 이는 내가 그런 권력 역학을 자주 지적해야만 한다는 뜻이며, 그건 좆같이 피곤한 일이다. 이는 그런 지적을 했을 때, 내가 틀렸다거나 할 수 있는 일이 아무것도 없다는 말을 듣거나, 더 흔하게는 그냥 대답을 받지 못한다는 뜻이다. 이는 내 경력을 쌓는 중에 가장 착취적이고 비장애중심주의적인 몇 곳에서 일을 하고 몇 년이 지난 뒤 그 기관이 내게 숨은참조로 이메일을 보내 구글 폼을 채워서 내 경험에 대한 피드백을 달라고 부탁할 것이며, 만약 내가 그 내용과 관련한 스카이프 통화에 동의한다면, 그들은 나에게 100달러를 지급할 것이라는 뜻이다. 이는 큐레이터들이 내가 참여했으면 하고 "급진적 상호 의존성"과 "돌봄, 회복, 치유"를 개념적 틀로 삼은 전시에 대해 쓴 긴 텍스트를 내게 정기적으로 보내지만 내가 얼마를 받게 될 것인지 물어보면 몇 달 동안 연락을 하지 않는다는 뜻이다. 이는 내가 단순히 "비행편으로 통로 좌석이 필요해요"라고 말할 수 없고, 다만 "저는 지팡이를 사용하기 때문에 비행편으로 통로 좌석이 필요해요"라고 말해야 한다는 뜻이다. 그리고 논의 과정에서 지팡이를 언급했어도 비행편에 탑승하고 보면 중앙이나 창가 좌석으로 예약된 경우가 종종 있다. 이 사실을 기관에 알리면 그들은 이렇게 말한다. 공항에서 "당신이 직접 요구할 수 있을 거라 확신한다"고. 나는 이렇게 대꾸하고 싶다. **그런데 저는 이미 요구했다고 생각했는데요.**

개선점을 평가한다는 것은 기관의 "개선점"에 대한 비용을 내가 무료로 부담해준다는 것과 같은 뜻이다. 기껏해야 나는 별로 원치도 않았고 보수를 받지도 못한 학습 경험으로 쓰였다는 뜻이다. 더 나쁜 경우 나는 무시당했고, 언쟁을 벌였고, 까다롭게 군다며 비난을 받았고, 그 문서 때문에 초청이 취소되기도 했다. 게다가 기획자들이 만약 백인 여성이라면, 조진 거다. 비굴한 사과들, 죄책감에 대한 증언들, 그들이 얼마나 엄청나게 과로하고 애쓰고 있는지를 적은 숱한 이메일들, 그리고 당연히 눈물이 있을 것이다. (최근에 나는 나만의 규칙을 만들었다. 만약

"돌봄"과 관련한 초청인 경우는 뭐가 됐건, 또 그 행사가 오직 백인 여성들에 의해서만 기획되었다면 기계적으로 아니오라고 대답하자고. 최근 실시간 자동 생성 자막이 제공되는 행사에서 이 텍스트를 낭독했는데, 인공지능은 백인 여성[white women]을 "올바른 여성"[right women]이라고 받아썼다.) 2016년 이후 당신이 본 내가 참여한 행사는 모두 접근 조건이 참아줄 만했고, 거의 모든 행사가 여러모로 접근 불가능한 행사였다는 사실은 시사하는 바가 있다. 「아픈 여자 이론」이 발표되고 5년이 지난 뒤에야 나를 초대하기 전에 종합적 접근성을 확보하고 이를 위한 예산까지 잡아놓은 행사가 처음 열렸다.

장애 접근을 놓고 이메일로 싸우는 것은 내가 아픈 여자로서 맡은 공적인 역할 중 유일하게 가치가 있다고 느껴지는 부분이다. 왜냐하면 외적으로 "-처럼 보이는" 상태를 가져와서 내가 그것으로 할 수 있는 일에 관해 한 줌의 행위성을 돌려주기 때문이다. 그것은 내 자존심을 위해 내가 현금으로 바꿀 수 있는 도박 칩이 아니라, 유의미한 변화를 일으키고 장애인 공동체에 실질적인 지원을 가져다줄 수 있는 일이다. 이것은 보여주기식 행동이 아니며, 변화와 지원을 만들 수 있다고 느끼는 유일한 일이다. 기관들은 자신을 상연하면서 명문화된 자기들의 목표와 "윤리", "가치"를 과시하기를 좋아한다. 나 같은 꼭두각시 인형의 똥구멍에 주먹을 제멋대로 밀어 넣는 게 그들의 주된 방식이다. 선량해 보이고 싶은 기관들이 제시할 수 있는 보여주기식 미덕의 신호로 나를 활용하는 것은 현재 진행 중인 게임이며, 좋든 싫든 내가 하기로 선택한 게임이다. 나는 그 게임을 하는 데에 내 나름의 방식을 고수하려 한다. 비록 이길 수 없다는 걸 알지만,

아예 게임을 하지 않는 것보다는 나아 보인다. 따라서 게임의 규칙에 대한 내 인내심이 점점 줄어들고 있음에도 나는 적어도 당분간은 오래도록 그 게임을 반드시 해야만 한다는 사실을 알고 있다. 내가 여기에 있고 에너지가 있는 동안, 나는 다른 이들에게 도움이 될 수 있는 일을 시도할 수 있다. 나보다 수십 년은 더 오랫동안 그 일을 해온 다른 장애 활동가들 대신 내가 초대를 받는다는 게 분하기는 하지만, 내 분노를 누그러뜨릴 수 있는 유일한 방법은 다음에 올 이들에게 유용할 무언가를 남기려 애쓰는 것이다. 만약 어떤 친구에게 그 초청이 이로울 것 같다는 생각이 들면 나는 그의 이름을 추천해도 괜찮은지 물어본 다음, 나 대신 초청될 수 있을 이들의 목록을 주면서 초청을 거절하는 편이다. 하지만 이 방식은 여전히 나의 관여를 요하고 그렇기에 나는 여력이 있는 사람처럼 보인다. 한 번은 "폭력에 대하여"라는 주제의 기획 지면에 기고해달라는 어느 잡지사의 청탁을 받았다. 원고 청탁을 받은 예술가 스물다섯 명 가운데 백인이 아닌 사람은 채 다섯이 되지 않았다. 나는 이 점을 이유로 거절했다("백인성이 지배하는 발행인란 및 목차를 특징으로 하는 출판물이 폭력에 대해 직접적이든 간접적이든 정확히 무엇을 말할 수 있는지 자문해보시기를 간곡히 부탁드립니다"). 얼마 후에, 동일한 편집자가 이번에는 "돌봄에 관하여"라는 새로운 기획에 원고를 청탁했고, 받은메일함에서 그의 이름을 보는 것이 내게 트리거가 되지는 않을지 사과했다. 내가 거절하자 그는 내 작업을 편집해줄 사람이 필요하다면 언제든, 기쁘게 그 서비스를 제공해주겠다는 답장을 보내왔다. 말했듯이 내 인내심은 점점 더 줄어들고 있다.

나의 문화자본이 증가할수록, 접근성이 필요한 청중을 위해서가
아니라 나 자신을 위해 접근성 요구를 고집할 경우 이를
관철시킬 가능성이 더 크다는 사실을 알게 되었다. 왜냐하면 추가
조항은 전통적으로 디바나 록스타가 이용하는 것이고, 이것이
바로 기관이 이해하는 경제 ― 특이한 볼거리의 경제, 자신의
영향력을 과시하는 경제, 권력의 경제 ― 이기 때문이다. 한
불구 친구가 다음과 같이 잘 정리해주었다. "그들은 내 이름을
소문자로 써주기를 원하는 것과 접근이 같은 것이라고 생각해."
나도 이런 생각에 맞춰서, 접근은 불구 디바 연대라며 친구들과
농담을 했다. 그러나 이는 제한적인 위안일 뿐이다. 만약 접근이
한 개인의 "특별한 요구"나 "편의"로 비칠 경우, 그런 접근은
접근을 필요로 하는 세계의 구조적 접근 불가능성에서 분리될 수
있다. 이는 장애를 한 개인의 별난 신체적 특징으로, 관대한
호사로, 통제되어야 할 불편함으로 축소해버리는 셈이다. 나는
내가 참여했던 대부분의 장소들이 오로지 나 때문에 행사를
처음으로 접근 가능하게 만들었다는 사실을, 내 추가 조항이
협상 테이블에서 제외되는 순간, 내가 그 자리에서 요구를 하지
않는 순간, 모든 것이 이전처럼 돌아간다는 사실을 알고 있다.
그 좌절감, 이와 같은 실패를 어떻게 해야 할지 모르겠다. 내가
견뎌야 할 몫인 걸까? 그래서는 안 된다는 걸 안다. 그런데 그걸
짊어지는 사람이 도대체 왜 나여야 할까?

내가 「장애 접근 추가 조항」에 대해 받았던 반응 중 하나는 자기네
기관이 접근성을 위한 예산을 마련해놓지는 않았지만 그 문제를
충분히 신경 쓰고 있는 한 명 혹은 몇몇의 기획자가 개인적으로
별도의 무급 노동 시간을 들여서 어떻게든 해보겠다는 것이었다.

내가 공연했던 한 음악 페스티벌의 경우, 내 추가 조항을 진지하게 받아주었던 사람은 스태프 중 유일한 유색인종 여성이었다. 그녀는 왜 장애 접근이 중요한지 안다고 말하면서도, 내가 "이 모든 추가 업무를 그녀에게 떠넘긴 것"처럼 느껴진다고 말했다. 나는 고개를 끄덕이며 "이 문서가 바로 그런 내용이에요"라고 말했다. 나의「장애 접근 추가 조항」은 우리가 마음을 모으기만 한다면 함께 "달성할" 수 있는 것들의 목록이 아니다. 그렇다면 얼마나 좋을까! 나는 기관 직원이 비장애중심주의에 맞서 일할 때 과로하고, 스트레스를 받고, 저임금을 감내하라고 요구하는 것이 아니다. 나는 그들이 이미 과로, 스트레스, 저임금을 감내하고 있으며, 그게 바로 비장애중심주의 **때문**임을 지적하려는 것이다. 나는 자본주의의 가장 좆같은 조건들이 비장애중심주의 **때문에** 존재한다는 사실을 지적하고 싶다. 왜냐하면 비장애중심주의는 직원들이 오로지 비장애중심주의를 위해 일할 것을 요구하며, 이는 닳고 소진되고 피로하고, 자본주의의 가차 없는 조건들 아래에서 만성적이든 아니든 병이 생길 가능성조차 차단한다. **그렇기 때문에** 이런 말도 안 되는 상황을 다루는 데 있어서 우리는 서로를 도와야만 한다고 지적하고 싶다. 나의 추가 조항은 구조적 불평등과 차별이 존재한다는 사실을, 비장애중심주의가 억압의 모든 이데올로기를 감염시킨다는 사실을, 자본주의는 비장애중심주의 없이 작동할 수 없다는 사실을 인정하는 방식이다. **그리고 그렇기 때문에** 우리는 혼자서 비장애중심주의와 싸울 수 없다.

접근 가능한 행사를 만드는 데는 어림이 불가능할 정도로 엄청난 양의 노동력, 비용, 시간이 든다. "완수"라는 말을 붙일 수조차 없다.

궁극적으로, 완벽한 접근은 우리에게 접근 가능하지 않다. 그런 건 존재하지 않는다. 실제로는 빌어먹을 난장판이다. 두 시간짜리 행사를 위해 수어 통역사를 고용하는 데 수백 달러가 들고, 실시간 자막 제작자는 너무 부족한 관계로 이미 몇 달 전에 예약이 마감되었으며, 너무나 많은 건물에 좆같은 계단이 있다. 세상은 접근 불가능하며, 비장애중심주의의 이데올로기는 도시계획부터 사법, 부의 불평등, 슈퍼 불구 신화, 단어 "절름거리다" — 일상 대화에서도 구린 상황을 말할 때 사용되는 — 에 이르기까지 모든 것, 모든 곳에 만연하다. 우리가 함께 감당해야 한다고 내가 요구하는 이유다.

나는 이 여성에게 나의 추가 조항은 우리가 혼자서는 이 일을 할 수 없다는 사실을 진지하게 받아들이는 방식임을 설명하려 했다. 비록 혼자 해내라는 말을 듣더라도 말이다. 돌봄은 항상 적자이고, 접근은 항상 지금 불능의 상태다. 그리고 이것이 핵심이다. 몸은 정의상 지원을 필요로 하는 것이다. 몸은 음식, 휴식, 수면, 쉼터, 돌봄을 필요로 한다. 나는 이 정의를 축약하는 것을 선호한다. 몸은 그저 무언가를 필요로 하는 것이다, 이상. 지원이란 결국 필요의 대상 아닌가, 그게 아니라면 뭐란 말인가? 몸의 의존성이 곧 몸의 존재론이다. 몸은 원하든 원치 않든 간에 혼자, 그 자체만으로는 생존할 수 없다. 그러나 우리는 의존성과 필요가 비정상적이고 수치스러운 것이며, 개인의 불충분함을 가리키는 지표이고, 그들을 지원하는 것은 지나친 관대함이라고 배워왔다.

자본주의와 그에 수반되는 이데올로기들은 강력한 마법을 이용해서 진실과 반대되는 것을 우리가 믿도록 만들어왔다. 그것들은 지구상에서 가장 중요한 힘이 개인의 의지와 그것을 실현하는 능력이라고 우리를 설득해왔다. 의지와 능력이 물질적 자원의 측면에서 무엇을 필요로 하는지는 개의치 않은 채 말이다. 그리고 누군가의 성공은 그가 번창하기 위해 내린 결정의 단적인 결과이지, 어떤 규모든지 간에 항상 어떤 일을 해내기 위해 개개인이 필요로 하는 지원 덕이 아니라고 우리를 설득시켜왔다. 그것들은 우리가 부와 안락함, 편의와 특권의 삶을 영위하는 데 실패한 것은 우리가 단지 마음을 다잡고 해내지 못했고, 혼자 힘으로 일어서지 못했으며, 노력할 의지가 없었던 탓이라고 생각하도록 유도해왔다. 이것은 강력한 신화다. 보편적이라고 추켜세워지는 이 신화는 가장 낭만적이어서 존재하지 않는 주체를 위한 수단이다. 즉, 자신이 그저 원하기 때문에 새로운 세상을 만드는 남자, 자신의 운명을 스스로 만들어가는 남자를 위한 수단이다. 남자의 몸은 어떤 종류의 역사도, 정치도, 필요도 없이, 그 누구에게도, 혹은 그 무엇에도 얽매이지 않고 공허를 가로지른다. 남자는 우리가 아니다. 왜냐하면 남자는 불가능하기 때문이다. 그러나 우리 모두는 남자가 우리였으면 하고 바란다. 우리 모두는 남자의 발밑에 스스로를 내던지며, 남자의 형상을 본떠 자신을 만들려고 한다. 이 신화를 유지하기 위해서는 무엇이 필요할까? 누가 남자를 끌어올려 주는가? 누가 남자의 뒤에서, 배경에서, 남자가 그 자리에 오를 수 있도록 돕고, 남자를 그녀가 아닌 무엇으로서 정의해주는가? 아픈 여자가 아니라면 누구겠는가?

장애인 접근을 확보하는 데 그토록 오랜 시간이 걸리고, 그토록 많은 자원, 에너지와 노동이 투입되는 이유는, 그리고 당연하게도 이것이 결코 완벽할 수 없는 이유는 접근이 아픈 여자를 전면화하고 그녀에게 무대의 중앙을 내어주기 때문이다. 이렇게 해서 아픈 여자가 영웅이 되는 것은 아니다. 오히려 접근은 아픈 여자가 영웅적이려면 무엇이 필요한지가 아니라 아픈 여자가 그저 살기 위해 무엇이 필요한지를 물으면서 영웅 개념을 폭파시킨다. 자본주의가 겨우 성공시킨 마술적 속임수는 우리가 필요한 게 없다고, 필요한 게 있어서는 안 된다고 믿게 만드는 것이다. 장애 접근은 이러한 마술적 속임수의 거품을 찌르는 긴 바늘이다. 이 마술이 없다면, 이 신화가 없다면, 우리에게는 진실만 남을 것이다. 몸은 절대로 지불 가능한 상태가 되지 못할 것이고, 항상 너무 많이 필요로 할 것이고, 지나치게 돈이 많이 들 것이고, 몸이 했으면 하는 모든 일을 다 해내지 못할 것이며, 견딜 수 있는 것보다 더 아플 것이며, 그러곤 더 이상 움직일 수 없을 때까지 상태가 나빠질 것이다. 이러한 진실과 우리가 필요로 하는 것과 우리를 도와주는 이들을 우선시하는 척도에 맞춰 시간을 조정하는 장애 접근은 그것들을 무시하고 평가절하하는 자본주의적 시간 순서와 완전히 반대된다. 나의 접근 추가 조항은 부담을 나눔으로써 우리가 갑자기 흑자를 낼 수 있다는 것이 아니라, 적자(being in red)가 무엇을 의미하는지, 서로에게 지급 불능한 상태가 무엇을 의미하는지를 재정의하는 것이며, 우리는 항상 거기에서, 완전히, 붉은색에 뒤덮여(covered in red) 있을 것이라는 사실을 인정하는 것이다.

그런데 우리는 이 사실이 마치 우리를 본디 있어야 할 곳에서 이탈시킨다는 듯 우리 세계를 만들어왔다. 우리는 빛의 맥락 안에서 돌봄의 틀을 만들어왔다. 빛의 맥락에서 내가 당신에게 돌봄을 "준다" 함은 내가 꿍쳐둔 것을 고갈시킨다는 뜻이며, 당신이 나의 돌봄을 "받는다" 함은 당신이 내게 빚을 진다는 뜻이다. 빚을 결핍의 지표로 만들었지만 우리는 동시에 그것을 자본주의 아래에서 가능한 유일한 삶의 조건으로 삼았다. 자본주의에서 살아 있다는 것은 정의상 빚을 지고 살아가는 것이다. 그러나 우리는 빚을 일종의 급진적 상호 의존성이나 이 행성에서 함께 살아간다 ― 실제로 그렇다 ― 는 존재론적 상호성으로서가 아니라, 우리의 최악을 드러내는 모든 것, 우리가 실패할 때 벌어지는 일, 일시적이어야만 하고 또 축출되어야만 하는 도덕적 흠결로 정의해왔다. 이렇게 함으로써 우리의 필요가 편재한다는 사실은 오직 약자에게만 일어나는 일종의 괴상한 파산으로 규정된다. 좆같은 낭설이다. 자본주의는 사회의 지원이 필요한 사람은 사회의 짐이라는 논리를 펴지만, 이는 우리의 자연 상태가 잉여 상태라는 전제가 성립할 때에만 작동할 수 있다. 그리고 우리의 자연 상태는 잉여 상태가 아니다. 그렇다, 제한 없이 노동하고, 지원 없이 생존하며, 상실, 노쇠, 피로 없이 산다면야 참 좋겠지만, 실제로는 그렇지 않다. 만약 우리가 코로나 팬데믹으로부터 무엇이라도 배웠어야 한다면, 그것은 바로, 좋든 싫든, 분명 싫겠지만, 우리는 같은 처지에 함께 놓여 있다는 사실이다.

물론 나는 접근에 대한 논의가 보편적인 의료 서비스, 생활 임금, 경찰 및 교도소-산업 복합체 폐지 같은 진짜 뭐 같은 문제를 다루길 바란다. 그러나 나는 내가 있는 곳에서, 내 손이 닿는 범위에서 시작해야 하기에, 지금 당장에는 젠더 중립 화장실과 경사로, 대체 텍스트로 족해야 할 것이다. 그러나 점잖으면서 단호한

나의 요구 사항들을 통해 내가 몰래 들여오려는 것은 전면적인 제도적 변화, 우리의 가치와 그 가치에 할당하는 자원들에 대한 체계적인 수준에서의 재구조화, 권력의 불균형에 대한 면밀한 조사와 권력 재편에 대한 더 급진적인 제안이다. 나는 접근성이 그 자체로 정치적 운동으로 간주되기를 바란다. 거의 아무것도 갖고 있지 못한, 가장 필요한 게 많은 집단의 권리를 옹호하는 정치적 운동으로. 나는 비장애중심주의가 억압적인 모든 이데올로기 — 자본주의, 백인 우월주의, 성차별, 여성 혐오, 동성애 혐오 및 트랜스포비아, 계급주의, 제국 식민주의 및 정착민 식민주의 — 의 가장 긴요한 구성 요소로 이해되기를 바란다. 이 모든 이데올로기는 서로가 서로를 먹여 살리며, 작동하기 위해 서로가 서로를 필요로 하고, 무엇보다 비장애중심주의를 필요로 한다. 왜냐하면 비장애중심주의는 무엇이 정상이라고 간주될 수 있는지, 말하자면, **누가** 정상이라고 간주될 수 **없는지**에 대한 허위의 위계를 가장 광범위하게 발명해내는 이데올로기이기 때문이다. 나는 장애인 공동체가 접근성을 제공받을 "자격이 있다"는 이유로, 즉 우리가 "가치 있는" 사람임을 입증했고 이로써 선하고 정당한 인간의 범주를 결정하고 규정하는 이들에 의해 그 범주에 들어도 좋다는 허락을 받았다는 이유로 접근성을 원하는 게 아니다. 나는 내게 접근성을 제공하려는 이가 "너그러워서" 접근성을 원하는 것이 아니다. 또한 접근성을 위해 기울인 내 노력도 내가 너그러워서 그런다는 듯 규정되길 원하지 않는다. 즉, 박물관에 쉬어갈 수 있는 벤치를 마련해야 한다고 고집하는 게 나의 선한 마음에서 우러나온 것이라는 식으로 규정되길 원하지 않는다. 기분 좋자고 이런 말을 하는 게 아니다. 살려고 하는 말이다.

어떤 이들에겐 내 말이 신랄하고 괴팍하게 들릴 수 있다는 걸 안다. 하지만 달리 어째야 하나? 기회를 줬으니 존나 감사해할까? 한 줄기 희망만 기다릴까? 역경의 고통에서 배운 모든 것에 감사를 표할까? 내 말투까지 조심하면서?

이견의 여지없이, 「아픈 여자 이론」으로 인해 내게 일어났던 가장 멋진 일은 다른 불구들이 그 글을 읽고 나를 찾아왔다는 것이다. 그 쓸쓸한 어둠 속으로, "거기 누구 있어요?"라고 내가 외쳤을 때, 그들은 "그래, 이년아. 네가 오길 기다리고 있다고!"라고 대답했다. 그 텍스트 때문에, 나는 현재 불구 팸의 일원이 되었다. 내가 그들의 편이 되어주는 것처럼 내 편이 되어주는 친구들, 나를 이해해주고, 나만큼 지쳐 있으며, 그래, 우리는 우리의 목숨을 걸고 싸우고 있단 걸 아는 친구들, 그리고 우리가 가진 모든 것을 쏟아부어야 할 테니 장기간에 걸친 계획을 세우고, 가장 무거운 무게를 지탱할 무언가를 만들고, 방법을 찾자는 친구들을 갖게 되었다. 우리는 그 방법을 결국 찾아낼 것이다. 우리는 아무 데도 가지 않을 것이다. 미래가 어떤 것이든, 장애가 있을 것이다. 그리고 이는 모두에게 해당된다.

내 말을 믿지 못하겠다면, 그냥 기다려보시라.

3

2021년 11월, 나는 2년 만의 첫 오프라인 낭독회에서 이 텍스트의 초고를 읽었다. 베를린 그로피우스 바우 아트리움의 관중 앞에서였다. 사회적 거리두기가 적용되긴 했지만 전석이 매진되었다. 팬데믹 동안 나의 두 번째 책인『미네르바, 뇌가 겪은 유산』북투어를 가능케 했던 줌 스크린이 아니라 사람들 앞에서 무언가를 읽는 것은 이상했다. 나는 머리를 정돈했다. 브리트니 스피어스가 쓸 법한 헤드셋 마이크를 찼다. 내가 앉아 있던 의자는 푹 꺼져 있어서 숨 쉬기가 힘들었다. 「아픈 여자 이론」덕분에 나의 불구 팸을 찾았다는 내용의 마지막 문단에 다다랐을 땐 목이 메었다. 눈물이 나오는 게 느껴졌다. 입은 바싹 말라 있었다. 나는 관객들에게 사과했다. 내가 우는 이유를 설명해보려고 했다, 그러니까 내 사람들을 만나기 전에 내 삶이 어땠는지 떠올릴 때면요, 심지어 이 문장조차도 내뱉을 수가 없었다.

관객 중에 불구 친구가 한 명 있었고, 낭독회 이후 아트리움이 비워지고, 의자들이 치워지는 동안 우리는 오래도록 이야기를 나눴다. 박물관의 커다란 방에 단둘뿐이었다. 그(they)는 지팡이를 자신에게 기대어 두고 있었다. 그가 질의응답 시간에 하지 않았던 질문을 했다. 그 질문은 우리 둘만을 위한 것이라고 하면서. 신중하고 느리게, 그 자신에게도 묻는 것처럼. "만약 접근과 관련한 이 모든 일을, 이 모든 노동을 하지 않아도 된다면요, 그 모든 이메일을 보내고, 이 모든 싸움에 휘말리지 않아도 된다면요, 당신은 무엇을 하겠어요? 그러니까, 만약 당신이 그냥 환영받는다면요. 지원받는다면요. 무엇을 만들겠어요? 당신의 실제 작업은 무엇인가요?"

나는 또 울었다. 그의 질문 속 "당신"이라는 말은 "우리"로 바뀔 수 있었고, 그 의미는 바뀌지 않을 터였다.

내 삶의 가장 큰 비극이 내 병이라고 생각하는 사람이 있을 수 있다. 그러나 내 생각에 훨씬 더 큰 비극은, 이유가 뭐가 됐든 간에,

내가 그것에 대해 꽤나 잘 쓸 수 있다는 점이다. 언젠가 찾아간 한 점성술사는 긴 손가락으로 내 차트를 가리키더니 이렇게 말했다. "당신의 삶보다는 당신의 병이 더 품위 있네요."
"씨발 그럴 줄 알았다니까요"라고 나는 말했다. 점성술에서 "품위 있는"이라는 말은 행성이 자신이 하고 싶은 일을 하도록 지원받는다는 뜻이지만, 우아한 진지함이란 의미 또한 있다. 나는 내 병이 기품 있고 고결하게 앞에 나와 있는 것을 볼 수 있다. 그 뒤로는 나와 내 보잘것없는 삶이 보인다. 내적 조건을 지워버리는 외적 조건이 보인다. 내가 사람들에게 보여지는 모습으로 내가 나 자신의 본모습이라고 알고 있는 것을 일식처럼 가려버리는 이 수수께끼, 즉 가능할 법한 수많은 모든 말들, 이야기의 여러 버전들, 한 종류의 서사로 덮여버린 지식들에 관한 그 수수께끼. 다른 나의 작업들, 다른 나의 열정들이 취미로 축소되는 것이, 더 나쁘게는, 내가 "대처"하기 위해 하는 것들로 축소되는 것이 보인다. 나는 나의 수작업이 이 한 가지 주제에 작정하고 봉사하는 것을 본다. 즉, 나는 병을 주제로 이따금씩 글을 쓰는 작가처럼 보이는 것이 아니라, 항상 자신의 병에 대해 글을 쓰고 있는 아픈 사람처럼 보인다. 그런 글을 쓰지 않을 때조차 말이다. 나는 나의 작업이 비장애중심주의와 자본주의의 계략 때문에 납작해지는 것을 본다. 나의 이야기가 내가 극복한 것, 내가 싸웠던 전투들, 그게 얼마나 힘들었는지, 또 내 비참한 조건에도 불구하고 내가 성취한 것 모두가 등장하는 잘 읽히는 이야기에 부합할 때에만 그 계략은 "자아실현"을 이루게 해준다. 나는 내가 ― 나의 몸, 나의 자아, 나의 삶, 나의 작업이 ― 나의 병만큼 품위가 있을 수 있을지 모르겠다. 나는 내가 본인의 의지 외에는 그 어떤 짐도 지지 않고,

자신의 운명을 빚어내는 남자라는 신화적이고 보편적인 주체에 절대 들어맞지 않을 것임을 안다. 그 진실의 이면은 세상은 나를 아픈 여자가 아닌 다른 무언가로 존재하기를 허락하지 않으리라는 점이다. 이 시점에서 유일한 위안은 그러한 역설을 위한, 즉 변신할 수 있는 능력을 위한 공간을 마련하는 것이다. 나는 그 모든 것이면서 동시에 그 어느 것도 아니다. 나는 이것이 바뀔 것임을 알고, 동시에 설사 그게 같은 상태로 남는다고 해도, 설사 더 나빠진다고 해도, 그 또한 버틸 수 있을 만큼 내가 충분히 민첩하리란 것을 안다.

나는 내 병이 내 본모습의 일부임을 안다. 나의 재치, 야망, 디바스러움, 킹크 애호, 향수와 가죽에 대한 사랑, 매 끼니가 맛있어야 한다는 선호, 기타 페달과 복잡한 단어들을 모으는 기질, 영화와 괴짜들과 좋은 위스키에 대한 사랑이 그러하듯이 말이다. 그러나 나는 또한 내가 아프기를 선택하지 않았음을 알고 있으며, 내가 나에 대해 참인 다른 많은 것을, 내 삶에 포함될 다른 많은 것을 선택하고 또 선택하고 계속 선택하고 있다는 것을 알고 있으며, 이러한 구분이 중요하다고 느낀다. 나는 내 자신에 대해 참이라고 선택한 것과, 선택하지 않았지만 그럼에도 불구하고 더불어 작업하고, 사용하고, 휘두르는 법을 배운 것을 포함할 수 있을 만큼 충분히 수용적인 삶을 원한다. 나는 외부에서 온 것들이 내부에서 온 것들과 만나는 공간이 내 안에 있다는 것을 알며, 이 공간이 고통으로 요동치는 것을 멈추지 않을지라도 나의 몸은 그 둘을 다 담아낼 수 있을 만큼 충분히 여유 있다는 것도 안다. 나는 내가 묵인하고 내버려두기보다는 싸우고 물어뜯는 걸 선호한다는 것을 안다. 나는 괜찮은 서비스-

탑(service-top)³에게 복종하라는 소리를 듣지 않는 한 복종하는 법이 없으며, 내 밑에 깔린 침대 시트가 500수라는 것도 안다. 나는 나의 분노가 나를 뜨겁게 달구면서 이끈다는 것을, 그 무엇도 잊고 넘어가지 않는다는 것을 안다. 나는 돌봄이 미덕의 신호가 아니며, 접근성은 보여주기식이 아니고, 나의 장애는 추상적인 개념으로서 채굴될 수 없다는 것을 안다. 나는 나의 몸이 나의 작업과 분리될 수 없음을 안다. 나는 내가 생존할 것임을 안다. 비록 그렇지 않을 것이라 여겨진다고 해도 말이다. 나는 내가 살아가는 법을 알고 있으며, 살아갈 것임을 안다.

그리고 나는 이 싸움이 어떻게 흘러갈지 안다. 나는 이 싸움이 안주와 분노 사이의 협상에 대한 것이며, 무엇을 잃을 수 있고 또 잃을 수 없는지에 대한 것임을 안다. 적어도 아직은 링 밖으로 나오거나, 게임을 그만둘 여유가 없다는 것도 안다. 나는 나의 삶과 가치, 그리고 내가 입체적이라는 사실을 위해 싸우고 있음을 안다. 그리고 내 적은 나를 납작하게 만드는 데 혈안이 되어 있는 제도성(institutionality)이다. 나는 이 적이 개판이고 나보다 훨씬 더 크다는 걸 알며, 이들은 존나 확실하게도 더러운 방식으로 싸울 테고, 물론, 이들이 이길 것이라는 것도 안다. 그러나 나는 이 싸움을 점점 더 잘해내고 있다. 나는 몇 년 동안 그 안에 있었다. 나는 내 코너로 간다. 내 얼굴에 난 모든 구멍에서 피와 물이 쏟아져 나온다. 나는 싸움을 하고 또 그 싸움에서 지는 데 얼마나 많은 시간을 들였는지에 대해 내 코너에 있는 이들과

---

³ [옮긴이] BDSM이나 킹크 문화에서 자주 사용되는 용어로, 파트너와 성관계에서 주도적인 역할(top)을 맡으면서도 상대방의 욕구와 즐거움을 충족시키는 데에 중점을 두는 사람을 가리킨다.

농담을 나눈다. 항복하지는 않겠지만 계속 질 것 같다는 그런 농담. 그들은 나와 함께 웃는다. "오 아냐, 넌 이기고 있어, 하하. 하지만 아마도 상은 없을 거야."

나의 편집자는 드디어 이 책이 완성을 앞둔 지금 무엇이 다르게 느껴지는지, 그 변화를 적은 메모를 책에 남기고 싶은지를 물었다. 나는 몇 달을 꼬박 생각했다.

내가 할 수 있는 말은 이 책은 나를 위한 것이 아님을 깨달았다는 것이다. 나는 나의 삶과 작업의 많은 국면들, 그 국면들이 가질 법한 목적이 날 위한 것이 아님을 이해하게 되었다. 나는 자신을 돌보고 치유하기 위해 이 책을 쓰고, 이 작업을 하고, 손을 뻗는 데 이 모든 시간을 보낸 것이 아니었다.

그렇다. 이것은 날 위한 글이 아니었다. 앞으로도 이 글은 날 위해 존재하지 않을 것이다.

이 책이 모을 수 있을지 모르는 어떤 "우리"를 위해, 첫 페이지에서는 자신을 알아보지 못했지만 이제는 지금 여기에 있는 바로 그 누군가를 위해, 이 책은 지금까지 존재해왔고, 앞으로도 존재할 것이다.

할망구 총책

2020년 3월

36년을 가난하게 지냈다. 코로나19로 인해 수입이 없어진 프리랜서 예술가인 내게 독일 정부가 방금 5000유로를 그냥 보내왔다. 온라인 양식을 작성한 지 사흘 만에 내 은행 계좌에 돈이 들어온 것이다. 믿을 수가 없다. 학자금 대출도, 일반 대출도 아니다. 갚을 필요가 없다. 내 돈이다. 생애 처음으로 계좌에 남은 잔돈을 세는 데 골몰하지 않아도 된다. 이게 모든 걸 바꾼다.

2021년 2월

나는 상을 받고 내 소설을 판다. 상금은 내 연 수입의 3분의 1이 넘는 1만 파운드, 1년에 걸쳐 나눠서 들어올 것이다. 소설로 받게 될 세 차례의 선금 중 4250달러짜리 첫 번째 수표가 도착할 것이다. 이는 작년에 받은 코로나 지원금에 이어 내 인생에서 두 번째로 큰 액수의 돈이다.

2021년 7월

수표가 은행에서 처리된다. 17개월의 봉쇄 기간 내내 방 한 칸짜리 아파트에 갇혀 지냈고, 파트너와 나 둘 다 재택근무를 했다. 우리는 공원에서 우울하게 짧은 산책을 하는 것 말고는 아무 데도 가지 못했다. 여길 벗어나 공기와 풍경을 바꾸는 게 절실하다. 이제 내게는 그것을 실행에 옮길 만한 돈이 있다. 두 번째 백신의 항체 형성기가 지나고 코로나19 확산세가 어느 정도 소강 상태에 접어들자마자 열흘의 그리스 여행을 예약한다. 혼자서 재미 삼아 여행을 떠나는 것은 18년 만이다. 마지막으로 이런 여행을 한 건 열아홉 살 때였다. 배낭을 메고 파란 카우보이모자를 쓴 채 기차를 탔고, 간단한 트레일 믹스[1]를 먹고 사르트르를 읽으며(너무 웃긴 거 나도 안다) 하루 5달러로 버티려고 노력했었다. 이번에는 기내 수하물에 더해 위탁 수하물을 가져갈 수 있게 추가 항공료를 지불할 여유가 생겼다. 기모노 세 벌, 책 서른 권, 커다란 검은색 챙모자를 챙긴다. 여왕이 된 기분이다.

2011년 4월

36년 내내 가난했다는 건 이런 뜻이다. UCLA의 디자인 학부 과정을 다니던 중, 내 이름으로 개설된 통장을 확인하니 3달러 17센트가 있다. 저축 계좌에 3달러, 입출금 계좌에 17센트. 이렇게 사는 게 처음도 아니고 마지막도 아니다. 매주 아니면 두 주에 한 번씩 이런 일이 발생한다. 나는 수강 학점을 꽉 채워 들으면서 교수들 중 한 사람의 작업실에서 조수 아르바이트를 한다. 오페라 세트 디자이너인 그 교수는 브렌트우드 언덕의 커다란 집에 산다. 한때 조앤 디디온 가족이 그 근처에 살았다.

---

[1] [옮긴이] 시리얼, 건조 과일, 견과류 등이 혼합된 스낵 믹스.

그는 필립 글래스의 오페라 세트를 다수 제작했다. 척 클로스가 그의 초상화를 그렸는데 그 프린트본 하나가 현관에 걸려 있다. 몇 년 전 수전 손택이 손수 자기 집 주소를 적어 교수에게 건넸고, 그 쪽지가 그의 책상 위에 붙어 있다. 나는 가끔 손택의 손글씨를 물끄러미 바라본다. 전화가 울린다, 유명한 예술가이자 박물관 관장인 사람한테서 걸려 온 전화다. 요지 야마모토의 옷을 입는 그는 자신과 함께 작업실에서 빈둥거리는 대가로 내게 시간당 15달러를 지불한다. 4월의 오늘 나는 일을 마치면 병원에 있는 외할머니를 보러 패서디나로 차를 몰고 가야 한다. 차의 연료 게이지가 E 자 아래로 내려가 있다. 브렌트우드에서 패서디나까지는 약 40킬로미터 거리이고, 러시아워에 출발하게 될 테니 병원 도착까지 두 시간쯤 걸릴 것이다. 선셋 대로에서 405번 도로(그 후 10번 도로에서 110번 도로를 타야 한다)를 타는 방향의 교통은 빨갛고 하얀 불빛이 긴 띠를 이루며 꽉 막혀 있다. 차에서 은행에 전화를 건다. 친절한 여직원이 내가 요청한 대로 저축 계좌에서 입출금 계좌로 2달러를 이체해준다. 이런 일로 부끄러워하기엔 걱정할 게 너무 많고 시간도 없다. 주유소에 들러 1.75달러어치 기름을 넣는다. 연료 게이지는 꿈쩍도 않는다. 다시 차에 올라타 계속 달린다. 창문을 모두 내리고 카녜이 웨스트의 음악을 들으며 어스름한 로스앤젤레스를 느릿느릿 기어간다. 고속도로에서 차가 멈추면 어쩌지? 생각한다. 곧이어 뭐, 어쩌겠어?라고 생각한다.

병원, 할머니가 날 보며 반색하고 나도 할머니를 봐서 기쁘다. 할머니는 한동안 그곳에 있었고 어쩌면 더 오래 머무르게 될 것이다. 이모와 동생처럼 매일 할머니를 보러 오려고 애쓴다.

우리는 함께 병원식을 먹거나 때로는 할머니의 부탁으로 몰래 인앤아웃**❷**에 나갔다 온다. 이듬해 8월에 할머니가 세상을 떠날 때 나는 병원 침대 옆에 누워 할머니의 손을 꼭 잡을 것이다. 하지만 4월의 이 밤에는 데이트가 있다. 내일 들르겠다고 하자 할머니가 기뻐한다. 지금 내 입출금 계좌에는 42센트가 있고 저축 계좌에는 1달러가 있다. 이모에게 10달러를 빌릴 수 있는지 물어본다.

"20달러짜리 거슬러줄 잔돈 있니?" 이모가 묻는다.

"아니, 없어."

이모가 20달러를 주고, 나는 주유소에서 10달러어치 기름을 넣고 나서 바에서 러시아 화가를 만난다. 계산서가 나오고 내가 수중에 있는 10달러를 주면 그가 나머지를 다 계산한다. 우린 그의 집으로 돌아간다. 아침에 그가 샤워하는 동안 바닥에 쌓인 바지 더미가 눈에 들어온다. 내가 준 10달러 지폐가 주머니에서 툭 튀어나와 있다. 그래, 당연히 나는 그걸 챙긴다. 이게 내가 말한 가난의 뜻이다.

2021년 8월

내가 상상할 수 있는 가장 호화로운 휴가를 보내려고 그리스에 도착한다. 4000달러짜리 수표에서 상당량은 공과금을 내는 데 쓰고, 남은 돈으로 휴가를 보낼 것이다. 나는 서른일곱 살이다. 나는 장애인이다. 원한다 해도 나는 배낭여행을 할 수 없고 트레일 믹스로 생존할 수 없다. 내게는 여분의 기모노와 책들을 꾸릴 여유가 아니라, 2리터 크기의 지퍼백들에 넣은 필수 의약품과

---

❷ [옮긴이] 미국 서부에만 매장이 있는 패스트푸드 체인점.

애드빌[3] 150정짜리 한 병, 마그네슘 파우더 한 통 그리고 기모노와 책들을 담을 수 있을 만큼 큰 가방을 가져갈 여유가 있다. 이번 여행에서는 뭐 하나라도 아껴 써야 하는 날이 하루도 없을 것이다. 아홉 시간에 걸쳐 버스를 갈아타는 대신(어차피 혼자 해낼 수도 없다), 마니반도 최남단의 게로리메나스까지 나를 태우고 갈 택시를 예약할 만큼 충분한 돈이 있다. 내 짐을 들어줄 운전기사들과 짐꾼들에게 후하게 팁을 줄 만큼 충분한 돈이 있다. 장애인에게 여왕이 된 듯한 느낌은 종종 그리 귀족적이지 않은 조건에서 나온다. 그저 우리가 필요로 하는 것들을 다 갖추고 있다는 느낌인 것이다. 지금 처한 것 이상으로 상황이 우리 몸을 악화시키진 않을 것임을 보장받는 느낌 말이다. 그걸 알면서도 계속 디바인 양 구는 나 스스로를 비웃는다.

아테네 플라카 지구에 있는 옥상 테라스를 갖춘 4성급 호텔에서 며칠 묵는다. 밤에 나는 테라스로 나가 아크로폴리스를 향해 있는 2인용 소파에 앉는다. 꼭 극장의 박스석에 앉은 것 같다. 칵테일을 마시면서 건물 뒤로 넘어가는 붉은 태양을 지켜보고, 노트에 글을 쓰고, 도시 위로 노랗게 빛나는 아크로폴리스를 바라본다. 수천 년 전에 어떻게 이곳이 세계에서 가장 강력한 제국이었는지를 생각한다. 그리고 지금까지도 이 도시와 이곳 사람들을 끌어당기는 과거로부터의 구심력에 대해 생각한다. 아테네에서 고용한 모든 택시 기사가 자랑스럽게 아크로폴리스를 손으로 가리킨다.

내 옆에 앉은 그리스 사람은 아닌 10대 하나가 인스타그램을

---

[3]　[옮긴이] 소염진통제.

스크롤하며 본다. 37.7도를 웃도는, 묵시록적인 분위기를
자아내는 폭염 때문에 관절이 붓고 아프다. 뜨거운 바늘로 찌르는
듯한 통증이 발목을 죄어온다. 객실로 마사지 서비스를 주문하고
마사지사에게 한 시간 동안 발과 발목만 만져달라고 부탁한다.
그는 내가 주름진 침대 시트인 양 계속 발과 발목을 쓰다듬는다.
폭염과 관절 통증에도 불구하고 나는 여전히 커다란 검은색
챙모자를 쓰고 빨간 립스틱을 바르고 선글라스를 낀 채 도시를
어슬렁거리며 쏘다니고 친구들과 가족에게 셀피를 보낸다. 마치
우아한 비극의 위험을 겸비한 메이비스 갤런트나 잉게보르크
바흐만 소설 속 주인공, 제 나라를 떠나 집도 절도 없지만
시건방지게 매혹적인 인물 같은 느낌이 든다.

아테네에 머무르게 된 후 케이티 기타무라의 소설 『이별』에 등장하는
호텔로 간다. 그 소설은 그리스 변두리의 오래된 석조 호텔에서
화재로 모든 것이 타버린 직후 벌어지는 일종의 실존주의적
살인 미스터리를 다룬다. 기타무라는 호텔의 이름을 결코 밝히지
않지만, 불에 그을린 언덕과 검은 나무들 사이에 석조 아치형
통로와 바다를 가르는 부두가 있는 으스스하고 텅 빈 호텔을
기가 막히게 묘사해놓았기에 나는 그 호텔을 직접 봐야만 했다.
인터넷을 뒤져 그곳이 어디인지 알아내고, 한 달 치 방세보다
비싼 값에 3박을 예약한다. 도착해서 보니 호텔은 텅 비어 있지도
않고, 살인 미스터리 같은 것에 나올 만한 곳도 아니며, 짧은
수영복을 입은 햇볕에 그을린 중년의 중상류층 유럽 관광객들로
붐비고 있다. 그들은 바다에서 수영하거나 긴 의자에 물개처럼
납작 누워 있다. 햇볕에 갈색으로 익지 않은 사람은 나뿐이다.
내 피부는 바닷물에서는 거의 파랗게 보인다. 더위가 극심해서

낮에는 에어컨을 켜고 침대에서 책을 읽다가, 관광객들이 저녁 만찬을 준비하려고 호텔로 들어오면 현지인들과 함께 해 질 녘의 바다로 들어간다. 커다랗고 둥그렇고 느리고 위엄 있는 매너티와 바다코끼리의 풍채와 색깔을 띤 현지인들이 선캡과 모자를 쓰고 물속에서 까닥거리며 논다. 해안에서 멀리 떨어진 곳에서 여자 셋이 원을 만들어 떠다니면서 낄낄댄다. 그들은 바다 마녀 위원회다.

노을의 빛깔에 맞춰 색이 바뀌는 바다를 보며 내가 이런 곳에 있게 되었다는 것, 내 돈으로 여기까지 왔다는 것, 내 예술로 그 돈을 벌었다는 것에 감격해 큰 소리로 웃는다. 무엇보다 「포레스트 검프」에서 댄 중위가 해 질 녘 바다에서 수영을 하며 신과 화해하는 장면이 떠오른다. ==이런 곳에서 신과 화해하기는 쉽지==라고 생각한다. 이것이 신이 이런 장소를 만든 이유이고 그래서 우리가 신을 용서하게 되는 것 아닐까 추측해본다. 나는 「포레스트 검프」가 장애를 묘사하는 방식을 몹시 싫어한다. 그러나 이 영화와 비슷한 영화들의 감상적인 비장애중심주의가 할리우드가 우리에게 줄 수 있는 전부다. 식당 주인에게 물가 자리로 예약을 부탁한다. 그녀가 오직 나 한 사람을 위해 테이블 전체를 부두 끝으로 옮기는 걸 보니 내가 마음에 드는 게 틀림없다. 거기서 저녁 만찬을 먹으니 또다시 여왕, 디바가 된 기분이 든다. 날 용서하시길. 내가 좀 낭만적이다. 혼자, 제대로 차려입고, 부은 발목은 의자에 올려놓고, 늘 그렇듯 디저트를 주문한다. 별자리를 알려주는 앱을 사용해 별들을 바라보지만, 역시나 카시오페이아자리, 휠체어처럼도 생긴 그녀의 왕좌를 찾는 데는 앱이 필요 없다. 나는 명성이나 많은 돈까지는 필요로 하지도 원하지도 않는다. 덧없고 신뢰할 수 없는 말이겠지만 돈은 약간이면 된다 ─ 어느 정도까지는 원한다. 이런 약간의 돈마저도 내가 일하는 이유이거나 내 방향을 결정짓는 동기는 아니다. 내가 가장 원하는 것은 내게 속하는, 내 몸으로 느낄 수 있는 일종의 보상을 느끼는 것이다. 나는 에게해를 둥둥 떠다니면서, 쓰는 데 7년이나 걸렸고 세상에 나오려면 2년은 더 걸릴 그 책으로 받은 돈에 대해 생각하고, 내가 엄마를 위해 그 책을 어떻게 썼는지, 어떻게 완성했는지 생각한다, 나는 해낸 것이다. 비록 엄마가 읽지는 못했지만, 이 책으로 나는 엄마와 어떤 종류의 평화를 이룰 수 있겠지 하고 생각한다.

베를린에 사는 내 신체심리치료사에게 혼자 그리스에 갈 것이고 히드라섬에 머물고 싶다고 하자, 그는 "그럼 에반겔리아를 만나야 해요. 히드라는 그녀의 섬이거든요"라고 말했다. 에반겔리아는 뉴에이지 힐링 컨퍼런스에서 만난 "음성 샤먼 치유사"[4]인데, 독일에서 어린 시절을 좀 보낸 그리스 여성이라고 설명해줬다. 그는 우리 둘에게 이메일을 보내며 "가장 좋아하는 마녀들"이라고 썼다. 에반겔리아는 내가 자기 집에 머물러도 된다고 했다.

"엄마 집인데 매우 아름다워." 전화기 너머로 에반겔리아가 말했다. "내 건강 문제 때문에 넌 바깥 화장실을 써야 할 거야."

장애인 친구들이 히드라섬에는 차가 없고 계단뿐이며 섬의 일부 지역에는 여전히 수도나 전기가 들어오지 않는다고 경고했다. 내가 겪을 문제들이 무엇일지 알고 싶어서 에반겔리아에게 "사진

---

[4] [옮긴이] '음성 샤먼 치유'는 소리를 영혼의 세계로 가는 관문으로 사용했던 전통적인 샤머니즘을 존중하는 성격을 띠고 있다. 음성 샤먼 치유사는 소리를 통해 신성한 영적 영역에서 지구로 정보와 치유력의 흐름을 촉진하는 의식을 올린다.

좀 찍어서 보내주세요"라고 부탁했다. 그녀의 집에도 수도나 전기가 들어오지 않았다. 내가 쓸 변소는 내부가 분홍색으로 칠해진 작은 돌집이었는데, 대부분의 그리스 화장실과 마찬가지로 변기에 휴지를 넣을 수 없었다. 아테네의 고고학 박물관에서 나는 옆 칸에 있던 여자가 화를 내며 혼잣말하는 소리를 들은 적이 있다. "변기에 휴지를 넣다니? 야만인들!"

게로리메나스 호텔을 나와 페리를 타고 히드라섬으로 이동한다. 에반겔리아는 항구에서 집까지 나를 데려다줄 당나귀 택시를 고용했다고, "그것이 암소처럼 생겼으니" 알아볼 수 있을 것이라고 음성 메시지를 남긴다. 밤 9시에 페리가 섬에 도착한다. 항구의 수많은 사람들 사이로 키가 작고 억세 보이는 남자가 뛰어들어 내 가방들을 집어 든다. 그러고는 당나귀처럼 보이는 당나귀 등에 가방들을 던진다. 그가 나를 어떻게 알아보았는지 모르겠다. 우리는 말이 없다. 현기증을 느끼며 어둠 속으로 20여 분간 그를 따라갔다. 발굽들이 돌에 딱딱 부딪친다. 몇 분 후, 더 이상 관광객이나 불빛이 보이지 않고 더위를 피해 문을 닫은 집들만 보인다. 계단이 가팔라지자 당나귀에 올라탄 남자가 안장에 모로 걸터앉아 담배에 불을 붙인다. 내가 헐떡거리는 동안 그는 담배를 태우고, 우리는 그리스의 매미 우는 소리만 간간이 들리는 고요 속으로 올라간다.

우리는 바다가 내려다보이는 언덕 높은 곳, 노란색과 흰색으로 칠해진 오래된 돌집에 도착한다. 삐걱거리며 문이 열리고 소녀 같은 목소리로 내 이름을 부르는 이가 나타난다. 덩치가 어린애보다 작고 150센티미터 정도의 키에 잔머리가 조금 뜨는 가느다란 금발의 곱슬머리. 우리 엄마와 같은 해에 태어난 에반겔리아는 11월에 예순여섯이 되는데, 대문을 연 그녀의 얼굴이 외할머니와 똑같아서 나는 놀란다. 둥글고 파란 눈, 작은 입과 턱, 그러니까 한 마리 새 같은 얼굴. 며칠 후면 할머니가 세상을 떠난 지 9주기이고, 패서디나의 병원에서 마지막 숨을 내쉬고 있는 할머니의 손을 꼭 잡았던 생각이 난다. 에반겔리아의 코는 주름진 입술 위로 휘어져 있다. 어깨가 구부정하니 몸이 앞으로 기울어져 있고 마디가 울퉁불퉁한 발가락은 딱딱하게 굳어 있다. 손의 관절들은 호두 껍데기만 한 크기로 부어 있다. 단단한 오리발처럼 변형된 오른손은 납작하고 뻣뻣하게 굳어서 움직일 수 없을 것 같아 보인다. 일부 손가락 끝이 잘렸고 손톱은 손가락 마디들에서 삐죽빼죽 파편처럼 자라난다. 그녀가 밤 수영을 하러 갈 거라고 내게 들려준다. 같이 가도 되냐고 물으니 당연히 된다고 하면서 자기는 수영을 오래 한다고 경고한다. 밤 10시. 통증이 심할 때 내가 걷는 방식과 비슷하게 구부정하니 게처럼 옆으로 걷는 그녀를 보며 나는 생각한다. <mark>까짓, 얼마나 오래 하겠어?</mark>

그녀가 해수욕장으로 향하는 구불구불한 좁은 계단 아래로 나를 안내한다. 나는 바위에서 몇 번 미끄러지고 중심이 흔들리는 것을 느낀다. 그녀가 괜찮냐고 물어본다. 나도 건강에 문제가 있다고 진즉 들려주었다. 관절염이 그녀를 괴롭히는 것 같지는 않다. 보라색 크록스를 신고 배낭에 수건을 챙긴 그녀의 모습은 흡사 둥그런 등을 가진 거북이 같다. 그녀는 아주 천천히 계단을 내려간다. 걸어가는 내내 섬과 이 동네, 바다에 대해 늘어놓으며 수다를 떤다. 그러나 나는 단지 지리적 의미에서만은 아닌, 지금 어디에 있는지 모른다는 스릴 넘치는 이상한 느낌 외에는 다른 어떤 것에도 집중할 수 없다.

물에 들어간 그녀가 돌아서서 집에 가는 방법을 아느냐고 내게 묻는다. 나는 전혀 모른다. 그러니 기다리겠노라고 대답한다. 그녀는 오래 물에 있을 거라고 또 경고한다. "그냥 길을 따라 올라가서 오른쪽, 왼쪽, 오른쪽, 왼쪽, 다시 왼쪽으로 가면 돼." 그녀의 얼굴은 잔잔한 파도 속 작은 빛 얼룩이다. 신화 속 물의 정령들, 그들의 넘치는 환희와 파도에 소용돌이치는 머리카락을 떠올린다. 그녀는 인어이고 셀키[5]다. 어둠 속으로 헤엄쳐 들어간 그녀가 이내 사라진다.

나는 물이 목까지 차오르는 바위 위에 서 있다. 바다가 늘어지며 나를 해변 쪽으로 끌어당기더니 다시 밀어낸다. 나는 바위에서 떨어지지 않으려고 팔로 물을 밀고, 몸을 똑바로 세울 수 있는 리듬을 발견해낸다. 가끔은 수면 쪽으로 발을 뻗어 발가락으로 별들을 가리키기도 한다. 물속에서는 아픈 관절이 비명을 멈춘다. 하늘과 나란히 검은색인 물 위로 반짝이는 빛이 스친다. 물이 얼마나 따뜻한지 믿을 수 없을 정도다. 37도의 공기를 시원하게 만드는 바다. 나는 또 큰 소리로 웃는다. 내 돈으로 여기 왔다는 사실, 그리고 7년 동안 매일 책상에 앉아 그 누구도 심지어 나 자신도 볼 수 없는 사색의 공간으로 들어가 그 미지의 공간에서 내가 찾아낸 것으로 뭔가를 지으려고 애쓴 끝에 그 돈을 벌었다는 사실이 느껴진다. 그 사실이 주위로 퍼져나가고 나를 붙든다. 책상에서 오랜 시간 작업을 한 후 완성된 원고를 쳐다볼 때의 정신적 혹은 예술적 만족감, 수작업에 헌신함으로써 얻게 되는

---

[5] [옮긴이] selkie. 평소에는 바다표범의 모습으로 다니다가 바다 위로 올라올 때는 가죽을 벗고 인간의 모습으로 변하는 스코틀랜드와 아일랜드의 신화 속 존재.

보람 이상의 어떤 것이다. 여기에 도착하기 위해 들인 모든 노동에 대한 물질적 결과로 읽힐 수 있을 어떤 것, 심연을 끈질기게 응시할 때의 느낌을 완화시키는 어떤 것, 즉 내가 필요로 하는 것을 갖는 것에서 내가 원하는 것에 대해 꿈을 꾸는 쪽으로의 전환 같은 것. 감히 말하자면, 자본주의적 보상의 제일가는 형태인 것이다. 다시 한번 말해두지만, 그건 내가 이길 수 있는 상대가 아니다. 내 30대는 분투, 몰아붙임, 끝없는 압박, 즉 극심한 생존 문제 그 자체였고, 은행 계좌에 고작 3달러밖에 없는 날들도 부지기수였다. 그러나 에게해의 물속에서, 생존의 문제는 조금 뒤로 물러나고 그렇게 열심히 노력하지 않아도 되는 다른 무언가를 위한 공간이 생기는 것을 느낀다. 적어도 지금은 편안한 의자에 앉은 채로 심연을 응시할 수 있다.

에반겔리아는 두 시간이 지나도록 돌아오지 않는다. 어두운 물속에서 그녀에게 무슨 일이 생긴 건 아닌지 겁이 나기 시작한다. 바다에는 우리뿐이다. 여기가 어디인지, 어떻게 그녀의 집으로 돌아갈 수 있을지 전혀 모르겠다. 그녀에게 무슨 일이라도 생겼다면 나는 어떻게 해야 할까? 이 섬에는 주소도 없다. 가끔 수상 택시가 총알같이 지나가는 순간 말고는 사위가 칠흑같이 어둡고 텅 비어 있다. 나 혼자다. 물에서 나와 해변의 바위에 앉아 있은 지 한 시간이 넘어간다. 자정을 훨씬 넘긴 시각, 그녀의 작고 빛나는 얼굴이 검은 파도를 뚫고 나온다. "어머나, 기다리고 있었네!" 다른 선택지가 있었겠는가? 집으로 가는 계단을 오르는데 지쳐 있지만 왠지 기운이 빠져나간 것 같지는 않다. 내 방은 집의 위층에 있다. 어린아이 크기의 작은 폼 매트가 깔린 침대 위에 쓰러지듯 눕는다. 좋은 섹스를 한 꿈 말고는 기억나는 꿈이 없다.

다음 날 아침 에반겔리아는 우리 둘을 다 아는 친구가 우리를 마녀로 소개한 것에 대해 자신은 절대로 마녀가 아니기에 아주 불쾌했다고 알려준다. 그녀는 자신과 내담자 사이에 "위계"가 생기는 것을 원치 않기 때문에 "여사제"라는 용어를 선호한다. 그리고 설명해주지 않은 모종의 이유로 "여사제"라는 말이 어쨌든 비위계적인 용어라고 생각한다. 이것이 마녀와 정확히 어떻게 다른지 모르겠지만, 아마도 문화적 맥락과 오래된 미신이 결합된 까닭이 있을 것이다. 실비아 페데리치의 입문 강의들을 들어봤는데 별 소용이 없다.

그녀는 회화를 공부하려고 미술 학교에 다녔고 "예전에는 대단한 사람이 되고 싶었다"고, 그렇지만 "개념미술에서 살아남을 수 없었다"고 내게 들려준다. 그녀는 매일 밤 그리고 매일 아침 두 시간씩 수영을 하고, 보통 밤 수영 후에는 산으로 들어가 친구를 맺은 한 유칼립투스 나무와 대화 나누기를 좋아한다고 설명해준다. 그녀와 또 동행하기를 원한다면 내게 그 친구를 소개해주겠단다.

바다 수영을 하고 산속을 걷는 것이 자신의 퇴행성 자가 면역 질환에 가장 좋은 치료법이라고 그녀가 말하지만, 그리스어로 병명을 말한 탓에 나는 정확히 그게 뭔지 알 수 없다. 그녀는 의사를 "믿지" 않기 때문에 질병의 진행을 억제할 약을 복용하지 않는다고 들려준다. 그녀는 자신의 문제를 "학자의 방식으로" ─ 어떤 약도 복용하지 않는다는 뜻이다 ─ 해결하고 다루고 있다고 들려준다. 어렸을 때 의사들이 그녀를 치료하겠다며 손가락 끝을 잘라내기도 했다고 한다. 의료-산업 시스템의 무자비함에 노출된 아픈 여자, 다시 말해 이-인이라는 게 어떤 상태인지 나는 이해한다. 하지만 그녀의 태도는 또한 그녀의 병이 악화되고 있음을 뜻하기도 한다. 올해 초 손이 부러졌을 때 그녀는 치료를 받지 않았다. 그림을 그릴 때 쓰는 손인데 이제는 뻣뻣하고 움직이지 않는다. 그녀는 그 손을 싫어하고 못생겼다고 생각해서 어떻게 하면 기분이 나아질 수 있는지 내게 조언을 구한다. 손에 장신구를 걸치라고 제안하자 소름 끼친다는 표정을 짓는다. 하지만 그녀는 나와 함께 보내는 시간 내내 인생의 비결은 자기 자신을 사랑하는 것이라고 말한다. 하루에 몇 번씩 내게 소리친다. "요하나! 인생의 비결은 자신을 사랑하는 거야! 난 널 사랑해!" 비장애중심주의와 관련해 내가 겪은 가장 불안정해지는 몇몇 경험은 다른 장애인에서 비장애중심주의를 목격한 것이었다. 그들은 치유에 대한 환상을 붙잡고 있다가 그 치유가 자신에게 닿지 못하면 자기혐오에 빠진다. 그녀에게 치유가 어떤 의미인지, 치유를 어떻게 상상하는지 궁금하다. 평생을 앓아온 퇴행성 자가 면역 질환이 그냥 사라질 거라고 생각하나? 부러진 손이 갑자기 유연하고 아름답게 변할 거라고 믿나? 그게 오직 자신을 충분히 사랑하는 문제에 불과하다고 생각하는 걸까?

그녀는 내가 마녀라서 겁이 난다면서도 "그럼 어떤 남자가 당신을 해치면 그를 어떻게 할 거야?" 같은 질문을 하며 오후 내내 나를 심문한다. 내가 집에 있는 동안 밤새 피부가 따끔거려 잠을 잘 수 없다고 말한다. 그녀는 수녀인 친구에게 마녀와 함께 지내고 있다는 사실을 알리고 싶어 한다. 마치 그것이 그녀의 대담함을 증명한다는 듯. 그녀는 계속 내게 "음성 샤먼 치유 세션들" 중 하나를 해주려고 애쓰고 나는 계속 뒤꽁무니를 뺀다. 유튜브에 자신을 플레이아데스 성단[6] 출신이라고 주장하는 여자가 있다. 에반겔리아라면 이 여자가 어떻게 자신의 생명을 구했는지, 모든 사람을 어떻게 낫게 할 수 있는지 끝도 없이 이야기할 거다. "자, 이거 꼭 봐야 해. 같이 보자." 나는 대화의 주제를 바꾼다.

그녀는 계속 내 심리를 읽어내려고 하지만 계속 실패한다. 귀엽고 조금 짜증난다.

그녀: "네가 마을에 가는 환상을 봤어."

나: "사실은 항구에 갔었어요."

그녀: "보라색 좋아하지?"

나: "유감이지만, 노란색이에요."

그녀가 보유한 치유의 힘은 이제 범위를 넓혀 오후의 좋은 시간을 이런 식으로 날 설득하는 데 사용된다. 내 여행 가방이 나의 과거 트라우마에 대한 은유이고 그것을 버려야 자유로워질 수 있다나. 여행에 진짜 가방을 가져올 여유가 마침내 생긴 것이 사실 내게는 대단히 의미 있는 일이라는 말을 하자 그녀가 약간 의기소침해진다.

나의 주술은 주로 점성술이라고 들려주자, 그녀의 눈이 커지며 심각하게 떨린다.

"아, 넌 정말 이상한 여자(woman)야."(영어가 제2언어이거나 제3언어인 이들에게 나를 그[they/them]라는 대명사로 불러달라 고집하지는 않는 편이다. 또한 나를 만약 여자라고 부른다면, 이상한 여자인 게 확실히 좋다.)

"차트 읽을 수 있어?"

---

[6] [옮긴이] 황소자리에 위치한 B형 항성들의 산개성단. 서양에서는 일곱자매별로 알려져 있다. 지구와 가까운 산개성단 중 하나여서 밤하늘에서 육안으로도 확실히 볼 수 있다.

"그럼요."

"말해줘. 명왕성이 내 상승점[7]을 지날 때 나 죽어?"

나는 숨을 들이마신다. 수년간 차트를 읽으면서 알게 된 사실인데, 이런 질문을 하는 사람은 이미 대답을 알고 있다. "진짜로 묻는 거예요? 봐줄 수 있으니까 물어보는 거예요. 하지만 당신이 정말 알고 싶다고 말해줘야 해요."

"응. 진짜로 물어본 거야."

그녀가 선반에서 책 한 권을 꺼낸다. 수십 년 전 누군가가 그녀의 차트를 그려준 종이 쪼가리가 구겨지고 접힌 채 책의 갈피에 꽂혀 있다. 나는 그것을 보고 휴대폰으로 21세기 천체력[8]을 불러온다. 그리고 명왕성이 몇 년 안에 그녀의 상승점을 지나간다는 것을 알아낸다. 차트에서 죽음을 찾으려 할 때는 많은 것이 동시에 나타나야 한다. 트랜짓 하나, 행성 하나, 한 가지 요소로는 안 된다. 통상 한동안 쌓여온 열댓 가지 요소가 한 시점에 전부 수렴하는 경우에 더 가깝다. 오랜 시간 느리게 지속되는 병, 그리고 무너지는 순간까지 축적되는 강도 높고 끊임없는 곤경 같은 요소들 말이다. 그것은 생명의 힘들이 새는 것, 즉 누군가의 별 앞에 줄지어 쪼그려 앉아 몇 달이고, 대개의 경우 몇 년이고

---

[7] [옮긴이] '상승점'은 '어센던트'(ascendant) 또는 '상승궁'(rising sign)이라고도 하는데, 어떤 사건의 시간과 장소를 기준으로 동쪽 지평선에 떠오르고 있던 황도(천구상에서 태양이 지나가는 궤도)대의 별자리와 도수(각도)를 말한다. 익히 알고 있는 탄생 별자리는 생일에 태양의 위치와 겹치게 되는 '태양궁'(sun sign) 또는 태양 별자리다. 상승점은 시간과 장소에 따라 특유하게 나타나기 때문에, 점성가는 한 개인의 양육 환경과 조건, 유년기 상황을 나타내는 것으로 이해한다. 또한 상승점이 한 개인의 신체적 외모와 전체적인 건강에 큰 영향을 끼친다고 믿는다. 천궁도에서는 일반적으로 9시 정각 방향에 표시된다.

[8] [옮긴이] '천체력'은 '천문력'이라고도 하며, 특정 시간이나 기간에 하늘에 있는 천체의 위치가 수록된 표를 말한다.

별의 빛을 빨아들이는 것처럼 보일 수 있다. 사고의 트랜짓, 상해의 트랜짓, 그 다음엔 회복 과정을 방해하는 행성들이 지나갈 수 있다.

차트에서 죽음을 보는 기법은 고대에 개발되었다. 그 기법은 일차적으로는 신생아가 열 시간이나 열흘, 또는 10년을 넘겨 살 수 있는지 알아보는 데 사용되었다. 근대 의학의 일부가 된 것도 아니고, 신빙성이 현저하게 떨어지는 기법이긴 하나, 나는 여전히 그것이 흥미롭고, 그것이 제안하는 통찰이 유익하다고 생각한다. 차트에서 세 개의 서로 다른 힘, 즉 생명을 부여하는 힘, 수명을 부여하는 힘, 그리고 두 가지 모두에 영향력을 가진 행성을 알아내려면 복잡한 계산을 해야 한다.

에반젤리아의 차트를 가만히 바라본다. 종이에 펜으로 그린 선들이 삐뚤빼뚤하다. 나는 내가 본 것을 종합하고, 그녀를 본다. "이미 어떤 느낌이 드나요? 죽을 거라는 느낌이요."

"응. 느낌이 있어."

"몇 가지 징후가 있어요. 죽음까진 아니더라도 오랜 지병이 악화된다고 나와요."

"그럼 나는 내 병 때문에 죽는 건가?"

"글쎄요, 그건 점성술이 아니어도 알 수 있어요."

그녀는 얼굴을 구기며 시선을 돌린다.

"기분이 어때요?"

"속상해!" 그녀가 한탄한다. "낫지 않을 거라니까 너무 화가 나."

나는 도대체 어떻게 하면 평생 앓아온 퇴행성 질환이 나을 거라 생각할 수 있는지 물으며 그녀에게 압박을 주지 않는다. 대신에 "계획이 있어요?"라고 묻는다.

"너무 많지! 죽기 전에 새로운 나를 세상에 내놓아야 해"라고 그녀는 대답한다.

나는 물론 고개를 끄덕인다. "계획에 뭐가 포함돼 있나요?"

"음, 새 웹사이트를 하나 꼭 만들 거야."

2018년 여름

죽음에 대한 점성술 계산법을 배우자마자, 나는 엄마의 죽음을 계산한 후, 아, 당연히 내 죽음도 계산한다. 고대 기법에 따르면 나는 40년 하고 반을 산다. 그걸 보고 있으면 심장이 훅 내려앉는다, 씨발. 오래 살지 못할 거라고 늘 느끼고 있었지만 정작 그게 증명되고 나니 며칠 내내 땅굴을 파고 들어가는 것 말고는 아무것도 할 수가 없다. 나는 점성술에 빠져 있는 친구에게 전화로 통곡하며 한탄한다. 난 곧 죽을 거야! 몇 년밖에 안 남았다고!

"잠깐 있어 봐, 이년아. 네 거 계산 좀 확인해볼게."

열두 시간이 지난다(이 계산은 복잡하다). 그(they)가 전화를 해서는 마구 웃는다. "이년아, 내가 93.8세까지 살게 만들어놨어!"

윌리엄 제임스는 "내 자유 의지에 따른 첫 번째 행위는 자유 의지를 믿는 것이리라"라고 말했다. 나는 운명과 의지가 서로 배타적이지 않다고 믿는 사람이니, 이제 40.5세가 아닌 93.8세에 죽을 것이라 믿기를 택한다.

클라리시 리스펙토르에 관한 내가 정말 좋아하는 일화가 하나 있다. 그녀가 비서와 함께 비행기에 탔는데 끔찍한 난기류가 있었다. 탑승객들이 울기 시작하고 충돌로 죽을 준비를 하면서 서로 몸을 기댄다. 비서는 이성을 잃어가는 와중에 클라리시는 침착하다. "걱정 마세요, 내 점성술사는 내가 이렇게 죽지는 않을 거라고 했어요." 점성술사의 말이 맞았다.

2021년 8월

아침에 집 밖으로 나오는데 침실 쪽 테라스에 있는 에반겔리아가 나를 부른다. 그녀는 벌거벗은 채로 문간에 서서 굽은 손을 흔든다. "좋은 아침, 요하나." 잠이 덜 깬 데다 안경을 쓰지 않은 나는 이 바바 야가[9]의 이미지, 작고 해맑은 할망구(hag)의 완벽한 화신에 잠깐이지만 화들짝 놀란다. 그녀를 처음 보았을 때, 미안한 말이지만 할망구가 떠올랐다. 그러면서도 할망구 같지 않은 특징들을 나열해보려고 노력했다. 에어컨과 와이파이가 있는 집에 살고, 노트북이 있고, 유튜브를 보고, 세면대에는 비싼 크림들이 널려 있다고.

할망구들을 하나의 인물로 보고 사랑하는 나는 줄곧 그들에 대해 생각해왔다. 또 친구인 작가 타마라 안토니예비치[10]가 「아픈 여자 이론」에서 부분적으로 영감을 받아, 아픈 여자 그 다음 벌어질 것들에 대한 일종의 제안으로서 최근에 「할망구 이론」(The Hag Theory)을 썼기 때문에도 그랬다.

할망구는 할머니가 아니고 마녀가 아니다.

---

[9] [옮긴이] Baba-Yaga. 러시아와 동유럽 국가의 설화에 등장하는 늙은 마녀. 주로 추한 외모로 묘사되며, 절구통을 타고 날아다니는 것으로 등장한다. 아이들을 잡아먹고 농가에 피해를 끼치는 등 악한 모습도 있지만 그와 동시에 인간에게 도움을 주기도 하는 등 복합적인 모습을 보인다고 알려져 있다. 슬라브족이 섬긴 대지의 여신으로부터 비롯되었다고 여겨진다.

[10] [옮긴이] 세르비아와 독일에서 공부하고 작가 겸 드라마투르그로 활동하고 있다. 퍼포먼스, 연극, 무용 등의 작품들에서 텍스트가 어떤 역할을 수행하는지 연구한다.

할망구에게는 사랑스러운 손주들, 현관 베란다에 놓인 편안한 흔들의자, 마법을 사용하는 능력이 없다.

할머니는 늙고 아프고 그러다가 죽는다.

마녀는 늙고 아프지만 영원히 혹은 그녀가 원하는 만큼 오래 살 수 있다.

할망구는 늙고 아플 수는 있지만 연명한다. …

할망구는 걸핏하면 좌골신경통과 편두통을 앓으며, 며칠 동안 반듯이 누운 자세로 있어야만 한다.

그 시간 동안 할망구는 침대에서 뒤척거리고 끙끙댄다, 할망구는 울고, 할망구는 약들을 까먹고, 할망구는 심호흡을 하고, 할망구는 자위하고, 코를 골고 저주한다. 할망구는 근육에서 느껴지는 뭉근한 고통을, 힘줄에 찾아오는 날카로운 고통을, 머리의 부드러운 쪽에서 느껴지는 욱신거리는 고통을, 복부 아래 왼편에 찾아오는 강렬하고 불타는 듯한 고통을, 등 아래쪽에서 느껴지는 찌르는 듯한 고통을 안다. 할망구는 그 고통을 이해하고 고통을 통해 자신의 몸을 알게 된다. …

할망구는 아무에게도 주문을 걸지 않을 것이다, 그녀는 그 어떤 남자나 여자로 하여금 자신과 미친 듯이 사랑에 빠지게 만들지 않을 것이다. 할망구는 누구에게도 인생 최고의 섹스를 해주지 않을 것이며, 화가 나더라도 누군가를 독살하지 않을 것이다. 그녀는 그냥 할망구다.

그녀는 멀어져간다, 등은 앞으로 굽었고 방랑하는 시선을 붙들어둘 장소를 찾는 중이다. 그 장소에 이름을 주려고, 그것이 자기 것이라고 주장하려고. 주머니에는 진통제가 들었고, 뾰족한 털 한 가닥이 대롱대롱 달린 턱에서는 웅얼거리는 소리들이 새어 나온다, 그녀는 존나 미쳤기 때문에, 썩기는 하겠지만 사라지지는 않을 것이다.

지난 2014년, "슬픈 소녀"가 만약 성장한다면, 그렇다면 그때 그녀에게 무슨 일이 일어날지 처음으로 의문을 품었고 마침내 나는 성장의 다음 단계인 아픈 여자의 형상에 도달했다. 몇 해가 흘러가면서 나의 아픈 여자는 의사들의 진찰실, 대기실, 약국 줄을 거치며 파란만장한 여행을 한다. 그녀는 좌절감을 느끼며 머리카락을 쥐어뜯고 카프카 식의 부조리에 낄낄대다가 정신병 걸린 여자가 된다. 슬픈 소녀에서 아픈 여자로, 정신병자로, 그러고는 할망구로 이어지는 계보가 있는데, 이는 그녀가 일생토록 연명하면서 꾀병을 부려댄 결과다. 할망구가 싸우기를 멈췄다는 건 아니다. 다만 그녀의 어려움들은 이제 일상으로 스며들며 사소해졌고, 아무리 작고 미미한 정도라 하더라도 그것들을 어떻게 받아들일 것인지 결정할 수 있는 약간의 여지를 그녀는 이제 갖게 되었을지도 모른다. 오늘은 무심할 수 있고, 내일은 분노할 수 있다. 선택의 여지를 갖는다는 것은 어디로 갈지, 어떤 사람일지에 대한 일종의 자유다. 이야기 속 인물의 변화 과정 역시 변모한다. 이것은 역사이자 동시에 예언이고, 우로보로스이고, 렘니스케이트 곡선이고, 거울이자 매트리스다.

내 관점에서 이야기가 시작하는 장소, 1장이 아픈 여자인 것은 유용하고 좋았다. 그러나 나는 93.8세까지는 살 예정이므로 그 다음 장, 즉 이 이야기가 어디로 갈 수 있는지, 이 형상이 어떻게 변할 수 있는지, 가능한 결말들은 무엇일지에 관해 알고 싶다. 나는 "성인전"(聖人傳, hagiography)이라는 단어를 좋아하는데 "할망구"(hag)라는 단어가 그 안에 있기 때문이다.

운명과 의지. 병과 장애가 슬픈 소녀, 아픈 여자, 이-인, 괴물, 정신병자, 할망구 같은 인물을 간구하듯이, 이제 슬프고, 아프고, 정신병자인, 괴상망측한 할망구들인 우리는 우리 자신을 설명해낼 언어를 간구한다. 때때로 그것은 비하적인 단어들(slur)을 되찾아, 괴물들과 동일시하고, 악취가 나는 축 늘어진 모든 것이 등장하는 동물 우화에서 뛰노는 행위일 수도 있다. 이는 때때로 우리의 조건들 자체가 간구하는 언어를 거부한다는 의미이기도 하다. 이런 식의 거부가 우리에게 손상을 입힐지라도 말이다. 에반겔리아를 히드라섬에서 꺼내 맨해튼에 떨어뜨린다면 그녀는 분명 미친 것처럼 보일 것이다. **아니, 나는 마녀가 아니라 여사제야, 아니, 나는 약을 먹지 않을 거고 나는 사유할 거고 내 병에서 헤엄쳐서 빠져나올 거야, 나는 플레이아데스 성단에서 왔고 나의 가장 친한 친구는 나무야.**

베를린과 로스앤젤레스에서 뽑혀 나와 히드라섬에 내렸을 때, 커다란 검은색 모자를 쓰고 빨간 립스틱을 칠한 나는 더 이상 정신병자도 아픈 사람도 아니었다. 나의 절룩거림은 경치를 감상하기 위한 느리고 신중한 걸음걸이가 되었으며, 침대에서 종일 책을 읽는 것은 매력적인 기행(奇行)이 되었다. 나는 이제 일종의 저항적이고 고독한, 그러나 매혹적인 여왕이었다. 나-우리가 일종의 대단원으로서 기어 도착할 수 있는 형상이 바로 이런 모습일까? 장애인 디바가? 그녀는 신화와 같은 것인데, 왜냐하면 그녀가 필요로 하는 것 ― 돈, 지지, 인정 ― 은 우리 대다수가 원하는 환상이기 때문이다. 그녀는 그녀가 원하는 것이 무엇이고 어디로 가고 싶은지 알고 있으며, 원대한 계획이 있고, 태양을 향해 나아가고 있으며, 다리를 절뚝거리고, 허리는 아프고, 오늘은 통증이 심한 날이며, 그녀는 사람들에게 비장애중심주의를 설명해야 하는 것에 지쳤고, 할 만큼 했다, 그게 다, 그녀는 잠에 들 것이다. 그녀는 안토니예비치가 설명한 할망구의 모든 특징을 갖고 있긴 하지만 그보다 좀 더 허영의 기미가 있어 보인다. 그녀는 부르주아가 되기를 갈망하고, 피부를 보드랍게 유지하는 데 전념하며, 비대칭 형태의 잘 재단된 비싼 옷들, 말하자면 일종의 강철 갑주로 보호되길 원한다. 그녀는 여왕이고 그러므로 아무도 그녀가 갑옷을 입는 이유를 묻지 않는다. 갑옷은 여왕의 나약함의 신호가 아니라 그녀의 지위에 걸맞은 필수품으로 여겨진다. 여왕은 갑옷을 입고 편안한 의자에 앉아 있다. 그녀가 싸워서 얻어내야 했던 완성작, 수십 년 전부터 그녀의 이름으로 써 내려진 작품과 함께 말이다. 우리 그녀를 할망구 총책(The Hag In Charge)으로 부르자.

장애인들이 자신의 늙어가는 모습을 상상하려면 거의 망상에 가까운 믿음이, 우리의 현재 순간의 예언과는 왕왕 반대되는 미래에 대한 신뢰가 필요하다. 우리 삶의 조건 중 상당수가 들려줄 수 있는 범위 안에 있지 못할 때, 우리가 언제 죽을지 어떻게 들려줄 수 있겠는가? 내가 어떤 노년을 맞이할지 곰곰이 생각해본다. 아마 에반겔리아와 같은 방식으로 늙지 않을까 하는 상상. 한때는 뭐라도 되고 싶었지만 이내 세상과 떨어진 작은 섬에서 삶을 포기하는 엉뚱한 신비주의자 아무개. 병 때문에 허리가 굽었고, 다리를 저는 노인 여성은 자신의 고통을 설명하기 위해 돌팔이 의사처럼 지껄이면서, 자신의 음성 샤먼 치유 서비스를 광고하기 위한 웹사이트를 만드는 것에 대해 고민한다. 나는 미국에서는 살아남지 못할 테니 어딘가로, 아마도 저렴하게 지낼 수 있는 섬(히드라섬에 살 형편은 안 될 것이다), 나의 관절과 폐와 영혼이 겨울을 날 수 있는 따뜻한 어딘가, 만약 지구온난화를 피할 수 없다면 나의 타들어가는 듯한 발들을 담글 수 있는 물이 많은 곳 근처 어딘가로 망명해야 할 것이다.

에반겔리아는 또한 내가 부러워하는 몇몇 지점에서 나와 다르다. 그녀는 내가 두려워하는, 아마 언제까지고 두려워할 행동을 한다. 예컨대 어둠 속에서 몇 시간이고 수영하는 것, 산속에서 항상 혼자 오래도록 하는 밤 산책 같은 것. 어쩌면 나는 약도 없이, 차도 안 다니고 병원도 없는 섬에서 장애를 가진 채 혼자 살고 있는 사람에게 감동받은 것일지 모른다. 어느 날 밤 그녀는 산속에 있는 부서진 좁은 다리로 나를 데려가더니 땅에서 최소 6미터는 떨어진 다리 꼭대기에 서게 한다. 그 다리는 무서울 만치 좁고 난간도 없다. 하늘을 향해 얼굴과 팔을 들어 올린 채 그녀는 여기가 자신이 제일 좋아하는 장소라고 말해준다. 나도 이곳이 좋다고 거짓말을 한다. 그러나 나는 높은 곳이 무섭고, 어지러운 데다 제정신이 아닌 느낌이라 아래를 보고 싶지는 않다. 나에게는 섬에 있는 모든 계단이 버겁다. 하루가 끝날 즈음 피곤이 몰려오고 관절의 통증이 온몸에 퍼지는 것이 느껴진다. 그러나 그녀는 천천히 움직이고 또 이 사실에 개의치 않아 하는 것 같다. 그녀는 서두르지 않는다.

아마도 이게 바로 할망구들이 깨우쳤던 것일 테다, 시간이 있다는 것 말이다. 그리고 우리는 여전히 시간 안에 있다.

시간이 없을 때까지.

할망구 총책이 지금껏 수없이 바다에 빠졌을 것이라는 생각이 내 머릿속을 스친다. 그녀는 추락한 후 매번 자신의 날개를 또 만드는 데 도가 텄다.

1929년 1월 10일

한밤중, 친할머니 김정분이가 한국 상주에서 태어난다. 염소자리에 태양과 달이 있는 삭월이었고, 뱀띠 해였다. 친할머니는 시골 농가에서 가난하게 자란다. 나중에 그녀는 동생들을 업고 다니던 이야기, 동생들이 하도 옷에 오줌을 싸서 옷감이 삭아버린 이야기를 들려줄 것이다. 그녀는 미군 병사와의 사이에서 아들 하나, 그러니까 나의 삼촌을 임신한 채 스물여덟 나이에 미국으로 오게 될 것이다. 삼촌은 30대부터 알츠하이머를 앓고 있었다고 나중에야 진단을 받게 될 것이다. 자폐 스펙트럼이라고 우리 모두가 의심하는 삼촌은 자신이 세상에 대해 느끼는 낯섦, 불편함을 그의 어머니가 그를 임신한 상태로 전쟁을 피해 미지의 땅에 닿고자 태평양을 건넜다는 사실을 통해 설명하게 될 것이다. 할머니는 2년 후 그 미군과 또 다른 아들, 나의 아빠를 낳고는 버려져 홀로 어린 두 아들을 키우게 될 것이다. 그녀는 많은 남자 친구와 몇 명의 남편을 둘 것이지만, 내가 태어날 무렵 그녀는 혼자이고 이 고독을 아주 만족해하며 환한 웃음을 짓는다. 내가 이해한 그녀는 이렇다. 그녀에 대한 나의 어릴 적 기억 속에서 그녀는 자신의 시간들이 오직 자신에게만 속한다는 사실에 까치처럼 킥킥거린다.

할머니는 미국 생활의 어느 시점에 코니 박으로 바뀐다. 언제부터인지는 모른다. 그녀는 더 이상 자신의 한국 이름에 반응하지 않을 것이다. 어린 내가 할머니에게 한국에 대해 물으면, 언제 한국에 데려갈 것인지, 언제쯤 사촌들, 이모들, 삼촌들을 만날 수 있을지를 물으면, 할머니는 절대 돌아가고 싶지 않다고 거의 내뱉듯 말할 것이다. 할머니가 늙어 알츠하이머로 오락가락할 때, 나는 할머니의 한국 이름을 타투로 새길 수 있도록 종이에 이름을 써달라고 부탁하는데, 할머니는 이름의 철자를 잘못 써서 다시 써야 할 것이다. 나는 그 실수를 타투로 새길 것이다.

독립과 고독 말고도 할머니를 정의하는 중요한 점은 그녀가 얼마나 열심히 살았나 하는 것이다. 평생 나를 만날 때마다 할머니는 이렇게 말했다. "난 33년을 일했다. 하루도 쉰 적이 없었어." 심지어 내가 누구인지 기억을 하지 못할 때에도 할머니는 항상 내게 이렇게 묻곤 했다. "열심히 하고 있지?"

나는 10년 동안 채식을 하고 있지만 1년에 한 번 할머니의 집에 갈 때, 그러니까 그녀가 불고기를 산더미처럼 해줄 때는 채식을 멈춘다. 할머니 집 거실에는 황금 불상이 있고, 그녀는 직접 채소들을 키운다. 할머니의 피부는 도자기 같고, 미소는 매혹적이고, 꼭 소녀처럼 웃는다. 은퇴를 하면서 그녀의 시간은 오롯이 그녀의 것이 되었다. 할머니는 "난 행복해"라고 말하는 것을 멈추지 않을 것이다. 그녀는 집요하고 별나다. 그녀는 침대맡에 둔 코코넛 오일 통을 하루에 네댓 번 그 부드러운 피부 위에 문지른다.

한국인 할머니를, 이 문화적 특수성을 사람들에게 설명하려고 할 때 나는 그녀에게 생일 선물로 긴 보랏빛 목도리를 떠주었던 이야기를 들려준다. 나는 어린아이였다. 뜨개질에 몇 주가 걸렸다. 할머니는 그 색을 안 좋아한다고, 그 실이 썩 부드럽지 않다면서 목도리를 돌려보냈다.

아빠가 들려주는 이야기는 할머니와 나 모두에 대한 가족 신화가 된다. 내가 태어난 지 얼마 지나지 않아, 나의 부모님은 나를 데리고 Halmoeni, 할머니를 만나러 가고 싶어 한다. 부모님이 전화를 걸어 가겠다고 말할 때마다 할머니는 그들을 피한다. 지금은 안 되고, 여름에 와, 나중에 와. 이러한 회피에 골머리를 앓던 부모님은 결국 무슨 일인지 알아보기 위해 젖먹이인 나를 차에 태우고 캘리포니아 해변을 따라 네 시간을 달린다. 밤에 도착한다. 집은 어둡고 적막하다. 그들은 초인종을 누르고 문을, 그러고 나서는 창문을 한참 동안 두드린다. 아무도 없다. 그들은 겁을 먹기 시작한다. 마침내 할머니가 덤불 속에서 나타난다. 할머니는 마당을 가꾸는 중이었다. 밤에 모자를 쓰고 있는 모양새가 기묘해 보인다. 어쨌거나 할머니는 그들을 기쁘게 맞이한다. 안으로 들어가니 전구 하나에 불이 들어온다. 그녀는 그들에게 딱 밥만 차려준다. 그녀가 모자를 벗는데, 보니까 머리를 싹 밀었다. 윤기 나는 검은 머리를 항상 맵시 있고 단정하게 쪽지고 다녔는데. 이제 그녀는 더 이상 더운물과 샴푸, 린스에 돈을 쓰고 싶지 않다고 설명한다. 전남편이 자기 집의 절반을 사라고 한 상태라 할머니는 자신의 청소부 월급으로 그 돈을 내겠다고 결심한다. 그들은 저녁 식사 테이블에 둘러앉아 함께 식사를 하고 쉬기 시작한다. 할머니는 나를 만나 기쁘다. 어느 순간, 모두가 크게 웃자 할머니는 갑자기 그들에게 쉿 하고 조용히 하라는 표시를 한다.

"조용히 해! 룸메이트 깰라." 그녀가 말한다.

"룸메이트요? 언제부터 룸메이트가 있으셨어요?" 아빠가 묻지만 더 이상의 정보는 나오지 않는다.

그들은 잠자리에 든다. 다음 날, 할머니는 늘 하던 대로 아빠에게 마당 일을 시킨다. 키가 147센티미터에 불과한 할머니는 그럼에도 아흔둘까지 직접 콘크리트를 부어댈 것이다. 아빠가 장미 덤불을 자르고 있을 때 엄마가 아빠를 데리러 온다. 엄마의 눈은 겁에 질려 있고 다급해 보인다.

"무슨 일이야?" 그가 말한다.

"내, 내, 내 생각에 집에 죽은 사람이 있는 거 같아." 엄마가 말한다.

"뭐?"

"복도 맨 끝 방에, 문이 닫혀 있었는데 내가 들어갔거든."

"들어갔다고?!"

"그리고 침대에 볼록 튀어나온 게 있어서 거기 덮여 있던 걸 잡아당겼어."

"뭘 해?!"

"웬 남자가 눈을 감고 있었는데, 그 사람 죽은 거 같아!"

"망할!" 부모님이 말한다. 집이 어두운 게 이것 때문인가? 가발을 써서 변장할 수 있게 머리를 민 건가? 그 남자가 거기서 죽었는데 그걸 그녀는 아직 눈치채지 못한 건가? 아니면 그녀가 모종의 이유로 그를 살해하고 그의 몸을 마당에 거름으로 쓰려 한 건가?

나의 부모님은 젖먹이인 나를 카시트에 태우고, 드라이브를 하며 둘이서 생각을 정리해보려 한다. "이제 어떡하지?"

돌아오니 작은 한국인 남자가 할머니와 식탁에 앉아 있고, 그녀는 신이 나서 그 남자를 소개한다. "이분은 이 선생님이야. 사업가셔."

부모님은 큰 숨을 내쉬고 모두가 미소를 짓는다.

이 선생님은 사실 점쟁이다(그리고 몇 년 뒤 우리는 그가 할머니의 남편들 중 한 명이었고, 사실 박 씨임을 알게 된다). 그는 중국 점성술의 한국식 형태인 사주 연구가로, 생시(生時)를 가지고 운세를 점칠 수 있다. 그는 엄마한테 손으로 직접 돈을 벌게 될 것이라고 말해준다. 아빠한테는 말년까지 행복과 안정을 찾지 못할 것이라고 말한다. 부모님이 고작 몇 달밖에 살지 않은 나의 생시를 알려주었을 때, 그는 얼굴을 찌푸리고 머리를 흔들며 성난 듯 으르렁거린다. 불안해하면서 그는 식탁에서 일어나 불쾌한 얼굴로 손을 떨며 한국말로 말한다.

나의 부모님은 겁에 질린다. "이분이 뭐라고 하는 거예요? 뭐라 하는 거냐고요!"

마침내, 할머니가 통역을 해준다. "너무 똑똑하대. 얘 너무 똑똑하대."

2023년 10월 10일

할머니는 내가 그녀를 보러 가기 5일 전에 죽을 것이다. 알츠하이머 말기의 할머니는 실마의 한 요양병원에 있다. 정신은 쇠약해지긴 했지만, 육체적으로는 그 어느 때보다 팔팔하다. 아빠가 찍은 할머니의 동영상이 있는데, 할머니는 스테이크 나이프들을 들고 쨍그랑 소리가 나게 부딪치면서 아빠가 잠들면 죽여버리겠다고 위협한다. "오늘 밤 잠들지 않는 게 좋을 거야. 죽은 채로 깨게 될걸." 아빠는 이것을 그녀의 "K-분노"라고 부른다. 그녀는 아흔넷이다. 그녀는 자신의 머리를 검게 염색하기를 그만두는 대신 정수리에 검은색 부분가발을 붙였다. 어깨까지 내려오는 하얗게 센 생머리가 고작 반쯤 가려진다.

수년간, 할머니가 알츠하이머를 앓는다는 것의 의미는 그녀가 닭들에게 이미 모이를 준 것을 잊어버리고 하루에도 수십 번씩 모이를 주며 집에서 시간을 보낸다는 것이었다. 그녀는 고군분투해서 얻은 방들을 뱅뱅 돌면서 오래된 우편물 뭉치들을 찾아 그것들을 한 글자 한 글자 읽어 내려간다. 페이지의 맨 아래까지 다다르면 그녀는 그걸 왜 읽고 있었던 건지 잊어버려서 다시 처음부터 읽기 시작한다. 1998년이나 2007년 날짜가 적힌 낡은 고지서들, 오래전 지불된 고지서들에서 채무 금액이라고 적힌 부분에 이르면 할머니는 불안해진다. 10년 전 은행 명세서들을 읽다가 지금은 사라진, 과거 그녀가 인출한 금액들을 보고 화를 낸다. "누군가 날 속이고 있어." 키친타월을 찾을 수 없을 때는 누군가 집에 침입해서 그걸 훔쳐갔다고 생각한다. 삼촌, 그러니까 할머니랑 함께 사는 큰아들 역시 알츠하이머를 앓고 있다. 그들을 만나러 가는 건 내가 생각할 수 있는 가장 마음 아픈 소극 중 하나다. 잃은 자가 잃은 자를 이끄는. 언젠가 그것에 대해 전부 자세히 써보려고 하는데, 아직은 아니다.

2023년 10월 10일을 몇 년 앞두고 나의 한국인 무당이 할머니가 죽게 되면 할머니는 내 조상들 중 가장 권위 있는 사람의 역할을, 나를 가장 잘 이끌 사람의 역할을 맡게 될 거라고 내게 들려준다. 이를테면 할머니가 버스를 몰기 시작할 것이고, 할머니가 중점적으로 안내하고 지켜주는 것은 돈과 안전이라고. 내가 열심히 사는지 아닌지, 할머니가 알고 싶지 않을 리가 없지.

2021년 8월 6일, 히드라섬

해수욕장으로 걸어가는 길에서 데버라 리비가 우리를 지나친다. 이런 미친! 그녀를 알아본 내 얼굴은 충격에 휩싸이고 나는 휘청거린다. 그녀는 나를 쳐다보지 않고, 나는 아무 말도 못 한다. 그녀는 검은 옷을 입고 있고, 머리칼은 바닷물에 젖어 구불거린다. 그녀는 샌들을 신은 채로 우리가 내려가는 계단으로 올라간다. 그날 밤 나는 내가 알아본 게 맞는지 확인하기 위해 구글로 그녀를 검색해본다. 그리고 오늘이 그녀의 생일이라는 걸 알게 된다.

이 순간이 마치 예정되어 있었던 것 같은 느낌이다. 그녀는 살아 있는 작가들 중에서 내가 정말 좋아하는 사람이다. 나는 그녀의 모든 책을 읽었고, 대부분 한 번 이상 읽었다. 나는 인터넷에 올라와 있는 그녀가 나온 거의 모든 대담과 팟캐스트를 들었다. 나는 그녀의 문장 하나하나를 노트북에 옮겨 적었고, 친구들에게 보내는 메일에 그녀가 뭘 할 수 있는지에 대해 열변을 토하며 그 문장들을 동봉했다. 그녀는 40대에 최고의 글을 쓰고, 50대에는 정점을 찍고, 60대가 되어서는 여전히 더 잘 쓴다. 몇십 년을 소형 독립 출판사의 괴짜 작가로 보낸 후인 요즘에는 공항 서점들에서도 그녀의 책을 구입할 수 있게 되었다. 펭귄북스가 그녀의 이전 작품들의 판권을 사서 재출간했다.

우리는 특별한 방식으로 연결되어 있기도 하다. 그 작은 출판사에서 10년 차이를 두고 우리 소설들을 사주었다. 그리고 사실 그 출판사는 소설을 사기 몇 년 전부터 부분적으로 사업을 시작했고, 그리하여 리비의 소설들을 출간할 수 있었다. 이렇듯 긴밀한 방식으로 작가로서의 내 경력은 그녀의 경력 위에 놓여 있다. 나는 리비의 소설 한 편이 가진 신화, 즉 내 소설을 출간할 출판사를 시작하게 만든 소설의 신화에 대해 알고 있다. 소설, 단편 및 희곡을 출판하고 20년이 지난 후, 리비는 40대에 모든 곳에서 거부당했던 신간 소설을 내놓았다. 생활 자서전 1권에 수록된 그 대단한 서문에서 그녀는 이렇게 쓴다. "그해 봄, 삶이 정말 힘들었고 내 운명과는 전쟁 중이었던 데다가 어디로 가야 할지 알 수 없었던 때, 나는 기차역 에스컬레이터에서 가장 많이 울었던 것 같다." 유튜브에 올라와 있는 라난 재단에서 진행한 (내가 여러 번 봤던) 대담에서, 리비는 자신의 신작 소설이 거절당해서 에스컬레이터에서 운다고 고백한다. 그녀는 자신의 글이 빛을 보지 못할까 봐 절망하고 있다. "마치 피아노 뚜껑이 닫히는 것처럼 제 목소리가 닫히는 것 같은 느낌이었죠"라고 말하면서. 문학적 정신을 소유한 한 무리의 괴짜들이 비영리 출판사 앤드아더스토리스[11]를 설립하는 데 영감을 준 그 책, 『헤엄치는 집』은 마침내 부커상 최종 후보에 오르면서 오늘날의 명성을 얻기 시작한다.

그녀는 이제 흥미진진한 줄거리, 이상한 디테일들을 품은 날카로우면서도 빼어난 문장들, 또 한두 줄짜리 완벽한 대화로 지면에서 반짝거리는 인물들을 구사하는, 말하자면 지적인 픽션의 대모다. 문장은 짤막하고 어휘는 단순하다. 그러나 이를 담기 위해 그녀가 설계하는 거리와 깊이는 황홀할 정도다. 그녀는 시간을 무너뜨리고, 구조를 엿 먹인다. 인물들의 간결한

---

[11] [옮긴이] And Other Stories. 2009년 동시대 소설들을 지원하겠다는 목표로 문학 번역가 스테판 토블러가 설립한 영국의 독립출판사. 문학 소설 출판사 중 최초로 구독 서비스를 비즈니스 모델로 삼은 것으로 알려져 있다. 2011년 처음으로 네 편의 소설을 출간했는데, 그중 한 편이 100명이 넘는 구독자들의 도움을 받았던 리비의 『헤엄치는 집』이었다. 앤드아더스토리스는 헤드바의 소설 『당신의 사랑은 좋지 않다』를 2023년 출간한 바 있다.

대사에서 출현하는 의미는 애써 만들어낸 것 같은 느낌이 전혀 들지 않는다. 마치 그녀가 편안한 자세로 심오함에 기대고 있는 것 같은 인상으로 의미가 출현하는 것이다. 『뉴요커』는 그녀가 "거의 신탁과도 같은 함축성"을 갖고 있다고 말했는데, 나 또한 동의하는 바다. 현학적인 단어들로 기다랗고 유랑하는 것 같은 문장들을 쓰는 사람인 나로서는 그녀가 어떻게 그 모든 의미를 그렇게 작고 소박한 것에 담아내면서 글을 쓰는 것인지 알 턱이 없다. 나는 그녀의 대사들을 타자로 쳐서 내 원고에 포함시켜 단어 하나하나를 곱씹었고, 각 단어를 유의어나 반의어로 바꾸어도 보았다. 그녀가 어떻게 구문들을 가지고 마법을 부리는지, 어떻게 그녀가 그렇게 짧은 공간에서 멀리까지 나아갈 수 있는지 이해하려고.

그 다음으로 그녀에게는 사자 갈기 같은 머리, 귀족적인 고양이상의 얼굴, 풍만한 가슴, 가장 세련된 옷들, 훨씬 더 세련된 신발들이 있다. 그녀에게는 사람들을 즐겁게 만드는 천상의 신 같은 바이브가 있다. 유튜브에 올라온 그녀의 대담들을 볼 때마다 나는 전혀 서두르는 법이 없이 자신의 권력을 거의 만끽하면서 완전히 진두지휘하는 사람을 보는 듯한 느낌을 받는다. 허세나 가식적인 겸손도 없는 그녀는 위풍당당하고, 심지어 오만하다. 그녀는 세간의 관심, 자신의 지위, 자신의 재능을 너그러이 수용하는 것 같다. 그녀는 항상 자기 책과 등장인물들에게 자리를 마련해주려고 그것들의 제목 전체와 이름 전체를 발화한다. 이러한 장엄함 못지않게 어린아이 같은 면도 존재한다. 세상에 대한, 그리고 세상 속 그녀의 위치에 대한 일종의 장난기 가득한 경이가 존재한다. 물론 그녀는 사자자리다. 나는 어떻게

점성술에서 왕족의 하우스가 아이들의 하우스, 그러니까
사자자리의 하우스인지를 생각한다. 반대로 어떻게 나의 태양이
일과 건강의 하우스에 있는지 생각해본다. ㅋㅋㅋ. 그녀는 깊고
온화한 목소리로, 천천히 말한다. 한 시간 동안 그녀의 작품을
낭독해달라는 부탁을 받으면 그녀는 다른 그 어디도 아닌 여기,
이 무대 위에서, 청중과 함께 그녀의 천재성을 나누면서 충분한
시간을 보내고 싶어 하는 듯 보인다. 나는 지면에서, 인터뷰에서,
무대 위 대화들에서 좀 더 그녀를 닮고 싶다는 생각을 자주 했다.
이렇게 되뇌는 것이다. "데버라 리비라면 어떻게 했을까?"

내가 무대에서 느끼는 것은 리비와 정반대다. 작품을 낭독해달라는
부탁을 받으면 너무나 불편하다. 남들 앞에 나서고 그들의 시선을
받는 게 불편하다. 내가 내 뜻대로 받아들여지지 않을 것임을,
내 조건과 상황이 불러일으킬 뻔한 반응들이 무엇인지를 내가
안다는 것일 뿐 아니라 청중이 한 시간 정도 내 이야기를 듣고
나서 나를 별개의 x로, 만약 운이 좋다면 특정한 y로도 생각하면서
떠날 것이라는 것, 즉 단지 하나의 어떤 것으로 지각될 것임을
안다는 뜻이다.

나의 사수자리 상승궁에서 천왕성과 남쪽 노드가 부딪힌다. 점성술을
잘 모르는 사람들을 위해 설명하자면, 이것은 우주의 항문이
내가 세상에 나타나야 할 장소에 정확히 쪼그리고 앉아 있음을
의미한다. 위반하고 반항하려는, 끓어오르는 욕구는 다름 아닌
나의 자아에 반하는 것이다. 그러니까 "나"는 그 욕구가 어떻게
표현되느냐에 따라 증식되고, 분열되고, 성장하지만, 여러 개의
"나" 가운데 그 어떤 것도 하나의 진정한 실체로 여겨져서는 안
된다는 점에 있어서는 비타협적이기도 하다. 이게 바로 나 자신을

프랙탈 도형으로 만들고,[12] 이게 바로 내가 아주 많은 이름을 갖게 된 이유다. 이름들은 팽창하지만 또 그것들이 유래한 뿌리에 매여 있기도 하다. 내 얼굴 반대편에는 낯선 이가 있다. 나에게 성화식(the holy fire)은 소멸에 대한 것, 그 소멸에 항복하는 것에 대한 것이다. 이는 내가 나의 작업을 세상에 유기하며, 나의 페르소나, 나의 공적 자아가 이미 유령이라는 의미다.

리비는 나와 정반대의 성향을 가진 듯하다. 그녀는 자신이 살아 있으며, 자신이 발붙이고 사는 이 단단한 땅의 충만함 속에 존재할 만한 사람이라는 확신을 가지고 있다. 그녀가 나의 몇 안 되는 작가 롤모델 중 하나라는 점, 아프지 않은 작가라는 점이 놀랍다. 이런 연유로 내가 리비를 사랑하게 됐다거나 나 자신을 그녀와 얼마간 동일시하게 된 것은 아니다. 사실 이건 나침반과 훨씬 더 비슷하게 기능한다. 데버라 리비라면 어떻게 했을까? 그녀는 살 것이며, 고군분투했을 것이고, 바다에서 헤엄쳤을 것이며, 세상에 그녀의 글을 내놓았을 것이고 사람들이 그것을 읽었을 때 행복해했을 것이다.

그리스로 나를 데려가는 데 사용한 4000달러짜리 수표의 왼쪽 위 모서리에는 그녀 덕분에 문을 연 그 출판사의 이름이 적혀 있다. 어떤 신이 이런 상황을 주재하는 걸까?

히드라섬에서 나는 우주가 나에게 일종의 카이로스적 무대[13]를

---

[12] [옮긴이] 직역하자면 '망델브로 집합으로 만드는 것'(Mandelbrot)이다. 망델브로 집합은 프랑스와 미국의 수학자 브누아 망델브로가 고안한 프랙탈의 일종이다. 프랙탈은 일부 작은 조각이 전체와 비슷한 기하학적 형태를 말한다.

[13] [옮긴이] 카이로스는 무언가를 하거나 말하기에 '적절한 시기' 또는 '적절한 순간'으로 번역되는 고대 그리스어에서 유래한 말이다. 시간뿐만 아니라 물리적 공간, 태도 등 다양한 요소를 통합하는 것으로 이해된다. 카이로스적 공간은 주로 지식이 생산되고 권력이 교환되는, 덜 형식적이고 잘 인지되지 못하는 영역들을 말한다.

마련해주고, 그 무대를 나의 가장 주요한 원형들 중 둘로 꾸민 것 같다고 느낀다. 장애가 있고 흉하게 생겼으면서 세상을 거부하는 은둔형 신비주의 여사제와 자신의 재능을 세상에 알리려는 야망에 사로잡혀 자신의 가시 돋친, 특이한 작품이 중요하다고 수십 년을 주장한 끝에 마침내 60줄에 들어서야 이름이 알려진 유명 작가. 마치 카를 융이 감독 의자에 앉아 있는 것처럼 이 두 여성이 내 앞에 있다.

한 명은 종종거리며 걷고, 다른 한 명은 여왕처럼 걷는다. 나는 둘 다이다.

2024년 혹은 2078년

나는 어떻게 해서 여기에, 나의 죽음에 이르게 되는가?
붙잡으려고 수도 없이 노력했지만 지금까지도 죽음은 나를 피해왔다.

나는 패서디나의 병원 침대에서 죽어간다, 내가 사랑하는 누군가가 내 손을 잡고 있고, 그들의 몸이 나를 둘러싸고 있다, 나는 내 작은 방 바닥에서 홀로 죽어가고 있으며 며칠 간은 발견되지 않을 것이다, 나는 내 집에서 몇백 킬로미터나 떨어진 곳에서, 나를 말썽꾼이라고 부르는 직원들이 있는 요양원에서 죽어간다, 나는 내 보험이 치료비를 감당할 수 없어서, 혹은 아마 내가 보험료를 감당할 수조차 없어서 죽어간다, 나는 비행기 사고로 인해 하늘에서 떨어진다, 나는 한 섬에 홀로 살고 있으며 의학적 치료를 거부한다, 어느 날 밤 나는 그저 칠흑 같은 물속에서 수영을 하고 난 뒤 해안으로 돌아오지 않는다, 나는 지하철 에스컬레이터에서 의식을 잃은 채 쓰러지고 낯선 이들에 둘러싸여 부산스러운 시립 병원으로 옮겨진다, 나는 겁을 먹는다, 나는 의연해보려고 한다, 나는 떠나고 싶지 않다, 내가 이곳에, 이 삶에, 이 몸에, 이 이야기에 던져졌다는 이 뜻밖의 행운의 반짝이는 장엄함에서 느끼고 있는 감사함이 사건의 지평선**14**이다, 나는 다시는 돌아가고 싶지 않다.

내 죽음은 내가 저자로서 써 내린 작품이 되려나?

내가 사라진 뒤에 내 작품은 어떻게 될까. 나는 그저 내 이름 주위를 배회하는 신화라면 무엇이든 재미있고 좋은 이야기들이길 바랄 뿐이다. 내가 신경 쓴 것은 내 옷차림이었다는 이야기. 내가 남자들을 주먹으로 때리길 좋아했다는 이야기.

태어나는 그 즉시 우리에게는 채워 넣어야 할, 우리 각자의 신화를 적기 시작해야 할 차량관리국 양식이 제공된다. 그 형식은 인종, 민족, 계급, 국가, 성씨, 이웃, 부족, 유전자, 후성유전체,**15** 세대 간 트라우마, 유령들, 집안의 저주들의 견지에서 우리가 타고난 것에 기반한다. 전부는 아니지만 우리 중 많은 이들이 이러한 형식을 잘게 찢어버리고, 새로운 형식을 얻는 데 평생을 할애한다. 나는 내가 할 수 있는 한 최선을 다해서 내가 갖고 태어난 형식을 파괴해왔다(왜냐하면 이건 절대 완전히 파괴될 수 없기 때문이다, 그렇지 않나?). 아픈 여자들, 정신병자들, 괴짜

---

14 [옮긴이] 어떤 지점에서 일어난 사건이 어느 영역 바깥쪽에 있는 관측자에게 아무리 오랜 시간이 걸려도 아무런 영향을 미치지 못할 때, 그 시공간의 영역의 경계를 사건의 지평선이라고 부른다. 대표적으로 블랙홀의 '사건의 지평선'은 빨아들이는 속도가 빛의 속도보다 빨라 원래 있던 지점으로 되돌아올 수 없는 곳이다.

15 [옮긴이] 후성유전체(epigenome)는 유전자 자체의 구조를 바꾸지 않으면서도 유전형질이 전달되는 인자들의 총합을 말한다. 후성유전학의 최근 연구들에서는 음식, 스트레스, 환경, 사회적 억압, 심지어 트라우마와 같은 후성유전학적 변화가 세대를 넘어 전달되기도 한다는 가능성이 있다는 결과가 나오기도 했다.

퀴어들, 펑크족들, 괴물들, 할망구들의 이야기들을 갖고 만든
나만의 이야기를 쓰려고 노력하면서 말이다. 나는 다만 내 책의
몇 부분에 휘갈겨 넣은 문장들이 언젠가 다른 누군가에 의해
사용될 수 있기를, 그들 ― 불타오르며, 너무 먼 데를 목표하고,
아직 갖지 못한 무언가를 열망하는 사람들 ― 이 도달해 손에
넣으려 하는 형식, 그들 자신의 이야기와 다른 모든 가능한
버전들을 적어보려고 시도하면서 그들 자신의 이름을 채워 넣을
그런 형식에 적힌 문장들이 될 수 있기를 바랄 뿐이다.

내가 들려주고 있는 이 이야기에서 등장하는, 서른 권의 책이 담긴
여행 가방을 들고 자기(they)가 읽은 소설에 나온 호텔에
머무르기 위해 홀로 그리스로 떠난 에게해의 장애인은, 원나잇
상대에게서 딱 10달러를 훔친 가난한 학생과 같은 사람이고,
배낭을 메고 파란 카우보이모자를 쓴 채 미국 횡단 열차에서
사르트르를 읽는 외로운 여행자와 같은 사람이며, 자신의 눈앞에
끝도 없이 펼쳐진 밤, 무섭고 알 수 없지만 믿기 어려울 정도로
자유로운 밤에 저녁 끼니로 아이스크림을 사 먹는 가출 청소년과
같은 사람이다. 이 사람은 어둠에 둘러싸여 있으며 동시에 어둠
속으로 계속 손을 뻗는다. 왜냐하면 이 사람에게는 이카루스의
태양에 해당하는 자기의 버전이 곧 어둠이기 때문이다. 이
사람은 자기 자신을 괴물, 펑크족으로 생각하고, 식사보다는 책
사는 걸, 돈 버는 것보단 예술 하는 걸, 자신이 아닌 무언가로
보이는 편보다는 차라리 눈에 안 보이는 것을 선호했던 예술가,
낭만주의적인 이 길로 웅장하게 올라온 예술가로 생각했던
사람이다. 그러다 이 사람은 자기 자신을 어쩔 수 없이 아픈
여자로, 불구이고, 미쳐 있고, 침대에서 꼼짝 못 하는, 고통

속에서 헤엄치는, 유령들이 들끓는 사람으로 간주해야 했고, 자기 말고 또 누가 거기에 있는지, 이 언어를 말했고 이해했던 친구를 만날 수는 없을까 해서 찾아다녔다. 어떤 정치적 힘이 이 장소에서 가능할지, 장애의 폭발 반경 안에서 어떤 세상들이 바뀔 수 있는지 궁금해하면서. 그러고는 몇 년을 누워 지내다가 매일 몇 시간 정도는 앉아 있을 수 있게 되었다. 최소한 지금은 꽤나 편한 의자에 앉아 부은 발목들을 올리고, 빨간 립스틱을 바르고, 기모노와 책들이 한가득인 여행 가방들을 거느린 채, 공유 가능하고 이곳저곳에 퍼뜨릴 수 있는 좀 더 많은 자원을 관리하고, 마흔 살까지 10년간 네 권의 책을 쓰겠다는 목표를, 그러니까 이 사람이 서른 살이 되었을 때 실체화된 이카루스 같은 목표를 완수했다. 이 사람은 그 모든 목표를 달성하고, 모든 야망을 성취한다고 해도, 돈, 인정, 안정, 권력, 지위 등의 문지기들이 가로막고 있는 문들이 모두 뚫리고 타자들을 위해 개방되는 날이 온다고 해도, 모든 것을 삼켜버리는 고통의 시간들은 여전할 것이고, 간단히 처리하는 무례한 의사들, 멀뚱멀뚱 쳐다보는 낯선 사람들, 몇 주간 지속되는 돌발통, 공황 발작, 만성적 고통, 씨발, 너무나 심한 고통, 지팡이에 의지해 걷기, 전혀 걸을 수 없음은 여전할 것이라는 단단하고 당연한 사실을 잘 숙지하고 있다. 그렇다면 이런 지식을 포함한 다음은 무엇일까? 이 몸의 무게를 알면서 당도하게 될 그곳은 어디일까? 지혜가 상처를 주는 그런 지식이라는 걸 알게 되면 뭘 더 알 수 있는 걸까? 향해서 날아가야 할 새로운 태양이란 무엇일까, 목표를 추동하는 어둠을 인정하며, 밀랍 날개와 관련한 사실을, 즉 날개가 얼마나 쉬이, 자주, 불가피하게 녹는지, 그것을 매번 다시 만들기 위해 무엇이 필요한지를 인정하는 태양이란 무엇일까? 그리고 이 모든 것에도 불구하고, 하늘 높은 곳을 향해 떠 있다는 것만큼이나 지상의 것(earthliness)에도 진심인 사람, 지금 그리고 이 다음에 그 사람일 법한 이는 누구일까? 그 사람은 용감하기만 한 것도 약하기만 한 것도 아니고, 어둠과 빛 사이에만 있는 것도 아니다. 다만 얼간이와 우상이, 성자와 미치광이가, 예언자와 매일의 해야 할 일 목록을 지닌 채 그 일을 부지런히 헤쳐 나가려고 하지만 때로는 그렇지 못한 사람, 그런 두 사람이 모두 있을 뿐이다. 이 사람은 자신의 재능을 알고 있고, 그 재능이 필요로 하고 원하는 모든 공간을 그 재능에 내어주며, 사랑하고 아끼고 보호하고 웃고 친구들과 함께 춤춘다. 이 사람은 자기 몸과 마음의 감옥을 알고 있고, 그 감옥이 살 수 있는 방이 될 수 있도록 이따금 다시 쓰기를 할 수 있으며, 해야 할 일이란 게 절대 끝나지 않는다는 점을 알고 있고, 자신이 가야 할 길은 이미 거기에 있어서, 발톱이 나 있고, 발굽이 달려 있고, 흙이 묻었고, 날개가 나 있고, 욱신거리고, 이따금 쓸모없고, 언제나 아름다운 신발을 신은 두 발 아래에서 그 길이 움직이고 있다는 것을 알아차린다.

2021년 8월

내가 여행하는 동안 그리스에서는 산불이 나고, 청명한 하늘은 파멸의 기운이 느껴지는 병든 분홍빛 갈색으로 바뀌어버린다. 에반겔리아는 내 마녀력이 그 재앙을 불러왔다고 확신한다. "네가 이랬지." 당혹스럽고 초조한 표정으로 그녀가 말한다. "전에는 이런 걸 한 번도 본 적이 없었단 말이지." 그럼에도 불구하고 그날 밤 그녀는 내가 혼자 하려던 저녁 식사에 맘대로 와서는, 계산서가 나오자 그것을 아무 말 없이 내 편으로 밀어놓는다. (상징적이다.) 식사 자리에서 그녀는 나에게 자신은 여성이 되었던 적이 전혀 없었다고, 처음엔 어린아이였고 지금은 아주 늙었다고 말한다. 그녀는 남자랑 있고 싶긴 하지만 훨씬 젊은 남자들이 좋다고 말한다. 당신이 여사제여도 젊은 남자들을 얻기란 어렵다.

수채화, 자신이 고른 매체로 세상 모든 이의 초상화를 그리고 싶다고 말한 그녀는 함께 지내는 동안 내 초상화를 그리게 해달라고 나를 들들 볶는다. 마침내, 휴가가 끝나기 전날 오후에, 그녀가 냅다 묻는다. "그래서, 당신 그림 그리게 해줄 거야, 어쩔 거야?" 우리는 그녀의 테라스에 앉는다.

그녀는 정말 귀엽고 진지해진다. 그녀는 자기가 "물" 만난 물고기라고 말한다. 가끔 색이 너무 진하면 그녀는 헐떡거리면서 재빨리 닦아내려고 한다. 그림을 그리면서 그녀는 혼잣말을 한다. 이따금 눈을 크게 뜨고 종이 위 그녀가 응시하고 있는 것에 빠져들기도 한다. 그녀는 한 화면 안에 내 머리카락을 모두 그려 넣기가 어렵다고 말하곤, 메두사에 대해 어떻게 생각하느냐고 묻는다. 나는 웃으면서 메두사가 아주 맘에 든다고 말한다. 그녀는 내가 흥미로운 얼굴을 가졌다고 말하면서 어디서 났는지 알고 싶어 한다. 나는 우리 엄마 얼굴을 닮았고, 엄마는 자기 엄마에게서 그것을 물려받았다고, 그러나 내 눈과 뺨의 모양은 아빠에게 물려받았고 아빠는 아빠의 엄마를 닮았다고 대답한다. 그녀가 그날 그림을 다 끝내지 못해서 우리는 내일 더 작업해야 한다. "머리카락은 아직 더 그려야 해."

2022년 10월

나는 히드라섬으로 나의 파트너, 요하네스를 데려온다. 10년 가까이 우리는 지중해에서 긴 여름휴가를 같이 보내는 걸 꿈꿔왔으며, 더 멀게는 폐허가 된 곳을 사서 우리가 직접 재건하려는 꿈이 있었다. 우리가 은퇴 후 지내고 싶은 곳이 바로 이런 곳이다. 친척이 죽으면서 그에게 약간의 돈을 유산으로 남겼고, 몇 개월 전 나는 나의 네 번째 책(이 책)을 팔았다. 그래서 우리는 돈을 펑펑 쓰기로 결정한다. 우리는 집 한 채를 통째로 빌려 3주를 지낸다. 좀 과해 보이긴 하지만 우리가 살던 곳과 꽤 비슷하다. 침대는 작고 딱딱하다. 온수기를 30분은 틀어야 따뜻한 물이 나오고 5분이 지나면 이마저도 끝이다. 숙박비가 너무 비싸서 우리는 대부분 직접 만든 그리스식 홈메이드 샐러드를 먹는다. 매일 밤 옥상 테라스에 함께 앉아, 나는 그에게 별자리 식별 앱을 보여주며 별자리들에 대한 신화를 들려주곤 한다.

한동안 그곳에서 지낸 뒤에 에반겔리아에게 연락할 계획이다. 요하네스는 다 들어서 안다. 나는 그에게 그녀에 대한 이야기를 들려주고 또 들려주었다. 그녀는 우리 집에서 신화적인 존재가 되었다. 어느 날 저녁, 우리는 절벽 위에 있는 전망대까지 해안가를 따라 긴 산책을 한다. 에반겔리아가 전에 날 데리고 간 적이 있던 곳이다. 그녀의 유칼립투스 나무로 가는 길. 전망대에는 바다가 내려다보이는 벤치가 몇 개 있다. 요하네스와 나는 거기에 앉아 섬의 끝자락에서 해가 지는 것을 바라본다. 주황색과 노란색이 빛나다가 이내 흐린 푸른색과 보라색으로 어둑해진다. 우리는 나이를 먹어가는 것에 대해 이야기한다. 우리는 황량한 돌길을 따라 다시 산을 내려가기 시작한다. 날은 춥고, 건조한

계절풍 멜테미 바람 중 하나가 거세졌다. 우리 앞에 황혼 속에서 천천히 오르막길을 오르고 있는 청록색 바람막이를 입은 작은 형상이 하나 나타난다. 후드 모자는 작은 머리에 단단히 묶여 있다. 나는 곧바로 그녀라는 걸 안다.

"에반겔리아!" 나는 외친다. "저 요하나예요! 작년에 만났던 요하나."

그녀가 나를 알아보는 데 약간의 시간이 걸린다, 그녀의 흐릿한 눈이 집중하더니 이내 반짝거린다. "아, 맞아." 그녀가 말한다.

"그래, 돌아왔구나."

"네. 작년에 여기에 왔던 게 저한테 정말 뜻깊은 일이었거든요."

"나한테도." 그녀가 말한다.

그러곤 내가 대답하기도 전에 그녀는 갑자기 요하네스를 향해 말한다.

"요하나가 작년에 여기 왔을 땐 언제나 오페라에 갈 복장을 하고 있었지. 커다란 검은 모자를 쓰고." 그녀의 눈이 떨린다, 흥분으로 커다래진다. 이야기를 시작하기 위해 그녀는 두 손을 들어 올린다.

"그녀는 신화 같았어. 온통 검은 옷을 입은 매혹적인 마녀 말이야."

감사의 말

이 책의 많은 부분은 추마시(Chumash), 통바(Tongva), 키즈(Kizh), 타타비암(Tataviam)의 양도되지 않은 영토에서 쓰였다. 영토에 대한 인정이 곧 영토와 동일하지는 않다는 것을 인정하고 싶다.

10년 이상 걸린 책은 자신만의 세계를, 물리 법칙을, 균등한 정도의 추진력과 지원을 반드시 만들어내야 한다. 그리고 이와 관련한 그 무엇도 진공 상태에서 이루어질 수 없다. 나는 이 과정을 나와 함께 해준 이들 중 몇몇을 기억하지 못한다는 것을 알고 있다. 나는 알파벳 순서에 기대고자 하는데, 왜냐하면 각 이름을 읽고, 그리고 그 다음 이름을, 그 다음을, 그 다음을 읽을 때면 너무도 마음이 벅차올라 어떤 종류의 위계도 생각할 수 없기 때문이다. 지난 여러 해 동안 수많은 이들이 나에게 마음, 집, 지식, 비평, 시간, 노력, 기술, 다정함, 예산, 조언, 관심, 그리고 의도를 주었다. 그들이 없었더라면 이 책은 완성되지 못했을 것이다. 나도 버티지 못했을 것이다.

편집자들, 기획자들, 큐레이터들, 교열 담당자들, 팩트 체크를 해준 이들, 교정 담당자들, 팬들, 도우미들, 자원봉사자들, 그리고 이 작업이 진행되는 과정에서 작업의 내용물과 정치를 세상에 내보이는 데 앞장서고, 돕고, 참여해준 모든 다정하고 멋진 이들에게 감사의 말을 전한다. 이 에세이들의 초기 버전을 출판해주었던 간행물과 프로젝트에도 감사의 말을 전한다. 『마스크 매거진』(Mask Magazine), 『거츠』(GUTS), 『트리플 캐노피』(Triple Canopy), 『국소 크림』(Topical Cream), 위치 위치 L.A.(Which Witch L.A.)의 『락헤이븐, 내부의 역사』(Rockhaven: A History of Interiors), 『아시아계 미국인 문학 리뷰』(Asian American Literary Review), 국제사진센터의 『공적, 사적, 비밀』(Public, Private, Secret), 협업 진(zine) 『p5.js 1.0』, 샘 라빈(Sam Lavigne)과 테가 브레인(Tega Brain)의 '쾌차하세요 프로젝트'(The Get Well Soon Project), 뉴 알파벳 스쿨 #5(New Alphabet School #5), 던디현대미술관(Dundee Contemporary Arts), 『화이트 리뷰』(The White Review), LUX, 웰컴 컬렉션(Wellcome Collection), 『씨 매거진』(C Magazine), MASS MoCA에서 열린 콕스-리처드(Cox-Richard) 전시 도록, 『우리가 누릴 만한 문화』(The Culture We Deserve), 그리고 논문 선집 『인터타이틀: 글쓰기와 시각예술의 교차로에서의 선집』(Intertitles: An Anthology at the Intersection of Writing & Visual Art), 『작은 반란들은 어디에 있나?』(Where Are the Tiny Revolts?), 동시대 예술의 문서(Documents in Contemporary Art) 시리즈의 『건강』(Health). 대화, 강연, 워크숍, 레지던시를 통해 나를 초대해준 대학 및 기관들, 그리고 이러한 방문을 성사시키기 위해 애써준 모든 사람에게도 감사하다. 뉘른베르크 미술 아카데미(Academy of Fine Arts, Nuremberg), 슐로스 솔리튜드 아카데미(Akademie Schloss Solitude), 애머스트

칼리지(Amherst College), 아모리 예술센터 (Armory Center for the Arts), 디자인 칼리지 아트센터(ArtCenter College of Design), 아트 인 아메리카(Art in America), 세상의 가장자리에서(at land's edge), 어웨이 메시지 #2(Away Message #2), 바드 칼리지(Bard College), 브라운 대학교(Brown University), 캘리포니아 예술대학(California Institute of the Arts), 카네기 멜론(Carnegie Mellon), 챕터 510(Chapter 510), 미니애폴리스 컴퍼니(company, Minneapolis), 코퍼리얼 라이팅 센터(Corporeal Writing Center), FD13 레지던시(FD13 Residency), 더 퓨처 미니애폴리스(The Future Minneapolis), 괴테 인스티튜트(Goethe Institute), 런던 골드스미스 대학교(Goldsmiths, University of London), 그로피우스 바우(Gropius Bau), 헤이버퍼드 칼리지(Haverford College), 헤벨 암 우퍼(Hebbel am Ufer), HAU2, 로스앤젤레스 인사과(Human Resources Los Angeles), 헌터 칼리지(Hunter College), 이그노타(Ignota), 불안 협회(Institute of Anxiety), 문화연구협회(Institute for Cultural Inquiry), 조안 로스앤젤레스(JOAN Los Angeles), 로스앤젤레스 현대 미술관(LACE), 로스앤젤레스 시립 미술관(Los Angeles Municipal Art Gallery), 매사추세츠 자유 예술대학(Massachusetts College of Liberal Arts), 매사추세츠 현대미술관(MASS MoCA), MIT, 멕시코시티 국립 자치대학(National Autonomous University of Mexico, Mexico City), 미그로스 미술관(Migros Museum), MINT 스톡홀름(MINT, Stockholm), 노팅엄 컨템포러리(Nottingham

Contemporary), 뉴욕 대학교(NYU), 오티스 예술 및 디자인 대학(Otis College of Art and Design), 페르두(Perdu), 피처 칼리지(Pitzer College), 포모나 미술대학(Pomona College of Art), 포모나 여성연합(Pomona College Women's Union), 프로세싱 재단(Processing Foundation), 환대 연습(Rehearsing Hospitalities), 라이스 대학교(Rice University), 헤이그 왕립 예술 아카데미(Royal Academy of Art, The Hague), 런던 왕립 예술대학(Royal College of Art, London), 스톡홀름 왕립 미술원(Royal Institute of Art, Stockholm), 산드버그 인스티튜트(Sandberg Institute, Netherlands), 시카고 섹터 2337(Sector 2337), 시쿠츠 갤러리(Škuc Gallery), 사우스 오브 선셋(South of Sunset), 빈 응용예술 대학교(University of Applied Arts, Vienna), 스톡홀름 예술 대학교(University of Arts, Crafts, and Design, Stockholm), UCLA(University of California, Los Angeles), 캘리포니아 대학교 샌타바바라(University of California, Santa Barbara), 쾰른 대학교(University of Köln), 매니토바 대학교(University of Manitoba), 펜실베이니아 대학교(University of Pennsylvania), 토론토 대학교(University of Toronto), 버지니아 커먼웰스 대학교(Virginia Commonwealth University), 웬디스 서브웨이(Wendy's Subway), 윌리엄스 칼리지(Williams College), 와이징 예술 센터(Wysing Centre for the Arts), 엑스 아티스트 북스(X Artists' Books). 뉴욕 퍼포먼스 스페이스(Performance Space New York)에서 열린 "어디서나 너랑 함께이고 싶어"(I Wanna Be With You Everywhere)를 가능하게 해준 모든 이에게도 감사하다. 이 작업을 출판하고,

전시하고, 인터뷰하고, 번역하고, 리뷰하고, 비평하고, 생각하고, 지지해준 다음의 사람들에게도 감사의 마음을 전한다. 애디 라비노비치(Addy Rabinovitch), 아드리아나 위도스(Adriana Widdoes), 어맨다 카키아(Amanda Cachia), 어맨다 예이츠 가르시아(Amanda Yates Garcia), 어밀리아 그룸(Amelia Groom), 에이미 버커위츠(Amy Berkowitz), 아리카(Arika)의 배리 에슨(Barry Esson)과 브라이어니 매킨타이어(Bryony McIntyre), 비 오클리(Be Oakley), 베티나 코렉(Bettina Korek), 브리아나 알버스(Brianna Albers), 캐머런 게이너(Cameron Gainer), 캐서린 엑스(Catherine X), 서실리아 트리커(Cecilia Tricker), 클렘 매클라우드(Clem Macleod), 신시아 스프링(Cynthia Spring), 데니스 마르코니시(Denise Markonish), 에밀리 왓링턴(Emily Watlington), 엠마 켐프(Emma Kemp), 오언 다라(Eoin Dara), 에리카 스프레이(Erika Sprey), 프란체스카 웨이드(Francesca Wade), 지나 오스터로(Gina Osterloh), 헬레나 차베즈 맥 그레거(Helena Chávez Mac Gregor), 이얼라 니 오리시(Iarlaith Ní Fheorais), 나드 링윈 차오(Nadh Lingyun Cao), 펨케 즈위프(Femke Zwiep), 펠루미 아데주모(Pelumi Adejumo), 네덜란드어 번역 출간 행사를 아주 훌륭하게 꾸며준 아샤 카라미(Asha Karami), 이다 벤케(Ida Bencke), 이모젠 크리스티안 스미스(imogen xtian smith), 불안 협회의 이다 타우슈(Ida Tausch), 에바 코타트코바(Eva Koťátková), 바르보라 클라인함플로바(Barbora Kleinhamplová), 이사 후카(Isa Hukka), 재클린 브루노(Jaclyn Bruneau), 잔 게리티(Jeanne Gerrity), 예미나 린드홀름(Jemina

Lindholm), 제니 티셔(Jenni Tischer), 제러미 웨이드(Jeremy Wade), 제시 밀러(Jesse Miller), 진화 안(JinHwa Ahn), 조앤 트론토(Joan Tronto), 조슈아 위케(Joshua Wicke), 유시 코이텔라(Jussi Koitela), 카밀라 메트왈리(Kamila Metwaly), 카타리나 하이즈(Katharina Heise), 케이트 웡(Kate Wong), 라라 플라브착(Lara Plavčak), 레비 프롬바움(Levi Prombaum), 릴리 콕스-리처드(Lily Cox-Richard), 리즈 보웬(Liz Bowen), 리즈 로버츠(Liz Roberts), 레오나 콜데호프(Leona Koldehoff), 루시 블래그(Lucy Blagg), 매디 콜드웰(Maddie Caldwell), 마틸다 셰더(Matilda Tjäder), 네하 초크시(Neha Choksi), 노라 브륑거(Nora Brünger), 파울 B. 프레시아도(Paul B. Preciado), 파벨 피시(Pavel Pyś), 펠린 우란(Pelin Uran), 필립 프리먼(Philip Freeman), 필로메나 엡스(Philomena Epps), 레이철 킨케이드(Rachel Kincaid), 2016년 『마스크 매거진』에서 「아픈 여자 이론」의 초고를 수락하고 편집해준 리플리 소프라노(Ripley Soprano)와 한나 허(Hanna Hurr), 로버트 마하라지(Robert Maharajh), 로스 시모니니(Ross Simonini), 세라 클러기시(Sara Cluggish), 세라 신(Sarah Shin), 세라 윌리엄스(Sarah Williams), 그리고 창작 작업을 위한 페미니스트 센터(Feminist Center for Creative Work)의 모든 사람들, 소냐 보르스트너(Sonja Borstner), 스테퍼니 로즌솔(Stephanie Rosenthal), 탈리아 오스텐도르프(Thalia Ostendorf), 토니 웨이링(Tony Wei Ling), 우르스카 아플린츠(Urska Aplinc), 빅토리아 파파(Victoria Papa), 윌 리스(Will Rees), 이본 빌리모어(Yvonne Billimore), 그리고 오즈 비에른소노바(Oz Björnsonova)에 있는

모든 사람에게도 감사하다.

아트 매터스(Art Matters) 재단의 애비 윌리엄스(Abbey Williams)와 록시 카만(Roxie Carman)에게도 감사하다. 또한 애덤 레이놀즈 장학기금 상(Adam Reynolds Bursary Award)를 위해 셰이프 아츠(Shape Arts)의 제프 롤링스(Jeff Rowlings) 및 모든 이들에게 감사하다. WCCW 건강 보조금(WCCW Health Grant)과 포드 재단(Ford Foundation), 멜론 재단(Mellon Foundation), 미국 아티스트(United States Artists)가 지원한 장애 미래 펠로우십(Disability Futures Fellowship)에도 감사하다.

전 세계에서 이 텍스트들을 번역하고 배포하기 위해 자발적으로 힘써준 모든 이에게도 감사하다. 아우로라 비르빌라이(Aurora Birbilaj), 리아 휘트먼-살킨(Leah Whitman-Salkin), 데아 안톤센(Dea Antonsen), 이다 벤케, 탈리아 오스텐도르프, 아샤 카라미, 펠루미 아데주모, 클로에 페이로네(Chloé Peyronnet), 레인 피터슨(Lane Peterson), 헬레네 부코프스키(Helene Bukowski), 스테파니아 아르카라(Stefania Arcara), 허지우(Heo Ji-woo), 모히라 수야르쿨로바(Mohira Suyarkulova), 올레시아 보이토바(Olesya Voitova), 나디아 사야피나(Nadya Sayapina), 주자나 흐리브냑코바(Zuzana Hrivňáková), 주자나 미할리코바(Zuzana Miháliková), 올가 펙(Olga Pek), 진디토리얼(zineditorial), 펠린 차키르(Pelin çakır). 여러 해 동안 나와 함께 생각해주고 이야기를 나누어준 나의 학생들과 의뢰인들에게도 감사하다. 이 작업이 자신에게 중요하다고 내게 들려주기 위해 시간을 내어준 팬들에게도 감사하다. 온라인상에서 나를 욕한 이들에게도 감사하다. 적을 갖는다는 건 아주 유용하게도 많은 것을 명확하게 해준다는 것을 알게 되었다. 이 책을 만드는 뼈대가 되어준 쓰레기 같은 전 엑스들에게 감사하다. 당신들의 뼈를 내가 어떻게 얻어냈는지, 당신들의 그 자랑스러운 집에서 어떻게 끌어냈는지에 대한 이야기는 더 이상 내 땀을 쏟을 필요가 없는 것 같다. 이 이야기를 그만 들려줄 수 있어서 나는 매우 기쁠 따름이다. 이 작업을 나눠주고, 나와 함께, 나를 위해, 그리고 나 때문에 이 작업에 대해 생각해준 모든 사람에게 감사하다. 당신들이 나를 더 나은 작가, 사상가, 그리고 사람으로 만들어주었다. 여러분의 성실함, 관심, 농담, 비평, 아이디어, 그리고 총명함 덕분이다.

나에게 공간과 장소를 내어주고, 내가 필요로 할 때 나를 붙잡아주고, 어디로 가야 할지, 어떻게 그곳에 도달할지 보여준 친구들, 선택한 가족, 동료들, 그리고 멘토들에게 감사하다. 알렉산드라 그랜트(Alexandra Grant), 앨리스 해트릭(Alice Hattrick), AM 캉기저(AM Kanngieser), 아말레 듀블론(Amalle Dublon), 아나이스 듀플랑(Anaïs Duplan), 안나 셔크-웨버(Anna Scherk-Weber), 앤 보이어(Anne Boyer), 안젤름 프랑케(Anselm Franke), 아리아나 라이너스(Ariana Reines), 애셔 하트먼(Asher Hartman), 바르바라 로드리게스 무뇨스(Bárbara Rodríguez Muñoz), 벡(Beck) 가족, 벤저민 블록(Benjamin Block), 바누 카필(Bhanu Kapil), 브랜든 시모다(Brandon Shimoda), 브라이언 겟닉(Brian Getnick), 카콘래드(CAConrad),

캔디스 린(Candice Lin), 캐런 베일린(Caren Beilin), 캐럴린 라자드(Carolyn Lazard), 캐서린 차키(Catherine Czacki), 챈들러 맥윌리엄스(Chandler McWilliams), 샬럿 코튼(Charlotte Cotton), 크리스토퍼 올리리(Christopher O'Leary), 크리스토퍼 바이켄마이어(Christopher Weickenmeier), 신디 치(Cindy Chi), 콘스탄티나 자비차노스(Constantina Zavitsanos), 댄 부스티요(Dan Bustillo), 데이비드 네이먼과 뤼시 봉발레(David Naimon & Lucie Bonvalet), 데즈몬 오메가 페어(Dez'Mon Omega Fair), 도밍고 카스티요(Domingo Castillo), 에밀리아노 레무스(Emiliano Lemus), 에반겔리아 피츠(Evangelia Pitsou), 에즈라 베누스(Ezra Benus), 프란츠 크라토치빌(Franz Kratochwil), 프레드 모튼(Fred Moten), 개비 스트롱(Gabie Strong), 글로버(Glover) 가족, 하나 누랄리(Hana Noorali), 해리 도지(Harry Dodge), 헤더 하누라(Heather Hannoura), 이언 바이어스-갬버(Ian Byers-Gamber), 이에레 팔룸피스(iele paloumpis), 이자벨 알부커키와 존 비즐리(Isabelle Albuquerque & Jon Beasley), 제이미 스튜어트(Jamie Stewart), 제니스 리(Janice Lee), 재스민 알부커키(Jasmine Albuquerque), 제이슨 히라타(Jason Hirata), 제사 크리스핀(Jessa Crispin), 제시 달링(Jesse Darling), 제시카 하즈릭(Jessika Khazrik), 존 맨들(John Mandel), 조던 로드(Jordan Lord), 조지핀 세일스(Josephine Sales), 줄리아 본(Julia Bonn), 줄리 톨렌티노(Julie Tolentino), 캐런 로프그렌(Karen Lofgren), 켄 바우만과 아비바 바우만(Ken Baumann & Aviva Baumann), 케르스틴 슈타케마이어(Kerstin

Stakemeier), 라라 미모사 몬테스(Lara Mimosa Montes), 리아 클레먼츠(Leah Clements), 리아 락슈미 피엡즈나-사마라싱하(Leah Lakshmi Piepzna-Samarasinha), 레거시 러셀(Legacy Russell), 레오니 올로(Leonie Ohlow), 리기아 루이스(Ligia Lewis), 린다 호(Linda Hoag), 린다 오언(Linda Owen), 리지 로즈(Lizzy Rose), 루크 피시벡(Luke Fischbeck), 린턴 탤벗(Lynton Talbot), 매기 넬슨(Maggie Nelson), 마르조 펠드먼(Margeaux Feldman), 마크 앨런(Mark Allen), 맷 밀러(Matt Miller), 매틸다 번스타인 시커모어(Mattilda Bernstein Sycamore), 메건 달더(Megan Daalder), 멜 심코비츠(Mel Shimkovitz), 마이클 네드 홀테(Michael Ned Holte), 미셸 디존(Michelle Dizon)과 땅끝의 모든 사람, 무당 젠(Mudang Jenn), 네브 마지크-비앙코(Neve Mazique-Bianco), 닉 듀런(Nick Duran), 니키 월슐래거(Nikki Wallschlaeger), 노라 칸(Nora Khan), P. 스태프(P. Staff), 파밀라 페인(Pamila Payne), 파크 맥아더(Park McArthur), 페렐(Perel), 피터 에르난데즈(Peter Hernandez), 필리파 스노(Philippa Snow), 라파 에스파르자(rafa esparza), 랜들 던(Randall Dunn), 레지나 게르만(Regina Gehrmann), 론 아테이(Ron Athey), 샘 라비그네와 테가 브레인(Sam Lavigne & Tega Brain), 사몬 라잡니크(Samon Rajabnik), 세라 갓프리(Sarah Godfrey), 세라 피터슨(Sarah Petersen), 세라 라라(Sarah Rara), 세렌 센세이(Seren Sensei), 세스 데이비드 로드리게스(Seth David Rodriguez), 세스 셰르(Seth Sher), 슈믹 바타차리아(Shoumik Bhattacharya), 소피아 알마리아(Sophia Al-Maria), 슈테파니

로골(Stefanie Rogoll), 수지 할라지안(Suzy Halajian), 타마라 안토니예비치(Tamara Antonijević), 토시 바스코(Tosh Basco), 우마 브레이크다운(Uma Breakdown), 비비안 이아(Vivian Ia), 스리 비비안 스밍 앤드 스리(Three Vivian Sming & Three), 윌럼 헨리 루카스(Willem Henri Lucas), 우 창(Wu Tsang), 유누엔 리(Yunuen Rhi), Z 레이먼(Z Layman), 주자나 자브코바(Zuzana Žabková).

조이 카니자로(Joey Cannizzaro)에게 감사하다.
헨리 글로버(Henry Glover)에게 감사하다.
엠마 보르헤스-스콧(Emma Borges-Scott)에게 감사하다.
클레어 마오(Clare Mao)에게 감사하다.
카올린 더글러스(Caolinn Douglas)에게 감사하다.
그리고 잔도(Zando) 출판사의 멋진 팀에게 감사한다.
리나 웨이스(Lena Waithe), 리시 라자니(Rishi Rajani), 나오미 후나바시(Naomi Funabashi), 그리고 힐먼 그래드(Hillman Grad)의 모든 이에게도 감사한다. 세상은 준비하는 편이 좋을 것이다!
고마워, 리아.
고마워, 아빠.
고마워, 이모.

이제는 조상이 된 이들에게 감사하다. 엄마, 코니(Connie) 할머니, 제니(Genny) 할머니, 그리고 버드(Bud) 할아버지.
내 머리카락에게도 감사하다. 내 죽음에게도 감사하다. 최고의 동기

부여자들이다.

미스 페넬로페 퍼피 펄 다바디 슈바르츠바이서 플라우쉬(Miss Penelope Puppy Pearl D'Abadie Schwarzweißer Flausch)에게 감사하다.

요하네스(Johannes), 감사하고, 감사하고, 감사한다.

옮긴이들의 글

우리 미학을 전공했거나 전공하고 있는 다섯 명의 번역자들은 무엇보다 포스트 아방가르드 작가-예술가인 요하나 헤드바의 이 책을 읽고 옮기면서, 번역에서 겪은 어려움이나 새로 배운 부분, 첨가하고 더 강조하고 싶은 부분을 주관적으로 특정해서 서술하는 형식으로 이 글을 썼다. 이론이지만 자서전이고 고백이지만 실천이고 비판이지만 섹슈얼리티를 절대로 내려놓지 않는 끈적함인 이 책을 한결같은 관점에서 읽는 것이 불가능하기 때문이고, 결국 자신만의 글쓰기를 하게 될 젊은 연구자들이 다르게 경험한 헤드바 읽기의 복수성을 쪽글로나마 수행함으로써 헤드바에 대한 우리의 지지, 감동을 고백할 필요가 있었기 때문이다.

1

헤드바의 문장은 분노, 슬픔, 사랑, 유머를 잊지 않는, 마치 추임새처럼 작동하는 욕과 함께 전개된다. "아픈 여자들, 정신병자들, 괴짜 퀴어들, 펑크족들, 괴물들, 할망구들의 이야기를 갖고 나만의 이야기를 쓰려고"(464) 했다고 말하는 헤드바의 글쓰기는 그(they)의 말처럼 "장르적 방탕함"(402), "전통적인 장르에 포함되길 거부하는 상이한 문학 장르"(404)를 향해 나아간다. 웹 매거진 『오프 매거진』에 허지우의 번역으로 실렸던 2016년의 에세이 「아픈 여자 이론」은 10년 후 대대적인 수정을 거쳐 이 책에 재수록되었다. "만성 질환과 장애의 정치에 대해 사유해보려는 첫 번째 시도"(399)였던 에세이는 본문에 소개되고 있듯이 헤드바도 감당할 수 없을 만큼 어마어마한 반응을 일으켰다. 그 결과 헤드바는 자신의 복수의 정체성-인격 중 장애 활동가만 혹사당하는 불운을 겪었다. 그 덕분에 헤드바는 "다른 불구들이 찾아오고 불구 팸의 일원이 되는" 멋진 일을 경험했고, 2019년부터는 직접 작성한 「장애 접근 추가 조항」(343-350)을 자신을 초대하는 기관이나 단체에 보내, 자신의 공적 나타남에 필요한 하나에서 열까지를 '가르친다'. 멋졌다. 장애는 개인의 불행이나 불운이 아니라, 비장애중심주의라는 이데올로기 때문이라고 주장하는 헤드바의 「장애 접근 추가 조항」은, 바뀌어야 하는 것은 우리가 아니라 당신들, 구조들이라는 그의 주장을 체현한 문건, 글쓰기 중 하나다. "무언가를 할 수 없는 모든 방식, 앞으로 무언가를 할 수 없을 모든 방식"을 출발점으로 한 "정치적 꿈의 출현을 모색"(24)하는 이 책은 그래서 취약성으로서의 몸의 실재나 현실을 끊임없이 거론하는, 만성 질환과 정신 질환으로 평생 약을 먹어야 하는 당사자의 고백이자 고발이다.

또한 이 책은 돌봄의 새로운 형상을 전복적으로 제시하는 퍼포먼스이자 실천이다. "고스족 킹크 여왕님, 둠 메탈을 연주하는 호모 말자지 씹탑"(47)인 헤드바는 "백인 우월주의와 시스젠더 이성애 규범적 가부장제"(77)에 포획된 돌봄 이론을 합의된 폭력의 쾌락을 위한 킹크 형식 안에서 이미 일어나고 있는 돌봄의 형상으로 바꿔치기한다. "고통의 풍부함"(202), 반드시 복수(revenge)를 동반하는 돌봄(209), "결코 호전되지 않고 부서진 채로 머무른다는 것과 그 모든 상처로"(208) 할 수 있는 것을 이야기하는 치유, "돌봄과 고통이 어떻게 서로를 위해 움직이며 나아갈 길을 트는지"(378)와 같은 문장에 내포된 돌봄의 형상에서 보이는 것은 돌보는 주체의 행위성을 중심에 둔 규범적 돌봄에서는 보이지 않는 몸들, 아픈 몸들의 행위성이다. "마약 복용, 일탈적 성관계, 트랜스임, 가난함, 장애인임"(201)이 지금 돌봄이 일어나는(그리고 돌봄을 필요로 하는) 바로 그 현장이다. 헤드바는 그런 현장을 글로 쓰고 거기에서 돌봄을 하고 읽어낸다.

어린 자신에게 잦은 폭력을 행사했던 엄마가 어떻게 피해자였는지를 가족을 심문하고 혼자 상상하며 재구성해낸 헤드바는, 자신이 이토록 격렬한 장애 활동가가 된 것이 "사후적으로 엄마를 구하는 일이기 때문"(35)이라고 적는다. 헤드바가 엄마의 폭력이 그것 외에는 다른 방법이 없었던 엄마의 말하기였다고 해석하며 쓰는 것을 읽으며, 나는 글쓰기가 돌봄의 한 형식이라는 것을 벌레처럼, 무수한 바늘에 찔리는 것처럼 움찔거리며 몸으로 체화하고 배웠다. 「아픈 여자 이론」으로 세상을 바꾸려고 했으나 "날 바꾸는 데 그치고 말았다"(408)고 고백하는 헤드바가 관계- 의존성-취약성 속에서 자신의 변화를 목격하고 그것을 글로 증언하는 이 책이 내게 얼마나 놀라운 경험이었는지… "지하실의 악마들"(209)까지도 '우리'에 들이는 헤드바의 품이 얼마나 너른지… 헤드바는 자신은 이 싸움에서 질 것이라고, 그러나 항복하지는 않을 것이라고, 요즘 들어 이 싸움을 더 잘하고 있다고 말한다, 웃는다. 「아픈 여자 이론」을 발표하고 앞으로 10년간 네 권의 책을 쓰겠다고 프로젝트를 시작한 헤드바는 그 많은 일들, 전시들, 연주들을 해내면서, 줄곧 아프면서, 이 두꺼운 책과 함께 마침내 자신의 프로젝트를 완수했다. (효실)

2

이 책을 작업하면서 반갑고 설레었던 지점이 여럿 있지만, 내가 특히 더 집중하고 싶은 점은 대명사 'they'가 어떤 부연 등의 완충재 없이 쓰였다는 점이다. they를 식별하기 곤란하게 하는 그런 정보나 친절함의 부재는 분명 희열을 주었지만, 번역은 주어지고 공유된 체계안에서 관습으로서 언어와 언어를 통약시켜야 한다는 과제가 있으므로 이 단어의 정확히 무엇을 어떻게 전달해야 하는가에 대해 깊은 고민이 있었다.

영어 인칭대명사 they의 관습적 용례는 복수의 사람을 3인칭으로 가리키는 것이나, 지칭되는 개인의 성별 정보가 불충분하거나 그 사람이 비이분법적 성별 정체성을 지녔거나 성별 정보가 중요하지 않다는 등의 이유를 내포한 3인칭 '단수' 대명사로도 쓰인다. 이 같은 용례는 본래는 프랑스어 작품인 「기욤 드 파레른」(Guillaume de Palerne)을 번안한 1375년의 영시 「윌리엄과 늑대인간」(Willam and the Werewolf)에서 발견되고, 14세기 잉글랜드의 작가 제프리 초서(Geoffrey Chauser)와

19세기 미국의 시인 에밀리 디킨슨(Emily Dikenson)의 시에서도 등장하며, 21세기 초에는 널리 통용되기 시작했다. 한국어는 상대적으로 대명사의 쓰임이 영어에서처럼 활발하지 않으며 젠더 중립적인 대명사로 '그'를 오랫동안 사용해왔다. 그러나 근대 번역 소설에서 서구의 대명사 체계에 대응하는 새로운 대명사 '그녀'가 고안되면서, '그'가 상대적으로 남자를 지시하는 말처럼 사용되기도 한다. 고민은 꼬리를 물고 계속됐다. 헤드바는 사회에서 소수자 또는 약자로 여겨지는 여러 젠더, 계급, 장애 스펙트럼상의 개인들을 '아픈 여자'로 통칭하면서 '그녀'(she)의 사용을 급진적으로 전유할 가능성을 폐기하지 않았고, 과연 이 중층적인 의미를 대명사들에 담아낼 수 있을지 고민하지 않을 수 없었다.

동료들의 의견은 다양했다. 단수 인칭대명사로 쓰인 they가 한국어 언중(言衆)의 입장에서는 낯설다는 점을 오히려 부각해 불편감을 일게 해야 한다는 의견이 나왔다. 대부분의 청자에게 they가 일차적으로 '그들'로 다가갈 것이고, 그렇다면 이 대명사의 수를 교란할 잠재성 자체를 포기하지 않는 건 어떨까? (더 나아간다면 혼성 복수를 칭할 때조차 남성을 대표자로 상정하는 언어 관습에 대한 비판적 관점까지 담을 수 있으리란 고려가 있었다고 생각한다.) 불편함과 이물감을 주는 단어를 편안하게 와닿게 다듬는 것은 기만적이지 않나 하는 고민이 담긴 의견이었다고 생각한다. 하지만 they를 어떻게 읽어낼지 식별의 단서를 전혀 쥐고 있지 않은 독자도 이 글 안으로 끌어들일 수 있어야 한다는 점도 중요했다. 영어는 주류적인 언어로 자리잡은 지 오래인 반면 고립어인 한국어와 상당히 이질적이고 다른 맥락을 지닌 체계라는 점을 잊을 수 없지 않은가. 요컨대 질문은 이런 것이다. 새로이 발명되어 하나의 약속이 된 표현이나 단어를 배우기 전, 배우지 않았던 그 상태로 언어 관습을 되돌릴(unlearn) 수 있는가? 기존 관습에서 자연스러운 것이 무엇을 배제하는지를 어떻게 표기하고, 그러한 것 자체를 허물어(undo) 어떻게 새로운 약속으로 나아갈 수 있는가? 우리가 그렇게 될 때까지 당장 얼마만큼 견딜 수 있는가?

지금 이 글에서 할 수 있는 일은 이와 관련해 '우리'(번역자들)의 의견이 끝내 어떤 한 가지로만 수렴되지 않았음을 밝혀두는 것이다. 나는 글에서 they를 마주쳤을 때의 어떤 감정을 당혹감과는 다른 것으로 제시하고 상상하게 하는 것도 포기하지 않고 싶다. 여러 제약으로 인해 직접 만나고 터놓고 이야기한 일은 많지 않은 사람들, 이름도 얼굴도 잘 모르는, 정형적이지 않고, 스스로 자부심을 가지고 괴상망측하다고 칭하는, 제한된 시간과 공간에서 잠깐 접하고 저마다의 이야기를 살아 가는, 실존하는 어떤 언중이 분명히 느낄 어떤 감정을. '나는 차별주의자가 아니지만, 그들은…' 따위의 범람하는 '차별주의적' 문장 속에서 가리키는 '그들'이 바로 '나'이자 '우리'인 이들의 감정을. 그리고 필요한 것은, 바로 이 책에서 하듯이, 그저 그 이야기를 듣는 것, 우선 저마다의 이야기를 듣는 귀가 되는 것, 그 이야기를 정직하게 전하는 것이다. 우리는 서로의 "아카이브이자 목적"(198)이라는 환기, 우리가 "할 수 있거나 될 수 있거나 원할 수 있도록 허용받은 것"(211) 이상을 수용하게 하는 힘, 이것이 이 책의 강력한 미덕 중 하나다. 이에 '우리'는 '그(들)'을 옮기며 겪은 혼란을 자부심을 가지고 공유하려 한다. 그것이 현재의 '우리'의 공유지이기

때문이다. (수연)

3

"우리"는 가능한가요?
나와 당신은 불가피하게 다릅니다. 서로의 특징 일부가 유사해 보인다는 이유로 나와 당신을 묶어 우리라고 칭한들, 나는 당신 안에서 당신은 나 안에서 그리고 우리 안에서 각자 자신을 찾아볼 수 없습니다. 우리는 고유한 나와 고유한 당신을 우리로 환원합니다. 나는 여기 있고, 우리는 집단적이고, 당신은 은폐됩니다. 그럼에도 헤드바는 계속해서 우리를 요청합니다. 그의 글은 대명사 '나'로 점철되어 있습니다. 그의 고유한 삶이 그동안 체화한 이야기들을 들려주고 있습니다. 그러다 대명사 '당신'을 통해 당신을 글 속에 위치시키고 당신에게 말을 겁니다. 아마 당신도 그렇지 않나요? 내게 동참할 생각이 있나요?
그 동참은 당신의 고유한 이야기를 들려달라는 것입니다. 나의 몸뚱어리는 타인의 지각에 필연적으로 노출되어 있는 몸이기에, 나는 타인의 인정을 갈구합니다. 그리고 인정욕은 자신이 이야기될 수 있는 존재라는 감각을 부여하고, 이야기는 타인의 지각을 전제합니다. 그래서 나는 나의 이야기를, 청자를 상정하지 않은 채 허공에 대고 '말하기'가 아닌, 항상 누군가에게 '들려주기'를 원합니다.
내가 이야기를 들려줄 때 개입하는 언어와 담론은 나에게 규범을 부여합니다. 규범은 내 이야기를 고유한 나에게서 빼앗아 불가피하게 나를 대체 가능한 존재로 만듭니다. 동시에 나는 나의 온전한 이야기에 대한 권한이 없기도 합니다. 나는 '삶의 조건 중 도대체 얼마나 많은 부분이 우리가 들려줄 만한 범위 안에 있는지'(450) 알 수 없습니다. 그렇기에 나의 이야기는 항상 부분적이고 수정 중에 있으며 일면 허구적이기도 합니다. 그럼에도 분명 자신의 이야기를 할 수 있습니다.

희망이라는 주선율에서 탈각당해 삐그덕거리며 불협화를 일으키는 몸뚱어리만이 당신에게 노출될 때, 헤드바는 당신과 함께 다른 선율을 만들길 원합니다. 자신을 무자비하게 환원시키지 않는, 운명과 의지가 맞붙을 수 있게 해주는, 파멸해가는 여정을 서술할 수 있는, '당신은 무엇입니까'가 아니라 '당신은 누구입니까'를 묻는 그런 규범을 새로이 부여하는 수많은 언어들을 기용해서 말입니다. 이런 방식으로 함께하는 것이라면, "우리"는 가능한가요?

나와 당신은 서로가 고유하기에 서로에게 통약될 수 없는 단수적 존재입니다. 그렇기에 그 고유하다는 사실만은 나와 당신 모두가 가진 보편적 조건이 될 수 있습니다. 헤드바는 대명사 '우리'로써 이 조건을 매개로 연결되는 우리를 요청합니다. 정치적 권력관계 내 하나의 항으로서의 결집한 우리나, 공통의 공감대를 중심으로 구심 운동을 하는 우리가 아닌, 환원될 수 없는 서로의 고유한 이야기 각각을 토대로 빚어진 성좌로서의 우리를 말입니다. 헤드바는 자신의 이야기를 들려줌으로써 말을 걸었습니다. 이제는 당신과 우리의 응답이 필요합니다. (영돈)

4

번역을 하고 있던 어느 날, 이 책이 독자에게 어떻게 읽힐까 궁금해하다가 이런 생각을 했다. 세상에는 책이 이미 아주 많지만, 이런 이야기를 하는 책이 더 많이 나올 필요가 있다고. 그래서 나는 이 작업을 하고 있는 것 같다고.

나는 선천적으로 림프관종(진단명은 시스틱 하이그로마다)이 있는데, 청소년기에 수술을 했으나 '완치'되지 않았고 만성적인 질환으로 나와 함께 하고 있다. 지금껏 가지고 있었고 또 평생을 경험할 이 질환의 영향과 그에 대한 의식은 아주 많은 순간들 속에서 나를 구성하는 한 조각이었다. 혹이 있는 내 얼굴은 주변 친구들과 눈에 띄게 달랐고, 어릴 때의 나는 이것이 무엇인지 잘 알지 못했고, 다른 이들에게 내 상태를 설명할 수가 없어 그런 상황을 피하려 머리카락으로 얼굴을 가리고 고개를 숙이고 다녔다. 감기에 걸리거나 울음을 터뜨리는 등의 이유로 순환계가 변동을 겪으면 금세 상태가 악화되었다. 주사 치료를 받고 통증을 압축적으로 견딘 후에야 호전되고는 했다.

반복되는 고통과 절망과 체념 속에 "왜?"라는 물음을 수차례 던졌다. 그게 머릿속에서 자꾸만 메아리쳤고, 답을 낼 때까지 끝나지 않을 메아리로 가득 찬 상태가 너무 괴로웠던 나는, 아마도 그래서 어떤 현상이든 바탕의 이유들을 짐작하거나 찾아내고 정리해야 직성이 풀리는 사람이 되었다. 나의 몸이 준 경험들은 나를 만들었고, 물질 세계의 고통을 피해 정신 세계로 도피하려 드는 나에게 몸에 대한 관심과 이해를 계속해 요구했다. 통증이 심해지는 것을 최대한 피하고 싶어 몸을 돌보는 방식을 어떻게든 체득해나갔다.

이 세상에서 그러기가 쉽지는 않았지만, 주변인들의 돌봄도 물론 필수적이었다. 오랜 시간이 걸려 나는 이러한 나의 상태와 경험을 마주하고 가까스로 언어화할 수 있게 되었다. 그러나 이런 이야기에 관심을 갖고 듣고 싶어 하는 경우는 극소수였고, 나는 말을 아끼게 되었다.

이 책을 읽으며 느낄 수 있었다. 저자도 도피와 자기혐오와 거부를 수없이 경험했고 그것이 아팠다는 것을. 그는 분투 끝에 그 틈바구니 사이로 이 이야기를 전해주고 있었다. 몸으로 살아간다는 것, 우리의 상호 의존성과 돌봄의 관계, 우리를 둘러싼 이 세상의 구조에 대해 나 또한 오래도록 생각해왔던 것들이 글에서 겹쳐지고 교차했다. 보편에 의탁하고 싶어 하며 나 자신만을 고쳐오다가 "고쳐져야 하는 건 세상"(78)이라고 전회한 이들의 마주침. 그러한 것들이 나에게 위로가 되었고 또 다른 누군가가 그럴 수도 있겠다는 생각을 하며 작업했다. 수없이 "실패할 것"을 알아도 "행동을 취하기로"(131) 해서 몸으로 수행하고 있는 이 행위는 또 나와 세상을 형성해간다.

이 과정에서 새로운 관점들과 만나보기도 했고(이를테면 점성술), 함께 한 분들과도 번역을 놓고 관련 맥락이나 전달 방식 등의 논의를 열심히 나눌 기회가 있어서 좋았다. 이 책 그리고 이 순간에도 이루어지고 있는 수많은 분투와 노력을 통해 우리는 조금 더 서로를 이해할 수 있을 것이고, 이해하지 못하는 부분을 어떻게 대할지 점차 적응해갈 수도 있을 것이다. 용기를 내어 덧붙인 내 이야기가 이 책이 독자들에게 가닿는 데 보탬이 될 수 있기를 소망해본다. 자신으로 인해 설비를 갖추도록 휠체어 접근성이 없던 학교를 선택한 친구를 떠올리며. (채원)

5

헤드바의 글을 번역하며 가장 많이 마주했던 것은 'I'였다. 그래서 나는 이번 번역을 헤드바의 일기장 옮겨 적기라고 생각하며 임했다. 이 책은 헤드바의 말마따나 "고통에 대한 책"(377)이고, 그렇다면 고통을 기술하는 데 가장 적확한 형식으로 헤드바는 일기를 택한 것일 테다. 그런데 왜? 왜 일기는 고통을 써내리기에 적합한가? 어떤 글이 안 그렇겠냐마는, 일기는 철두철미 자기에 대한 글이다.

어떤 글쓰기에서는 '나'를 명시적으로 드러내지 않아도 되지만, 일기는 '나는'으로만 시작해야 하는 글이다. 그렇기 때문에 거짓말을 할 필요도 없고, 해서는 안 된다. 그런데 참말을 썼고, 그래서 좋은 일기를 썼을 때에도 고통스러운 경우가 있다. 어떤 때냐면, 내가 나에 대해 적은 바를 도대체가 사랑할 수 없을 경우, 헤드바의 표현을 빌리자면 삶이 삶으로 기술되지 않고, 그저 "죽음보다 더 나쁜 운명"(39)으로 기술되는 경우가 그렇다. 나는 헤드바가 운명론자인 것이 매우 슬펐는데, 자신이 겪은 고통, 즉 "네메시스"가 몰고 오는 파괴를 납득 가능한 형태로 설명해내려는 절박한 시도 같았기 때문이다.

그러나 헤드바가 단순히 운명론자에서 멈췄다면 고통에 대해 쓸 수 없었을 것이다. 예정조화의 세계에 살고 있다면 내가 나에 대한 것을 사랑하거나 사랑하지 않거나는 의미가 없기 때문이다. 그러니 내 의지대로 무언가가 되겠다는 생각은 하지 않아도 되고, 않아야 한다. 이럴 때 생각을 하면 고통이 찾아올 것이다. 그런데 헤드바는 계속 생각을 한다. 장애인으로서 망할 계단을 몇 층 오르면 아무것도 할 수 없는 상태가 되어도 여전히 생각을 한다(45). 왜냐하면 헤드바에게 운명과 의지는 대척점에 있지 않기 때문이다. 헤드바는 운명을 복수형 '운명들'로 생각하는데, 이는 곧 우리가 여러 버전의 운명들을 생각해내야 한다는 것을 의미한다(381). 즉 우리는 여러 가능 세계 속에서 우리가 무엇이 될 수 있는지, 또 무엇을 사랑할 수 있는지 계속 알아내야 한다. 바로 이러한 지식/앎을 생산해내는 생각의 연쇄가 헤드바가 제시하는 공감, "알고자 하는 호기심"이다(389).

그래서 헤드바의 일기는 '나는'으로 시작했으되, 절대 정태적이고 유아론적인 '나'에 머물지 않는다. 오히려 '나'는 자기 내부의 공간을 터내면서도 외부와 만난다. 고통과 돌봄이 긴밀히 협력하는 이 책에서 킹크, 메탈 등으로 대표되는 선택의 영역들은 돌봄의 영역으로 포섭된다. 이는 곧 장애와 병이라는 비선택의 영역을 사상시키지 않으면서 헤드바 자신의 입체성을 지켜내는 수용적인 삶을 가능케 해준다. 이를 통해 헤드바는 비장애중심주의의 계략대로 단순히 '아픈 여자'로만 존재하는 것이 아니라 입체적인 '나'로서의 변신을 준비한다. 나아가 헤드바의 일기는 여러 '아픈 여자'들을 수용해낸다. 「아픈 여자 이론」의 후기 격으로 쓰인 「왜 이렇게 오래 걸릴까」에서 헤드바는 자신의 글이 자기 치유를 위한 것이 아니었다는 점을 밝힌다(427). 결국 "알고자 하는 호기심"은 수많은 아픈 여자들을 알아가려는 애정에 다름 아니다. 헤드바가 자신을 학대한 엄마, 자신을 폭행한 "내 사랑", 자살 시도를 일삼던 자신까지도 사랑하게 되는 것은 이러한 공감의 힘을 단적으로 보여주는 사례일 것이다.

나는 그래서 헤드바와 마찬가지로 고통을 쓰기에 일기는 아주 좋은 형식이고, 더 나아가 아주 나쁜 운명에 처해 있다고 믿는 사람들에게 가장 필요한 글쓰기 실천이라고 생각한다. 이 텍스트에 나의 호기심을 부착하던 과정에서 외롭지만 외롭다고 말하지 않는 게이 작가의 일기를 읽었고, 이런 문장을 만났다. "읽을 준비는 되어 있으니까, 들을 준비는 늘 되어 있으니까 더 많은 사람이 자기 얘기했으면 좋겠다. 자기가 어떻게 죽을 뻔했는지, 어떻게 죽었는지."[1] 이제 당신이 비밀 일기를 그만 썼으면 좋겠다. 모든 일기장을 들려주자, 우리는 열심히 읽을 것이다. (채림)

---

[1] 유성원, 『토요일 외로움 없는 삼십대 모임: 유성원 산문집』, 난다, 2020, 187쪽.

참고문헌

A

Abdurraqib, Hanif. *A Fortune for Your Disaster: Poems*. Tin House Books, 2019.

Abdurraqib, Hanif. *They Can't Kill Us Until They Kill Us: Essays*. Two Dollar Radio, 2017. [한국어판] 하닙 압두라킵, 『죽이기 전까진 죽지 않아』, 최민우 옮김, 카라칼, 2022.

Abdur-Rahman, Aliyyah I. *Against the Closet: Black Political Longing and the Erotics of Race*. Duke University Press, 2012.

Acker, Kathy. *Essential Acker: The Selected Writings of Kathy Acker*. Grove Press, 2002.

Acocella, Joan. *Twenty-Eight Artists and Two Saints: Essays*. Vintage Books, 2008.

Adler-Bolton, Beatrice, and Artie Vierkant. *Health Communism: A Surplus Manifesto*. Verso, 2022.

Ahmed, Sara. *The Cultural Politics of Emotion*. Routledge, 2014. [한국어판] 사라 아메드, 『감정의 문화정치』, 시우 옮김, 오월의봄, 2023.

Ahmed, Sara. "Melancholic Universalism." Feministkilljoys (blog), December 15, 2015.

Ahmed, Sara. "The Nonperformativity of Antiracism." *Meridians: Feminism, Race, Transnationalism* 7, no. 1 (2006): 104–26.

Ahmed, Sara. *The Promise of Happiness*. Duke University Press, 2010. [한국어판] 사라 아메드, 『행복의 약속』, 성정혜·이경란 옮김, 후마니타스, 2025.

Ahmed, Sara. *Queer Phenomenology: Orientations, Objects, Others*. Duke University Press, 2006.

Ahmed, Sara. "Selfcare as Warfare." Feministkilljoys (blog), August 25, 2014. feministkilljoys.com/2014/08/25/selfcare-as-warfare/.

Akerman, Chantal, et al. *My Mother Laughs*. Translated by Daniella Shrier, Silver Press, 2019.

Allewaert, Monique. *Ariel's Ecology: Plantations, Personhood, and Colonialism in the American Tropics*. University of Minnesota Press, 2013.

Als, Hilton. *The Women*. Noonday Press, 1998.

Als, Hilton. *White Girls*. McSweeney's, 2014.

Als, Hilton. "Enameled Lady." *The New Yorker*, April 20, 2009. www.newyorker.com/magazine/2009/04/20/enameled-lady.

Als, Hilton. "Gayl Jones's Novels of Oppression." *The New Yorker*, September 27, 2021. www.newyorker.com/magazine/2021/10/04/gayl-jones-novels-of-oppression.

Als, Hilton. "Ghosts in the House: How Toni Morrison Fostered a Generation of Black Writers." *The New Yorker*, October 27, 2003. www.newyorker.com/magazine/2003/10/27/ghosts-in-the-house.

Als, Hilton. "Ghosts in Sunlight." *The New York Review of Books*, July 10, 2014. https://www.nybooks.com/articles/2014/07/10/ghosts-in-sunlight/.

Alvarez, A. *The Savage God: A Study of Suicide*. Bloomsbury Publishing, 2002. [한국어판] 앨 앨버레즈,『자살의 연구』, 최승자·황은주 옮김, 을유문화사, 2025.

"An Overview of Dialectical Behavior Therapy." Psych Central. Last modified May 20, 2021. https://psychcentral.com/lib/an-overview-of-dialectical-behavior-therapy.

Antonijevic, Tamara. "The Hag Theory." Working Encounters, 2020. workingencounters.qpress.tech/sljivar-antonijevic-the-hag-theory/.

Antrim, Donald. *One Friday in April*. Norton, 2022.

Arendt, Hannah. *The Human Condition*. University of Chicago Press, 1958. [한국어판] 한나 아렌트,『인간의 조건』, 이진우 옮김, 한길사, 2019.

Arendt, Hannah, and Jerome Kohn. *Between Past and Future: Eight Exercises in Political Thought*. Penguin Books, 2006. [한국어판] 한나 아렌트,『과거와 미래 사이』, 서유경 옮김, 한길사, 2023.

Arledge, Sara Kathryn. Unpublished autobiography manuscript. Courtesy Armory Centre of the Arts, Pasadena, CA.

Arnold, Lesley M. "Gender Differences in Bipolar Disorder." *Psychiatric Clinics of North America* 26, no. 3 (September 2003): 595–620. doi:10.1016/s0193-953x(03)00036-4.

B

Badkhen, Anna. *Bright Unbearable Reality: Essays*. New York Review Books, 2022.

Baggs, Amanda. "In My Language." YouTube, January 14, 2007. Video, 8:36.

Baldwin, James. *Collected Essays*. Library of America, 1998.

Baldwin, James. *Early Novels and Stories*. Library of America, 2010.

Baldwin, James. *The Fire Next Time*. Vintage International, 1993. [한국어판] 제임스 볼드윈, 『단지 흑인이라서, 다른 이유는 없다』, 박다솜 옮김, 열린책들, 2020.

Bamford, Maria. "Maria Bamford: The Stigma Around Mental Illness." YouTube, August 12, 2014. Video, 1:10.

Barbarin, Imani. "Crutches and Spice." Crutches and Spice (Instagram, TikTok, Twitter), crutchesandspice.com

Barron, Benjamin. "Richard Prince, Audrey Wollen, and the Sad Girl Theory." i-D, November 12, 2014.

Bastién, Angelica Jade. "The Feminine Grotesque: A Unified Theory on Female Madness in Cinema and American Culture (Series Introduction)." Madwomen and Muses, Tumblr, September 17, 2015. madwomenandmuses.tumblr.com/post/129310217843/the-feminine-grotesque-a-unified-theory-on-female.

NEVE aka Lyric Seal. "Lyric Seal, Author at Crash Pad Series." Blog. Last accessed March 28, 2022.

NEVE aka Lyric Seal. "Incidentally, I Don't Just Write About Bodies, I Have a Body Too." Performance. Sick Fest. Oakland, CA , March 26, 2016.

Beilin, Caren. *Blackfishing the IUD*. Wolfman Books, 2019.

Belben, Rosalind. *The Limit*. New York Review Books, 2023.

Belcourt, Billy-Ray. *A History of My Brief Body*. Two Dollar Radio, 2020.

Bell, Quentin. *Virginia Woolf: A Biography*. Harcourt, 1972.

Bellamy, Dodie. *When the Sick Rule the World*. Semiotext(e)/Active Agents, 2015.

Berkowitz, Amy. *Tender Points*. Timeless, Infinite Light, 2015.

Berlant, Lauren Gail. *Cruel Optimism*. Duke University Press, 2011. [한국어판] 로런 벌랜트, 『잔인한 낙관』, 박미선·윤조원 옮김, 후마니타스, 2024.

Berne, Patty. "Disability Justice: A Working Draft by Patty Berne." Sins Invalid, September 24, 2021. www.sinsinvalid.org/blog/disability-justice-a-working-draft-by-patty-berne.

Bersani, Leo. *Is the Rectum a Grave?: And Other Essays*. University of Chicago Press, 2010.

Bingen, Hildegard von. *Hildegard von Bingen's Physica: The Complete English Translation of Her Classic Work on Health and Healing.* Healing Arts Press, 1998.

Bise, Michael. "Snake Oil: Taraneh Fazeli, Critical Writing Fellow, Core Program." Glasstire, May 9, 2016. https://glasstire.com/2016/05/09/snake-oil-taraneh-fazeli-critical-writing-fellow-core-program/.

Blagg, Lucy, and Johanna Hedva. "Lucy Blagg Talks to Johanna Hedva." *Graphite Interdisciplinary Journal of the Arts*, April 2, 2016.

Blackman, Marci. *Po Man's Child.* Manic D Press, 1999.

Blaque, Kat. "Kat Blaque." YouTube channel. Last accessed March 28, 2022.

Boggs, Grace Lee. *Living for Change: An Autobiography.* University of Minnesota Press, 2016.

Borkowski, Mary. "Interview with Kate Zambreno." *The New Inquiry*, November 12, 2012.

Bowles, Jane. *My Sister's Hand in Mine: The Collected Works of Jane Bowles.* Farrar, Straus and Giroux, 2005.

Boyer, Anne. *Garments against Women.* Ahsahta Press, 2015.

Boyer, Anne. "I Have Taken a Farm at This Hard Rent." Poetry Foundation (blog), January 11, 2016. https://www.poetryfoundation.org/harriet-books/2016/01/i-have-taken-a-farm-at-this-hard-rent.

Boyer, Anne. "Tender Theory." Poetry Foundation (blog), January 28, 2016. https://www.poetryfoundation.org/harriet-books/2016/01/tender-theory-.

Boyer, Anne. *The Undying: Pain, Vulnerability, Mortality, Medicine, Art, Time, Dreams, Data, Exhaustion, Cancer, and Care.* Farrar, Straus and Giroux, 2019. [한국어판] 앤 보이어, 『언다잉』, 양미래 옮김, 플레이타임, 2021.

Brand, Dionne. "Between the Covers Dionne Brand: Nomenclature: New and Collected Poems." *Between the Covers*, Tin House, October 1, 2022.

Brand, Dionne, and Christina Elizabeth Sharpe. *Nomenclature: New and Collected Poems.* Duke University Press, 2022.

brown, adrienne maree. *Pleasure Activism: The Politics of Feeling Good.* AK Press, 2019.

Brown, Stephen Rex. "Woman Held in Psych Ward over Obama Twitter Claim." *New York Daily News*, March 23, 2015.

Butler, Judith. "Vulnerability and Resistance." Lecture. REDCAT. Los Angeles, California, December 19, 2014.

Butler, Judith. *Excitable Speech: A Politics of the Performative*. Routledge, 1997. [한국어판] 주디스 버틀러,『혐오 발언: 나를 격분시키는 말 그리고 수행성의 정치학』, 유민석 옮김, 알렙, 2022.

Butler, Judith. *Gender Trouble: Feminism and the Subversion of Identity*. Routledge, 2006. [한국어판] 주디스 버틀러,『젠더 트러블: 페미니즘과 정체성의 전복』, 조현준 옮김, 문학동네, 2024.

Butler, Judith. *Precarious Life: The Powers of Mourning and Violence*. Verso, 2004. [한국어판] 주디스 버틀러,『위태로운 삶: 애도의 힘과 폭력』, 윤조원 옮김, 필로소픽, 2019.

C

Campbell, James. *Talking at the Gates: A Life of James Baldwin*. Polyon, 2021.

Campion, Jane, dir. An Angel at My Table. 1990. United States: Criterion Collection, 2005. DVD.

Carrington, Leonora, and Marina Warner. *Down Below*. New York Review Books, 2017.

Carrington, Leonora. *The Complete Stories of Leonora Carrington*. Dorothy, a Publishing Project, 2023.

Case, Sue-Ellen, ed. *Performing Feminisms: Feminist Critical Theory and Theatre*. Johns Hopkins University Press, 1990.

Carson, Anne. "Decreation: How Women Like Sappho, Marguerite Porete, and Simone Weil Tell God." In *Decreation: Poetry, Essays, Opera*, 155–83. Vintage Contemporaries, 2005.

Carson, Anne. *Eros the Bittersweet: An Essay*. Princeton University Press, 2023. [한국어판] 앤 카슨,『에로스, 달콤씁쓸한』, 황유원 옮김, 난다, 2025.

Carson, Anne. *Men in the Off Hours*. Vintage Canada, 2014.

Carson, Anne. *Plainwater: Essays and Poetry*. Vintage Contemporaries, 2000.

Carson, Anne. "Semaine d'Artaud." In *Conjunctions: 30*, Bard University, Annandale-on-Hudson, New York, 1998.

Césaire, Aimé, and Robin D. G. Kelley. *Discourse on Colonialism*. Monthly Review Press, 2000.

Cha, Theresa Hak Kyung. *Dictee*. University of California Press, 2022. [한국어판] 차학경,『딕테』, 김경년 옮김, 문학사상사, 2025.

Chakravartty, Paula, and Denise Ferreira da Silva. "Accumulation, Dispossession, and Debt: The Racial Logic of Global Capitalism — An Introduction." *American Quarterly* 64, no. 3 (2012): 361–85. doi:10.1353/aq.2012.0033.

Chee, Alexander. *How to Write an Autobiographical Novel*. Mariner Books, 2018. [한국어판] 알렉산더 지,『자전소설 쓰는 법』, 서민아 옮김, 필로소픽, 2019.

Chiasson, Dan. "Sylvia Plath's Joy." *The New Yorker*, February 12, 2013.

Chu, Andrea Long. *Females*. Verso, 2019. [한국어판] 안드레아 롱 추,『페메일스』, 박종주 옮김, 위즈덤하우스, 2023.

Chu, Andrea Long. "Hanya's Boys." *Vulture*, January 12, 2022. www.vulture.com/article/hanya-yanagihara-review.html.

Chu, Andrea Long. "On Liking Women." *N+1*, 2018. www.nplusonemag.com/issue-30/essays/on-liking-women/.

Chu, Andrea Long. "Ottessa Moshfegh Is Praying for Us." *Vulture*, June 16, 2022. www.vulture.com/article/ottessa-moshfegh-lapvona-review.html.

Chu, Andrea Long. "The Mixed Metaphor." *Vulture*, September 27, 2022, www.vulture.com/2022/09/the-mixed-asian-metaphor.html.

Chu, Andrea Long. "You've Heard This One Before." *Vulture*, September 7, 2021. www.vulture.com/article/maggie-nelson-on-freedom-review.html.

Clark, Heather L. *Red Comet: The Short Life and Blazing Art of Sylvia Plath*. Jonathan Cape, 2020.

Clark, Tiana. *I Can't Talk about the Trees without the Blood*. University of Pittsburgh Press, 2018.

Clements, Leah, Alice Hattrick, and Lizzy Rose. Access Docs for Artists, www.accessdocsforartists.com/homepage. Accessed January 20, 2024.

Cohen, Cathy J. "DEVIANCE AS RESISTANCE: A New Research Agenda for the Study of Black Politics." *Du Bois Review: Social Science Research on Race* 1, no. 1 (2004). doi:10.1017/s1742058x04040044.

Conrad, C. A. *A Beautiful Marsupial Afternoon: New (soma)tics*. Wave Books, 2012.

Cowart, Leigh. *Hurts So Good: The Science and Culture of Pain on Purpose*. PublicAffairs, 2021.

Crashcourse. "Depressive and Bipolar Disorders: Crash Course Psychology #30." YouTube, September 8, 2014. Video, 9:59.

Crashcourse. "Psychology Playlist, 40 Videos: Crash Course Psychology #1." YouTube, February 3, 2014. Video, 10:53.

Crenshaw, Kimberle. "Mapping the Margins: Intersectionality, Identity Politics, and Violence against Women of Color." *Stanford Law Review* 43, no. 6 (1991):

1241-299.

Crenshaw, Kimberle. "Demarginalizing the Intersection of Race and Sex: A Black Feminist Critique of Antidiscrimination Doctrine, Feminist Theory and Antiracist Politics." *The University of Chicago Legal Forum* 140 (1989): 139-67.

Crispin, Jessa. *The Dead Ladies Project*. University of Chicago Press, 2015. [한국어판] 제사 크리스핀, 『죽은 숙녀들의 사회: 유럽에서 만난 예술가들』, 박다솜 옮김, 창비, 2018.

Crispin, Jessa. "Jessa Crispin: Why I Am Not Feminist." Lecture, YouTube, Wheeler Centre, May 29, 2017. https://www.youtube.com/watch?v=xy44rZ87O-s.

Crispin, Jessa. *My Three Dads: Patriarchy on the Great Plains*. University of Chicago Press, 2022.

Crispin, Jessa. "Wounded Women." *Boston Review*, March 4, 2015.

Critchley, Simon. *The Faith of the Faithless: Experiments in Political Theology*. Verso, 2014. [한국어판] 사이먼 크리츨리, 『믿음 없는 믿음의 정치』, 문순표 옮김, 이후, 2015.

Critchley, Simon. "Symposium: We, Ourselves & Us." Lecture presented at If We Can't Get It Together. The Power Plant Contemporary Art Gallery. Toronto, Canada, January 23, 2009.

Cvetkovich, Ann. *Depression: A Public Feeling*. Duke University Press, 2012. [한국어판] 앤 츠베트코비치, 『우울: 공적 감정』, 박미선·오수원 옮김, 마티, 2025.

D

Davis, Angela. *Angela Davis: An Autobiography*. International Publishers, 2008.

Davis, Davey. *X*. Counterpoint Press, 2022.

Debré, Constance. *Love Me Tender*. Semiotext(e)/Native Agents, 2022.

DeGruy, Joy. "Post Traumatic Slave Syndrome." Lecture. YouTube, September 12, 2016. https://www.youtube.com/watch?v=BGjSday7f_8.

De Veaux, Alexis. *Warrior Poet: A Biography of Audre Lorde*. W. W. Norton, 2006.

Diagnostic and Statistical Manual of Mental Disorders: DSM-5. 5th ed. American Psychiatric Association, 2013.

DiAngelo, Robin J. *White Fragility: Why It's So Hard for White People to Talk about Racism*. Beacon Press, 2018. [한국어판] 로빈 디앤젤로, 『백인의 취약성: 왜 백인은 인종주의에 대해 이야기하기를 그토록 어려워하나』, 이재만 옮김, 책과함께, 2020.

Diaz, Natalie. *Postcolonial Love Poem*. Graywolf Press, 2020.

Diaz, Natalie. "Between the Covers Natalie Diaz Interview Part 1." *Between the*

Covers, Tin House, October 22, 2020.

Diaz, Natalie. "Between the Covers Natalie Diaz Interview Part 2." *Between the Covers*, Tin House, December 9, 2020.

Didion, Joan. *Blue Nights*. Vintage Books, 2012. [한국어판] 조앤 디디온, 『푸른 밤』, 김재성 옮김, 뮤진트리, 2022.

Didion, Joan. *Joan Didion: The 1960s & 70s*. The Library of America, 2019.

Didion, Joan. *Let Me Tell You What I Mean*. Random House US, 2022. [한국어판] 조앤 디디온, 『내 말의 의미는』, 김희정 옮김, 책읽는수요일, 2024.

Didion, Joan. *South and West: From a Notebook*. Alfred A. Knopf, 2017.

Didion, Joan. *The Year of Magical Thinking*. Alfred A. Knopf, 2005. [한국어판] 조앤 디디온, 『상실』, 홍한별 옮김, 책읽는수요일, 2023.

Dillon, Millicent. *A Little Original Sin: The Life and Work of Jane Bowles*. University of California Press, 1998.

Ditlevsen, Tove. *Dependency*. Farrar, Straus and Giroux, 2021. [한국어판] 토베 디틀레우센, 『의존』, 서제인 옮김, 을유문화사, 2022.

Dodge, Harry. *My Meteorite, or, Without the Random There Can Be No New Thing*. Penguin Books, 2020.

Dolphin-Krute, Maia. "Daily Survivor #1." Full Stop (blog), November 25, 2015. https://www.full-stop.net/2015/11/25/features/essays/maiadolphinkrute/daily-survivor-1/.

"DSM-IV: Symptom, Syndrome, Disorder, Disease." DSM-IV: Symptom, Syndrome, Disorder, Disease. Last accessed March 28, 2022. https://www2.hawaii.edu/~heiby/overheads_classification.html.

Dublon, Amalle. "Lived Experience Autocorrecting to Loved Experience with Amalle Dublon and Johanna Hedva." ICI Berlin, July 8, 2020. https://www.ici-berlin.org/events/lived-experience-autocorrecting-to-loved-experience/.

Duplan, Anaïs. *Blackspace: On the Poetics of an Afrofuture*. Black Ocean, 2020.

Dunne, Griffin, dir. Joan Didion: The Center Will Not Hold. Netflix, 2017. [한국어판] 「조앤 디디온의 초상」, 넷플릭스 (2025년 4월 17일 마지막 접속).

E

Edwards, Breanna. "Mentally Ill Cleveland Woman Was Killed by Police in Front of Her Family, Brother Says." *The Root*, November 17, 2014.

Ehrenreich, Barbara, and Deirdre English. *Complaints and Disorders: The Sexual*

Politics of Sickness. Old Westbury, Feminist Press, 1973.

Ehrenreich, Barbara, and Deirdre English. *Witches, Midwives, & Nurses: A History of Women Healers*. Feminist Press at the City University of New York, 2010. [한국어판] 바버라 에런라이크·디어드러 잉글리시,『우리는 원래 간호사가 아닌 마녀였다』, 김서울 옮김, 라까니언, 2023.

Ehrenstein, David. "Sinful Cinema: The Driver's Seat." *Slant Magazine*, March 25, 2013. www.slantmagazine.com/film/sinful-cinema-the-drivers-seat/.

Elainey, Annie. "Annie Elainey." YouTube channel. Last accessed March 28, 2022.

Elizabeth, Maranda. "Dreaming New Meanings Into Borderline Personality Disorder." *The Establishment*, August 11, 2016.

Elizabeth, Maranda. "How Magic Helps Me Live with Pain and Trauma." *The Establishment*, April 19, 2016.

Elliott, Paul. "Tony Iommi on Inventing Heavy Metal, Drinking with Gillan, and Not Being Evil." Louder, August 18, 2016. www.loudersound.com/features/tony-iommi-on-inventing-heavy-metal-drinking-with-gillan-and-not-being-evil.

Emezi, Akwaeke. *Dear Senthuran: A Black Spirit Memoir*. Riverhead Books, 2022.

Emezi, Akwaeke. *Freshwater*. Grove Press, 2018.

"Emotional Health." APA.org. Last accessed December 31, 2015. https://www.apa.org/topics/emotions.

Ernaux, Annie. *Happening*. Translated by Tanya Leslie, Fitzcarraldo Editions, 2022. [한국어판] 아니 에르노,『사건』, 윤석현 옮김, 민음사, 2019.

Euripides. *Grief Lessons: Four Plays*. Translated by Anne Carson, New York Review Books, 2008.

F

Fain, Jean. "Eve Ensler on Cancer, Her Body and 'The Body of the World'." *The Huffington Post*, April 26, 2013.

Faludi, Susan. "Shulamith Firestone's Radical Feminism." *The New Yorker*, April 8, 2013. www.newyorker.com/magazine/2013/04/15/death-of-a-revolutionary.

Fanon, Frantz. *Black Skin, White Masks*. New York: Grove Press, 2008. [한국어판] 프란츠 파농,『검은 피부, 하얀 가면』, 노서경 옮김, 여인석 감수, 문학동네, 2022.

Farah, Safy Hallan. "All Alone in Their White Girl Pain." Hip to Waste, August 1, 2020, hiptowaste.substack.com/p/all-alone-in-their-white-girl-pain.

Fassler, Joe. "How Doctors Take Women's Pain Less Seriously. " *The Atlantic*,

October 15, 2015.

Fazeli, Taraneh. "Notes for 'Sick Time, Sleepy Time, Crip Time: Against Capitalism's Temporal Bullying' in Conversation with the Canaries." *Temporary Art Review*, May 26, 2016. https://temporaryartreview.com/notes-for-sick-time-sleepy-time-crip-time-against-capitalisms-temporal-bullying-in-conversation-with-the-canaries/.

Febos, Melissa. *Girlhood: Essays*. Bloomsbury Publishing, 2022.

Federici, Silvia. *Beyond the Periphery of The Skin: Rethinking, Remaking, and Reclaiming the Body in Contemporary Capitalism Girlhood: Essays*. Between the Lines, 2020.

Federici, Silvia. *Caliban and the Witch: Women, the Body and Primitive Accumulation*. New York: Autonomedia, 2003. [한국어판] 실비아 페데리치, 『캘리번과 마녀: 여성, 신체 그리고 시초축적』, 성원·김민철 옮김, 갈무리, 2011.

Federici, Silvia. *Witch-Hunting, Past and Present, and the Fear of the Power of Women = Hexenjagd, Vergangenheit Und Gegenwart, Und Die Angst Vor Der Macht Der Frauen*. Hatje Cantz, 2012.

Felker-Martin, Gretchen. *Manhunt*. Nightfire, 2022.

Ferguson, Anni. "'The Lowest of the Stack': Why Black Women Are Struggling with Mental Health." *The Guardian*, February 8, 2016.

Fisher, Carrie. *Wishful Drinking*. Simon & Schuster, 2008.

Fisher, Mark. *Ghosts of My Life: Writings on Depression, Hauntology and Lost Futures*. Zero Books, 2022.

Fisher, Mark. *The Weird and the Eerie*. Random House, 2017. [한국어판] 마크 피셔, 『기이한 것과 으스스한 것』, 안현주 옮김, 구픽, 2023.

Fitzgerald, Helen. *The Mourning Handbook: The Most Comprehensive Resource Offering Practical and Compassionate Advice on Coping with All Aspects of Death and Dying*. Simon & Schuster, 1995.

Flanagan, Bob. *Pain Journal*. Autonomedia, 2001.

Foucault, Michel. *Madness and Civilization: A History of Insanity in the Age of Reason*. Vintage Books, 1988.

Frame, Janet. *Faces in the Water*. Braziller, 2007.

Fraser, Kennedy. *Ornament and Silence: Essays on Women's Lives from Edith Wharton to Germaine Greer*. Vintage, 1998.

Furlong, Monica. *Visions and Longings: Medieval Women Mystics*. Shambhala, 1996.

Fuss, Diana. *Essentially Speaking: Feminism, Nature & Difference*. Routledge, 1989.

G

Ghansah, Rachel Kaadzi. "The Weight of James Arthur Baldwin." BuzzFeed, February 29, 2016. www.buzzfeed.com/rachelkaadzighansah/the-weight-of-james-arthur-baldwin-203.

Goldhill, Olivia. "Palestine's Head of Mental Health Services Says PTSD Is a Western Concept." Quartz, January 13, 2019. qz.com/152106/palestines-head-of-mental-health-services-says-ptsd-is-a-western-concept.

Gordon, Avery. *Ghostly Matters: Haunting and the Sociological Imagination*. University of Minnesota Press, 2011.

Greenfield-Sanders, Timothy, dir. *Toni Morrison: The Pieces I Am*. 2019.

Guibert, Hervé. *My Parents Ghostly Matters*. Serpent's Tail, 1993.

Guibert, Hervé. *To the Friend Who Did Not Save My Life*. Semiotext(e), 2020.

H

Haidrani, Salma. "The Wellness Movement Has A Race Problem." Originally published at *The Establishment*, July 14, 2016. Republished at *RoleReboot* with permission.

Halberstam, Jack. "Jack Halberstam: Zombie Humanism at the End of the World." Paper presented at *Weak Resistance: Everyday Struggles and the Politics of Failure*. Berlin, Germany, May 27, 2015.

Hamilton, Ian. *Robert Lowell: A Biography*. Random House, 1982.

Hamilton, Michael, dir. *Bisping*. 2021.

Hamilton, Saskia. *As for Dream*. Graywolf Press, 2001.

Haraway, Donna J. *Cyborg Manifesto*. Camas Books, 2018.

Haraway, Donna J. *Staying with the Trouble: Making Kin in the Chthulucene*. Duke University Press, 2016. [한국어판] 도나 해러웨이, 『트러블과 함께하기: 자식이 아니라 친척을 만들자』, 최유미 옮김, 마농지, 2021.

Hardwick, Elizabeth. *Collected Essays of Elizabeth Hardwick*. Edited by Darryl Pinckney. New York Review Books, 2017.

Hardwick, Elizabeth. "On Sylvia Plath." *The New York Review of Books*, August 12, 1971.

Hardwick, Elizabeth. *Seduction and Betrayal: Women and Literature*. New York Review Books, 2001.

Hardwick, Elizabeth. *The Uncollected Essays of Elizabeth Hardwick*. Edited by Alex Andriesse. New York Review Books, 2022.

Harman, Claire. *Charlotte Brontë, A Life*. Penguin Books, 2016.

Harney, Stefano, and Fred Moten. *The Undercommons: Fugitive Planning & Black Study*. New York: Minor Compositions, 2013.

Harney, Stefano, and Fred Moten. Zun Lee (photographs); Denise Ferreira da Silva (preface). *All Incomplete*. Minor Compositions, 2022.

Hartman, Saidiya V. *Scenes of Subjection: Terror, Slavery, and Self-Making in Nineteenth-Century America*. Oxford University Press, 2010.

Hartman, Saidiya V. *Wayward Lives, Beautiful Experiments: Intimate Histories of Social Upheaval*. W. W. Norton & Company, 2019.

Hattrick, Alice. *Ill Feelings*. The Feminist Press at the City University of New York, 2022.

Headley, Maria Dahvana. *Magonia*. HarperCollins, 2016.

Hedva, Johanna. "My Body Is a Prison of Pain so I Want to Leave It Like a Mystic But I Also Love It & Want It to Matter Politically." Lecture. Human Resources. Los Angeles, California, October 7, 2015.

Heidegger, Martin. *Being and Time*. Harper Perennial Modern Thought, 2008.
[한국어판] 마르틴 하이데거,『존재와 시간』, 전양범 옮김, 동서문화사, 2016.

Herrera, Hayden. *Frida, a Biography of Frida Kahlo*. Perennial, 2002.

Hoffmann, Yoel. *Japanese Death Poems: Written by Zen Monks and Haiku Poets on the Verge of Death*. Tuttle Publishing, 2018.

Holladay, Hilary. *The Power of Adrienne Rich: A Biography*. Knopf, 2021.

Hollywood, Amy. "On the Materiality of Air: Janet Kauffman's Bodyfictions." *New Literary History* 27, no. 3 (1996): 503 –25. doi:10.1353/nlh.1996.0036.

Hollywood, Amy. "The Mystery of Trauma, and the Mystery of Joy." Erasmus Society Lecture. Westmont College. Montecito, California. January 27, 2014.

Hollywood, Amy. *Sensible Ecstasy: Mysticism, Sexual Difference, and the Demands of History*. University of Chicago Press, 2002.

Hong, Cathy Park. *Minor Feelings: An Asian American Reckoning*. One World, 2020.
[한국어판] 캐시 박 홍,『마이너 필링스: 이 감정들은 사소하지 않다』, 노시내 옮김, 마티, 2021.

hooks, bell. *All about Love: New Visions*. William Morrow, an imprint of HarperCollins

Publishers, 2022. [한국어판] 벨 훅스, 『올 어바웃 러브』, 이영기 옮김, 책읽는수요일, 2012.

hooks, bell. "Bell Hooks at The New School." Residency Lectures. The New School for Social Research. New York, NY, 2015.

Howland, Bette. *W-3*. Public Space Books, 2021.

Hughes, Ted. *Birthday Letters*. Farrar, Straus and Giroux, 1998. [한국어판] 테드 휴즈, 『생일 편지』, 이철 옮김, 해냄, 2003.

Hurston, Zora Neale. *Dust Tracks on a Road*. Harper Perennial Modern Classics, 2006.

I

Ikpi, Bassey. *I'm Telling the Truth, but I'm Lying: Essays*. Harper Perennial, 2019.

J

Jabr, Samah. "Isip Palestine Focus: Dr. Samah Jabr on Reconceptualizing Mental Health in the Context of Palestine." YouTube, ISIP International Students of Islamic Psychology, November 13, 2023. www.youtube.com/watch?v=Csy4TeqoldY.

Jackson, Zakiyyah Iman. *Becoming Human: Matter and Meaning in an Antiblack World*. New York University Press, 2020.

Jamison, Kay R. *Touched with Fire: Manic-Depressive Illness and the Artistic Temperament*. Free Press, 1993.

Jamison, Kay R. *An Unquiet Mind: A Memoir of Moods and Madness*. New York: Vintage Books, 1996. [한국어판] 케이 레드필드 재미슨, 『조울병, 나는 이렇게 극복했다』, 박민철 옮김, 하나의학사, 2005.

Jamison, Leslie. *The Empathy Exams: Essays*. Graywolf Press, 2014. [한국어판] 레슬리 제이미슨, 『공감 연습: 부서진 심장과 고통과 상처와 당신에 관한 에세이』, 오숙은 옮김, 문학과지성사, 2019.

Jamison, Leslie. *The Recovering: Intoxication and Its Aftermath*. Little, Brown and Company, 2018. [한국어판] 레슬리 제이미슨, 『리커버링: 중독에서 회복까지 그 여정의 기록』, 오숙은 옮김, 문학과지성사, 2021.

Janisse, Kier-La. *House of Psychotic Women: An Autobiographical Topography of Female Neurosis in Horror and Exploitation Films*. Fab Press, 2014.

Jefferson, Margo. *Constructing a Nervous System: A Memoir*. Vintage, 2022.
Johnson, Cyrée Jarelle. *Slingshot*. Nightboat Books, 2019.
Jones, Gayl. *Corregidora*. Virago Press, 2019.
Jordan, June. *The Essential June Jordan*. Copper Canyon Press, 2021.

K

Kafer, Alison. *Feminist, Queer, Crip*. Indiana University Press, 2013. [한국어판] 앨리슨 케이퍼,『페미니스트, 퀴어, 불구: 불구의 미래를 향한 새로운 정치학』, 이명훈 옮김, 오월의봄, 2023.
Kahlo, Frida, Carlos Fuentes, and Sarah M. Lowe. *The Diary of Frida Kahlo: An Intimate Self-Portrait*. Harry N. Abrams, 2005.
Kapil, Bhanu. *Ban En Banlieue*. Nightboat, 2015.
Kauffman, Janet. *The Body in Four Parts*. Graywolf Press, 1993.
Kavan, Anna, and Victoria Walker. *Machines in the Head: Selected Stories*. New York Review Books, 2019.
Kavan, Anna. *Sleep Has His House*. Peter Owen, 2002.
Kavan, Anna, and Virginia Ironside. *Julia and the Bazooka*. Peter Owen, 2009.
Kim, Eunjung. *Curative Violence: Rehabilitating Disability, Gender, and Sexuality in Modern Korea*. Duke University Press, 2017. [한국어판] 김은정,『치유라는 이름의 폭력: 근현대 한국에서 장애·젠더·성의 재활과 정치』, 강진경·강진영 옮김, 후마니타스, 2022.
Kim, Hyesoon. *Autobiography of Death*. Translated by Don Mee Choi, New Directions, 2018. [한국어 원서] 김혜순,『죽음의 자서전』, 문학실험실, 2016.
Kim, Hyesoon. *Phantom Pain Wings*. Translated by Don Mee Choi, New Directions, 2023. [한국어 원서] 김혜순,『날개 환상통』, 문학과지성사, 2019.
Kitamura, Katie. *A Separation*. Clerkenwell, 2018.
Knapp, Andrew, and Dave Munday. "Filing: Jailed Woman Left to Die; Ailing Inmate Untended, Deprived of Water as She Vomited All Night, Attorneys Say." Post and Courier, November 2, 2016. https://www.postandcourier.com/archives/filing-jailed-woman-left-to-die-ailing-inmate-untended-deprived-of-water-as-she-vomited/article_a23d27f7-abdd-52ae-8753-119aa0802413.html.
Kraus, Chris. *After Kathy Acker: A Literary Biography*. Semiotext(e), 2017.
Kraus, Chris. *Aliens & Anorexia*. Semiotext(e), 2000.
Kristeva, Julia. *Black Sun: Depression and Melancholia*. Translated by Leon S.

Roudiez, Columbia University Press, 1989. [한국어판] 쥘리아 크리스테바,『검은 태양』, 김인환 옮김, 동문선, 2004.

Kristeva, Julia. *Powers of Horror: An Essay of Abjection*. Columbia University Press, 1984. [한국어판] 쥘리아 크리스테바,『공포의 권력』, 서민원 옮김, 동문선, 2001.

L

Laing, R. D. *The Divided Self*. Pantheon Books, 2010. [한국어판] 로널드 랭,『분열된 자기: 온전한 정신과 광기에 대한 연구』, 신장근 옮김, 문예출판사, 2018.

Lam, Alice. "Bipolar Disorder in Men and Women: What's the Difference?" International Bipolar Foundation, June 14, 2022, ibpf.org/articles/bipolar-disorder-in-men-and-women-whats-the-difference/.

Laymon, Kiese. *Heavy: An American Memoir*. Bloomsbury Publishing, 2018.

Lazard, Carolyn. "How to Be a Person in the Age of Autoimmunity." Originally published in *The Cluster Mag*, January 16, 2013. Currently linked through *Triple Canopy*.

Lazard, Carolyn. "Accessibility in the Arts: A Promise and a Practice." promiseandpractice.art/. Accessed January 20, 2024.

Lee, Hermione. *Virginia Woolf*. Vintage, 1999. [한국어판] 허마이오니 리,『버지니아 울프』(전 2권), 정명희 옮김, 책세상, 2001.

Lee, Janice. "Books Are Not Products, They Are Bridges: Challenging Linear Ideas of Success in Literary Publishing." Vol. 1 Brooklyn, December 5, 2019, vol1brooklyn.com/2019/12/04/books-are-not-products-they-are-bridges-challenging-linear-ideas-of-success-in-literary-publishing/.

Lee, Janice. *Imagine a Death*. Texas A&M University Press, 2021.

Lee, Janice. "On Memory & Why I Can't Remember My Mother's Face." *Berfrois*, September 17, 2015.

Lee, Janice. *Reconsolidation: Or, It's the Ghosts Who Will Answer You*. Penny-Ante, 2015.

Leibowitz, Tovah. "Crip Lit: Toward an Intersectional Crip Syllabus." *Autostraddle*, May 23, 2016.

Levitsky, Steven, and Daniel Ziblatt. *How Democracies Die*. Broadway Books, 2019. [한국어판] 스티븐 레비츠키·대니얼 지블랫,『어떻게 민주주의는 무너지는가』, 박세연 옮김, 어크로스, 2018.

Levy, Deborah, and Andrew Durbin. "Deborah Levy: Real Estate." YouTube, Politics and Prose, August 30, 2021 . www.youtube.com/watch?v=6c1PHJVGbkw.

Levy, Deborah, and Jakuta Alikavazovic. "Deborah Levy | A Living Autobiography | Edinburgh International Book Festival." YouTube, Edinburgh International Book Festival, March 30, 2022. www.youtube.com/watch?v=DG8FKr9aTN0.

Levy, Deborah, and Julia Bell. "In Conversation: Deborah Levy with Julia Bell (Arts Weeks 2020: Online)." YouTube, Birkbeck, University of London, May 19, 2020. www.youtube.com/watch?v=OtcWVDJ1mLI.

Levy, Deborah, and Merve Emre. "Merve Emre and Deborah Levy: On Mrs Dalloway." YouTube, The Royal Society of Literature, November 10, 2021. www.youtube.com/watch?v=gjk79LJ4mGk.

Levy, Deborah, and Rosie Goldsmith. "Fashion and Fiction: Divas, Delusions and Desire. From Bowie to Freud with Deborah Levy." YouTube, Sounds Right, May 11, 2018. www.youtube.com/watch?v=UZY0XkGnvPA.

Levy, Deborah, and Tash Aw. "A Conversation between Deborah Levy and Tash Aw | Library Chat." YouTube, Columbia Institute for Ideas and Imagination, May 29, 2021. www.youtube.com/watch?v=YX3pZxIU32c.

Levy, Deborah, and Tash Aw. "Deborah Levy on Real Estate with Tash Aw." YouTube, The Center for Fiction, September 29, 2021. www.youtube.com/watch?v=vq7072vJY7Q.

Levy, Deborah. "Deborah Levy in Conversation at #britlitberlin 2015." YouTube, British Council Literature Seminar, February 19, 2015. www.youtube.com/watch?v=904G1YT2W6A.

Levy, Deborah. "Deborah Levy in Her Writing Shed, on Her Book an Amorous Discourse in the Suburbs of Hell." YouTube, And Other Stories, May 15, 2018. www.youtube.com/watch?v=awYHxyrEbm8.

Levy, Deborah. "Deborah Levy, Conversation, 30 October 2019." YouTube, Lannan Foundation, November 3, 2019. www.youtube.com/watch?v=eZ1ZgLigItU.

Levy, Deborah. "Deborah Levy, Reading, 30 October 2019." YouTube, Lannan Foundation, November 3, 2019. www.youtube.com/watch?v=-j5_404EyVg.

Levy, Deborah. "Deborah Levy: The Psychopathology of the Doppelgänger (February 6, 2019) | Mercredis de l'institut." YouTube, Columbia Institute for Ideas and Imagination, June 3, 2019. www.youtube.com/watch?v=yID4W1dGREQ.

Levy, Deborah. *Hot Milk*. Penguin, 2017. [한국어판] 데버라 리비, 『핫 밀크』, 권경희 옮김, 비채, 2023.

Levy, Deborah. *Real Estate: A Living Autobiography*. Bloomsbury Publishing, 2021.

Levy, Deborah. "Story/Teller: Deborah Levy Presents the Man Who Saw Everything." YouTube, The Center for Fiction, December 13, 2019. www.youtube.com/watch?v=ZB2i4W4_JQ0.

Levy, Deborah. *Swimming Home*. And Other Stories, 2017.

Levy, Deborah. *The Cost of Living: A Working Autobiography*. Bloomsbury Publishing, 2018. [한국어판] 데버라 리비,『살림 비용』, 이예원 옮김, 플레이타임, 2021.

Levy, Deborah. *Things I Don't Want to Know: A Response to George Orwell's 1946 Essay "Why I Write."* Notting Hill Editions, 2013. [한국어판] 데버라 리비,『알고 싶지 않은 것들』, 이예원 옮김, 플레이타임, 2018.

Levy, Deborah. "'In Fiction, You Have Characters Who Are Your Avatars.' | Writer Deborah Levy | Louisiana Channel." YouTube, Louisiana Channel, December 29, 2022, www.youtube.com/watch?v=uTxkwexPgNc.

Lewis, Talila. "January 2021 Working Definition of Ableism." TALILA A. LEWIS, January 1, 2022: https://www.talilalewis.com/blog/working-definition-of-ableism-january-2022-update.

Linton, Simi. *Claiming Disability: Knowledge and Identity*. New York University Press, 1998.

"Looking for Language in the Ruins: JJJJJerome Ellis, Saidiya Hartman, and Erica Hunt." YouTube, The Center for African American Poetry and Poetics, September 30, 2020. https://www.youtube.com/watch?v=2bSu_ysGzVQ.

Lomax, Tamura. "Rethinking Forgiveness in the Face of Unceasing Black Trauma." The Feminist Wire, July 15, 2016.

Lord, Catherine. *The Summer of Her Baldness: A Cancer Improvisation*. University of Texas Press, 2004.

Lorde, Audre. *The Black Unicorn: Poems*. Norton, 1978. [한국어판] 오드리 로드,『블랙 유니콘』, 송섬별 옮김, 움직씨, 2020.

Lorde, Audre. *A Burst of Light: Essays*. Firebrand Books, 1988.

Lorde, Audre. *The Cancer Journals*. Aunt Lute Books, 1997.

Lyons, Gila. "Creativity and Madness: On Writing through the Drugs." *The Millions*, February 27, 2014.

M

Machado, Carmen Maria. *In the Dream House: A Memoir*. Graywolf, 2019.

Mailhot, Terese Marie. *Heart Berries: A Memoir*. Counterpoint, 2019.

Malcolm, Janet. *Psychoanalysis, the Impossible Profession*. Vintage Books, 1982.

Malcolm, Janet. "Susan Sontag and the Unholy Practice of Biography." *The New Yorker*, September 16, 2019. www.newyorker.com/magazine/2019/09/23/susan-sontag-and-the-unholy-practice-of-biography.

Malcolm, Janet. *The Silent Woman: Sylvia Plath and Ted Hughes*. A. A. Knopf, 1994.

Manguso, Sarah. *The Guardians: An Elegy for a Friend*. Farrar, Straus and Giroux, 2012.

Manguso, Sarah. *The Two Kinds of Decay*. Farrar, Straus and Giroux, 2008.

Manguso, Sarah. "You'll Love Her! She's Crazy!" *The New Yorker*, February 11, 2013.

Mantel, Hilary. "Every Part of My Body Hurt." *The Guardian*, June 7, 2004.

Marya, Rupa, and Raj Patel. *Inflamed: Deep Medicine and the Anatomy of Injustice*. Picador, 2022.

Maté, Gabor. *In the Realm of Hungry Ghosts: Close Encounters with Addiction*. North Atlantic Books, 2020.

Max, D. T. *Every Love Story Is a Ghost Story: A Life of David Foster Wallace*. Penguin Books, 2013.

May, Katherine. *Wintering: The Power of Rest and Retreat in Difficult Times*. Rider & Co, 2021.

Mbembe, Achille. "Necropolitics." Translated by Libby Meintjes. *Public Culture* 15, no. 1 (2003): 11–40. doi:10.1215/08992363-15-1-11.

McArthur, Park, and Constantina Zavitsanos, "The Guild of the Brave Poor Things." In *Trap Door: Trans Cultural Politics and the Politics of Visibility*. Edited by Reina Gossett, Eric A. Stanley, and Johanna Burton. MIT Press, 2017, 238.

McArthur, Park, and Constantina Zavitsanos. "Other Forms of Conviviality: The Best and Least of Which Is Our Daily Care and the Host of Which Is Our Collaborative Work." *Women & Performance: A Journal of Feminist Theory* 23, no. 1 (2013): 126–32. doi:10.1080/0740770x.2013.827376.

McCarthy, Jesse. *Who Will Pay Reparations on My Soul?*. W. W. Norton, 2022.

McRuer, Robert. *Crip Theory: Cultural Signs of Queerness and Disability*. New York University Press, 2006.

Meinhof, Ulrike Marie. *Everybody Talks about the Weather … We Don't: The Writings of Ulrike Meinhof*. Seven Stories Press, 2008.

Middlebrook, Diane Wood. *Anne Sexton: A Biography*. Vintage Books, 1992.

Miklowitz, David J. *The Bipolar Disorder Survival Guide: What You and Your Family*

Need to Know. Guilford Press, 2011.

Mingus, Mia. Leaving Evidence (blog). March 28, 2022.

Mingus, Mia. "Access Intimacy: The Missing Link." Leaving Evidence, August 15, 2017, leavingevidence.wordpress.com/2011/05/05/access-intimacy-the-missing-link/.

Mingus, Mia. "Moving Toward the Ugly: A Politic Beyond Desirability." *Leaving Evidence* (blog), August 22, 2011. http://leavingevidence.wordpress.com/2011/08/22/moving-toward-the-ugly-a-politic-beyond-desirability/.

Mingus, Mia. "Wherever You Are Is Where I Want to Be: Crip Solidarity." Leaving Evidence, July 14, 2010, leavingevidence.wordpress.com/2010/05/03/where-ever-you-are-is-where-i-want-to-be-crip-solidarity/.

Miserandino, Christine. "The Spoon Theory Written by Christine Miserandino." But You Don't Look Sick: Support for Those with Invisible Illness or Chronic Illness. Last modified April 25, 2013. https://butyoudontlooksick.com/articles/written-by-christine/the-spoon-theory/.

Montes, Lara Mimosa. *Thresholds*. Coffee House Press, 2020.

Moore, Anne Elizabeth, and Johanna Hedva. "Afterparty: A Community Guide for the Future." Kickstarter. Last modified December 2, 2015.

Moorhead, Joanna. *The Surreal Life of Leonora Carrington*. Virago, 2019.

Morrison, Toni. *Beloved*. Vintage, 2019. [한국어판] 토니 모리슨, 『빌러비드』, 최인자 옮김, 문학동네, 2014.

Morrison, Toni. *Playing in the Dark: Whiteness and the Literary Imagination*. Harvard University Press, 1992.

Morrison, Toni. *The Source of Self-Regard: Selected Essays, Speeches, and Meditations*. Alfred A. Knopf, 2021. [한국어판] 토니 모리슨, 『보이지 않는 잉크』, 이다희 옮김, 바다출판사, 2021.

Morrison, Toni, and Junot Díaz. "Toni Morrison and Junot Díaz | LIVE from the NYPL." Lecture. The New York Public Library. New York, NY, December 12, 2013.

Moser, Benjamin. *Sontag: Her Life and Work*. Ecco, 2019.

Moser, Benjamin. *Why This World: A Biography of Clarice Lispector*. Penguin Books, 2014.

Moten, Fred. *Black and Blur (consent not to be a single being)*. Duke University Press, 2017.

Moten, Fred. "Blackness and Nothingness (Mysticism in the Flesh)." *South Atlantic Quarterly* 112, no. 4 (Fall 2013): 737–80. doi:10.1215/00382876-2345261.

Moten, Fred. *The Little Edges*. Wesleyan University Press, 2014.

Moten, Fred. *In the Break: The Aesthetics of the Black Radical Tradition*. University of Minnesota Press, 2003.

Moynihan, Thomas. *Spinal Catastrophism: A Secret History*. Urbanomic Media, 2020.

Mukherjee, Siddhartha. *The Gene: An Intimate History*. Scribner, 2017. [한국어판] 싯다르타 무케르지,『유전자의 내밀한 역사』, 이한음 옮김, 까치, 2017.

Muñoz, Bárbara Rodríguez. *Health*. Whitechapel Gallery, 2020.

N

Ndikung, Bonaventure Soh Bejeng. *The Delusions of Care*. Archive Books, 2021.

Nelson, Maggie. *The Argonauts*. Graywolf Press, 2016. [한국어판] 매기 넬슨,『아르고호의 선원들』, 이예원 옮김, 플레이타임, 2024.

Nelson, Maggie. *The Art of Cruelty: A Reckoning*. W. W. Norton & Company, 2012.

Nelson, Maggie. *Like Love: Essays and Conversations*. Graywolf Press, 2024.

Nelson, Maggie. *On Freedom: Four Songs of Care and Constraint*. Graywolf Press, 2022.

Nelson, Maggie. *The Red Parts: A Memoir*. Free Press, 2007.

Niedecker, Lorine. *Lorine Niedecker: Collected Works*. University of California Press, 2004.

Nightingale, Florence, and Myra Stark. *Cassandra: An Essay*. Feminist Press, 1979.

Nguyen, Mimi Thi. "Riot Grrrl, Race, and Revival." *Women & Performance: A Journal of Feminist Theory*, 2012: 173-96.

Nunez, Sigrid. *Sempre Susan: A Memoir of Susan Sontag*. Riverhead Books, 2014. [한국어판] 시그리드 누네즈,『우리가 사는 방식: 수전 손택을 회상하며』, 홍한별 옮김, 코쿤북스, 2021.

P

Padel, Ruth. *In and Out of the Mind: Greek Images of the Tragic Self*. Princeton University Press, 1995.

Parker, Morgan. "Between the Covers Morgan Parker: Magical Negro." *Between the Covers*, Tin House, May 14, 2019.

Parker, Morgan. *Magical Negro*. Corsair, 2019.

Parker, Morgan. *There Are More Beautiful Things than Beyoncé*. Little, Brown, 2017.

Patel, Raj, and Jason W. Moore. *A History of the World in Seven Cheap Things: A Guide to Capitalism, Nature, and the Future of the Planet*. University of California Press, 2018. [한국어판] 라즈 파텔·제이슨 무어, 『저렴한 것들의 세계사: 자본주의에 숨겨진 위험한 역사, 자본세 600년』, 백우진·이경숙 옮김, 북돋움, 2020.

Peck, Raoul, dir. *I Am Not Your Negro*. 2017.

Perry, Jade T. "For Colored Gurls Who Consider Blogging & Glitter When Chronic Illness Gets Too Real, and Waiting Rooms Get Too Stuffy, and Folk Don't Have No Act-Right." Jade T Perry (blog), January 2016.

Phillips, Rasheedah. *Black Quantum Futurism: Theory and Practice*. Afrofuturist Affair/House of Future Sciences Books, 2015.

Phillips, Rasheedah. *Space-Time Collapse. Black Quantum Futurism*. Afrofuturist Affair/House of Future Sciences Books, 2020.

Piepzna-Samarasinha, Leah Lakshmi. "Fragrance Free Femme of Colour Genius." October 2, 2018. brownstargirl.org/fragrance-free-femme-of-colour-genius/.

Piepzna-Samarasinha, Leah Lakshmi. *Care Work: Dreaming Disability Justice*. Arsenal Pulp Press, 2018. [한국어판] 리아 락슈미 피엡즈나-사마라신하, 『가장 느린 정의: 돌봄과 장애정의가 만드는 세계』, 전혜은·제이 옮김, 오월의봄, 2024.

Piepzna-Samarasinha, Leah Lakshmi. *Dirty River: A Queer Femme of Color Dreaming Her Way Home*. Arsenal Pulp Press, 2022.

Piepzna-Samarasinha, Leah Lakshmi. *The Future Is Disabled: Prophecies, Love Notes, and Mourning Songs*. Arsenal Pulp Press, 2023.

Piepzna-Samarasinha, Leah Lakshmi, and Cyree Jarelle Johnson. "AAWWTV: Dreaming Disability Justice with Leah Lakshmi Piepzna-Samarasinha and Cyree Jarelle Johnson." YouTube, October 28, 2018. www.youtube.com/watch?v=8UpQVlT2wCQ.

Pinckney, Darryl. *Come Back in September: A Literary Education on West Sixty-Seventh Street, Manhattan*. Farrar, Straus and Giroux, 2022.

Pitcher, Ben, and Henriette Gunkel. "Q&A with Jasbir Puar." *Dark Matter Journal*, May 2, 2008.

Plath, Sylvia. *The Bell Jar*. Faber and Faber, 1966. [한국어판] 실비아 플라스, 『벨 자』, 공경희 옮김, 마음산책, 2022.

Plath, Sylvia, and Ted Hughes. *The Collected Poems*. Harper Perennial, 1992. [한국어판] 실비아 플라스, 『실비아 플라스 시 전집』, 박주영 옮김, 마음산책, 2022.

Plath, Sylvia, and Karen V. Kukil. *The Unabridged Journals of Sylvia Plath, 1950-*

Plath, Sylvia. *The Letters of Sylvia Plath, Volume 1: 1940-1956*. Edited by Karen V. Kukil and Peter K. Steinberg, HarperCollins Publishers, 2017.

Plath, Sylvia. *The Letters of Sylvia Plath , Volume 2: 1956-1963*. Edited by Peter K. Steinberg and Karen V. Kukil, Harper Collins Publishers, 2018.

Plath, Sylvia. *Ariel: The Restored Edition: A Facsimile of Plath's Manuscript, Reinstating Her Original Selection and Arrangement*. Faber, 2007. [한국어판] 실비아 플라스, 『에어리얼』, 진은영 옮김, 엘리, 2022.

Plath, Sylvia. "Sylvia Plath Reads Her Poems: Daddy; Fever 103; Lady Lazarus and Ariel." YouTube, April 11, 2013. Video, 10:44.

Plessix, Gray Francine Du. *Simone Weil*. Viking, 2001.

Poitras, Laura, dir. All the Beauty and the Bloodshed. Neon, 2023.

Pollan, Michael. "The Trip Treatment." *The New Yorker*, February 9, 2015.

Porete, Marguerite. *The Mirror of Simple Souls*. Translated by Ellen L. Babinsky, Paulist Press, 1993.

Prescod-Weinstein, Chanda. *The Disordered Cosmos: A Journey into Dark Matter, Spacetime, & Dreams Deferred*. Bold Type Books, 2022. [한국어판] 찬다 프레스코드와인스타인, 『나의 사랑스럽고 불평등한 코스모스: 흑인 에이젠더 여성 물리학자의 과학은 늘 차별과 중첩된다』, 고유경 옮김, 휴머니스트, 2023.

Price, Devon. *Unmasking Autism: Discovering the New Faces of Neurodiversity*. Harmony Books, 2022. [한국어판] 데번 프라이스, 『모두 가면을 벗는다면: 자폐인 심리학자가 탐구한, 자신의 모습으로 살아가는 법』, 신소희 옮김, 디플롯, 2024.

Puar, Jasbir K. *The Right to Maim: Debility, Capacity, Disability*. Duke University Press, 2017.

Puar, Jasbir K. *Terrorist Assemblages: Homonationalism in Queer times*. Duke University Press, 2007.

R

Reed, Justin Phillip. *With Bloom upon Them and Also with Blood: A Horror Miscellany*. Coffee House Press, 2023.

Reines, Ariana. "An Hourglass Figure: On Photographer Francesca Woodman." *Los Angeles Review of Books*, April 4, 2013.

Reinoos, Dana. "House of Psychotic Women: Movie List." MUBI, mubi.com/en/lists/house-of-psychotic-women.

Rich, Adrienne. *Of Woman Born: Motherhood as Experience & Institution*. W. W. Norton, 1996. [한국어판] 에이드리언 리치, 『더 이상 어머니는 없다: 모성의 신화에 대한 반성』, 김인성 옮김, 평민사, 2018.

Rich, Adrienne, and Barbara Charlesworth Gelpi. "The Burning of Paper Instead of Children." In *Adrienne Rich's Poetry and Prose: Poems, Prose, Reviews, and Criticism*. Norton, 1993.

Rieff, David. *Swimming in a Sea of Death: A Son's Memoir*. Simon & Schuster, 2008. [한국어판] 데이비드 리프, 『어머니의 죽음: 수전 손택의 마지막 순간들』, 이민아 옮김, 이후, 2008.

Robinson, Roxana. "Joan Didion's Priceless Sunglasses." *The New Yorker*, November 16, 2022. www.newyorker.com/culture/culture-desk/joan-didions-priceless-sunglasses.

Rose, Jacqueline. *The Haunting of Sylvia Plath*. Virago Press, 2013.

Rose, Jacqueline. *On Not Being Able to Sleep: Psychoanalysis and the Modern World*. Princeton University Press, 2003.

Rhys, Jean. *Wide Sargasso Sea*. New York: Norton, 1992. [한국어판] 진 리스, 『광막한 사르가소 바다』, 윤정길 옮김, 웅진지식하우스, 2024.

Russ, Joanna, and Jessa Crispin. *How to Suppress Women's Writing*. University of Texas Press, 2018. [한국어판] 조애나 러스, 『여자들이 글 못 쓰게 만드는 방법』, 박이은실 옮김, 낮은산, 2021.

Russell, Legacy. *Glitch Feminism: A Manifesto*. Verso, 2020. [한국어판] 레거시 러셀, 『글리치 페미니즘 선언』, 다연 옮김, 미디어버스, 2022.

S

Saadawi, Nawal. *Woman at Point Zero*. Zed Books, Limited, 2015.

"Saidiya Hartman & Arthur Jafa." YouTube, Hammer Museum, June 10, 2019. https://www.youtube.com/watch?v=YGxZQ3Py4-A.

Salek, Yasi. "[CULT TALK] Audrey Wollen on Sad Girl Theory." *CULTIST ZINE*, June 19, 2014.

Scarry, Elaine. *The Body in Pain: The Making and Unmaking of the World*. Oxford University Press, 1988. [한국어판] 일레인 스캐리, 『고통받는 몸』, 메이 옮김, 오월의봄, 2018.

Schaber, Amythest. "Neurowonderful: Ask An Autistic." YouTube.

Schacter, Cara. "Worn out: Shrugging towards Bethlehem." *Spike Art Magazine*,

November 30, 2022. www.spikeartmagazine.com/articles/worn-out-shrugging-towards-bethlehem.

Schmitt, Carl. *The Concept of the Political*. University of Chicago Press, 2008. [한국어판] 카를 슈미트,『정치적인 것의 개념』, 김효전·정태호 옮김, 살림, 2012.

Schopenhauer, Arthur. *Schopenhauer: Parerga and Paralipomena: Short Philosophical Essays*. Cambridge University Press, 2015.

Schulman, Sarah. *Conflict Is Not Abuse: Overstating Harm, Community Responsibility, and the Duty of Repair*. Arsenal Pulp Press, 2021.

Schwartz, Alexandra. "In Coming-of-Middle-Age Stories, Adults Grow up, Too." *The New Yorker*, August 9, 2021. www.newyorker.com/magazine/2021/08/16/in-coming-of-middle-age-stories-adults-grow-up-too.

Sedgwick, Eve Kosofsky, and Adam Frank. *Touching Feeling: Affect, Pedagogy, Performativity*. Duke University Press, 2003.

Sedgwick, Eve Kosofsky, Andrew Parker, and Andrew Ford. "Katharsis: The Ancient Problem." In *Performativity and Performance*. Edited by Andrew Parker and Eve Kosofsky Sedgwick. Routledge, 1995, 109–32.

Sehgal, Parul. "The Case against the Trauma Plot." *The New Yorker*, December 27, 2021. www.newyorker.com/magazine/2022/01/03/the-case-against-the-trauma-plot.

Sellars, Peter , dir. "The Tristan Project." Gustavo Dudamel leads Wagner's Tristan und Isolde. Los Angeles, Walt Disney Concert Hall, December 15, 2022.

Sensei, Seren. *So, About That … A Year Of Contemporary Essays on Race and Pop Culture*. CreateSpace Independent Publishing Platform, August 13, 2015.

Sensei, Seren. Sensei Aishitemasu. YouTube channel. Last accessed April 1, 2022.

Seresin, Asa. "Might Trick Me Once." Asa Seresin, August 13, 2020. asaseresin.com/2020/08/10/might-trick-me-once/.

Seresin, Asa. "On Heteropessimism." *The New Inquiry*, October 9, 2019. thenewinquiry.com/on-heteropessimism/.

Seymour, Miranda. *I Used to Live Here Once: The Haunted Life of Jean Rhys*. W. W. Norton 2022.

Shackelford, Ashleigh. "Why I'm Nonbinary But Don't Use 'They/Them'." Wear Your Voice, July 7, 2016.

Sharpe, Christina Elizabeth. *In the Wake: On Blackness and Being*. Duke University Press, 2016.

Shimoda, Brandon. *Evening Oracle*. Letter Machine Editions, 2015.

Shimoda, Brandon. *The Grave on the Wall*. City Lights Books, 2019.

Shire, Warsan. *Teaching My Mother How to Give Birth*. Flipped Eye Publishing Limited, 2011.

Showalter, Elaine. *The Female Malady: Women, Madness, and English Culture, 1830-1980*. Pantheon Books, 1985.

Silva, Denise Ferreira da. "No-Bodies: Law, Raciality and Violence." *Griffith Law Review* 18, no. 2 (2009): 212–36.

Silva, Denise Ferreira da. "To Be Announced: Radical Praxis or Knowing (at) the Limits of Justice." *Social Text* 31, no. 1 (114) (2013): 43–62. doi:10.1215/01642472-1958890.

Silva, Denise Ferreira da. *Toward a Global Idea of Race*. University of Minnesota Press, 2007.

Silva, Denise Ferreira da. *Unpayable Debt*. Sternberg Press, 2022.

Singh, Julietta. *No Archive Will Restore You*. Punctum Books, 2018.

Singh, Julietta. *Unthinking Mastery: Dehumanism and Decolonial Entanglements*. Duke University Press, 2018.

Siobhan, Scherezade. "The End of Separateness." *Berfrois*, June 21, 2016.

Smilges, J. Logan. *Crip Negativity*. University of Minnesota Press, 2023.

Smith, Andrea. "Indigeneity, Settler Colonialism, White Supremacy." *GLOBAL DIALOGUE* 12, no. 2 (Summer 2010).

Smith, Linda Tuhiwai. *Decolonizing Methodologies: Research and Indigenous Peoples*. Zed Books, 2012.

Smith, Richard Curson, dir. "Ted Hughes: Stronger than Death." Produced by Richard Curson Smith and Lucy Evans. Aired October 10, 2015, BBC Two.

Smith, William. "NEMESIS." A Dictionary of Greek and Roman Biography and Mythology, Public domain, 1849.

Snow, Philippa. *Which as You Know Means Violence: On Self-Injury as Art and Entertainment*. Repeater, 2022.

Solnit, Rebecca. "The Most Radical Thing You Can Do." *Orion Magazine*, October 1, 2008.

Solomon, Rivers, and Daveed Diggs, William Hutson, and Jonathan Snipes. *The Deep*. Saga Press, 2020.

Sontag, Susan. *Against Interpretation, and Other Essays*. Farrar, Straus and Giroux, 2007. [한국어판] 수전 손택, 『해석에 반대한다』, 이민아 옮김, 이후, 2002.

Sontag, Susan. *As Consciousness Is Harnessed to Flesh: Journals and Notebooks,*

1964-1980. Picador, 2013. [한국어판] 수전 손택,『의식은 육체의 굴레에 묶여: 수전 손택의 일기와 노트 1964-1980』, 김선형 옮김, 이후, 2018.

Sontag, Susan. *Illness as Metaphor*. Farrar, Straus and Giroux, 1978. [한국어판] 수전 손택,『은유로서의 질병』, 이재원 옮김, 이후, 2002.

Sontag, Susan. "Pilgrimage." *The New Yorker*, December 14, 1987. www.newyorker.com/magazine/1987/12/21/pilgrimage-susan-sontag.

Sontag, Susan. *On Photography*. Picador, trademark used by Farrar, Straus and Giroux, 2014. [한국어판] 수전 손택,『사진에 관하여』, 이재원 옮김, 이후, 2005.

Sontag, Susan. *Reborn: Journals and Notebooks, 1947-1963*. Picador, 2009. [한국어판] 수전 손택,『다시 태어나다: 수전 손택의 일기와 노트 1947-1963』, 김선형 옮김, 이후, 2013.

Sontag, Susan. *Regarding the Pain of Others*. Farrar, Straus and Giroux, 2003. [한국어판] 수전 손택,『타인의 고통』, 이재원 옮김, 이후, 2004.

Sontag, Susan. *The Volcano Lover: A Romance*. Picador, 2004.

Staff, P., dir. Bathing. 2018.

Staff, P., dir. Weed Killer. 2017.

Stanley, Jason. *How Fascism Works: The Politics of Us and Them*. Random House Publishing Group, 2018. [한국어판] 제이슨 스탠리,『우리와 그들의 정치: 파시즘은 어떻게 작동하는가』, 김정훈 옮김, 솔출판사, 2022.

Starhawk. *Dreaming the Dark: Magic, Sex, and Politics*. 2nd ed. Beacon Press, 1988.

Steinberg, Marlene, and Maxine Schnall. *The Stranger in the Mirror: Dissociation: The Hidden Epidemic*. Harper, 2001.

Stevens, Mark, and Annalyn Swan. *De Kooning: An American Master*. Knopf, 2011.

Stovall, Natasha. "Whiteness on the Couch: Clinical Psychologist Natasha Stovall Looks at the Vast Spectrum of White People Problems, and Why We Never Talk about Them in Therapy." *Longreads*, August 2019.

Stevens, Wallace. "Bouquet of Roses in Sunlight." *Poetry Magazine*, October 1947.

Suzuki, Daisetz Teitaro. *Mysticism: Christian and Buddhist*. Routledge, 2018.

Sycamore, Mattilda Bernstein. "Between the Covers Mattilda Bernstein Sycamore: Touching the Art." Between the Covers, Tin House, November 9, 2023.

Sycamore, Mattilda Bernstein. *The Freezer Door*. Semiotext(e), 2020.

Sycamore, Mattilda Bernstein. *Touching the Art*. Soft Skull, 2023.

"Sylvia Plath Ted Hughes Interview 1961." YouTube, April 30, 2015. Video, 20:11.

T

Tagaq, Tanya. *Split Tooth*. And Other Stories, 2023.

Taylor, Leila. *Darkly: Black History and America's Gothic Soul*. Repeater Books, 2019.

Taylor, Sunaura. *Beasts of Burden: Animal and Disability Liberation*. New Press, 2017. [한국어판] 수나우라 테일러,『짐을 끄는 짐승들: 동물해방과 장애해방』, 이마즈 유리·장한길 옮김, 오월의봄, 2020.

Thacker, Eugene. *Cosmic Pessimism*. Univocal Publishing, 2015.

Thacker, Eugene. *In the Dust of This Planet: Horror of Philosophy* (Volume 1). Zero Books, 2011. [한국어판] 유진 새커,『이 행성의 먼지 속에서: 철학의 공포』, 김태한 옮김, 필로소픽, 2022.

Thacker, Eugene. *Infinite Resignation*. Repeater Books, 2018.

Thacker, Eugene. "Mysticism and Darkness." Lecture presented at Dark Materialism. Natural History Museum, London, United Kingdom, January 16, 2011.

Thacker, Eugene. *Starry Speculative Corpse: Horror of Philosophy* (Volume 2). Zero Books, 2015.

Thacker, Eugene. *Tentacles Longer Than Night: Horror of Philosophy* (Volume 3). Zero Books, 2015.

Theroux, Alexander. *The Secondary Colors: Three Essays*. Henry Holt & Co., 1996.

Thiong'o, Ngũgĩ Wa. *Decolonising the Mind: The Politics of Language in African Literature*. J. Currey, 1986.

Thom, Kai Cheng, "Why Are Queer People so Mean to Each Other? How Brain Science Explains Queer Trauma, Conflict and Call-Out Culture." *Xtra*, August 16, 2019.

Thurman, Judith. "A Loss for Words: Can a Dying Language Be Saved?" *The New Yorker*, March 30, 2015.

Thurman, Judith. *A Left-Handed Woman: Essays*. Farrar, Straus and Giroux, 2022.

Thurman, Judith. *Cleopatra's Nose: 39 Varieties of Desire*. Farrar, Straus and Giroux, 2007.

Tuttle, Lisa. *My Death*. New York Review Books, 2023.

U

UdosTelevision. "Sylvia Plath Documentary [complete]." YouTube, June 26, 2012. Video.

V

Van der Kolk, Bessel. *The Body Keeps the Score: Brain, Mind, and Body in the Healing of Trauma*. Penguin Books, 2014. [한국어판] 베셀 반 데어 콜크, 『몸은 기억한다: 트라우마가 남긴 흔적들』, 제효영 옮김, 김현수 감수, 을유문화사, 2020.

Vankin, Jonathan. "Kam Brock: The Reason They Threw Her In A Mental Ward Was Crazy — What Happened Next Was Even Crazier." *The Inquisitr News*, March 24, 2015.

W

Wade, Francesca. *Square Haunting: Five Writers in London between the Wars*. Tim Duggan Books, 2020.

Wallenhorst, Maxi. "Like a Real Veil, like a Bad Analogy: Dissociative Style and Trans Aesthetics." e-flux journal #117, Apr. 2021, www.e-flux.com/journal/117/385637/like-a-real-veil-like-a-bad-analogy-dissociative-style-and-trans-aesthetics/.

Wang, Esmé Weijun. "Journal: On Rewriting Your Narrative and Telling a Different Story." Blog. March 2016.

Wang, Esmé Weijun. "Toward a Pathology of the Possessed." *The Believer*, Fall 2015.

Weigel, Moira, and Mal Ahern. "Further Materials Toward a Theory of the Man-Child." *The New Inquiry*, July 9, 2013.

Weil, Simone. *Gravity and Grace*. Routledge, 2004. [한국어판] 시몬 베유, 『중력과 은총』, 윤진 옮김, 문학과지성사, 2021.

Weil, Simone. *Waiting for God*. Harper Perennial Modern Classics, 2009. [한국어판] 시몬 베유, 『신을 기다리며』, 이창실 옮김, 복있는사람, 2025.

Wendell, Susan. "Unhealthy Disabled: Treating Chronic Illnesses as Disabilities." *Hypatia* 16, no. 4 (2001): 17–33. doi:10.1111/j.1527-2001.2001.tb00751.x.

Wheeler, Lauren. "Actually, I Don't Have Time: Breaking up with Orange Is the New Black." *Black Nerd Problems*, August 14, 2016. https://blacknerdproblems.com/actually-i-dont-have-time-breaking-up-with-orange-is-the-new-black/.

Whitehead, Colson. "A Psychotronic Childhood." *The New Yorker*, May 28, 2012, www.newyorker.com/magazine/2012/06/04/a-psychotronic-childhood.

Whitney, Emerson. *Daddy Boy*. McSweeney's, 2023.

Whitney, Emerson. *Heaven*. McSweeney's, 2020.

Wilby, Emma. *The Visions of Isobel Gowdie: Magic, Witchcraft and Dark Shamanism in Seventeenth-Century Scotland*. Sussex Academic Press, 2013.

Wilderson, Frank B., III. "We're Trying to Destroy the World: Anti-Blackness and Police Violence after Ferguson." Interview by Dr. Hate, Todd Steven Burroughs, and Jared Ball. IMIXWHATILIKE, October 1, 2014. https://imixwhatilike.org/2014/10/01/frankwildersonandantiblackness-2/.

Wittgenstein, Ludwig. *Tractatus Logico-Philosophicus*. Routledge, 1998. [한국어판] 루트비히 비트겐슈타인,『논리-철학 논고』, 이영철 옮김, 책세상, 2020.

Wojnarowicz, David. *Close to the Knives: A Memoir of Disintegration*. Vintage Books, 1991.

Wong, Alice. *Disability Visibility: First-Person Stories from the Twenty-First Century*. Vintage Books, 2022. [한국어판] 앨리스 웡 엮음,『급진적으로 존재하기: 장애, 상호교차성, 삶과 정의에 관한 최전선의 이야기들』, 박우진 옮김, 가망서사, 2023.

Wong, Alice. *Year of the Tiger: An Activist's Life*. Vintage Books, 2022. [한국어판] 앨리스 웡,『미래에서 날아온 회고록: 장애인 신탁 예언자가 전하는 지구 행성 이야기』, 김승진 옮김, 오월의봄, 2024.

Woolf, Virginia. *On Being Ill*. Paris Press, 2012. [한국어판] 버지니아 울프,『아픈 것에 관하여』, 공경희 지음, 두시의나무, 2022.

Woolf, Virginia, and Leonard Woolf. *A Writer's Diary: Being Extracts from the Diary of Virginia Woolf*. Harcourt, 1982. [한국어판] 버지니아 울프,『울프 일기』, 박진희 지음, 솔출판사, 2019.

Wynter, Sylvia. *Sylvia Wynter: On Being Human as Praxis*. Edited by Katherine McKittrick. Duke University Press, 2015.

Y

Yanagihara, Hanya. *A Little Life*. Anchor Books, 2016. [한국어판] 한야 야나기하라,『리틀 라이프』(전 2권), 권진아 옮김, 시공사, 2016.

Z

Zambreno, Kate. "Anna Kavan: Context N°18." Dalkey Archive Press (blog), September 13, 2013. https://www.dalkeyarchive.com/2013/09/13/anna-kavan/.

Zambreno, Kate. *Heroines*. Semiotext(e), 2012.

Zavitsanos, Constantina, Denise Ferreira da Silva, Rizvana Bradley, and Che

Gossett. "Speculative Planning Session with Denise Ferreira da Silva, Rizvana Bradley, and Che Gossett." Lecture presented as part of THIS COULD BE US. New Museum. New York, NY, May 7, 2015.

Zavitsanos, Constantina, Fred Moten, and Stefano Harney. "Constantina Zavitsanos: Speculative Planning Session with Fred Moten and Stefano Harney." Lecture presented as part of THIS COULD BE US. New Museum. New York, NY, March 25, 2015.

Zürn, Unica. *The House of Illnesses*. Atlas Press, 2019.

찾아보기

ㄱ

갤런트, 메이비스(Mavis Gallant) 433
고야, 프란시스코(Francisco Goya) 180, 393
— 「마녀의 비행」(Vuelo de Brujas) 180
곤잘레스-토레스, 펠릭스(Félix González-Torres) 325
구사마 야요이(Kusama Yayoi) 316
그랜트, 캐리(Cary Grant) 180
그로피우스 바우(Gropius Bau) 422, 473
『그리스 로마 전기 및 신화 사전』(Greek and Roman Biography and Mythology) 384
글래스, 필립(Philip Glass) 430
기타무라, 케이티(Katie Kitamura) 433
— 『이별』(Separation) 433
길먼, 샬럿 퍼킨스(Charlotte Perkins Gilman) 316

ㄴ

누네즈, 시그리드(Sigrid Nunez) 305
— 『언제나 수전』(Sempre Susan) 305
누르마고메도프, 하빕(Khabib Nurmagomedov) 252
『뉴요커』(New Yorker) 184, 305, 311, 321, 460
니데커, 로린(Lorine Niedecker) 151

ㄷ

다거, 헨리(Henry Darger) 226
다 실바, 데니스 페헤이라(Denise Ferreira da Silva) 111
더포, 윌럼(Willem Dafoe) 215
데즈먼드, 노마(Norma Desmond) 287
델 페조, 안나 카를로타(Anna Carlotta del Pezzo) 304
도지, 해리(Harry Dodge) 371
돌턴, 캐런(Karen Dalton) 178
듀블론, 아말레(Amalle Dublon) 478
뒤 플레시 그레이, 프랜신(Francine du Plessix Gray) 322
드 보부아르, 시몬(Simone de Beauvoir) 77

드 생팔, 니키(Niki de Saint Phalle) 291
드 쿠닝, 윌렘(Willem de Kooning) 151,
　154, 157, 173, 184
　―「여자 1」(Woman I)
디아스, 내털리(Natalie Diaz) 355
『디 애틀랜틱』(The Atlantic) 62
디 어클레임드(The Acclaimed) 255
디카프리오, 레오나르도(Leonardo
　DiCaprio) 287
디킨슨, 에밀리(Emily Dickinson) 487
디트리히, 마를레네(Marlene Dietrich) 239
디틀레우센, 토베(Tove Ditlevsen) 504
딘, 제임스(Dean, James) 180

ㄹ

라자드, 캐럴린(Carolyn Lazard) 113, 479
랜드, 아인(Ayn Rand) 320
런치, 리디아(Lydia Lunch) 151
레이누스, 다나(Dana Reinoos) 284
로드, 오드리(Audre Lorde) 78, 316
로드, 캐서린(Catherine Lord) 268
　―『그녀가 머리카락을 잃은 여름』(The
　Summer of Her Baldness) 268
로버트 로웰(Robert Lowell) 166
로즈, 재클린(Jacqueline Rose) 220
론, 포레스트(Forest Lawn) 369
롱 추, 안드레아(Andrea Long Chu) 80
　―『피메일스』(Females) 80
루이, 세라핀(Séraphine Louis) 316
루카스, 윌럼 헨리(Willem Henri Lucas)
　297, 481
「루폴스 드랙 레이스」(RuPaul's Drag Race)
　255
룰즈섹(LulzSec) 277

르뒤크, 비올레트(Violette Leduc) 316
리드, 저스틴 필립(Justin Phillip Reed) 371
리버비츠, 애니(Annie Leibovitz) 303,
　308, 309
리보위츠, 프란(Fran Lebowitz) 303
리비, 데버라(Deborah Levy) 386, 458,
　459, 461, 462
　―『헤엄치는 집』(Swimming Home)
　459
리스, 진(Jean Rhys) 316
리치, 에이드리언(Adrienne Rich) 68
리프, 데이비드(David Rieff) 319, 322-324
　―『죽음의 바다에서
　수영하기』(Swimming in a Sea of
　Death) 322
릭 돌턴(Rick Dalton) 287, 288

ㅁ

「마니」(Marnie) 291
마인호프, 울리케(Ulrike Meinhof) 321
마지크-비앙코, 네브(Neve Mazique-
　Bianco) 112, 338, 480
마틴, 애그니스(Agnes Martin) 316
망구소, 사라(Sarah Manguso) 316
「매트릭스」(The Matrix) 95
맥그리거, 코너(Conor McGregor) 252
맨틀, 힐러리(Hilary Mantel) 69
맬컴, 재닛(Janet Malcolm) 319, 320
　―『침묵하는 여자』(The Silent Woman)
　319
머스크, 일론(Elon Musk) 331-333
「멀홀랜드 드라이브」(Mulholland Drive)
　179
모리슨, 토니(Tony Morrison) 325

—『빌러비드』(*Beloved*) 325
모저, 벤저민(Benjamin Moser) 302-305, 310, 311, 319, 323
—『손택: 그녀의 삶과 작업』(*Sontag: Her Life and Work*) 302
모튼, 프레드(Fred Moten) 107, 112, 114, 115, 277, 479
—『인 더 브레이크: 급진적 흑인 전통의 미학』(*In the Break: The Aesthetics of the Black Radical Tradition*) 277
몬테스, 라라 미모사(Lara Mimosa Montes) 329, 480
『미네르바, 뇌가 겪은 유산』(*Minerva the Miscarriage of the Brain*) 423
밍거스, 미아(Mia Mingus) 344
—「접근 친밀성: 잃어버린 연결 고리」(Access Intimacy The Missing Link) 344

ㅂ

「바로 내 꿈 속에」(In My Own Dream) 178
바슐라르, 가스통(Gaston Bachelard) 210
바예호, 세사르(César Vallejo) 295
『바이스 매거진』(*Vice magazine*) 317
바흐만, 잉에보르크(Ingeborg Bachmann) 433
반 데어 콜크, 베셀(Bessel van der Kolk) 107
—『몸은 기억한다』(*The Body Keeps the Score*) 107
버틀러, 주디스(Judith Butler) 56, 79
—"취약성과 저항"(Vulnerability and Resistance) 56
베라, 말론 '치토'(Marlon 'Chito' Vera) 261

베유, 시몬(Simone Weil) 106, 293, 307, 316, 322, 387
베이조스, 제프(Jeff Bezos) 273
베토리, 마빈(Marvin Vettori) 252
벨벤, 로절린드(Rosalind Belben) 326, 392
—『한계』(*The Limit*) 326
볼드윈, 제임스(James Baldwin) 322, 325
볼스, 제인(Jane Bowles) 77, 313, 314
—『사소한 원죄』(*A Little Original Sin*) 314
볼츠만, 루트비히(Ludwig Boltzmann) 97
부슈넬, 에런(Aaron Bushnell) 57
불안 협회(Institute of Anxiety) 382, 383, 387, 473, 475
『불에 닿다: 조울증과 예술적 기질』(*Touched with Fire: Manic-Depressive Illness and the Artistic Temperament*) 317
브란도, 말론(Marlon Brando) 180
브레이크다운, 우마(Uma Breakdown) 200, 481
브록, 캠(Kam Brock) 64, 65
브룩스, 루이즈(Louise Brooks) 226
블랙 사바스(Black Sabbath) 314
비올라, 빌(Bill Viola) 301

ㅅ

「사실, 그것은 얼마 전에 일어났다」(Actually, It Happened a Moment Ago) 175
샌드하겐, 코리(Cory Sandhagen) 261
생명 의료 윤리의 4원칙(Four Principles of Biomedical Ethics) 63

「선셋 대로」(Sunset Boulevard) 222, 287
성애학(erotics) 78, 293
세갈, 파룰(Parul Sehgal) 62
— 『트라우마 플롯의 반례』(The Case Against the Trauma Plot) 62
세레신, 아사(Asa Seresin) 278
『세상의 가장자리에서』(at land's edge) 114
세이지, 케이(Kay Sage) 316
섹스턴, 앤(Anne Sexton) 316, 321
셀라스, 피터(Peter Sellars) 301
소슈, 데브라(Debra Soshoux) 268
손택, 수전(Susan Sontag) 46, 47, 287, 292-296, 301-313, 316, 319, 322-324, 326, 430
— 『사진에 관하여』(On Photography) 306
— 「순례」(Pilgimage) 295
— 『은유로서의 질병』(Illness as Metaphor) 309
솔라나스, 발레리(Valerie Solanas) 316
쇼네시, 브렌다(Brenda Shaughnessy) 308
「수전 손택을 주목하며」(Regarding Susan Sontag) 301, 305, 311
스타인, 거트루드(Gertrude Stein) 307
스티븐스, 월리스(Wallace Stevens) 295
서펜타인 갤러리(Serpentine Galleries) 265
스페이식, 시시(Sissy Spacek) 291
『슬랜트 매거진』(Slant Magazine) 289
시몬, 니나(Nina Simone) 77
시카모어, 마틸다 번스타인(Mattilda Bernstein Sycamore) 259
신경다양성 70, 198
신경다양인 35, 66, 70, 198, 238, 299

실레, 에곤(Egon Shiele) 318

ㅇ

아데산야, 이스라엘(Israel Adesanya) 252, 261
아렌트, 한나(Hannah Arendt) 54-56, 120, 304, 305
아메드, 사라(Sara Ahmed) 104
아비브, 레이철(Rachel Aviv) 333
— 『내게 너무 낯선 나』(Strangers to Ourselves) 333
「아빠」(Daddy) 291
아이오미, 토니(Tony Iommi) 314, 315
아자니, 이자벨(Isabelle Adjani) 278, 282
아질, 클로드(Claude Adjil) 269
아코셀라, 조앤(Joan Acocella) 305, 308, 311
— 「단식 예술가」(The Hunger Artist) 305
안토니예비치, 타마라(Tamara Antonijević) 446, 450, 481
알레지, 세라 캐스린(Sara Kathryn Arledge) 318, 319
알코올 중독 37, 66, 359
애커, 캐시(Kathy Acker) 297, 313, 321, 325
앤드아더스토리스(And Other Stories) 459
약물 중독 35
양극성 장애 64, 70, 97, 161, 165, 166, 190, 288
『어둠을 꿈꾸기』(Dreaming the Dark) 61
에런라이크, 바버라(Barbara Ehrenreich) 77
— 『불만과 장애: 아픔의 성 정치』

(Complaints and Disorders: The Sexual Politics of Sickness) 77
에런스타인, 데이비드(David Ehrenstein) 290
「에비에이터」(The Aviator) 286
오코너, 플래너리(Flannery O'Connor) 316
오키프, 조지아(Georgia O'Keeffe) 374
요지 야마모토(Yohji Yamamoto) 430
우울증 60, 76, 82, 136, 160, 313, 335
「운전석」(The Driver's Seat a.k.a. Identikit) 288
울프, 버지니아(Virginia Woolf) 293, 294, 302, 313, 317, 321
워나로비치, 데이비드(David Wojnarowicz) 325
「워터프론트」(On the Waterfront) 286
워홀, 앤디(Andy Warhol) 289
「원스 어폰 어 타임 인 할리우드」(Once Upon a Time in Hollywood) 287
웨스트, 카녜이(Kanye West) 430
윈터, 실비아(Sylvia Wynter) 101
윌키, 해나(Hannah Wilke) 316
융, 카를 구스타프(Carl Gustav Yung) 463
이-인 101-103, 113, 315, 316, 449
이인성/비현실감 장애 70, 106, 109
잉글리시, 디어드러(Deirdre English) 77
— 『불만과 장애: 아픔의 성 정치』(Complaints and Disorders: The Sexual Politics of Sickness) 77

ㅈ

자궁내막증 69, 157
잠브레노, 케이트(Kate Zambreno) 77
— 『히로인즈』(Heroines) 77

재니스, 키에르-라(Kier-La Janisse) 274, 281-285, 290
— 『정신병 걸린 여자들의 집』(House of Psychotic Women) 274, 281
잭슨, 셜리(Shirley Jackson) 316
저커버그, 마크(Mark Zuckerberg) 331-333
접근(access) 57, 339-341, 343-345, 347-349, 409, 410, 413-420, 426, 484, 492
접근성(accessbility) 82, 277, 278, 343, 345, 348, 411, 413, 415, 421, 426, 492
제임스, 윌리엄(William James) 445
조증 161-167, 173, 178
존스, 게일(Gayl Jones) 316
존스, 재스퍼(Jasper Johns) 303
『종속의 장면들』(Scenes of Subjection) 388
지드, 앙드레(André Gide) 307
「지옥의 묵시록」(Apocalypse Now) 286
지팡이 35, 72, 253, 339, 347, 360, 363, 412, 423, 466

ㅊ

차차일즈, 루신다(Lucinda Childs) 303
창, 아이리스(Iris Chang) 317
취른, 우니카(Unica Zürn) 316, 325
츠베타예바, 마리나(Marina Tsvetaeva) 316
츠베트코비치, 앤(Ann Cvetkovich) 60

ㅋ

카라바조(Caravaggio) 372, 390
　─「류트 연주자」(The Lute Player) 372
카프카, 프란츠(Franz Kafka) 307
칸토어, 게오르크(Georg Cantor) 98
칼로, 프리다(Frida Kahlo) 316, 326
「캐리」(Carrie) 291
캐링턴, 리어노라(Leonora Carrington) 316
커넬, 조이스(Joyce Curnell) 110
케이퍼, 앨리슨(Alison Kafer) 96
케인, 세라(Sarah Kane) 316
코스텐바움, 웨인(Wayne Koestenbaum) 311
콕스-리처드, 릴리(Lily Cox-Richard) 259
쿳시, J. M.(J. M. Coetzee) 307
크리스핀, 제사(Jessa Crispin) 389, 479
클로델, 카미유(Camille Claudel) 316
클로스, 척(Chuck Close) 430
클림트, 구스타프(Gustav Klimt) 318
키드먼, 니콜(Nicole Kidman) 215, 254, 317

ㅌ

「타인의 삶」(The Lives of Others) 340
타일러, 리브(Liv Tyler) 177
「택시 드라이버」(Taxi Driver) 286
터루, 알렉산더(Alexander Theroux) 266
테일러, 엘리자베스(Elizabeth Taylor) 288-291
투팍(Tupac) 277

ㅍ

파델, 루스(Ruth Padel) 390
파리요, 제이슨(Jason Parillo) 261
파이어스톤, 슐라미스(Shulamith Firestone) 316
「파이트 클럽」(Fight Club) 286
파커, 모건(Morgan Parker) 190
페데리치, 실비아(Silvia Federici) 112, 440
페인, 파밀라(Pamila Payne) 408
「포제션」(Possession) 278, 282
프레임, 재닛(Janet Frame) 316
플라스, 실비아(Sylvia Plath) 77, 166, 293, 294, 302, 313, 314, 317, 320, 325, 338, 359
　─『에어리얼』(Ariel) 313
피사르니크, 알레한드라(Alejandra Pizarnik) 316
피츠제럴드, 젤다(Zelda Fitzgerald) 316
피트, 브래드(Brad Pitt) 288
핀크니, 대릴(Darryl Pinckney) 303
　─『9월에 돌아오다』(Come Back in September) 303

ㅎ

하니, 스테파노(Stefano Harney) 107
하드윅, 엘리자베스(Elizabeth Hardwick) 166, 302
하울랜드, 베트(Bette Howland) 316
하트먼, 세이디야(Saidiya Hartman) 292, 388, 478
해머, 바버라(Barbara Hammer) 316
해밀턴, 사스키아(Saskia Hamilton) 353
헤드런, 티피(Tippi Hedren) 291

홀리데이, 빌리(Billie Holiday) 316
『화이트 리뷰』(The White Review) 392
휠체어 13, 14, 23, 35, 339, 347, 348,
　　410, 434, 492
휴즈, 올윈(Olwyn Hughes) 319, 320
휴즈, 테드(Ted Hughes) 317, 319

기타

CA콘라드(CAConrad) 269
P. 스태프(P. Staff; 본명 Patrick Staff)
　　265-270, 272, 273
　─「금성에서」(On Venus) 265-269,
　　272, 273
　─「목욕」(Bathing) 270
　─「잡초 제거제」(Weed Killer) 267, 268

지은이

요하나 헤드바 Johanna Hedva

로스앤젤레스를 거점으로 활동하는 한국계 미국인 예술가, 저술가, 음악가이자 점성술사. 비순응적 젠더 주체, 신경다양인, 만성 질환자, 장애인으로서 자신이 가진 복합적인 정체성을 주제로 글쓰기, 영상, 퍼포먼스, 음악 등 다양한 장르를 오가며 작업한다. 2016년 발표한 아픈 여자를 위한 선언문이자 에세이 「아픈 여자 이론」이 한국어를 포함해 11개 언어로 번역돼 배포되며 큰 반향을 일으켰다. 소설 『당신의 사랑은 좋지 않다』(Your Love Is Not Good)와 『지옥에서』(On Hell), 그리고 시, 퍼포먼스, 에세이 모음집 『미네르바, 뇌가 겪은 유산』(Minerva the Miscarriage of the Brain)을 썼다. 2024년 서울시립 북서울미술관에서 열린 옴니버스 전시 《나는 우리를 사랑하고 싶다》에서 단채널 비디오 작품 「모든 두려움은 매혹적이다(협업: 론 에이시)」를 선보인 바 있다.

옮긴이

양효실

대학에서 강의하고 미술 비평을 한다. 지금 키워드-'여성', 청년, 퀴어, 소녀(girl), 장애, 펑크, 유머, 다양성, 차이 등등. 주디스 버틀러의 책을 번역하며 버틀러의 사유와 글쓰기 방식을 체화한 듯하다. 요즘 대학 수업 시간에는 일인칭으로 고백하면서 국가 체제와 휴머니즘 이데올로기, 이성애-가부장-제국주의 등등을 비판하는 텍스트들을 여럿 읽고 있다. 고통과 의심, 주체성의 와해를 겪으면서 유머를 구사하고 사랑을 고집하는 필자들에게 감동 중이다.

박수연

새내기 때 우연히 만나 직감 수준에서 회피하고 싶었던 저자를 회피해내기 실패했다. 그래서 대학원에서 그 저자에 대한 논문을 썼고 후속 과정에서 더욱 심화된 연구를 시도 중이다. 실존은 앎에 앞선다는 문장 앞에서 이미 앎을 초과하는 것들과 많이 만나왔다고 과거를 다시 감각하고 의미화하는 과정을 겪었고, 다가오는 시간은 조금 더 즐거이 살 것이다.

윤영돈

대학원에서 프랑스미학과 근대 이후 미술사를 공부하고 있다. 기획자로 일하며 한국미술의 거대이념에 반응하는 지역미술의 실천에 대해 전시와 글쓰기를 수행했다. 근대 이후 억압 기제가 작동하는 양태, 그 내부의 개인의 윤리학과 집단적 환상 및 무의식, 그리고 이에 대한 예술가들의 대응에 주목한다.

이채원

미학과 대학원에서 예술사회학 석사과정을 수료했다. 생태 및 환경과 윤리, 미학의 관계를 탐색하며 환경미학을 공부하고 있다. 우리 모두가 계속해서 함께 할 수 있는 방법과 돌봄에 대해 고민하고 있고 장애, 퀴어, 페미니즘에 대한 관심으로 번역에 참여했다. 실천과 연결되는 글들을 좋아하고 스스로도 실천과 이론 사이의 균형을 찾아나가는 중이다.

정채림

서울대학교 경제학부를 졸업하고 같은 대학교 미학과에서 프랑스미학 석사과정을 수료했다. 현재 리오타르의 후기 텍스트들을 중심으로 예술과 코멘터리 사이의 쟁론을 다루는 논문을 준비 중이다. 감각은 되지만 언어화되지 않는 것이 일으키는 사유를 구문화하는 데 주목한다. 응답으로서의 책임으로 현대프랑스철학을 읽어내는 것이 향후 목표다.

우리가 언제 죽을지, 어떻게 들려줄까

고통, 장애 그리고 파멸에 대하여

요하나 헤드바 지음
양효실, 박수연, 윤영돈, 이채원, 정채림 옮김

초판 1쇄 인쇄	2025년 6월 5일
초판 1쇄 발행	2025년 6월 18일

ISBN	979-11-90853-67-5 (03330)

발행처	도서출판 마티
출판등록	2005년 4월 13일
등록번호	제2005-22호
발행인	정희경
편집	서성진, 조은
디자인	김동신, 전은재

주소	서울시 마포구 잔다리로 101, 2층 (04003)
전화	02. 333. 3110

이메일	matibook@naver.com
홈페이지	matibooks.com
인스타그램	instagram.com/matibooks
트위터	twitter.com/matibook
페이스북	facebook.com/matibooks